労働安全衛生法論序説

労働安全衛生法論序説

三柴丈典著

[学術叢書]

信 山 社

はしがき

一九九九年九月三〇日、東海村で起きた原子炉核燃料施設での臨界事故に関する新聞報道において、識者の意見として次のような見識が示されていた。すなわち、「安全は技術だけではなく、それを維持する組織の行動や文化、社会的・制度的環境にもよる（桜井淳（理学博士・元日本原子力研究所、原子力発電技術機構・原子力安全解析所）・日本経済新聞九九年一〇月四日一九面）」、と。これは奇しくも、労働安全衛生法の分野における約七年間にわたる研究、より広い意味では、労働の人間化を志向する労働科学（Arbeitswissenschaft）と法との関連性に関する研究の到達点として、筆者自身が得られた知見と符合するものであったことから、ここで改めて、研究の対象、その分析の視点、すなわち労使自治と労働者権という視点は、それなりに正鵠を得ていたのではないか、そしてここで矮小かつ稚拙ながらもその研究の成果を公表することは、それなりの貢献を果たし得るのではないか、と確信することができたのである。

保安闘争時代の終焉以後、従来の労働法学において、労働安全衛生という分野は、法律学上抽象的で、しかも理論的（学理的?）な議論のし易い分野を探し出して講学談義をなすには、殆どなじみがないか、もしくは、その領域を包括的かつ体系的に論じるため、「仕方がないから触れる」箇所になってしまっていたようにも感じられる。また、近年における同法体系の公法・私法論議は、この分野における議論を、なお一層、空理空論的な議論へと方向付けているようにも思われ、ここではともかく、「現場で現実に苦しんでいる労働者をどういう体系的論理、法理、法制度をもってすれば救済できるのか、また如何にしてその必要性を客観的かつ整合的に計り得るのか」、という人間重視の視点へと立ち戻らなければならないのではないか、との思いを痛切に感じていた。そもそも安全衛生というのは、賃金とはまた異なった意味において、最も基本的な労働条件であり（※どちらかといえば形式的労働条件であるが、実質的労働条件にも深く関わる）、いわずもがな、労働者の生命・健康に関わる問題である。例えば研究者ならば、というよりも知識集約型労働に従事されている方々ならば誰しも経験されておられるであろう、ノルマストレスやテクノストレス、そうでなくともその他職場の人間関係等に起因する目に見えない労働危険など、至極身近な作業上の「負担」については、筆者自身も実体験を持ったことがあるが、何よりも、重要な契機を与えてくれたのは、極く最近の九八年より学会としての体裁を整えた日本産業保健人間工学会の論議、研究者・実務家の先生方、そしてその理念であった（例えば、九九年に愛知県大同町にある㈱トーエネックで開催された同学会では、ワークショップで、研修用施設内で実際の作業を再現し、これを見学・質疑応答した後に報告・討論を行う、という非常に実践的な取り組みがなされていた。「目から鱗が落ちる」とはこのことではないか、と感じられた）。大学院を出てから僅か一年、学部を出てからの通算でも僅か七年にしかならない薄学非才の初学者が、このような著作を世に問うことができるのも、一つにはこの分野における研究が未だ十分に開拓されていなかったこと、そして、このような異分野との交流の機会に恵まれたことが大きい。そしてそのテーマとして、（労働安全衛生）法は、このような労働科学とどう関わるべきか、そしてそこにおいて労働者はどのように位置付けられ、どのような役割を果たすべきか、という視点が中心に据えられることとなったのである。以下では、本書の総括で論じた現時点での知見の集約を改めて記すことをもって、本書の主題を示すこととしたい。

「労働科学というものは、化学、衛生学、安全工学、統計学等は勿論のこと、労働心理学、労働文化学も含め、本来それ自体が多様な学問的アプローチを要するものであり、『歩（ポ）』『見（ケ）』『聞（モン）』に代表されるように現場密着型のサイエンスである。サイエンスという世界において『直感』ないし『個人的体験』、『人間』といった言葉は、それぞれ『科学的実証』ないし『客観的体験』、『ヒト』に対する概念として、ついつい軽視ないしは敬遠されがちであるが、労働『科学』においては、かかる一見『非科学的』なものまでが認識の対象となる。それは、狭義の現代科学において未知な領域を正面から認めると同時に、そこで生じ得る危険を労働者に負担させまいとする災害疾病予防の見地からの『科学的』な姿勢に他ならないからである。労働科学者ではない筆者が推し量ることは甚だ僭越ではあるが、そういう意味において、労働科学とは、狭義の現代科学的アプローチを基礎としつつも、労働者が身近に体験している、もしくは体験し得る危険を災害疾病に結びつけないための技術であり、なおかつシステムでもある、と言い換えることもできるのではなかろうか。仮にそのように考えた場合、法、とりわけ広義の労働保護法の一環としての労働安全衛生法としては、労働科学が捉える技術に対応する技術的規制を行うことを当然の前提としつつも、むしろそれが有するシステムとしての機能をいち早く採り入れることに大きなウェイトが置かれるべきなのではないか、そしてそのことこそが、労働安全衛生法の果たし得る機能として、それが有する大きなメリットであり、なおかつ責務なのではないか、と考えられる。」（本書四六九頁）

いうまでもないことではあるが、本書の執筆にあたっては、数々の先見的研究者、実務家、そして現場労働者、行政、事業者、産業保健スタッフの方々の業績、知見、活動が基礎となっている。また、大学院博士後期課程入学以来、指導教授として卓越した発想力と知見をもってリードし、なおかつ自由気侭な研究環境を与えて下さった盛誠吾・一橋大学教授、修士課程時代、明晰な論理とそれを裏付ける厳しさをもって、傲慢無比な青二才に研究者としての基礎を指導して下さった中窪裕也・千葉大学教授、同じく同時期より、ご多忙の合間を縫って、研究者としての継続教育を施して下さっている手塚和彰・同大教授、やはり博士後期課程時代に深遠な御学識から社会保障法学のイロハ、労働法学の歴史をご指導下さり、また何かとご無理をお願いしてお引き受け頂いた坂本重雄・専修大学教授（静岡大学名誉教授）、同教授も在籍され、貴重な知見吸収の場を提供して下さっている、蓼沼謙一・平成国際大学教授（一橋大学名誉教授）をはじめとする比較労働法研究会のメンバーの諸先生方、またオーバードクター時代に様々なご配慮を頂き、つたないドイツ語読解力をなんとか本書を出版出来るまでに高めてくださった角田邦重・中央大学教授には、感謝の言葉が見つからない。また、関東から突然飛び込んできた筆者を暖かい目で見つめ、常に高い学識と暖かいお人柄で接して下さる西谷敏・大阪市立大学教授、関西での貴重な勉強の場である関西労働法研究会の諸先生方、あわせて、学業を暖かく支えて下さっている、勤務校たる近畿大学法学部の諸先生方には、この場を借りて、心から謝意を表する次第である。さらに、困難な出版事情の中で、たった一本の電話から本書の出版をお引き受け下さり、渾身のアドバイスを頂いている信山社の袖山貴氏には、誠に低頭した姿勢を崩せない。

最後になったが、これまで長きにわたり心身を暖かく育み、時に応じて経済的支援も惜しまなかった両親、オーバードクター時代を経済的にも精神的にも支え、運良く就職できた今現在も我侭をなだめつつも、自らも勉学に励んでいる妻、愛に心から感謝の意を捧げたい。

一九九九年一一月

三柴丈典

目　次

目　次

総括――比較法的示唆の考察――

RdA	Recht der Arbeit
RG	Reichsgericht
RGBl	Reichsgesetzblatt
RGZ	Entscheidungen des Reichsgerichts in Zivilsachen. Amtliche Sammlung
RMBl	Reichsministerialblatt
S.	Seite
SAE	Sammlung Arbeitsrechtlicher Entscheidungen
SPD	Sozialdemokratische Partei Deutschlands
TRK	Technische Richtkonzentration
usw.	und so weiter
VBG	Sammlung der Unfallverhütungsvorschriften (VBG-Sammelwerk), hrsg., vom Hauptverband der gewerblichen Berufsgenossenschaften
VDE	Verein Deutscher Elektrotechniker
VersRecht	Versicherungsrecht, juristische Rundschau für die Individualversicherung
vgl.	vergleiche
VO	Verordnung
ZfA	Zeitschrift für Arbeitsrecht
ZH	Verzeichnis von Sicherheitsregeln u. a., Schriften für Arbeitssicherheit und Arbeitsmedizin
ZRP	Zeitschrift für Rechtspolitik

BSG	Bundessozialgericht
BSGE	Entscheidungen des Bundessozialgerichts
BT	Bundestag
BVerwG	Bundesverwaltungsgericht
CDU	Christlich-Demokratische Union Deutschlands
CSU	Christlich-Soziale Union
DB	Der Betrieb
DIN	Deutsches Institut für Normung
DuR	Demokratie und Recht
DVO	Durchführungsverordnung
EG	Europäische Gemeinschaften
EuGH	Europäischer Gerichtshof
EuGHE	Sammlung der Rechtsprechung des Gerichtshofes der Europäischen Gemeinschaften
FDP	Freie Demokratische Partei
Fn	Fußnote
GewO	Gewerbeordnung
GG	GrundgGesetz
GS	Gesetz-Sammlung für die Königlich-Preußischen Staaten
Hrsg.	Herausgeber
HVGB	Hauptverband der gewerblichen Berufsgenossenschaften
JurA	Juristische Analysen
JW	Juristische Wochenschrift
KOM	Dokumente der Kommission der Europäischen Gemeinschaften
LAG	Landesarbeitsgericht
LAGE	Entscheidungen der Landesarbeitsgerichte
MAK	Maximale Arbeitsplatz-Konzentration
m. w. N.	mit weiteren Nachweisen
NJW	Neue Juristische Wochenschrift
NZA	Neue Zeitschrift für Arbeits-und Sozialrecht
OLG	Oberlandesgericht
OWiG	Gesetz über Ordnungswidrigkeiten
RABl	Reichsarbeitsblatt

〈略語一覧表〉

ドイツ法：

a. a. O.	am angegebenen Ort
Abs.	Absatz
AG	Arbeitsgericht
AiB	Arbeitsrecht im Betrieb
Anm	Anmerkung
AP	Arbeitsrechtliche Praxis (Nachschlagewerke des Bundesarbeitsgerichts)
ArbSch	Arbeitsschutz (Fachbeilage des Bundesarbeitsblattes)
Art	Artikel
ASiG	Arbeitssicherheitsgesetz
Aufl.	Auflage
AuR	Arbeit und Recht
BAG	Bundesarbeitsgericht
BAGE	Entscheidungen des Bundesarbeitsgerichts. Amtliche Sammlung
BAT	Biologischer Arbeitsstofftoleranzwert
BB	Betriebs Berater
BetrVG	Betriebsverfassungsgesetz
BG	Die Berufsgenossenschaft
BGB	Bürgerliches Gesetzbuch
BGBl	Bundesgesetzblatt
BGH	Bundesgerichtshof
BGHZ	Entscheidungen des Bundesgerichtshofes in Zivilsachen, Amtliche Sammlung
Bl	Blatt
BlStSozArbR	Blätter für Steuerrecht, Sozialversicherung und Arbeitsrecht
BMA	Bundesminister für Arbiet und Sozialordnung
BPersVG	Bundespersonalvertretungsgesetz
BR	Bundesrat

unterweisen　指導する，もしくは教示する
Unterweisung　指導
Urlaubsabgeltung　休暇補償
Urproduktion　原料生産
Urteilsverfahren　判決手続
Verbrauchen　費消
Verleiher　派遣元
Vernichten　廃棄
Versammlung der Belegschaft　従業員集会
Verschleißschaden　（労働による）損耗
Versetzung　配転
Verwaltungsvollstreckungsrecht　行政執行法
Verwarnung　警告
Verwendung　利用
verwendungsfertig　利用準備の整った
Vetorecht　拒否権
Vorabentscheidungsverfahren　先決的判決手続
Vorkommnis　事故
Vorrichtung　設備
Vorsorgeuntersuchung　予防検診
Vorsorgeverantwortung　健康管理責任
Vortragsrecht　（経営首脳に対する）上奏権
Vorwort　はしがき
weniger als ～　～を下回る（≠～以下）
Werkzeug　工具
Wirksamkeitsvoraussetzung　有効性要件
Zielgruppe　目的集団
Zubereitung　化学生成物
zusammenarbeiten　協働する
zusammenwirken　協同する
zuständige Behörde　管轄当局（cf. behördliche Anlage）or 管轄機関
Zustimmung　同意
Zuweisung　割り当て
Zwangsgeld　強制賦課金（※強制賦課金は，行政庁が，私人，その他の行政庁，公法人に対して作為または不作為を強制するため，行政執行法九条の定めに基づき特にその賦課を認められたもの）

※Personen, die den Arbeitsgeber zur Arbeitsleistung überlassen sind　派遣労働者
※Sicherheit und Gesundheitsschutz　安全衛生

Gewerbszweig　事業部門
Gewinnen　抽出
Grade der Unfallgefahr
　災害危険レベル
Handelsgewerbe　商業
Hebe-und Fördereinrichtung
　ジャッキ・コンベア設備
Herstellen　製造
～hören ～の意見を聴取する
in Berührung kommen　曝露する
Informationsrecht　情報権
Initiativrecht　発議権
Inverkehrbringen　流通
kognitives Ermessen　認識裁量
Kündigung　解約告知
Kurzpause　短時間休息
Lagern　貯蔵
Leistungsverweigerungsrecht
　給付拒絶権
Maßnahme　措置
Mensch　人
mehr als～　～を超える（≠～以上）
Merkblatt　手引き
Messung　測定
Mischen　調合
mitwirken　協力する
Ordnungsgeld　秩序金（※秩序金は，ドイツ民事訴訟法890条に基づき，第一審執行裁判所が科すもの）
personenrechtliches Gemeinschaftsverhältnis　人格法的共同体関係
persönliche Schutzausrüstung
　身体防護具
Positionspapier　宣言書
Rechtsvorschrift　法規
Regelungsspielraum　規制領域
Reichsversicherungsamt
　ライヒ保険局
Reichsversicherungsanstalt
　ライヒ保険施設
Rundverfügung　通達
Sachgemäßheit　合理性
sachgerecht
　有機的な，事理に即した
Schlichtungsausschuß　調停委員会
Schweigepflicht　守秘義務
Selbstkontrolle　自主統制
Sicherheitsobmann　安全管理要員
sittliches Empfinden　規律的感性
Sozialkommissar　欧州委員会第五総局（雇用社会問題担当）委員
Stiftung　財団
Stoff　物質，もしくは化学物質
technische Einrichtung　技術的設備
Thesenpapier　課題目録
Treuepflicht　忠実義務
Umfüllen　詰め替え
Umgang　接触（主に労働者について），取扱（主に使用者について）
umgehen　接触する（主に労働者について），取り扱う（主に使用者について）
Umgruppierung　格付け変更
Umwelt　環境
Unfallanzeige　災害申告
Unmöglichkeit von der Arbeitsleistung　労働不能
unter Druck gelöstes Gas
　圧力液化ガス
unterrichten　通知する
Unterrichtungsrecht　通知受領権
unterstützen　補佐する

beraten
　助言する，相談に乗る，協議する
Beratung　勧告，助言
Beratungsrecht　協議権
Beschäftigte　就業者
Beschlußverfahren　決定手続
Bestellung　選任
Betriebsanweisung　経営独自の指示
Betriebsordnung　経営規則
Betriebsversammlung　従業員総会
Be-und Verarbeiten　加工処理
beurteilen
　評価する，判定する，調査する
Beurteilungsmaßstab
　違法性判断基準
Beurteilungsspielraum　評価領域
Bewerbungsunterlagen　応募書類
Bildschirmarbeiten
　端末機器（ＶＤＴ）作業
biozider Wirkstoff
　生態環境破壊物質
Bundesberggesetz　連邦鉱業法
Bundesgesetzanzeiger　連邦法律広報
Bundesgesetzblatt　連邦官報
Buße　制裁
Bußgeld　過料（※過料は，秩序違反行為に対して原則として行政官庁が決定して科すものである。その具体的手続は，秩序違反法 (Gesetz über Ordnungswidrigkeiten) による）
Dienstvorschrift　職務規定
Eingruppierung　格付け
Einigungsstelle　仲裁委員会
Einrichtung　設備
Einstellung　採用
Einstellungsuntersuchung
　採用時検診
Einvernehmen　意見の一致
Entfernungsrecht　職場離脱権
Entlassung　解雇
Entleiher　派遣先
Ermessensspielraum　裁量領域
Erörterungsrecht　討議権
Erziehung　教育研修
Erzeugnis　生産物
Fürsorgepflicht　配慮義務
Gebrauchen　使用
Gefahrengruppe　災害危険グループ
Gefahrklasse　災害危険率
Gefahrtarif　災害危険度一覧表
Gefahrtarifstelle　災害危険度一覧表の中での位置づけ
Gemeinde　市町村
Genehmigung　認可，もしくは許可（※第三者の法律上の行為を補充してその効力を生じさせる場合に「認可」，公益上の目的から一般的に禁止された事柄に対する解除する場合に「許可」との文言を使用する）
Geschäftsgeheimnis　営業機密
Geschäftsleitung　経営管理者
Gesundheit　健康，もしくは衛生
Gesundheitsgefahr　衛生危険
Gesundheitsschutz　衛生もしくは衛生づくり，または衛生措置，衛生管理
Gewährsmann　情報提供者
Gewaltpflicht　支配義務
Gewaltrecht　支配権
Gewerbe　商工業
Gewerbearzt　社内診療医
Gewerbebetrieb　商工業経営

訳語一覧

Abberufung　解任
Abfüllen　移し替え
Abstimmungspatt　調整の行き詰まり
Angestellte　職員
Anhang　付則
Anhörung　聴聞または意見聴取（※行政機関による行政行為前後の意見聴取及びそれに類するものを「聴聞」とし，それ以外を「意見聴取」とする（詳細は林修三『法令用語の常識』（日本評論社，1975年）を参照されたし）
Anhörungsrecht　聴聞権
Anlage　①装置，設備，施設
　②付則
Anordnung　指図
Anregung　提案
Anschluß　補足部分
Anstalt　施設
Anweisung　指示
anzeigen　申告する
Arbeiter　労務者
Arbeitnehmer　労働者
Arbeitsablauf　作業工程
arbeitsbedingte Erkrankung　作業関連疾患
Arbeitsfriedenheit　職業上の満足感
Arbeitsgerät　作業器具
Arbeitsordnung　就業規則
Arbeitsmedizin　産業医学
Arbeitsmedizinische Maßnahme　健康管理
Arbeitsmedizinische Vorsorge　健康管理，健康診断
Arbeitsplatz　作業場
Arbeitsschutzausschuß　労働保護委員会
Arbeitsstätten-Richtlinie　職場に関する準則
Arbeitsstoff　化学物質
Arbeitsverfahren　作業手順
Arbeitsverweigerungsrecht　労務拒絶権
Arbeitswissenschaft　労働科学
Aufbewahren　保管
Auflage　指示
Auslegungshilfe　（解釈）基準
auslösen　惹起する，引き起こす
Auslöseschwelle　公的認定基準
Auskunft　情報提供
Ausrüstung　装備
Ausstattung　設備
Auswahlrichtlinie　選考指針
Betriebsgeheimnis　経営機密
Betriebsmedizin　事業所医学
Befördern　移送
Befügnis　権限，裁量
bekanntgeben　告知する
Bekanntmachung　公示
Belastung　負担（※「負担」は「健康被害」や「健康障害」に至らない不快感，刺激，圧迫感等を示す）
Belegschaft　従業員
belehren　教示する

労働安全衛生法論序説

序　論

わが国で労働安全衛生法が施行されたのは一九七二年一〇月一日であり（法律第五七号）、一九九九年一〇月には既に施行後二七年を経たことになる。とりわけ近年では、第四次産業とも呼ばれる知識集約型産業の展開に象徴される産業構造の変化、外国人労働者の大量流入、邦人出国者の増加などをもたらした国際化の進展、健康診断において有所見率の高い高齢労働者および生理・妊娠・出産・授乳などといった母性を有する女子労働者の増加と若年労働者の減少など様々な要因により、労働者の就業する職場環境は著しく変容し、これに伴って発生する労働災害の質も変化してきた。また、労働者の労働に対する意識の変化、たとえば「人間的な労働」を重視する姿勢も手伝って、(1)注目される労働危険自体もこれまでとは変わってきている。わが国を含め近年先進各国（脱工業国とも称される）で注目されている労働危険には、過密スケジュール、高レベルのノルマによる圧迫感、労働構成のあり方からくる過重負担、端末機器作業などによる光線照射の影響、ストレス、(2)不自然な姿勢による運動機能障害など様々なものがあり、これら人間工学、労働心理学を含めた労働科学の最前線でようやく認識されているにすぎない労働危険に対する法制度の早急な対応が求められている事情は各国にほぼ共通している。

思うに、このような高度の労働者保護というものは、広く雇用過程全般にわたる労働者の人格保護の追求に他ならず、これまでの労働時間管理を含めた各企業の労務管理のあり方そのものに対する本格的な挑戦を意味する。(3)

「働きやすい職場」というためには職場における人間関係も重要な要素となるから、セクハラなどという酷い例を挙げるまでもなく、上司による恫喝、陰湿ないじめ、有形無形の不利益取扱なども考慮の対象とされなければならない。大企業男子基幹労働者を中心に見られた終身雇用、年功序列などの日本的雇用慣行のあり方が変容しつつあるとはいえ、依然として使用者の経済的・組織的・人格的従属下にある殆どの男女労働者を念頭に置いたとき、このような極めて困難な問題に対抗するための有効な法政策を、それも労働安全衛生に関する法領域においていかに設定すべきか。かなり漠然としているが、これこそ研究当初から抱いていた基本的な問題関心である。

わが国における労働安全衛生法政策は、いうまでもなく一九七二年に発布された労働安全衛生法を基軸に、これをとりまく種々の関連法令を根拠として行政監督機関により実施されているが、前記のような現実に直面して、その体制に本質的な不備が目立つようになってきている。とくに先進諸外国との比較において指摘さるべき点としては、第一に、過去の建設業を中心とする安全対策を目して整備充実化されてきた安全基準の整備に比して、衛生基準の整備が極めて貧弱であること(4)、第二に、衛生面の対策に極めて効果を発揮する労働科学研究が米独等の諸外国に比べて立ち後れ、しかもその成果の迅速な法的吸収システムが十分に確立していないこと、第三に、複雑多様化した労働危険に対応するにあたり、本来そうした労働危険に最も身近な立場にある労働者の主体的活動を可能ならしめる権利体系及び参加法制、ならびに労働者がこのような活動をなす上での前提条件整備が欠如していること、などを挙げることができる。このように、現行労安法体制が抱える問題点は多岐にわたるが、こうした問題群の中でも最も注目するのは、第三に掲げる労働者権(5)及び労働者参加制度の欠如である。それは、かかる問題が各事業場レベルにおいて使用者を相手方とする場面においても妥当するのみでなく、それ以上に、例えば行政の(立)法政策においても、あるいは労働科学研究の深化においても妥当する本質的問題であるからである。すなわち、労働者の主体的活動がなければ、第一に掲げた衛生基準の迅速かつ適切な整備はおぼつかず、第二に掲げた労働科学研究の深化もはたまたその成果の迅速な法的吸収も十分な実現を見得ない。しかしながら、近年の規制緩和論において多くの労働法学者から指摘がなされているように、かりに労働者の主体的役割の一翼を担うことを期待し、この領域における労使自治・労働者権の確立を志向するにしても、専門的知識経験を要する複雑多様化した労働危険への対応をただ労働者ばかりに負担させ、その活動の不履行、不完全、瑕疵等を理由にかえってその責任領域を拡大させるのみの結果を生んでしまえば、これは本来の目的を外れる。そこでは、彼がその活動を行うにあたって前提条件となる高度な内容を有する物的・人的最低基準法制の整備、また彼に相当な知識経験を獲得させる法制度の整備が絶対不可欠の条件となる。

本書は、このような問題関心を基礎に、とくに労使自治・労働者権を焦点として各国の労働社会的、制度的背景に留意しつつ比較法的研究を行おうとするものである。しかして以下、第一部においては、先ずはわが国の労安法体制が抱える先に示した一般的な問題点をより具体化し、もってより明確な比較法の視点を得ることを目的として、第一に、わが国の労安法制度の歴史的経緯、とりわけ昭和期における展開過程の中でいかなる危害防止策が設けられ、またこのような防止策の実施にあたり労働者がいかなる位置づけに置かれてきたか、第二に、衛生危険に専門的対処を行う上で不可欠な現行労安法令上の事業場内保健制度の概要及び水準、第三に、各事業場において労使が共通目的を追求する場としての安全・衛生委員会(6)における労働者参加の枠組み、第四に、近年、すなわち平成期における労安法改正の経緯と労使自治・労働者権との関係性、並びに残された問題点、第五に、現行労安法令を根拠として、特に私法上労働者が行使しうる労働者権、とりわけ労災予防権の枠組み、第六に、わが国の主な労災防止団体たる中央労働災害防止協会及び労災防止協会の機関運営及び労災防止規程作成段階における労働者参加の枠組み、第七に、わが国における労働科学研究の沿革、規模、水準及びその研究成果の法的吸収システムのあり方のそれぞれにつき逐次検討を加え、わが国においてとくに労使自治・労働者権を論じる必要性が生じた背景をより明らかにしていくこととする。

【注】

(1)「労働の人間化」またはQWL (quality of working life) に関する各国の取り組みについては、法政大学大原社会問題研究所『労働の人間化』(総合労働研究所、一九八六年)、嶺学『労働の人間化の展開過程』(お茶の水書房、一九九五年) などを参照。ここにおいては、QWLが一九六〇年代に北欧とくにノルウェーの職場における産業民主主義の実験に端を発し、後にSTS学派 (一九五〇〜六〇年代にタビストック人間関係研究所を中心に活動した社会・技術システム論の推進者達を指す。STSはSocio-Technical Systems の略) の者たちにより、カナダ、北アメリカから世界中に伝播せられた歴史が綴られているが、興味深いのは、こうしたQWL活動が北アメリカとヨーロッパとで異なった展開過程を示し、北アメリカでは、人間資源の有効利用による生産性向上の性格が強いものとなっていったのに対し、ヨーロッパでは、経営者が概してその熱意を失ったにもかかわらず、政府、労働組合、各州研究機関、国際機関等を中心に、福祉国家思想に裏付けられた「労働における新たな人間的価値の実現」を目した展開がなされていった経緯が指摘されていることである。

(2) この点に関しては、都立労働研究所が行った複数の調査および米国での先駆的研究などを参考に分析・検討を行った以下の山崎論文において、詳細かつ興味深い研究がなされている。山崎喜比彦「今次技術革新下における労働・職場の変化とストレス—都立労働研究所における四つの調査をもとに」労働研究所報 (一九八八年) 九号一二九頁以下。これによれば、一概に技術革新下のストレスといっても、そうした機器の操作そのものから生じるいわゆる「テクノストレス」、これらの機器を導入したことにより間接的にもたらされる「ノルマストレス」など様々なものがあり、これらを一色単に考えても有効な解決は得られない、という。そして実際の調査結果からは、前者よりはむしろ後者を要因とする問題が多く発生している事実が指摘されている。また、このうちの「テクノストレス」について、さらにこれを機械への不適応による「テクノ不安症」と、機械へののめり込みによる「テクノ依存症」とに分類し、特に後者について興味深い考察を加えたものとして、吉竹博『現代人の疲労とメンタルヘルス』(労働科学研究所、一九九〇年) 二〇頁以下を参照されたい。なお、心理学者である吉竹教授は、本書の別個の検討部分において、こうしたストレス等による「うつ病」について述べ、これと過労との関係を指摘したうえ、うつ病状態をして要するに「生命的エネルギーの枯渇」状態と評している (同七頁)。さらに、これら端末機器関連のストレスとは別個に、近年特に産業衛生学上の注目を集めているものには、「看護婦、医師、弁護士など対人サービスに従事するヘルスケアプロフェッショナルのストレス、教育という特殊な業務に従事する教師のストレス、長期間の不規則勤務と重大な責任を課された航海士のストレス、重筋労作のすばやいテンポでの反復を求められる建設従事者のストレス、競争や責任、雇用の不安などを抱えた銀行員のストレスなどが報告されている」という (小林章雄「仕事と職場のストレス：第五回職業 (仕事) とストレス」産業衛生学雑誌四一巻 (一九九九年) 五号A七四頁)。

(3) 現に医学者の立場にある山崎氏からも、同様の指摘がなされている。すなわち、「疲労・ストレスの増大・蔓延をみ、『過労死』の不安・心配や危険の自覚が広がる中で、それへの対応・対策が様々なレベルで提案され、あるいは実際に進められている」ものの、こうした対応はえてして「個人的対症療法的対処」、「個人的防衛的対処」に片寄っており、「働きやすさ」、すなわち「人間の生理・心理にかなって無理や摩擦や葛藤のない、したがって長く働くこともできる、いわば『人にやさしい』労働・職場環境づくりの視点」が欠けていたのではないか、と。詳細は、山崎喜比彦「ホワイトカラーにみる疲労・ストレスの増大とライフスタイル」日本労働研究雑誌 (一九九二年) 三八九号一四、一五頁および本論文に掲載された他の諸文献を参照されたい。

(4) より詳細には、三柴丈典「アメリカにおける労災予防権の検討」季刊労働法 (一九九七年) 一八一号一三九頁以下を参照。

(5) 労働者権との用語は、「労働者の権利」を約めたものとして、本を正せば片岡教授の使用にかかるものである

（例えば片岡曻『労働者権と経営権』（労働法学出版、一九六三年）。故沼田稲次郎博士の唱える「人間の尊厳性」に立脚し、その根本理念を的確に示した叙述として、例えば片岡曻「労働法―その基礎理論と展開」（労働旬報社、一九七八年）七六頁以下他）が、近年では、西谷敏『ゆとり社会の条件：日本とドイツの労働者権』（労働旬報社、一九九二年）や宮島尚史『労働・治安刑法論研究：労働者権の側面より』（学習院大学研究叢書、一九九八年）もこの用語を使用しているところ、そこでは、労働者の個別的な契約上の権利から、憲法上導かれる個別的ないし集団的な労働基本権まで、極めて広範な要素が包摂されている。本稿もこれらの用語法に倣い、労働者権を「労働者の権利」として種々の法規、法理に根拠づけられる広範な意味内容を有するものとして使用することとする。

（6）　以後、安全・衛生委員会との表記は安全委員会及び衛生委員会ならびに次に述べる安全衛生委員会の全てを包括的に、安全衛生委員会との表記は労働安全衛生法一九条に定める両委員会の合体形式としての安全衛生委員会を指すものとする。

第一部　日本法に関する検討

第一章　現行労安法制度形成に至る歴史的経緯と労働者の位置づけ

(1)　黎明期――工場法時代における法政策

遡ってみるに、わが国の労働安全衛生法は、その前史から行政による取締法規としての性格を色濃く有していた。「工女」と呼ばれた女子および一〇歳以下の者も含む年少者を中心とする工場労働者が直面していた悪辣な労働条件[(1)]に対処するため、各都道府県別に発せられていた諸規則（たとえば大阪府の制定した明治一〇年「製造所取締規則」、東京府の制定した明治一四年「製造所管理に関する布達」など[(2)]）を統合して苦悶の末発布された明治四四年工場法二五箇条（施行はその五年後の大正五年―その内容は、保護職工（一五歳未満の者および女子）に対する労働時間制限、深夜業の禁止および危険有害業務への就業制限、職工一般に対する災害扶助規定など至極基本的なものに限られていた）が、わが国最初の本格的安全衛生立法であることは周知の事実であるが、これが国策としての富国強兵、殖産興業を背景に敷いていたことは、農商務省が本法案作成段階の明治二四年に各商業会議所に対して行った「職工ノ取締及保護ニ関スル件」と題する以下の諮問内容に典型的に示されている。

「本邦工業ノ発達ニ伴ヒ、旧来ノ庍戸製造ハ漸次工場製造ニ変遷スルハ勢已ムヲエザルノ情況ナリ、而シテ今ヨリ傭主職工間ノ関係ヲ円滑ニシ資本トノ権衡ヲ維持シ以テ相互ノ利益ヲ永遠ニ保全シ以テ諸般ノ扮擾ヲ未然ニ防遏スルノ目的ヲ以テ必要ナル法令ヲ制定スルハ工業発達上ノ緊要事件ナルヲ認メ茲ニ其区域程度及方法ヲ諮問ス」（傍線筆者）(3)

周知のごとく、この時期、明治政府は、強大な軍事力を持つ欧米列強に対抗するため、民間独自の産業の発展に期待することはせず、自ら官営工場を設立し、外国人監督者を投入するなどして急速な産業発展のイニシアティブをとった。そしてこのような施策のあり方は、労働安全衛生の領域においても同様に展開され、したがって、この領域における労使自治・労働者権の理念は意図的に排除せられていたと言ってもよいであろう。

他方、落盤およびガス炭塵爆発を中心に明治期より数百名単位での死亡事故を繰り返してきた炭鉱業においては、明治六年の時点ですでに日本坑法なる法律が制定されていたが、これもやはり鉱業労働者の労災防止をただ行政取締の観点から捉えるものにすぎなかった。例えば、本法三三条は以下のごとき定めを置いており、ここにおいてその性格が典型的に示されている。「凡坑法ノ意趣ニ戻ル過失アル者ハ軽重ニ従テ罰金ヲ命スヘシ。若シ事業粗略ニシテ人命ヲ失ハバ国法ヲ以テ論処スヘシ」。そしてこのような行政取締的性格がさらに顕著に現れたのが、明治二三年、一般保安の他鉱業労働者の安全衛生を所管する鉱業警察制度を導入した鉱業条例であり、ここで採用された鉱業警察制度は、鉱業条例を整備充実させる目的で制定された明治三八年鉱業法にも引き継がれ、現行法たる昭和二四年鉱山保安法制定後も通産省の管轄下にある鉱山保安行政として脈々と息づいている。

このように、国家主導の監督法ないしは警察法として出発した我が国の労働安全衛生法制ではあるが、その法目的の実現に際し、ただ強圧的な監督行政にばかり依っていたかと言えばそうではない。例えば第一次大戦後の一時期には、大正八年のＩＬＯ発足および我が国の常任理事国としての加盟、大正九年の内務省社会局誕生および同局の推進した工場法改正(4)などもあって、この分野における法規自体の整備は進んでいたが、法の施行を司る工場監督官の不足(5)、生産第一主義をとる工場主の法意識の欠如、労働者自身の安全意識の低迷などから、実態として必ずしも十分な成果を得るには至っていなかった。とりわけ明治・大正時代にかけて隆盛を誇った紡績・製糸業における結核の蔓延は工場法施行後もなんら変わりなく（むしろ増加傾向を辿り）、このような疾病は、これに罹患した者が帰郷した先で病原菌を移すことで、なかば国民病と呼ばれるまでに伝播していた。各企業においては産業医を中心とする医療保健制度をほとんど置いていなかったし、産業への打撃を恐れて正確な資料の公表を渋った政府の対応もこれに拍車をかけることとなった。そこで政府は、大正期より主として大企業に芽吹いていた安全運動を後方から支援、活用するなどして、より大きな成果を挙げようと図ったのである。とりわけ大正一四年には、全国各地域ごとに形成されていた工業主団体を統合して、初の全国規模の災害防止団体となる産業福利協会が設立され、独自の安全規制の作成を含め総合的な労災防止活動を行って一定の成果を挙げることとなった(6)。

しかしながら、これらの運動が、あくまで官のイニシアティブの下に展開されたこと、その主体が経営者自身もしくは比較的経営層に近いレベルにあったこと、かりにこれらが当たらない場合でも、各社経営陣の先見的理解がなければなされ得なかったことについては、十分確認される必要があろう。とりわけ産業福利協会については、その会則七条において、同会会長が社会局長官、理事長が社会局第一部長たるべきことが定められ、その事務所は社会局内に置かれていた。実施された殆どの活動は、社会局との連携というよりその指導のもとにあり、要するにその目的は、内務省社会局による労働行政の円滑化へ向けられていたのである。

さらに、昭和初期に至って重化学工業が急速な展開を始め、これが災害の質に著しい変化を及ぼすようになると、政府の官民一体政策はいっそう強化されてくる。この時期にその外輪を形成された政府の方針、すなわち行政取締法規としての労働安全衛生法をベースに自らの主導的地位を確保しながらも、その効果的実現を図るため、事業主を中心とする民間個人・団体に運用責任の一部を委ねる手段は、戦時期を隔て、戦後の労働安全衛生政策にも色濃く継承されていくのである。

(2)　変革期――戦後労安法制定に至る法政策

終戦後のわが国の労働安全衛生法政策において、民間領域での自主的安全衛生活動の視点から重要な展開は、なんといっても昭和三九年の第四六通常国会に提出された「労働災害防止団体等に関する法律（昭和四七年改称「労働災害防止団体法」）（法律第一一八号）」の可決成立である。すなわち、本法は、戦後一〇年程を経過し、わが国が奇跡的高度経済成長期に入り、鉄鋼、機械金属、化学工業の重化学工業の進展を遂げ、中小規模事業場を中心に労災の発生件数の増加と規模の拡大を見るにいたり、既存の労基法制度に基づく規制行政が限界に達したことから制定されるに至ったもので、「個別的事業場における自主的安全活動の促進」、「労務管理に直接携わるライン各級責任者を通じた安全衛生施策の執行」を骨格とする昭和三八年第二次産業災害防止五カ年計画を基底に置くものである。ここでは、①公的性格を持ちながらも自主的な安全衛生活動を展開する組織としての中央労働災害防止協会（以下中災防とも呼称）および業種別の労災防止協会（以下協会とも呼称）の設立[7]、②構内下請け事業における統括的安全衛生管理責任体制の確立、③国家による災害防止計画策定の三点を柱とする法的基盤が整備され[8]、とりわけ①の労災防止団体は、ドイツの災害保険組合、フランスの社会保障金庫に倣い、労働者の意見聴取を前提に作成される災害防止規程の発効権限を与えられるなど、自主的安全衛生活動の枠組みが一応整備されることとなった。しかしながら、このような施策もその本質は行政—事業主間の協力体制の整備に他ならず、後に詳述するように、労災防止団体の運営及び規程作成手続に労働者を関与せしめる法的根拠も極めて不十分である。構内下請事業における安全対策にしても、これまで不十分であったライン管理者による一元的な安全衛生管理責任体制の整備を目したにすぎず、労働者権・労働者参加の視点は全く見られない。

他方、戦後の労働安全衛生法制の展開状況を顧みると、昭和二二年労働基準法（昭和二二年法律第四九号）に基づく労働省令たる旧労働安全衛生規則（昭和二二年労働省令第九号、以下旧労安則もしくは規則とも呼称）を手始めに、「ボイラ及び圧力容器安全規則（昭和三四年）」、「電離放射線障害防止規則（昭和三四年）」及び「労働基準法第四八条の有害物を指定する省令（昭和三四年）」、「四エチル鉛等危害防止規則（昭和三五年）」及び「有機溶剤中毒予防規則（昭和三五年）」等が整備されたことにより、職場の安全衛生規制、労働時間規制を含め、工場法時代とは比較にならない水準の規制が整備されていた。とりわけ旧労働安全衛生規則は、工場法時代に施行された本格的な労働安全衛生規制たる昭和四年工場危害予防及び衛生規則等の諸規則に加え、ＩＬＯ条約、勧告等の国際規準、工場監督行政の知見等に照らし、整備充実されたもので、昭和二四年改正で新設された各事業場への衛生管理者選任の義務づけをはじめ、その骨格は現行労安法にも引き継がれている。[10]さらに、昭和三〇年七月には、足尾町民などによる鉱山復興運動の気勢を受け、労働省労働衛生課が戦後の最重要課題として行政施策を施してきた珪肺症対策がようやく立法化され、「けい肺及び外傷性せき髄障害に関する特別保護法」、その後三五年には「じん肺法（昭和三五年法第三〇号）」として、従来私傷病として無視されがちであった珪肺の全国統一健康診断、打切補償後の長期療養・休業給付の支給、環境・工学的研究など、予防、診断、治療、補償にわたる総合的施策を導いていた。しかしながら、このような法制の枠組みは、戦後直後においてはＧＨＱの後押しを受け、あるいは労働省を中心とする行政のイニシアティブにより形成され、専門家の有効活用を主眼とする「上からの働きかけ」をその特質としていたことから、とりわけ危険の下請化のあおりを受けた中小企業における労使双方の法意識の欠如を生み、結局高度経済成長期における労働災害の重篤化傾向に歯止めをかけ得ないでいた。しかも、統計上の労災発生件数自体は減少傾向を示していたことから、先の労災防止団体法においても、それがモデルとした独仏の災害防止団体法制における労使自治的要素（これについては第二部第三章第二節第一款において詳述）は敢えて骨抜きにして導入が図られたのである。

その結果、昭和四〇年代に入り、頚肩腕症候群、ベンジン中毒等新たな職業病群の発生拡大、急速な都市化に伴う工場内有害物の工場外への被害拡大を見るに至って既存の法制はいよいよその実効性を欠き、ここにおいて現行労働安全衛生法が単独立法としての制定を見ることとなる。問題は、かの立法の制定過程において、労使自治・労働者権の視点からいかなる展開が図られたかであるが、労働省が昭和四四年に発足させた労働基準法研究会安全衛生委員会の提言内容ならびにこれを受けて同省が昭和四六年に行った新聞発表における法案趣旨説明を見る限り、本法の立法趣旨の眼目は、あくまで①危害防止基準の具体化、明確化、精密化、②新工法、新原材料の採用などに伴う事前審査の制度化、すなわち危険有害物の製造段階での規制、③既存の最低基準規制に加え、実態に即した指導、勧告を含むきめ細かい行政の根拠づけ[11]、④安全衛生研究部門の拡充、⑤構内下請企業に対する親企業の責任強化等に向けられていたことが明らかであり、とても労働者を主体に据える法体系とは言い難い。しかしながら、該新法制定にあたっては、その後総評（日本労働組合総評議会）及び同盟（全日本労働総同盟）等から、契約直律効を法定されている労働基準法との関係性如何が問われたこともあり、国会審議における渡邊(健)政府委員の次の如き答弁が引き出されるとともに、「労働基準法とあいまって」と規定する現行労安法第一条、および「労働者の安全及び衛生に関しては、労働安全衛生法の定めるところによる」と規定する労基法四二条の実現を見ることとなった。すなわち、「基準法と（労安法のごとき）個別法とは姉妹法の関係に立」ち、「形といたしましては基準法から別個の法律となったといたしましても、基準法全体の法体系の中の一員である点には変わりはございませんので、そういう意味で基準法体系の中の基本法としての基準法の性格ということは、今後ともいささかも変わるものではない」、と。[12] また、かかる労働者団体の意見もあり、国会審議段階において、新たに緊急時における事業者の退避措置実施義務（法二五条）等が追加される修正がなされ、ごく僅かながら本法に労働者権に関連する法的枠組みが整備されるに至った。

なお、前記「労働災害防止団体等に関する法律」は、その骨子のうち②構内下請け事業における統括的安全衛生管理責任体制の確立（労安法においては統括安全衛生責任者制度―法一〇条）、③国家による災害防止計画策定（労安法においては「労働災害防止計画」の作成公表―法六条）の二点が労安法に吸収統合されたため、労災防止団体に関する規律のみが残り、同じく四七年に改称されて「労働災害防止団体法」として現在に至っている。

(3)　展開期①――昭和期における法改正と労働者の位置づけ

昭和四七年に労安法が制定されて以来、労働省による様々な融資制度、助成制度の効果もあり、とりわけ中小企業における安全意識の高揚にはたしかに一定の変化が見られた。構内下請作業を行う下請―元請企業間の相互啓発、中小企業経営者の責任意識の一般化、組合の安全・衛生委員会での提言の活発化など、わが国の労働安全衛生法体制は、公―使―労の指導順位に変動はないものの、着実にその効果を挙げていたのである。[13] しかしながら、労働安全衛生問題はその時々の社会的、技術的、経済的、政治的、文化的諸事情に応じて絶え間なく生じてくるものであり、事実本法も、その制定以降、昭和期のみでも計六回にわたる改正（昭和五〇年法二八、同五二法七六、同五五法七八、同五八法五七、同六〇法五六、同六三法三七）を経ている。このうち職場の衛生危険対策という点で特に重要な法改正は五二年及び六三年改正であり、本項及び次項では、この両者につき、その背景および目的ならびに本稿が目的とする労使自治・労働者権との関係性につき整理し、もって現行法制の特質を探ることとする。

まず、昭和五二年法改正の背景および目的を一言で表せば、それは職業がん等の新たな職業性疾病の蔓延とこれに対する対策の充実強化ということができる。とりわけ職業がんについては、昭和四九年にＩＬＯにおいて職業がん条約が採択されるなど国際的問題意識も高まっていたが、わが国の従来の労安法が予定していた対策は、事業者による化学物質の有害性調査の実施、それも努力義務としての規定にとどまっていた。そこで本法改正案には、①事業者による新規化学物質の有害性調査の実施義務および発がん性物質等の有害性調査の労働大臣の指示を前提とする実施義務ならびに新規化学物質の有害性調査の結果その他の事項の労働大臣に対する届出義務および発がん性物質等については労働大臣の指示を前提とする報告義務（現行法五七条の二第一項、五七条の三第一項等に対応）[14]、②該届出を受けた労働大臣による事業者に対する労働者健康障害防止措置の勧告権限（同じく法五七条の二第四項等に対応）、③労働大臣またはその任を受けた専門家による疫学的調査の実施権限（法一〇八条の二第一項、第二項、第三項等に対応）などが盛り込まれ、参議院社会労働委員会における若干の修正の後、昭和五二年六月九日に本会議において可決された。因みにこの修正は、法案五七条の二第五項、五七条の三第五項、一〇八条の二第四項により、化学物質の有害性調査に関係する学識経験者、疫学的調査等の実施の事務に従事した者への賦課が予定されていた守秘義務[15]に、以下の但書を付加するものであった。すなわち「ただし、労働者の健康障害を防止するためやむを得ないときは、この限りではない」、と。なお、本法改正に当たっては、中央労働基準審議会（以下中基審とも呼称）において労働者の危険有害業務就労拒否権の法定の如何が議論されたが、結局コンセンサスを得られずに終わっている。

このように、五二年法改正においては、行政―事業者間において危険有害物に関する情報伝達及び調査制度の充実化が図られ、とりわけ企業機密との関係で労働者の健康障害の防止を優先する法的根拠が明確化された点に大きな意義を有するものの、このような情報伝達の対象に労働者は据えられておらず、また労働者による危険有害性調査権も労使協議の枠組みも設置されていない。したがって、労働者の健康障害に関する情報は一括して行政の手にわたり、なおかつ行政の対応はその裁量に委ねられるという従前の枠組みが維持され、この過程に労働者が関与する法的根拠が存しない状況は依然改善を見てはいない。

次に、本改正に続く昭和五五年法改正の概要について若干を述べれば、これは、労安法制定以降依然として高水準に留まる建設業労災発生件数、とりわけ死亡者数が全産業におけるそれの半数近くにも達する事態が継続していたことを背景におき、その目的は、請負生産、一品生産等建設業の特殊性に配慮して、そうした事態の根本的解決を図ることにあったということができる。具体的な法案化段階では、(1) 一定規模以上の建設工事について事業者（＝特に発注者及び元請負人）による計画の届出義務、計画作成段階において一定資格を有する者を参画させる義務、および該届出を受けた労働大臣の技術的審査に続く必要な場合の勧告及び要請権限の設定（現行法八八条三ないし七項、八九条等に対応）、(2) 特定元方事業者[16]及びその任を受けた統括安全衛生責任者の工程計画及び機械等の配置計画作成義務、統括安全衛生責任者を補佐する元方安全衛生管理者（一般事業場でいう安全・衛生管理者に相当する）の選任義務および統括安全衛生責任者による元方安全衛生管理者の指揮監督義務の設定等（同じく法三〇条一項五号前段およびこれに関連する一五条、一五条の二等に対応）が盛り込まれたが、建設業特有の事情も手伝ってか、その重点は工事の計画段階における規制及び職場の安全衛生管理体制の充実化へ向けられており、いずれも行政—事業者（専門家）を主体とする枠組みに幾分なりとも変動を来すものではなかった。

(4)　展開期②——昭和期における法改正と労働者の位置づけ

前項に引き続き、労安法制定後一五年目に行われた昭和期最大の法改正たる昭和六三年改正のうち、とりわけ労働者健康保持増進対策部分、ならびにその労使自治・労働者権との関係性について、これを独立して取り上げることとする。現行労安法には、その制定時において既に「快適な職場環境の形成」がその目的として掲げられていたものの（法一条）、その具体的実現方策の規定は決して十分とはいえず、本改正はこの点の修正を目した初めての本格的改正である。したがって、本改正は、従来の安全対策の不備の修正も含め、本法本文のみでも四〇を超える条文の修正新設を盛り込む大規模なものとなっている。諸外国においてもほぼ共通して労働保護対策の重点が安全から衛生へと移行し始めていた一九八〇年代、わが国においても、若年労働者に較べ労災発生率の高い高齢労働者の増加、ＭＥ機器等の導入による労働者のストレス問題に対する注目度の高まり等々既存の労安法制の本質的修正を迫る背景が拡大し、行政としても早急な対応を強いられていた。しかるに、このような諸問題に対処するため、中基審の建議を受けて労働省より閣議に提出された改正法案のうち、労働者の健康保持増進に関わり、なおかつ労使自治・労働者権の視点からも重要なものとしては、次のような項目を挙げることができる。

第一に、例えば第七章のタイトルの「健康管理」から「健康の保持増進のための措置」への変更、法七〇条の見出し変更等を行うことにより、本改正において労安法制度の資すべき目的が消極的な健康管理から積極的な健康保持増進施策へと転換されたことが重要な意味を持つ。そしてここでは、かかる目的の実現方策として、法六九条第一項において、まずは事業者に対して、労働者の健康教育―健康度測定結果に基づく運動指導、メンタルヘルス・ケア、栄養指導、保健指導等を含むトータル・ヘルス・プロモーションプラン（THP）の指導（これは必要に応じて勤務条件や仕事内容の調整、さらには私生活上の健康維持対策にも及ぶ）等(17)、ならびに健康相談その他労働者の健康の保持増進措置の実施努力義務を課すとともに、事業者のみの規律では実効性が図れないとの趣旨から、第二項において、労働者自身に対しても自助努力義務を設定している。また、法六〇条の二においては、技術革新の進展に伴う新規機械の導入や作業態様の変化等への対応のため、特に危険有害業務就労者を対象とする幅広い安全衛生教育の実施努力義務の設定がなされ、法六五条の二及び三においては、事業者自身による作業環境測定結果の「評価」及びこれに基づく必要な措置の実施義務(18)、労働者の健康に配慮した作業管理の実施努力義務が法定されるなど、補強的な対策も図られている。さらに、本稿の目的との関係でより注目すべき点として、本法改正において新設された法七〇条の二及び七一条の修正が挙げられる。ここでは、国による健康保持増進対策指針の公表および必要な資料の提供等諸種の援助が法定され、国がほぼ一元的に管理していた危険有害要素及びその除去手段に関する情報が事業者に対して伝達さるべき手段が制度化されたからである。

そして第二に、本稿の目的との関連で最も注目されるべき点として、法一八条及び一九条における、衛生委員会および安全衛生委員会の調査審議事項への労働者の健康の保持増進に関する事項の追加ならびに該委員会への産業医の必要的参加の法定を挙げなければならない。現在わが国の労安法制度上唯一労使自治的枠組みが法制度化されているのは安全・衛生委員会であるが、本法改正の目的実現のため、消極的意味あいを持つ労働者の健康障害防止のみならず、より積極的な健康の保持増進までもが同委員会の調査審議事項に加えられ、その実効を確保するため、産業医の必要的参加が法定されたことは、同委員会の活動の活性化を促す意味でも一定の前進と評価することができる。

続いて第三に、本改正においては、中小規模事業場における安全衛生管理体制の充実強化として、中小規模事業者―常時一〇人以上五〇人未満の労働者を使用する事業場―に対して安全衛生推進者又は衛生推進者の選任の義務づけ（現行法では法一二条の二に対応）がなされたことが注目される。かような制度についての詳細は後述するとして、これら推進者の選任資格要件は特に厳格に定められているわけではないので、通常は従業員の中から適当な者が選任されることが想定されていることから、その活用のありようによっては、労働者の安全衛生意識の高揚及び労働者参加の一態様として機能しうる側面を有している。なお、本改正においては、法一九条の二において、安全・衛生管理者に加え、安全衛生推進者、衛生推進者その他労災防止業務に従事する者に対して、事業者による教育、講習実施努力義務の設定ならびに労働省による指針公表の制度化がなされており、専門家教育の充実化が図られている。

さらに第四に、本法改正に伴い、新労働安全衛生規則（以下労安則もしくは規則とも呼称）、鉛中毒予防規則、有機溶剤中毒予防規則等の改正が行われ、これによって労安法六六条に定める各法定健診の健診項目が拡大されるなどの充実化が図られたことに留意する必要がある。(19) 例えば労安則で規定されている雇入時健診（四三条）及び定期健診（四四条）の健診項目には、①貧血検査、②肝機能検査、③血中脂質検査、④心電図検査の四項目が加えられ、このうちとりわけ③および④の健診は、中高年労働者の職業性疾病として問題視される脳血管疾患や虚血性心疾患等の発見に有用であるとされる。その他にも、(1) 定期健康診断について、「血圧の測定並びに尿中の糖及び蛋白の有無の検査」の省略が認められなくなる、オージメータによる「聴力の検査」の法定（中高年者については絶対、それ以外については医師の判断による）、また(2) 海外長期派遣労働者の増加に伴い、該派遣労働者に対する出国時及び帰国時の特定項目—通常の定期健診項目プラス血糖・血中尿酸量・B型肝炎ウイルス抗体等—健康診断の実施を新たに事業者に課す、さらに(3) 鉛や有機溶剤への低濃度長期間曝露対策としての血液、尿、呼気等の検査による有害物の体内摂取量検査の制度化などの改正が行われ、生産の高度化、技術革新、新原材料の導入等に対応する健康診断制度改革の第一歩が踏み出された。なお、こうした法律上の健康保持増進対策の設定に当たり、労働省は個々の労働者の健康情報が一括して産業医に集中するよう指導し、もってそのプライバシー保護に努める旨を述べている。[20]

このように、昭和六三年改正は、職場における健康障害の除去から、より積極的な健康の保持増進へと労安法令の目的を高度化し、その目的達成のため、従来行政による取締を中心に構成されていた法体系を一定程度事業者レベルに落とし、もってその実効性を図った点に意義を認めることができる。しかしながら、その規定は依然として努力義務形式を中心とし、そして労使自治・労働者権の視点からの改正は、安全・衛生委員会の調査審議事項の追加以外にさしたる要目が存しない。とりわけ健康の保持増進対策における労働者の自助努力義務の設定は、危険有害業務就労者への安全衛生教育の実施を努力義務として設定したこと等の例外を除き、十分な前提条件を欠くものであったことから、ほんらい労務管理の実務において改善さるべき対策を労働者の自主健康管理に委ねるという、規定本来の趣旨を外れる結果を招いてしまった。さらに、殆ど唯一実質的改善が図られた安全・衛生委員会制度についても、後述するその本質的性格になんら変更が加えられていないことから、その趣旨の徹

底は、決して十分に果たされてはいない。(21)

【注】

（1）一二時間労働の二交替制、安全装置のない機械労働、狭い寄宿舎での管理、度重なる深夜業、操作上のミスに科される工場罰など枚挙にいとまがない。労災についてみても、当時盛んであった紡績業における明治二九年度の調査では、機械による怪我、結核などの消化器病を筆頭に、八四％にものぼる罹傷病率を記録したという。いうまでもなく、これらの事実は名著横山源之助『日本の下層社会』（岩波書店、一九四九年）、農商務省商工局『職工事情』（農商務省商工局、一九〇三年）、細井和喜蔵『女工哀史』（改造社、一九二五年）などに克明に記されている。

（2）これらの諸規則は、直接には工場そのものに対する取締りを目的としており（とりわけ工場の建設、ボイラーに関する規制が中心）、警察官署においてその施行を司っていた。

（3）この諮問の二年後、明治二六年には、当時の主要産業を構成していた大日本綿紡績同業連合会により職工取扱準則と称される規約が制定され、これに業務災害補償、深夜業禁止、工場内の換気など若干の労働条件基準を盛り込むことにより、工場法制定への牽制がなされた。しかしながら、資本家の工場法施行へ対抗する頑な姿勢は、後に大河内博士が労働力再生産論として理論化した労働力保全の視点（大河内一男『社会政策・総論』（有斐閣、一九四九年））などから徐々に修正されていくことになる。

（4）この改正の焦点は、適用工場の拡張、保護職工の範囲の拡張、就業時間の短縮、深夜業規制の強化、行政官庁の監督権の強化などにあった。このような改正は、この時期既に独自の販路を拡大し、一定の体力をつけていた大企業にとってさほど負担とはならず、また就業時間短縮、深夜業禁止などについては生産過剰からむしろ操業短縮が望まれていたこともあり、本法制定時に比べれば大きな反対はなかったという。

（5）工場法施行当初、その適用工場数は一万九四一七個、同労働者数は一一二万三二八名であったが、これに対する監督官吏の数は二〇八名にすぎず、その後の適用工場数の増加に際してもほとんど増員がなされなかった。もっとも、工場法施行に関する実質的権限は各府県に委ねられていたため、このような工場監督官の不足を補うために各地において警察官吏による補充代替制度がとられ、「サーベル」をつけた官吏が臨検を行う姿が垣間見られたという（中央労働災害防止協会（中災防）『安全衛生運動史』（一九八四年）六九頁以下）。

（6）なお、わが国では、とりわけ昭和三〇年代から四〇年代にかけて、ＱＣ（Quality Control）運動あるいはＺＤ（Zero Defecte）運動と呼ばれる小集団活動—多くは一〇名程度—が大規模事業場を中心に編成され、それ本来の役割である品質維持向上活動と共に安全・事故防止活動にも邁進するようになり、これが結果的には安全衛生活動への労働者「全員参加」の機運をもたらすようになった。

ＱＣ、ＺＤ両運動のうち、ＱＣ運動はわが国で、ＺＤ運動はアメリカで、それぞれ一九七〇年代はじめに生まれ、国際的影響を与えたものであるが、両運動がわが国において著しい展開を示した背景、形態には、わが国独自のものがある。第一に、その背景であるが、これについては、例えば三隅教授らのグループ研究において既に以下のような指摘がなされている。すなわち、戦後「日本経済の発展に伴い若年労働力の不足を土台として労働意識や価値観などが変化を見せ始めた時期であって、経済的報酬（アメ）と権力・統制（ムチ）によって従業員を動機づけることが困難となり、新しい労務管理の方向を模索していた時期」にあった、と。両運動は、これらの事情を背景に、人間としての従業員の主体性と積極性を尊重（ならびに利用）して参画意識を高めようとの目的で実施された点において、共通している。第二に、その形態であるが、これについても、やはり三隅グループの研究からＱＣ、ＺＤ両運動においてそれぞれ次のような特徴の存在が指摘されている。

ＱＣ—①例えばアメリカ等であればスタッフ中心の構成になるところ、わが国ではいずれの階層にある従業員もいずれかのＱＣサークルに所属する全員参加型制度を採用。②サークル活動は時間外を原則とし、週一回平均の会合の開催、一テーマの解決期間は三〜六ケ月を予定。③「従業員個々人が集団目標に全力をつくすとともに個人的満足感をも満たすような、……集団目標と個人目標を統合する」システム—リンキング・ピンシステム、ファミリートレーニング制—の構築等々。

ＺＤ—①該運動の採用決定が一方的に会社トップによってなされる（この点はＱＣにおいても同様）。②運動開始までの手続が主として管理・監督者を対象になされ、一般従業員への周知は開始直前期になされる。③業績評価段階において、例えばアメリカの場合個人業績を重視した評価体系であるのに対し、わが国ではグループ単位での評価体系がとられる。④ 目標設定がグループ単位の自主的決定に委ねられるため、目標項目が広範囲にわたる場合が多い等々。

しかしながら、このような取り組みは、そもそもそれ自体が「上からの取り組み」であり、あくまで事業者側の労務管理の一環としてなされたものである点が看過されてはならない。すなわち、これらの運動の理念は、「全従業員一人一人の行為が経営に直結することを意識づけ、全員一丸となって会社業績向上に寄与することをねらった経営管理上の技法で、モチベーションプログラムであることについてはアメリカもわが国も……相違はなく」、しかもわが国におけるその取り組みは、製造・加工業を中心とする一部産業における大中規模事業場において一般化したにすぎないことも広く知られている（以上の記述については、とりわけ三隅二不二編著『リーダーシップ（現代経営学全集七巻）』（ダイヤモンド社、一九七二年）を参照した）。

(7)　これは、① 建設業労働災害防止協会、② 陸上貨物運送事業労働災害防止協会、③ 港湾貨物運送事業労働災害防止協会、④ 林業・木材製造業労働災害防止協会、⑤ 鉱業労働災害防止協会、の五つに分けられ、いずれも労働災害防止団体法の制定当時（高度経済成長初期）に労災の集中していた産業である。

(8)　村上茂利『労働災害防止団体法解説』（日刊労働通信社、一九六四年）八頁。

(9)　旧労基法四八条は以下のごとく定めを置いていた。

「黄りんマッチその他命令で定める有害物は、これを製造し、販売し、輸入し又は販売の目的で所持してはならない」。

(10)　本規則についての詳細は、中川一郎『詳解改正労働安全衛生規則』（三晃社、一九五〇年）を参照されたし。

(11)　そもそも一〇〇条を超える条文を擁する本法においては、罰則規定のない努力義務規定、訓示規定が多数を占め、本質的に行政行為を前提とする法体系が形成されている。

(12)　佐藤勝美『労働安全衛生法の詳解』（労働基準調査法、一九九二年）七七頁。

(13)　この時期、昭和五〇年には、作業環境測定法（昭和五〇年五月一日法律第二八号）の制定により、労安法で定められた作業環境測定の詳細な実施基準が具体化されている。

(14)　ここで五七条の二は、未だ有害性の判明しない新規化学物質をこれから製造・輸入しようとする事業者に対する規制であり、他方、五七条の三は、五七条の二に定める有害性調査等によって発がん性等その健康危険性又はその疑いが存することが判明した化学物質を既に製造、輸入、又は使用している事業者に対する規制である。

(15)　参議院社会労働委員会における法案審議中の労働省の説明によれば、この守秘義務規定は、あくまで新規化学物質を官庁に届出させるため、現行法八九条に既に存する規定に倣って起案されたものであり、したがって、該規定に「正当な理由がないのに」、との文言あるいは後に挿入された但書が存しなくとも、労働者の健康被害に関係する事情があれば、その逸脱は当然に正当行為として是認されると説明されている。

(16)　元方事業者とは、「事業で、一の場所において行う事業の仕事の一部を請負人に請け負わせているもの（当該事業の仕事の一部を請け負わせる契約が二以上あるため、そのものが二以上あることとなるときは、当該請負契約のうちの最も先次の請負契約における注文者）」を指し（法一五条一項）、特定元方事業者とは、こうした元方事業者のうち建設業及び造船業を示す「特定事業を行う者」を指す（法一五条一項、労安令七条）。元方事業者は、あくまで「仕事の一部を請負人に請け負わせるもの」であるから、自身は当該仕事を自ら行わない発注者はこれには属さない。かかる発注者についての労安法上の規定として、例えば三〇条二項前段及び四項等を参照されたし。

(17)　その概要を包括的に図示したものとして労働省労働基準局労働安全衛生部労働衛生課「特集・労働安全衛生法改正のポイント」労働衛生（一九八八年）二九巻七号一六頁参照。ここで各活動を行う主体としては、健康度測定―産業医、運動指導―ヘルスケア・トレーナー、メンタルヘルス―心理相談員、産業医、栄養士、保健婦等が予定されている。すなわち行政は、これらの専門スタッフこそが、法七一条にいう「健康教育等に関する指導員」に該当すると解しているのである。

(18)　本条文の新設に際して労働省は、その測定結果に基づき作業環境の状態を第一管理（良好な状態）、第二管理（なお改善の余地有り）、第三管理（直ちに改善が必要）に分類し、このうち第二、第三管理事業場について局所排気装置の設置あるいは産業工程の変更等の措置を講じさせるよう指導していく旨を述べている（昭和六三年五月一

○日衆議院社会労働委員会松本政府委員答弁)。

(19)　詳細は、労働省労働基準局労働安全衛生部労働衛生課・前掲解説「法改正・健診項目加わる」労働衛生三〇巻六号(一九八九年)一一頁以下参照。

(20)　労働省労働基準局労働安全衛生部労働衛生課前掲解説(一九八八年)一八頁。

(21)　本改正すなわち現行労働安全衛生法令自体が抱えるかような瑕疵は、総評が、労働省が本法改正案の検討を開始した昭和六二年に労働大臣宛に提出していた二通の要求書、すなわち「労働安全衛生法の一部改正問題についての考え方(一一月)」および「労働安全衛生法及び関連法令の改正要求書(一二月)」において、以下のごとく既に示されていたことからすれば、労働省としては、かかる問題点を意識しつつも、あえてその実現に躊躇した実情が伺われる。

(1)　先ずもって、労働省の災害統計自体がその管理管轄する補償支払対象者数のみを対象としており、必ずしも正確な統計たり得ない。

(2)　半病人的労働者、ノイローゼ、鬱病罹患者の蔓延に対し、国と事業者による職場労働者の健康維持政策に期待することには限界がある。

(3)　労働省労働施策における労働時間、密度、賃金、要員等、労働条件の本質的改善の視点ならびにこれに対する実効的法制が欠如している。

(4)　とりわけ法二五条に関連して、労働者自らの判断により行使しうる危険有害業務就労拒否権が法定されていない。

(5)　とりわけ法一七、一八、一九条に関連して、安全・衛生委員会の付議事項に産業医の選任に関する事項が欠如している。

(6)　とりわけ労安則一五条に関連して、産業医の職場巡視義務の完全履行措置と安全・衛生委員会への報告義務が欠如している。

(7)　とりわけ法五七条に関連して、有害物情報についての就業労働者の知る権利の保障が欠如している。

(8) とりわけ法五七条の二及び三、六五条に関連して、疫学的調査、環境調査等への労働者・労働組合の参加、立会制度の欠如。該調査結果の労働組合、安全・衛生委員会への報告の義務づけが欠如している。

(9) とりわけ法六六条に関連して、健康診断結果の安全・衛生委員会への報告制度が欠如している（※労働者本人への報告については後の法改正で改善）。

(10) とりわけ法九七条に関連して、労働者の申告に対する行政による適切な措置義務が欠如している。

第二章　現行労安法の定める事業場内保健制度

高度産業化社会における複雑多様化した労働危険への対策にあたり、産業保健制度、とりわけ各事業所毎の特殊事情を把握する事業場内保健制度の活用が重要な鍵となることはいうまでもないが、わが国の労安法上の事業場内保健制度の原型は、古く工場法時代に遡る。例えば同法一四条に基づく工場危害予防及び衛生規則の昭和一三年改正において義務づけられた工場医制度は、戦後の旧労基法、旧労安則において医師の不足から設けられた衛生管理者制度のうち、医師である衛生管理者制度として引き継がれ、また安全管理者制度は、工場法自体にその定めがおかれるとともに、工場危害予防及び衛生規則において、常時五〇人以上の職工を使用する工場においてその選任が義務づけられていた。

しかしながら、その後の産業の高度化、とりわけVDT作業、半導体製造工程等の出現、労働者の高齢化、女性就業者数の増大等に伴い「労働の人間化」が掲揚される時代を迎え、各事業場ごとの安全衛生対策を目的とする事業場内保健制度の重要性は飛躍的に増大し、これに連動してその制度内容も安全・衛生両面に渡って各々整備充実化されてきた。現行法規におけるその布陣を見ると、およそ以下のごとくである。事業場内保健制度のリーダー的職務を担う産業医（労安法一三条）の他、総括安全衛生管理者（労安法一〇条）、安全管理者（労安法一一条）、衛生管理者（同一二条）、安全衛生推進者（同一二条の二）、衛生推進者（同一二条の二）、また特に危険有害な作業の監督については作業主任者（同一四条）等。

とはいいながら、かような制度も、その重要性の高まりを背景になお一層、その性格及び活用のあり方においていかに労働者に目を向けた形成が可能かという点が、労安法上重要な焦点となる。ドイツのように、労働者代表組織たる経営協議会との共同決定制度が法制度化され、事業場内保健制度についてもその選任から職務、解任に至るまで同制度の枠内に据えられてきた国家とは異なり、わが国における事業場内保健制度は、行政がその監督的取締体系の中で事業主にその活用を強制してきたものに他ならないからである。以下においては、このことをより明らかにするため、現行法令下におけるこのような事業場内保健制度の概要を、(ア) 職務内容、(イ) 資格、(ウ) 選任義務の発生要件のそれぞれについて概観し、労働者参加及び労働者決定権の視点からその特徴を描出していくこととする。ただし、このうち総括安全衛生管理者制度は、そもそもわが国で「使用者」を義務の主体とする労働基準法に基づき労働安全衛生規制が行われていた時代において、経営最高責任者の安全衛生上の責任が問い得ない事態が発生したことに鑑み、これを明確にするための媒体として設けられた特殊な制度であり[1]、事業場内保健実務に直接に携わることが必ずしも想定されてはいないことから、その資格が当該事業の実施を統括管理する者でなければならない点を述べるにとどめ、以下では特に言及しないこととする。

(ア)　職務内容

まず、産業医の職務については、労安法一三条の定めを受け、労安則一四条、一五条一項に主な規定がなされているが、これを簡潔に整理すれば、以下のように表される。

① 作業環境管理—作業環境を調査測定して問題があれば改善し、常に作業環境を良好な状態に保つための活動。主に有機溶剤、重金属などの有害化学物質の管理、酸素欠乏、有害エネルギーなどの有害作業環境の管理、温度条件、空気清浄度などの一般環境条件の管理などを内容とする。

② 健康管理—健康診断や健康作りを主体とする活動。法定内外の健康診断および事後措置を始め、療養の指

導を含む疾病管理、防疫管理、救急処置、メンタルヘルスを含む健康相談の実施などがこれに該当する。
③ 作業管理─作業方法や作業姿勢、作業時間などを調査し、問題があれば改善し、常に作業条件を良好な状態に保つための活動。作業環境管理に比べより広範囲な労働条件全域を対象とし、作業時間、作業姿勢などに始まる労働生理学的、人間工学的問題をもカヴァーする。(2)

このように、わが国の産業医は、救急措置を含めた幅広い経営内保健活動に従事すべき枢要な立場にあることが理解されるが、ここで比較法制度的に重要なことは、各国の産業医がそれ以外の保健スタッフと対等な協力関係にあって該職務に従事するのに対し、日本の産業医は、労安則一四条二項の定めによって衛生管理者を指導、助言する立場にたち、必然的にその他の保健スタッフに対しても指導者的地位に立つ構造が構築されていることである。

次に、我が国の安全管理者および衛生管理者の職務について見るに、労安法一一条および一二条によれば、両管理者が法律上なすべき職務とは、以下に掲げる法一〇条一項各号の業務のうち「安全にかかる技術的事項」および「衛生にかかる技術的事項」の「管理」であるとされる。

「一　労働者の危険又は健康障害を防止するための措置に関すること。
二　労働者の安全又は衛生のための教育の実施に関すること。
三　健康診断の実施その他健康の保持増進のための措置に関すること。
四　労働災害の原因の調査及び再発防止対策に関すること。
五　前各号に掲げるもののほか、労働災害を防止するため必要な業務で、労働省令で定めるもの（※現在のところ本号に基づく労働省令は出されていない（括弧内筆者））」。

このうち「安全にかかる技術的事項」の具体的内容については、昭和四七年九月一八日基発六〇一号の一に、作業場所等に危険がある場合の応急措置又は防止の措置、複数事業の労働者が同一場所で作業する場合の連絡、調整を始めとする一連の職務につき例示列挙されているほか、現行労安則六条一項に作業場の巡視および設備、作業方法などに危険のおそれがある場合の危険防止措置が規定されている。他方、「衛生にかかる技術的事項」の具体的内容については、現行法令に根拠はないが、旧労安則一九条一項に、健康異常者の発見、処置、労働環境衛生調査、作業条件、施設などの衛生的改善などが例示列挙されていたほか、現行労安則一一条一項に最低毎週一回の作業場等巡視および労働者の健康障害防止措置が規定されている。

続いて、安全衛生推進者及び衛生推進者については、労安法一二条の二により、前記法一〇条一項に定める業務を「担当」する職務が与えられる。本制度は、労働災害、それも休業八日以上の重度災害が中小規模事業場に集中して発生する事態の打開のため、近年、一九八八年の労働安全衛生法改正で設けられたもので、安全管理者も衛生管理者も選任する必要のない中小規模事業場において選任義務が発生するものである（労安則一二条の二）。したがって、その業務の実質的内容はともかくも、該業務の遂行はほんらい安全衛生業務についての権限と責任を有する者の指揮を受けてなされるものであり、自らそれを「管理」する安全・衛生管理者の場合とは異なっている点に留意する必要がある(3)。

また、わが国の事業場内保健制度の中で最末端に位置する作業主任者は、法一四条に基づき、高圧室内作業、金属溶接作業、ボイラー取扱作業など労働省令の定める特に危険な作業について、労安則の定める内容を自ら行うべきものであり、かような制度の原型は、旧労安則その他諸規則の中に設けられていたものが、現行労安法の制定を機に正式に明文化されたという経緯を持つ。

(イ)　選任義務の発生要件

まず産業医については、事業の種別に関係なく、常時五〇人以上の労働者を使用している事業場について一人以上、常時使用労働者が三〇〇〇人を超える事業場について二人以上の選任が義務づけられる（労働安全衛生法施行令五条、労安則一三条一項三号）。なお、常時使用労働者が一〇〇〇人（一部有害業務については五〇〇人）以上の事業場では、専属の産業医を置かなければならないとされている（労安則一三条一項二号）。

次に安全管理者については、労働安全衛生法施行令（以下労安令とも呼称）二条に定める林業、鉱業など一定の業種に属する常時五〇人以上の労働者を使用する事業場について一人以上、その事業場に専属の者の選任が義務づけられる（労安令三条、労安則四条一項二号）。ただし、労働基準監督所長が労災防止の見地から必要を認めた場合、事業場が爆発、火災のおそれのある化学設備を設置した場合などには、それに応じた特則がある（労安法一一条二項、労安則四条一項三号など。因みに法一一条二項は衛生管理者についても適用される）。

第三に衛生管理者については、事業の種別に関係なく、常時五〇人以上の労働者を使用する事業場について、使用労働者数に対応して以下の人数、その事業場に専属の者の選任が義務づけられる（労安令四条、労安則七条一項四号）。①　労働者数五〇人以上二〇〇人以下―一人、②　同二〇〇人を超え五〇〇人以下―二人、③　同五〇〇人を超え一〇〇〇人以下―三人、④　一〇〇〇人を超え二〇〇〇人以下―四人、⑤　二〇〇〇人を超え三〇〇〇人以下―五人、⑥　三〇〇〇人を超える場合―六人。ただし、その事業の種類により、第一種衛生管理者免許試験合格者でなければならない場合と、第二種衛生管理者免許試験合格者でもよい場合とがある。また、労安則九条には、ほんらい衛生管理者の選任を要しない二以上の事業場についての共同衛生管理者の選任につき定めがある。

第四に安全衛生推進者（又は衛生推進者）については、常時一〇人以上五〇人未満の労働者を使用する事業場につき、林業、鉱業などの一定の業種に属するものにつき安全衛生推進者の、それ以外の業種に属するものにつき衛生推進者の選任が、それぞれ一人以上義務づけられる（労安則一二条の二）。

第五に作業主任者は、事業場ごとではなく省令で定める危険作業ごとに選任されることになっているので（労安法一四条）、労働省令で定めるところにより、危険作業が行われている場所・時間ごとに選任義務が生じることとなる。その意味では、この選任要件が後に見るドイツの投入時間制度に最も近いものということができる。

(ウ)　資　格

まず、産業医の資格要件は、医師の絶対数不足の問題等々から、それ自体極めて重要な論点である。すなわち、従来のわが国の労働安全衛生法では、産業医は医師のうちから選任されればよいとされ（法一三条）、とくに労働安全衛生に関する専門性は労安法制定以来二〇有余年に渡り要求されていなかった。しかし、産業の高度化が進み、産業医療における高度の専門性が要求されるようになった事情などを背景に[4]、九六年労安法改正においてようやく、産業医は「労働者の健康管理などを行うのに必要な医学に関する知識について労働省令で定める要件を備えた者でなければならない」との一文が導入されるに至り（法一三条二項）、例えば日本医師会の産業医学基礎研修や産業医科大学の産業医学基本講座などの研修を経た者、その他保健衛生を試験区分とする労働衛生コンサルタント、労働衛生に関する科目を担当する常勤の大学教員、その他労働大臣が定める者など（労安則一四条二項）を産業医として選任する制度が、法律上確立されることとなった。しかしながら、現実の需要に対するこうした専門技能者の絶対数の不足が解消された訳ではなく、九六年労安法改正においては、①産業医の選任義務のない事業場につき、医師ではないが必要な医学的知識を有する者（保健婦、保健士など）に健康管理を行わせる（法一三条の二、労安則一五条の二）、②国からの委託に基づき地域産業保健センター事業を実施させ、産業医の選任義務のない事業場の労働者の健康確保をはかる（法一九条の三）など、半ば苦肉の策といえる施策が講じられている。なお、日本と各国の産業医制度を比較する場合には、その社会的認知度なり報酬額なりといった根本問題に留意しなければならないが、わが国においては、とりわけ後者の点に深刻な問題があり、それに関する明確なデータが存在するわけではないが、専門家からは、専属産業医について臨床医よりも相当程度低い金額、嘱託医については一社につきおよそ一、二万円が相場との報告もなされている。(5)

次に、安全管理者および衛生管理者の資格要件についてこれを見るに、まず安全管理者の資格については労働安全衛生規則五条に定めがあり、一定の学校教育および（あるいは）実務経験を経ていればよいとされ、特に国家試験制度や公的講習受講制度は取られていない。他方、衛生管理者の資格については労働安全衛生規則一〇条および六二条などに定めがあり、医師、歯科医師、労働衛生コンサルタント等の他、第一種および第二種衛生管理者免許試験合格者、衛生工学衛生管理者免許試験合格者などがその資格を有することとされている。ただし、選任される事業種別により要求される資格が異なる（労安則七条一項）ことに留意する必要がある。

第三に、安全衛生推進者及び衛生推進者については、先に述べたごとく、安全管理者も衛生管理者も選任する必要のない中小規模事業場において選任義務が発生するものであって、その資格について厳格な定めはなく、安全衛生推進者は安全及び衛生の、衛生推進者は衛生の業務をそれぞれ「担当」できる能力があればよいとされ（労安則一二条の四）、労働省告示（昭和六三年九月五日労働省告示八〇号）がその目安を示しているに止まる。

他方、作業主任者については、やはり先述のごとく高圧室内作業、金属溶接作業、ボイラー取扱作業など特に危険な作業が存する場合、これについて特別にその選任が義務づけられるものであるから、その資格は労安則別表第一に詳細に記載されており、その殆どは当該危険作業に応じた公的な作業主任者免許の取得および技能講習の修了を要件としている。

以上のごとく、わが国においても、医師である衛生管理者を起源とする産業医を中心に、一応体系的な事業場内保健制度が形成されている。特に、現行労安法施行に伴い産業医制度が分離独立した後も残された衛生管理者制度(6)および中小規模事業場についてその後設けられた衛生推進者制度は、他国には見られないわが国独自の制度であり、その活用の有りようによっては、なり手の少ない産業医の職務をカヴァーする有効な制度として機能しうる。しかしながら現実には、「衛生より生産」を優先する経営者の理解不足等の理由から必ずしも十分な機能を果たし得なかった事実は否定し得ず、近年九五年四月になって作成された「これからの産業保健のあり方に関する検討委員会報告」においても、作業関連疾患への対策、メンタルヘルスなどの労働心理学的ケアが依然として不十分である実態が指摘されている。また同報告では、本来独自の国家資格を有し、事業者に対しても忌憚なく意見を述べうる立場に立つ産業医についてさえ、その独立性・中立性の確保、身分保障などが法制度的にも、実態的にも確立されていない事実が示されている。これを受け、平成八年法改正（法律第八九号）においては、産業医の勧告の尊重義務規定（法一三条第三、第四項関係）、産業医の勧告・助言等に基づく不利益取扱の禁止（労安則一四条四項）、医師・保健婦又は保健士による保健指導義務規定（法六六条の五）などが設けられ、産業医制度の充実化及び産業保健管理体制の整備が図られたが、後述するように、いずれも極めて抽象的かつ婉曲的規制に留まっており、なおかつ労使自治・労働者権の視点は依然として欠如している。例えば、平成八年改正を経た現在においてなお、法的事業場内保健制度の形成上、産業保健スタッフの選任及び解任は事業者の任意に委ねられ、その資格要件についても、その認定はほぼ一律に公的管轄においてなされ、労働者側からの評価システムは全く存しない。またその職務内容についても、その基本的枠組みを労働安全衛生法令によって規律されてはいるものの、ほんらい事業所毎の人的、物的諸条件に応じて多様な様相を見せるはずのその内容について、法律上共同決定制度はおろか協議制度すら存しない。そうすると、本来事業所ごとに高度かつ多様な労働保護を実現すべく設置された法的保健制度は、とてもその目的を達するに十分な陣容を整えられているとはいい得ないことは前提として、仮に数の上でそれが実現したとしても、労働者参加の視点が等閑にされ、産業保健管理の視点ばかりが強調されている現状においては、却って事業所内に新たな産業保健ヒエラルキーを構築したまま、必要とされる木目細やかな良質な対応は実現しないという危険も孕んでいる。

【注】

(1) この点の詳細は井上浩『最新労働安全衛生法』(中央経済社、一九九五年)五四、五五頁を参照されたし。

(2) 荘司榮徳「産業医活動の実際」日本労働法学会誌(一九九五年)八六号三六頁以下。しかしながら、このような分類は相互密接に関連しており、絶対的なものとは言い得ない。なお、一九九九年一一月四、五日に開催された産業保健人間工学会第四回大会(於トーエネック教育センター(名古屋市南区))においては、このうち近年とりわけ企業及び産業医の職務の中で「軽視されている(菊池昭(中央労働災害防止協会専門役)報告、内容は同「企業における作業管理の意義」産業保健人間工学研究(一九九九年)一巻四二頁以下所収)」ともいわれる作業管理に関するディスカッション(※ワークショップ、テーマ:「作業管理を科学する」の一環)が展開されたが、そこにおいてもやはり、そもそも「作業管理とは何か」という点に関する論者の見解に相違が見られ、同学会会長でもある神代雅晴産業医科大学教授からは、各論者の報告後、各人の「作業管理」観を明確化されたし、との要望も出された。しかしながら、基調報告者のかかる認識の違いは、一般に見る実務界での認識の多様性をも反映したものであるとの意見も出され(井谷徹名古屋市大学教授(該ディスカッション座長))、特に作業管理と作業環境管理との分化は困難を極めるようである(例えば堀江正知医師は、作業環境管理は作業管理の前提ないし第一歩であり、作業環境管理がうまくいかない場合にはじめて作業管理が必要になる旨述べられている。詳細は、堀江正知「作業管理における産業医の役割」産業保健人間工学研究（一九九九年）一巻三二頁以下、とりわけ三五頁。なお、堀江医師は、本論考の中で、従来の公刊書が著した「産業医の研修で取り扱われる作業管理の範囲」を端的に整理し、その共通項として、一、作業方法（姿勢・交代性等）や工程と作業標準、二、労働負荷（時間・強度・密度・複雑性等）、三、ばく露モニタリング、四、生理的影響（ストレス反応・疲労）と疾病、五、作業の快適化、六、保護具、七、産業安全のヒューマンファクター、の七つの事項を調査・分析・改善することに集約される、としたうえで（同論考三二頁）、なお現実に見られる「作業管理に関する産業医への期待」として、次のような事項を挙げておられる。一、先ずは作業環境管理を優先させ、作業管理で対応させないこと（職場改善の現場の声を使用者に強力に伝えること）、二、専門的理論の直入ではなく、現場の作業実態、労使関係、労働文化等を把握したうえで、労使と関係専門家それぞれの理解を得られるような対策を提案すること、三、労働者の健康情報のプライバシーに配慮しながら、作業と個別労働者の心身の健康状態が適合しているかを評価、改善を勧めていくこと、四、作業管理と他の労働衛生管理との円滑な連携を図っていくこと）。いずれにしても、人間工学の応用プロセスとしての作業管理にあたっては、酒井一博労働科学研究所所長の提言の如く、現場に出向き（歩）、作業を観察し（見）、管理者や作業者の訴えを聞く（聞）（併せて「ポケモン」と呼称される）、といったかなり積極的な作業が求められていることが明らかにされている。

（3）　労働省労働基準局労働安全衛生部労働衛生課・前掲解説（一九八八年）一二頁。

（4）　詳細については、「これからの産業保健のあり方に関する検討委員会報告」（九五年四月）を参照されたし。

（5）　座談会「産業医のあり方に関する検討会報告書をめぐって」ジュリスト一〇〇三号一〇頁以下、二七頁石川発言。ちなみにドイツでは、資格を有する専属医の年収は一九八四年の時点で一〇万ドイツマルク以上とされ、通常は病院等の勤務医を上回るという（森英良「西独の産業医制度を見て」産業医学レビュー（一九九〇年）二巻四号一五頁。

（6）　この非医師衛生管理者制度の形成に当たり、当時の労働衛生課長がヒントとしたのは陸軍の衛生下士官であったという（中央労働災害防止協会編『安全衛生運動史』（一九八四年）二八三頁）。

第三章　わが国の安全・衛生委員会制度における労働者の位置づけ

安全および衛生とは、職場で働く労働者にとって、賃金とはまた異なった意味で最も基本的な労働条件であるとともに、労働力再生産の見地からも、本来的には使用者側にとっても共通の関心事である。したがって、労働条件の向上に関する労使対立の場たる団体交渉とは別に、労使が共通の目的を追求するための話し合いの場が必要不可欠となる。そこで、わが国では、昭和四七年の労安法制定に伴い、従来労働協約などによって設置されていた安全問題に関する労使コミュニケーションの場が法制度化され、安全委員会（労安法一七条）、衛生委員会（同一八条）、安全衛生委員会（同一九条）として、一定業種、一定規模の事業場においてその活動を行っている（その活動内容の詳細は、労安法一七条一項、一八条一項、労安則二一条、二三条に規定されている）。この委員会については、その根本的趣旨の共通性から、ドイツ、カナダなどの先進各国においても類似の制度が存在し、例えばドイツにおいては、後述するように労働保護委員会との名称でその法制度化がなされ、またカナダにおいては、健康・安全の第一義的責任を企業内に置くことを目的とする内部責任システム（internal responsibility system）の一環として、労働者代表・安全・衛生委員会制度が州毎に法定されている。(1) しかしながら、わが国の委員会制度は、先に見た労働安全衛生法制度自体の特殊な展開過程を背景に、とりわけ労働者参加の視点から見て、他の先進各国とは全く異なる独自の性格を有している。わが国の労働安全衛生法体系は、ほぼ一貫して行政—事業者（専門家）—労働者の指導順位を貫いており、それだけに同法制度上唯一の労働者参加機関たる本委員会がいかにその趣旨を徹底させうるかが重大な意味を持つこととなるが、本委員会を制度化する労働安全衛生法令の定めが、それ自体この要請に逆行する内容を有していることが、以下の制度概要の論述から明らかになるものと思われる。

第一に、基本となるその設置義務についてであるが、安全委員会については業種ごと常時使用する労働者数に応じてその設置義務が定められ（労安令八条）、衛生委員会については業種に関係なく常時五〇人以上の労働者を使用する事業場にその設置義務が定められている（労安令九条）。安全衛生委員会とは、この両者の設置義務のある事業場につき、とくに両者を統合した形での設置が認められているもので（労安法一九条）、実務家の言によれば、むしろこの形式の方が一般的であるとされる。(2)

第二に、懸案の本委員会の設置目的についてであるが、労安法の立案段階における労働省の見解によれば、それは、①各委員に労働災害防止のための基本となるべき対策等について調査審議させること、および、②事業者に対し「意見を述べさせる」ことにあったとされ、(3)労働者参加の視点も含んでいたにせよ、(4)むしろ専門家集団による意見交換の場、いわば事業者の諮問機関を形成することが主眼に置かれていたことが分かる。従って、本委員会の議決が事業者を拘束することはなく、その構成および運営の適否について事業者が罰せられることもない。

第三に、諸外国の類似機関との比較で最も際だつ点として、わが国の安全・衛生委員会の構成のあり方を挙げなければならない。現在の労安法一七条二項によれば、安全委員会については、①総括安全衛生管理者又はこれに準ずる者、②安全管理者のうちから「事業者が指名した者」、③その事業場の労働者で、安全に関し経験を有する者のうちから「事業者が指名した者」が、労安法一八条二項によれば、衛生委員会については、前記①に加え、④衛生管理者のうちから「事業者が指名した者」、⑤産業医のうちから「事業者の指名した者」、

⑥その事業場の労働者で、衛生に関し経験を有する者のうちから「事業者が指名した者」が委員会を構成するとされており、①は事業者自身もしくはその地位を承継する者であることから言うに及ばず、結局いずれも事業者の指名にかかる者であることが分かる。労安法一七条四項は、本文②および③の委員の半数については、当該事業場の過半数代表組合、これが存しない場合には当該事業場の過半数の労働者を代表する者の推薦に基づき指名されることとしているが、とりわけ安全衛生上の問題の多い中小規模事業場における組合組織率の低さ（※例えば九八年の労働省「労働組合基礎調査（労働大臣官房政策調査部編『労働統計要覧（一九九九年度版）』（大蔵省印刷局）二二六頁所収）」によれば、企業規模二九人以下の民営企業の推定組織率は二・七％、同じく三〇人以上九九人以下についても三・〇％にすぎない）に鑑みれば、本規定は事実上形骸化しているといってよいであろう。(5) また、その議長となる者についても、わが国では労安法一七条三項に基づき、労働協約にとくに定めのない限り、総括安全衛生管理者又はこれに準ずる者がこれを務めることとされており、このことは、各事業場の最高経営責任者たる者を安全衛生問題対策の先頭に据え、実効ある取り組みをなさしめると同時に、その責任を明確化する上でメリットを有するが、彼が同問題に必ずしも積極的関心を示さない場合には、委員会に著しい機能麻痺を来すことにもなりかねない。後述するように、例えばドイツなどでは委員のいずれもが議長となる資格を有することに徴すると、やはり労働者参加的視点の欠如は否めない。

そして第四に、その開催頻度およびその手続についてであるが、労安則二三条一項によれば、わが国の安全・衛生委員会は原則として最低毎月一回の開催が予定されており、これは比較法制度的には高い条件といいうる。しかし、この規定は努力義務にすぎず、実際の委員会招集の決定は委員会自身に委ねられており（昭和四七年九月一八日基発六〇一号の一）、さらにその委員が殆ど事業者の指名により選任されることに鑑みると、規則二三条一項は半ば空文化しかねない危険をはらんでいる。

このように、わが国の安全・衛生委員会は、これをもって職場の安全衛生領域を規律する労使自治制度と呼ぶにはあまりにも貧弱な制度であり、筆者自身が各社実務担当者に聴取した限りでも、決して十分な機能を果たしているとはいい難い。近年の平成四年労安法改正時には、日本労働弁護団の岡村弁護士から、わが国の安全・衛生委員会制度改革のあるべき方向を模索した「予防協約基準」と称される提言がなされ、以下のごとく既存の制度下では対応できない過労死等の衛生被害対策の一つの方途が示されているが、これらの項目の殆どは、わが国の安全・衛生委員会制度に相当するドイツ労働安全法上の労働保護委員会制度においては既に実現を見ているものであり、結果的にはわが国の労働安全衛生領域における労使自治法制の展開が遅々として進行しない現状をより一層理解させるものとなっている。①安全・衛生委員会の全事業場における常駐、②事業者の安全・衛生委員会による決定事項の実施義務の設定、③安全・衛生委員会の調査、審議、決定事項の拡大、④安全・衛生委員会議長の労使各委員からの選出制度の確立、⑤安全・衛生委員会の労働者側委員の組合による指名及び職制を除く全労働者による無記名投票による選出制度の確立、⑥安全衛生委員及び労使各議長による委員会の招集開催制度の確立、⑦労働者側安全衛生委員による就業時間中の職場巡視制度の確立……[6]。

【注】

(1)　詳細は、嶺学「内部システムと就業拒否権」大原社会問題研究所雑誌（一九八七年）三三八号四三頁以下。本稿においては、一九七六年にオンタリオ州で作成されたハム報告書を中心に検討が進められている。該報告書の内容で特に注目されるのは、それが職業性疾病の予防に際して人的システムを重要視し、一経営体を作業者から、第一線監督者、第二線監督者、管理者、経営者、トップ経営者までの六段階に分類し、最終責任をトップ経営者に負わせながらも、各々に一定の標準化された職責を分担させる仕組みを提唱していることである。ハム報告書において、安全衛生委員会は、団体交渉的アプローチを廃して協議助言による参加の役割を有し、参加者に十分な情報知識を享有させる機関として、このような内部責任システムを支持する機関と位置づけられており、環境基準、健康・安全の実施基準からプラントの改造、衛生・安全教育、有害化学物質の使用に至るまで、ほんらい経営者が扱うべき健康・安全に関する政策領域を幅広く取り扱うものとされている。

(2) 井上浩『最新労働安全衛生法』(中央経済社、一九九五年) 九九頁。

(3) 昭和四六年一一月一五日、労働省による中央労働基準審議会への諮問「労働安全衛生に関する法制についての基本構想」。現在この内容は、佐藤勝美『労働安全衛生法の詳解』(労働基準調査会、一九九二年) 六一頁以下に掲載されている。

(4) 本委員会の設置義務のない事業場について、関係労働者意見聴取制度 (労安則二三条の二) が設けられていることはこのことの証左であろう。

(5) 労働組合の推薦する委員の比率と議長の人選を、その事業場の過半数組合との労働協約にかからしめる労安法一七条五項についても同様の問題が生じる。

(6) 岡村親宜「今こそ安全衛生委員会の抜本的な強化を」いのちと健康 (一九九二年) 七号一三頁。

第四章　平成期労安法改正の経緯と労働者の位置づけ

先に述べたように、現行労安法はその制定以来六度にわたる改正を経、とりわけ昭和六三年改正では健康保持増進対策を柱とする大規模改正が行われて平成期に立ち至った。この間本法体制は労災予防にそれなりの効果を果たしており、特に労災による死傷者は、本法制定時の半数程度にまで減少するに至った。しかしながら、くしくも総評が昭和六三年法改正に際して既に提言していたように、わが国の労災統計のあり方が、それ自体極めて狭い範囲にしか及ばない労働省による補償対象者を対象とするものにすぎず、従って未だ同省の補償認定基準に挙げられない災害疾病ならびに事業者の労災隠しによる処理件数などは、正規のデータとして表出し得ない。そしてその陰では、新たな有害物質との接触、ME労働革命、高齢・女性労働者の増加、労働者の生活態様の変化等様々な要因による新たな労働危険が増大し、とりわけ衛生危険被害者の増加には著しいものがある。例えば労働省安全衛生部計画課が平成八年法改正に際して刊行した『改正労働安全衛生法』（労務行政研究所、一九九六年）によれば、統計上の職業性疾病者数は、昭和五三年の二万七四五六人を最高値としてその後ほぼ一貫して減少し続け、平成七年には九二三〇人にまで及んでいるものの、定期健康診断における血圧、尿、心電図、肝機能検査有所見率は、平成二年から平成六年にかけて全事業規模事業場において一貫して上昇している。また、かような健康被害においては、その被害が現実に体内で進行していても、目に見えやすい傷害などとは異なって、実際に医師による有所見診断を受けるまでに相当の時間を要することが多く、さらにそれが実際に発現したとしても、疾病の性質上職業性疾患としての認定も、はたまた本人の自覚さえも希薄であることが多い(1)。したがって、その統計化には、安全危険の場合とは異なる障害が存すること、そして新たな統計基準が出現すれば、それに応じて衛生危険被害の実態が表面化してくる可能性が高いことに十分留意しなければならない。他方、平成期における伝統的な事故災害についても、決してこれを無視することはできない。とりわけ建設業においては、橋梁工事における橋桁落下事故、ずい道工事における水没事故、体育館建築工事における型枠倒壊事故等、依然として種々の重大事故が発生しており、その死亡者は実に全産業死亡者の約四割にも達していたのである。(2)

このような事態に対応して、平成期に至っても、労安法は既に計六回にわたる改正（平成四年法五五、同五法八九、同五法九二、同六法九七、同八法八九、同一〇法一一二）を経ており、とりわけこのうち平成四年および八年改正は、法制定後二〇年、二四年を経て、職場の衛生危険に対する職場内外における意識の高揚、ならびに労働組合、各種安全団体をはじめ、医師（産業医、臨床医）、その他各分野の学識者等からの幅広い積極的働きかけに応じてなされた重要改正である。(3)なお付言すれば、本改正の背景には、高齢化社会の急速な進展の中で、増加する高齢労働者や女性労働者を早期に職場離脱させず、有用な労働力を確保するという行政側の思惑が存在したであろうことは、既に識者の指摘するところともなっている。(4)ともあれ、昭和期に比較してもより一層複雑多様化した労働危険を背景に、いよいよ本質的限界を露呈し始めた既存の労働安全衛生法制は、とりわけこの二大改正を経ていかに変容し、本来的に労働危険に最も近い立場にある労働者をいかに位置づけたのか。以下では、労使自治・労働者権の観点からこの二大改正の概要ならびにその問題点を指摘し、そこにおいて何が実現され、何が実現されなかったかを、やや詳細に整理検討することとする。

(1)　平成四年改正と労働者の位置づけ

まずは平成四年改正について述べるに、本改正は大別して前記建設現場災害防止対策と快適な職場環境の形成促進対策の二部に分類され、このうち前者は中基審労働災害防止部会建設専門委員会、後者は快適職場のあり方に関する懇談会において各々審議され、平成四年二月一八日に国会に提出された「労働安全衛生法及び労働災害防止団体法の一部を改正する法律案」として結実したものである（なお、これら二部の改正案には、その施行時期に三ヶ月の差異が設けられている）。その内容は、①中小規模建設現場における安全衛生管理体制の充実化、(5) ②とりわけ土砂等が崩壊するおそれのある場所、機械等が転倒するおそれのある場所等の危険現場（詳細は現行労安則六三四条の二他参照）での作業に際しての建設業元方事業者、重層的下請関係下での作業に際しての特定元方事業者、ならびに建設機械作業に際しての特定の注文者の講ずべき措置の充実化、(6) ③公による計画審査枠の拡大、(7) ④労災防止業務従事者および就業制限業務従事者に対する講習制度の設定およびその受講指示権限の設定等に集約されるが、(8) これらはやはり建設業労災対策という特殊性もあり、いずれも直接に労働者権を創設あるいは拡大させるものとはいい難い。ただし、例えば②に関連して、複数の建設業事業者の労働者が同じ場所で「建設機械等に係る作業」を行う場合に、該作業を自ら行う発注者等に、該作業に従事する労働者全ての労災防止措置の実施を義務づける修正がなされた点などは、立法による安全確保義務負担者の拡大という視点からは注目さるべきものといえよう。

続いて後者、すなわち快適な職場環境の形成促進を志向した改正案の概要については、以下のように整理される。

①　快適な職場環境の形成に関する事業者の一般的義務の設定。本改正案には、「快適な職場環境の形成のための措置」と題して新たな章が設けられ、ここに三条文が設けられたが、その嚆矢には、「事業者の講ずる措

置」と題される事業者の一般的義務が努力義務として設けられている。ここでは、事業場の安全衛生水準の向上を図るため、として次のような四項目の措置を継続的かつ計画的に講ずべきことが明確化されている（同じく法七一条の二等に対応）。⑴ 作業環境を快適な状態に維持管理すること。⑵ 労働者の従事する作業についてその方法を改善すること。⑶ 作業に従事することによる労働者の疲労を回復するための施設または設備の設置または整備をすること。⑷ 労働者の職場生活において必要となる施設または設備の設置または整備をすること。なお、ここにおいては「作業環境」と「職場環境」という文言の相違が見られるが、これに関する政府の説明によれば、作業環境とは、「作業を行う場所の空気、湿度、照度等をい」い、他方職場環境とは、「いわゆる作業環境のほかに作業方法等労働者が利用する施設設備の状況等を含む概念」であって、「作業環境を包含した広い意味で」用いられるものとされている。(9) 労働安全衛生法はその制定当時より、第一条において「快適な職場環境の形成を促進すること」をその目的に掲げ、昭和六三年改正では、労働者の「健康保持増進」対策が第七章を中心に盛り込まれていたが、本改正の意義は、かような健康保持増進対策を更に前進させ、本法本来の目的である快適な職場環境の形成促進を事業者の責務としてこれに課し、同時にその方策を一般的な形で示したところにあるということができる。

② 快適職場指針の公表とこれに基づく指導権限の設定。①において掲げたごとく、法文において快適職場の形成促進が謳われても、事業場ごとにその基準が異なっていては、その実効性にはなお疑問が残る。そこで本法案では、労働大臣が、事業者の講ずべき快適職場形成促進のための措置につき指針を公表し、これに従い事業者又はその団体に対し、必要な指導を行う権限が定められ（同じく法七一条の三等に対応）、本法案実現直後の平成四年七月一日には、実際に「事業者が講ずべき快適な職場環境の形成のための措置に関する指針（労働大臣告示

第五九号）」が発せられている。[10] そして労使自治との関連から該指針において特筆すべき点としては、第三項目「快適な職場環境の形成のための措置の実施に関し、考慮すべき事項」に掲げられた諸事項を挙げることができ、ここでは第一に継続的かつ計画的な取り組みの具体的内容を記した後、第二に労働者の意見の反映として、以下のごとき指針が設けられている。「職場環境の影響を最も受けるのは、その職場で働く労働者であることにかんがみ、快適な職場環境の形成のための措置の実施に関し、例えば安全衛生委員会を活用する等により、その職場で働く労働者の意見ができるだけ反映されるよう必要な措置を講ずること」、と。

③　国の援助に関する努力義務の設定。本案の主たる対象は、中小規模事業場にあるといってよい。すなわち、伝統的に知識面、財政面、技術面等様々な側面において安全衛生措置への前提を欠く中小規模事業場に対しては、これらの面についての国家による金融、技術、資料の提供等種々の援助措置が不可欠と考えられ、とりわけ複雑多様化した労働危険への対応が求められる快適な職場形成を達成するにあたっては、より充実した支援策が不可欠との認識がなされたのである（同じく法七一条の四に対応）。そこで本法案の実現後には、(1)日本開発銀行等による快適職場形成融資制度、(2)中小企業共同安全衛生改善事業による助成制度が設けられ、また快適職場環境に関する普及啓発活動、事業者に対する相談、助言等を行う機関としては、(3)中央労働災害防止協会内に中央快適職場推進センター、都道府県労働基準協会等に快適職場推進センターが設置され、快適職場環境の形成に積極的な事業者に対するバックアップ体制が整備された。加えて、本改正法案に関連して中央労働災害防止協会の業務内容の再編を行うため、労働災害防止団体法一一条等の改正案も作成され、中災防が行うべき業務として、快適な職場環境に関する情報及び資料の収集及び提供、啓発活動並びに都道府県ごとに事業者に対する技術的な指導、助言等が加えられることとなった。

(2)　平成四年改正の擁する問題点

以上に概観した平成四年改正法案は、平成四年五月一八日の参議院本会議において全会一致で可決成立し、五月二二日に法律第五五号として公布されたが、該改正法に対する労働界の反応は、概して厳しいものであった。このうち前記建設業災害防止対策に対する批判論としては、全国建設労働組合総連合からなされた以下の提言が注目されよう。(11)

①　統括安全衛生責任者及び店社安全衛生管理者については、そもそもその資格は学歴と実務経験のみとなっており、今回の改正で労災再発防止のための講習受講制度が設けられたとしても、十分な知識と技能を持つ者が指揮監督する体制づくりには不十分。また、実際の現場では現場監督がこれらの職務を兼ねることになり、工期内の完成が最大問題である建設業にあって、現場労働者サイドからの意見が十分汲み取られるとは思われない。

②　建設業での災害多発の根本的原因には、重層的下請事業における元請―下請間の不平等関係、さらに労使関係には、日給・月給制、手間請け制等で図る不安定雇用の構造があり、これらを根本的に改善するためには、見積段階での適正価格の設定、安全経費を明確にした下請契約、雇用関係の改善が必要である、と。

これらの批判は、俯瞰するに、複雑化する建設機器ならびに作業体制及び事業組織に対し、政府及び事業者組織の管理体制強化という単線的対応が限界に達していることを指摘したものに他ならず、かような問題意識は、本法改正の第二点目の要目、すなわち快適職場形成対策のあり方についても、同様に表されている。(12)

①　本法改正には、法規準拠型から自主対応あるいは参加型への転換が欠如している。すなわち、本改正法は相変わらずすべて「事業者は……するように努めなければならない」「事業者に……援助する」といった規定に終始している。

②　快適職場指針等の定めについては、「労働大臣が画一的に定める基準」によって何が快適職場かが決定され、それが「唯一の基準」となって一人歩きしてしまう危険が存する。職場のことを最もよく知っている働く者自身が参加して快適職場を実現する、例えば「快適」の内容や優先順位も労働者自身が評価するということでなければ、快適職場の実現とたえざる改善・向上はあり得ない。

③　②に関連して、労働者が快適職場を実現・評価するための情報や知識を身につける体制の整備が必要である。労働行政として、医師や労働科学の専門家等のスタッフを配置し、労働者・労働組合も無料あるいは低額の費用で科学的なアドバイスを受けられる安全衛生活動のサポートシステムを整備する、そしてその運営における労働者・労働組合の参加を保障することが必要である、と。

このように、平成四年改正は、快適な「職場環境」の形成という法目的を掲げ、従来の健康保持増進対策より高度の努力義務を事業者ならびに国家に課し、その実現のための諸施策を一定程度具体化した点に意義があるものの、その具体化の程度は極めて不十分であり、しかもその殆どは行政指針に委ねられている。そして、従来から望まれてきた労働者権及び労使自治の制度化は、やはり盛り込まれておらず、唯一該指針において安全・衛生委員会の活用が謳われたにとどまる。国の援助の一環として講じられた中災防による情報提供等の措置は、その活用のありようによっては実効性を期待しうるが、後に見るように、該団体への加盟は強制的なものではなく、該団体の運営自体に労働者が関わる度合いが少なく、さらに該団体の災害疾病予防施策も強行的になされる根拠を持たないこと等々から、現実の実効性が担保されたものということはできない。かような条件下、いよいよ社会問題化するにまで至った過労死問題等の健康被害の蔓延を背景に、政府は平成八年における本格的な産業保健制度改正を迫られることとなるのである。

(3)　平成八年改正の概要

平成八年改正の概要を述べるに当たっては、まず、本改正案作成に先立ち平成四年六月に労働省「産業医のあり方に関する検討会」(13)より提示された同検討会報告書、ならびに平成七年四月に労働省「これからの産業保健のあり方に関する検討委員会」(14)より提示された同委員会報告の提言内容を整理し、これとの比較から、何が実現され、何が実現されなかったのかを対照的に理解する必要がある。これらの検討会及び検討委員会は、平成四年法改正以降、更に加速する産業の高度化、労働者の高齢化、生活環境の変化、これらに付随する労働者の精神的負担の増加、とりわけ「過労死」の社会問題化等を背景に、従来の法制度のあり方を抜本的に見直すため、幅広い領域の識者を擁して開催されたものであり、ここでは従来から蓄積のあった典型的職業性疾病予防対策を超えた広範囲にわたる対策の視点が打ち出された。しかし、現実の法制化段階においては、各企業の財政、労使の知識及び意識レベル、既存の法体系との整合性、専門家の数及び専門知識の幅等種々の事柄への配慮から、その規制の質量は、相当程度制限されたものとならざるを得なかった。そこで問題となるのが、実現した改正法案の方向性の如何である。それは、本項の焦点とする労働者権及び労使自治の視点を含むものなのか、かりにそうでないとすれば、それを補うものとしていかなる法制度を構築しているのか。かかる疑問に答えるため、以下では、まずは労働者権及び労使自治の視点に捕らわれることなく、該検討会報告書及び委員会報告の主要な提言内容を各項目ごとに整理するとともに、実際に実現を見た改正法文を示す形式をもって、その対応関係の明確化を図ることとする。

①　産業医の選任義務に関する問題の解消、とりわけ小零規模事業場における産業保健活動の確保。現行法令上、産業医の選任義務の存するのは常時五〇人以上の労働者を使用する事業場であるが、かかる選任義務のない

小零規模事業場が事業場数で九六％、労働者数で六〇％を占め、従って法制度上産業医のサービスでカヴァーされる労働者は三〇％程度にしか満たない上に、かような小零規模事業場にこそ労災が集中している。(15) しかも、近年の第三次産業の飛躍的拡大に伴い、小規模事業場を各地に配置し、これらを情報ネットワークで結びながら企業単位では大規模な運営を行う事業も増加しており、事業場単位での法規制には絶対的な限界が生じている。さらに、大規模事業場においても、常時使用する労働者が三〇〇〇人を超える事業場にあっては、三〇〇〇人を何人超えても産業医二名の設置が義務づけられるのみという形式的な不連続性の問題も存する。

しかるに、この点に関しては、法一三条の二、法一九条の三等の新設により対策の実現が図られた。すなわち改正法一三条の二は、法一三条一項所定の事業場以外の事業場について、労働者の健康管理等を行うのに必要な医学知識を有する医師その他労働省令で定める者（保健婦又は保健士等（詳細は労安則一五条の二参照））に労働者の健康管理等の全部又は一部を行わせるよう事業者に努力義務を課し、同法一九条の三は、国に対し、小零規模事業場の労働者の健康確保のため、労働者の健康確保等に関する相談、情報の提供その他必要な援助（具体的には群市区医師会に委託された地域産業保健センターによる各種産業保健サービス等）を行う努力義務を課している。しかしながら、大規模事業場における産業医選任義務の問題に関しては、特段の法制度的改善はなされていない。

② 産業医の資質の確保・向上。わが国では、医師である衛生管理者制度の発足以来、資格制度を設けて該資格を有する者のみに産業医活動を認める制度は採られていなかったが、産業医については、その質量両面の確保が極めて困難な情勢下にあってなお、労働者の健康障害の防止のみならず、広く労働者の健康の保持増進、作業関連疾患等に関する深い知識・技能が要求される。そこで、産業医に対しては、医師会等で行われている研修、地域講習会等を通じ、予防医学への造詣を深め、必要な場合には職場環境、作業条件、労働条件の改善にも関与

させる制度作りが必要であり、またその前提として、産業医の処遇問題の改善も必要であるとの認識が拡大していた。

しかるに、この点に関しては、法一三条の二等の新設、すなわち産業医は、「労働者の健康管理等を行うのに必要な医学に関する知識について労働省令で定める要件を備えた者でなければならない」との要件の設定によって対策の実現が図られた。ここで「労働省令で定める要件を備えた者」とは、① 日本医師会の産業医学基礎研修や産業医科大学の産業医学基本講座等、労働大臣が定める研修を修了した者、② 労働衛生コンサルタント試験の合格者で、該試験区分が保健衛生である者、③ 大学において労働衛生関連科目を担当する常勤講師等を指し（詳細は、労安則一四条二項参照）、その他一定期限までに産業医として現実に労働者の健康管理等を行った経験を三年以上有することになる者等もこれに含まれることとされている。しかしながら、産業医の処遇問題の改善については、法制度上特段の対策が講じられることはなかった。また、先にも述べた現実的障害への対策として、本規定の施行は平成八年一〇月一日から二年間猶予されており、特に罰則規定も設けられていない。

③　産業医の勧告の実効性の確保及び産業医の法的位置づけの明確化。職場における産業医の役割が重要化し、使用者の労務管理政策に介入する必要性が増加するほど、その勧告の実効性、ひいては産業医の法的位置づけの明確化が必要になるが、従来わが国においてこの点を担保する法制度は未だ確立されていなかった。すなわち、確かに産業医の勧告・指導・助言権は労安則一四条二項に規定されていたが、該勧告の遵守を事業者に強制する法的根拠は何ら存しない。また企業と産業医との関係についても、専属医ならば労働契約の締結が考えられ得るとしても、嘱託医の場合には両者の関係は準委任契約的なものと考えられているため、解任その他不利益取扱を抑制する制度的保障も、事故が生じた場合の労災補償も、特約が締結されない限り不明確である。産業医はほん

らい専属医と嘱託医のどちらが優位かは一概に判断できないが[16]、「産業医が産業医学の専門性と良心に基づいてその職務を遂行できるよう」両制度に共通する独立性担保の枠組みが必要不可欠との認識が拡大していた。

しかるに、この点に関しては、法一三条三、四項、及び労安則一四条四項等の新設により対策の実現が図られた。すなわち、法一三条三項は、産業医の事業者に対する勧告権を明文化し、これに対応して同四項には、「事業者は、前項の勧告を受けたときは、これを尊重しなければならない」、とする事業者の義務規定が設けられ、また労安則一四条四項では、一三条三項が定める産業医の勧告又は労安則一四条二項が定める勧告、指導若しくは助言を理由とする解任その他不利益取扱の禁止が明文化された。加えてこれらの規定に対しては、法一二〇条により、五〇万円以下の罰金が科されうる旨規定され、その履行確保が図られた。

④　産業医の職務内容の明確化。産業医の職務内容は、従来労安則上、(1)　健康診断及びその事後指導の実施、(2)　作業環境の維持管理、(3)　作業の管理、(4)　労働者の健康管理、(5)　健康の保持増進、(6)　衛生教育、(7)　健康障害の原因の調査及び再発防止措置、(8)　事業者・衛生管理者等に対する助言・勧告、(9)　職場巡視、その他健康障害防止措置等々、基本的な骨格が示されてはきていたが、現実には必ずしも十分な活動が行われてきたとはいえない。産業医の活動というものは、元来その対象となる労働者の健康レベルやその社会における医療制度の整備状況など医療の置かれている種々の環境条件に規定されるものである。従って、今般、高度情報化時代の到来に際しては、時代に則し、事業場規模や業種をも考慮した新たな標準的業務指針を作成する必要性が高まってくる。とりわけ作業環境、作業条件の新規計画、変更を行う場合における産業医への意見聴取（およびこれに対応する産業医の意見具申）、ストレス対策等のメンタルヘルス・ケアの実施、過労死問題等に対応する早期予防対策の実施等は、喫緊の課題と認識されるに至っていた。

しかるに、かような要請に直接対応する法制度の設定は、本法改正において特になされてはいない。ただし、平成八年九月一三日に発せられた「労働安全衛生規則第一四条第二項第一号の規定に基づき労働大臣が定める研修を定める告示（労働省告示第八〇号）」においては、労安則一四条二項一号所定の医師の受講すべき「労働大臣が定める研修内容」として、(1) 労働衛生一般、(2) 健康管理、(3) メンタルヘルス、(4) 作業環境管理、(5) 作業管理、(6) 健康の保持増進対策の各科目についての学科研修および実習が指定されており、また次項に掲げる労安法六六条の二、六六条の三においては、あくまで健康診断実施後の措置として、事業者の医師又は歯科医師に対する意見聴取義務が設定されている。しかしながら、作業環境、作業条件の新規計画、変更に際して一般的に産業医への意見聴取が求められるわけではなく、本来的に予防的な制度の構築がなされているわけではない。

⑤　健康診断にかかる法制度の整備。先ずもって、現行の法制度下においては、「事業者は、……医師による健康診断を行わなければならない」とされているに過ぎず（労安法六六条）、職場において労働者を把握する産業医がこれを行う必要が明記されていない。従って、能率優先的で非人間的なデータ診断的健康診断が一般化し、「顔の見える産業医制度」は必ずしも実現していない。次に、その健康診断の内容についても、中高年労働者の増加、成人病の増加等に対応して、定期健康診断項目の完全実施に加え、一定年齢の労働者を対象とする節目検診、がん検診等職場毎の事情に応じた健康診断を各事業場において実施する必要があるが、現行法制はその要請に応えていない。第三に、健康診断等によって判明した労働者の健康情報については、そのプライバシー保護を徹底するとともに、労働者個人に伝達する制度を構築し、労働者自身による健康保持を促進する必要があるが、これについても、その法制度化も現実の徹底もなされていない。第四に、健康診断結果の有効活用の視点からは、該診断結果をＴＨＰに有機的に結びつける制度の確立が必要とされるが、既存の法律上かような制度は存しない

など、その制度的瑕疵は極めて多岐にわたっていた。

しかるに、これらの点に関する法改正としては、法六六条の二、六六条の三、六六条の四、六六条の五等において対策の実現が図られた。

まず、法六六条の二は、事業者の健康診断結果についての医師又は歯科医師からの意見聴取義務を新たに定め、続く六六条の三第一、二項は、事業者の健康診断実施後の措置について、以下のごとく定めを置いている。「事業者は、前条の規定による医師又は歯科医師の意見を勘案し、その必要があると認めるときは、当該労働者の実情を考慮して、就業場所の変更、作業の転換、労働時間の短縮等の措置を講ずるほか、作業環境測定の実施、施設又は設備の設置又は整備その他の適切な措置を講じなければならない（第一項）」。「労働大臣は、前項の規定により事業者が講ずべき措置の適切かつ有効な実施を図るため必要な指針を公表するものとする（第二項）」。このうち第一項は、従来法六六条第七項に規定されていた内容を受けたものであるが、新設された六六条の二との関係で、「前条の規定による医師又は歯科医師の意見を勘案し」との一文が挿入されたことで、その実効性が図られている。また、平成八年一〇月一日に発せられた「労働安全衛生法第六六条の三第二項の規定に基づく健康診断結果に基づき事業者が講ずべき措置に関する公示（健康診断結果に基づき事業者が講ずべき措置に関する指針第一号）」においては、「事業者は、産業医の選任義務のある事業場においては、産業医が労働者個人ごとの健康状態や作業内容、作業環境についてより詳細に把握しうる立場にあることから、産業医から意見を聴くことが適当である」とされており[17]、間接的かつ訓示的ながら、「顔の見える産業医制度」を志向した規準の整備が行われるに至った。

次に、労働者の健康情報については、法六六条の四において、事業者の一般健康診断の結果の通知義務が新設され、その内容は、本条に関わる行政通達ならびに改正労安則五一条の四及びその関連通達において具体化されている。とりわけプライバシーの保護については、前掲一〇月一日公示において、「事業者は、個々の労働者の健康に関する情報が、個人のプライバシーに属するものであることから、その保護に特に留意する必要がある。特に就業上の措置の実施に当たって、関係者へ提供する情報の範囲は必要最小限とする必要がある」との指示がなされ、さらに同日に発せられた「『健康診断結果に基づき事業者が講ずべき措置に関する指針』の周知について（基発六一二号）」においては、公示にいう「関係者」として、① 健康診断の実施の事務に従事している者、② 人事労務部門の担当者、③ 職場の管理監督者等が挙げられている。ただし、ここにおいて留意さるべきは、法六六条の二、三の定めは一般健康診断、特殊健康診断の区別なく適用されるのに対し、法六六条の四の定めは、次に掲げる法六六条の五と並び、あくまで一般健康診断についてのみ適用されるという事実である。

第三に、法六六条の五においては、その第一項が、事業者に対し、一般健康診断実施後の保健指導を医師、保健婦又は保健士に行わしめる努力義務を新設したのに続き、その第二項が、該健康診断の結果を受けた労働者自身に対し、自主的な健康保持に努めるべき義務を新設した。このうち第一項は、健康診断の結果を労働者のＴＨＰに活用させることを意図したもので、保健指導の具体的内容としては、行政通達において、① 日常生活面での指導、② 健康管理に関する情報の提供、③再検査又は精密検査の受診の勧奨等が掲げられている（平成八年九月一三日基発五六六号）。その主体として保健婦又は保健士が挙げられているのは、産業医が質量共に不足する実態に配慮したものであり、本規定が努力義務規定とされている趣旨からも、ＴＨＰを遂行しうるその他の者――例えばヘルスケア・トレーナー、心理相談員、栄養士等――を活用する方途も残されている。他方の第二項は、とりわけ脳・心臓疾患等の近来型の疾患の予防及び悪化の防止には、いかんせん労働者自身の自主健康管理が不可欠であるとの理由から設けられたものであり[18]、本条は、労働者自身に対し、その第一項において予定された「日常生活」にわたる保健指導の実施を受け、自らも「日常生活」にわたる健康管理をなすべきことを定めたものである。

(4)　平成八年改正を経てなお残された問題点

以上のごとき内容を有する改正法は、労働省より第一三六回国会に提出された原案がそのまま可決成立し、平成八年六月一九日、法律第八九号として公布され、一〇月一日より施行されて現在に至っている。先にその概要を示した昭和六三年法改正を「労災・職業病対策」から「健康・体力づくり」への改正と位置づけるとすれば、平成期における法改正は、「健康・体力づくり」から「快適な職場づくり」への改正と位置づけられようが[19]、主として過労死対策を命題として事業所ごとの産業保健管理体制の充実化を図った本改正により、工場法制定以来時々の災害疾病事情を背景に整備されてきたわが国の労安法体系は、一つの到達点を呈示したということができよう。しかしながら、労安法もその制定以来四半世紀を経るにいたり、パートタイマー等短時間労働者の増加、工場の海外進出、ＳＯＨＯ（Small Office, Home Office）等での個別的就労形態の一般化等を含め、法制定当時にはおよそ想定し得なかった社会・経済構造のマクロ的変化に直面している。にもかかわらず、本法改正を経て呈示された現行労安法体系は、依然として行政―事業者（専門家）―労働者の指導順位体制を維持し、ますます複雑化する労働危険への対処を、主として現実には容易に充足され難い産業保健の専門家への依存をもって実現しようとしている。かかる体制下にあっては、個々の専門家に対しては負担が多くかかり過ぎ、なおかつ個々の労働者にとってみれば、依然十分な保健活動を受けられない、さらに必要な安全衛生意識や知識も獲得され得ないという事態を招きかねない。また、これを危害防止基準策定の観点から見れば、それは専ら行政の専権事項とされることを意味し、限られた人員によらざるをえないという関係上、膨大且つ複雑化した災害疾病要因への対処は恒常的に不備・遅れを伴うこととなる。その結果、かような大規模法改正を経た昨今においても、いよいよ統計上の労働災害においてすらその減少に鈍化傾向が見られるようになり、過労死その他衛生被害を扱う判例も増加の一途を辿っている。そして、近年産業衛生学の領域においてミクロ的視点で、すなわち各事業場単位で進められた研究によれば、以下のような具体的事象の発生が指摘されており、[20]これらは奇しくも上記の問題点を浮き彫りにするものとなっている。

① 従来型の墜落・転落や切れ・こすれといった災害に加え、機械装置の精密化、高速化、機構の複雑化による、こうした設備の機構や特性への不理解が招く近来型災害の一般化。

② 被災者のベテランと未熟練者への二極分化。とりわけ新たな職務に就いた中高年未熟練者の災害の増加。

③ 事務所や構内での転倒など、直接生産部門外の間接部門での災害の増加。

④ 安衛法関係政省令、技術上の指針、行政指導通達、告示等の膨大化、複雑化に伴う安全衛生担当者の不理解、実施困難の一般化。

⑤ 事業のグローバル化の進展による海外生産基地における邦人従業員数の増加、ならびに国内事業場における外国人従業員数の増加が招く問題の一般化。とりわけ前者においては、海外生産基地における衛生、健康管理の実施困難、後者においては、文化的、技術的背景の異なる外国人従業員への安全教育の困難の発生等。

⑥ メンタルヘルスケア体制の未整備。

⑦ 生殖毒性、免疫毒性のある物質等、規制外の物質に対する対策の未整備。

⑧ 作業関連疾患対策の遅れ。

⑨　労働者自身の責任意識の希薄。

すなわち、かかる問題点のうち、とりわけ①③④⑥⑧⑨等の背景には、ほぼ共通して「労働者自身の役割分担の欠如」という本質的問題が存することが理解される。例えば①については、事業者がそれを導入、設置する主体である以上、事業者自身が機械の特性を把握し、労働者に適切に伝達する等の責任を負うこととなるが、実際に機械を稼働させた後には、労働者こそが機械に慣れ親しみ、その特性をよりよく理解する主体ともなり得る。そのような意味で、機械が招く災害疾病、あるいはそれ自体が持つ異常について、労働者側が事業者よりも先に把握する場合も十分に考えられる。⑥については、それがメンタルヘルスという心の問題に関わる以上、個々人の個性、感じ方を無視した上での有効な対策はあり得ず、したがって労働者自身にも、自らの特性を自覚した上で自らふりかかる火の粉を振り払う防衛的対処（ならびにそれを理解する経営側の姿勢）が要求される場合も十分にあり得る。また⑧、すなわち作業関連疾患の問題にしても、これは労働者の私生活上の要因に作業上の要因が共働して発症するものであることから、労働者自身の健康意識が希薄なままでは、職場における対策を如何に講じようとも、本質的対策とはなり得ず、やはり労働者自身の安全衛生意識の高揚、そしてその積極的・消極的安全衛生活動の法的保障が不可欠の前提となる。

それでは、かような観点から改めて平成八年改正を顧みると、ここにはいかなる具体的問題点が存するのであろうか。以下に若干の整理を試み、次項へのプロローグとしたい。

まず第一に、産業医の選任問題については、新設された法一三条の二、一九条の三ともに努力義務規定に留まる。しかも、その選任の過程において労働者の関与は制度化されていない。

第二に、産業医の資質の確保・向上については、先にも述べたとおり、これを裏付ける処遇問題の改善が図られていない。

第三に、産業医の勧告の実効性の確保については、その勧告が事業者に聞き入れられなかった場合における事後手続への労働者の関与について、依然として法的根拠を欠いている。

第四に、産業医の職務については、その時代への即応性、多様性を担保し、かつ労使が自治的に関与する標準的業務指針作成手続が法定されていない。さらに、やはり先に述べたとおり、健康診断後にとどまらず、基本的な作業環境、作業条件の新規計画、変更がなされる際の産業医への意見聴取制度、ならびに労使協議制度が設けられていない。またメンタルヘルスケアの実施についても、その前提となる事前事後評価システムの構築とともに、産業医の職務としての法制度化がなされていない。

第五に、健康診断については、その実施について、やはり該事業場をよく知る産業医又は契約関係にある産業保健センターがこれを行う必要が明記されていない。また、定期健診の他に実施さるべき節目検診、がん検診等の法制度がなされておらず、さらには健診等により判明した労働者の健康情報についても、労働者のプライバシー権の保護という観点から、「全て労働者の同意の下で情報を伝達する」との原則が法定されていない。

第六に、産業医の解任について、これに労働者を関与させる制度が依然として欠落している。このような制度が構築されなければ、いかに法制度上、事業者の勧告尊重義務や不利益取扱禁止が定められたとしても、その実効性は疑わしい。また、かような問題点はその他の産業保健スタッフにおいて更に顕在化する。すなわち、わが国の法制度は、産業医を産業保健活動のリーダー的立場に据え、その他の産業保健スタッフとは異なる取扱をしているので、安全・衛生管理者をはじめ、産業医を除くスタッフについては、その勧告権限や事業者の勧告尊重義務、不利益取扱禁止さえ、全く法規の整備がなされていないのである。

【注】

（1）なお現在、日本産業衛生学会の分科会や日本産業保健人間工学会等では、独自の産業疲労研究を重ね、とりわけ産業保健スタッフによる「自覚症状調べ」に注目し、そのリストの改訂作業に取り組んでいる。その詳細については、日本産業衛生学会産業疲労研究会会報第八号（一九九九年五月）、日本産業保健人間工学会第三回大会抄録集（一九九八年一二月）、またこの領域での研究成果の集成かつ原点ともいうべき日本産業衛生協会産業疲労委員会『疲労調査法：疲労の自覚症状調査規準（初版）』（一九五四年一一月：労働の科学・第九巻一一号特集）および労働の科学一九七〇年六月号、特集「自覚症状調べ」、吉竹博『産業疲労—自覚症状からのアプローチ』（労働科学研究所、一九七三年）等を参照されたし。

（2）佐藤勝美編『労働安全衛生法の詳解』（労働基準調査会、一九九二年）一一三頁。

（3）例えば月刊いのちと健康（一九九二年）六号一〇頁以下「労働安全衛生法二〇年に思うＰＡＲＴ１」、同誌七号一二頁以下「同前ＰＡＲＴ２」他を参照。

（4）青山英康「労安衛法二〇年の成果と将来」いのちと健康（一九九二年）六号五頁。

（5）具体的には、元方事業者に対して法一五条に定める統括安全衛生管理者の選任が義務づけられない中小規模建設現場—当該場所において作業する元方事業者の労働者と関係請負人の労働者との合計数が常時五〇人未満（本法改正に際しての省令改正により四〇人未満に変更）の建設現場（労安法施行令七条二項）—において、彼に代わり、一定の資格を有し、法三〇条一項各号に定める統括安全衛生管理を行う者（該建設現場の現場所長、安全担当者等）に対する指導等を行う店社安全衛生管理者の選任を義務づける（現行法では法一五条の三等がこれに対応する）。

（6）具体的には、かかる危険現場での作業に際し、これまで個々の事業者（関係請負人）に対する個別的規制中心の体系であったものを改め、建設業元方事業者に、関係請負人に対する危険防止措置の技術的指導その他の措置の実施義務を課す（現行法では法二九条の二等に対応）。また法三〇条、とりわけその一項五号に関連して、該規定を整備充実化させ、建設機械、設備等を用いる作業について、関係請負人が講ずべき措置について指導する義務を新たに特定元方事業者に課す（同じく法三〇条一項五号後段等に対応）。さらに、複数の建設業事業者の労働者が同じ場所で「建設機械等に係る作業」を行う場合に、該作業を自ら行う注文者等に、該作業に従事する労働者全ての労災防止措置の実施を義務づける（同じく法三一条の二等に対応）ものである。本案は、既に法三一条に規定されていた建設物、設備又は原材料に関する注文者の安全確保義務に対応するものであり、法三〇条一項各号、例えば五号からは必ずしも導き得ない特定の建設業発注者の、特に建設機械等に係る作業に関する「直接的な労災防止措置義務」の法文化を志向したものと解される。また、これらに関連して本法案では、重層的下請事業における注文者の支配的地位から構造的に導かれる請負人の法令違反の実態を考慮して、下請人の労働者が、それに従えば労安法令に違背せざるを得ない指示を行うことを禁止する内容が挿入されている（同じく法三一条の三等に対応）。

（7）すなわち、昭和五五年改正において、一定規模以上の建設工事を行う事業者の計画届出義務、計画作成段階において一定資格を有する者を参画させる義務、および該届出を受けた労働大臣の技術的審査に続く、必要な場合の勧告、要請権限が法八八、八九条に法文化されたことは既に述べたが、このうち労働大臣の技術的審査は、該法文においては、「届出があった計画のうち、高度の技術的検討を要するもの」に限定されていた。しかしながら、該要件の下では、地質が極めて軟弱なところや有害ガスが発生するところで行う工事、曲率の大きい曲線桁の橋梁工事等、危険性が高いながらその審査にかからない建設工事計画が数多く生じ、このことを原因とすると見られる災害も多発していた。そこで本法改正案においては、八九条一項にいう「高度の技術的検討を要するものに準ずる」計画についても、労働省令で定めるものについて、都道府県労働基準局長に審査権限ならびに必要な場合の勧告、要請権限を明文化する方針が打ち出されたのである（同じく法八九条の二等に対応）。

（8）すなわち、従来の法制度の下では、各事業場ごとに行われる安全衛生業務の最終責任を負うべく設けられた総括安全衛生管理者制度、構内重層的下請け事業における安全衛生管理を一括して行うべく設けられた総括安全衛生責任者制度等が存在し、それぞれが種々の枢要な管理責任を割り当てられていたが、現実の労災の発生状況を見る限り、各事業場における安全衛生水準に差異があり、彼ら労災防止業務従事者に対する安全意識の高揚が不可欠な状況にあった。そこで本法案では、労災防止業務従事者の種類に応じて、一科目二～三時間程度の講習制度を設け、死亡災害、重大災害の発生事業場および災害多発事業場に属する該業務従事者に対して、都道府県労働基準局長指定講習機関における受講を指示する方針が打ち出された（同じく法九九条の二等に対応）。また、既存の法制度下では、法六一条によりクレーン作業等一定の危険作業について免許又は技能講習制度が設けられていたが、かような免許所持者又は技能講習修了者においても、該免許取得後又は講習修了後暫時の経過により、緩慢、不適切な作業を行う者が増加し、これがあるべからざる労災を導く事態が生じており、これらに対処するため、前記受講制度に加え、かような就業制限業務従事者に対する講習制度を設け、その受講を指示する方針も打ち出されている（同じく法九九条の三等に対応）。

（9）　平成四年五月一四日参議院労働委員会北山政府委員答弁。

（10）　該指針の詳しい内容については、佐藤・前掲（注2）書九二〇頁以下参照。

（11）　里見秀俊「減らない建設業界の労災を改正案は妨げるか」いのちと健康（一九九二年）五号一一頁以下。

（12）　古谷杉郎「労安法の一方の主人公は労働者であるべきだ」いのちと健康（一九九二年）五号一三頁以下。

（13）　該検討会は、①北海道大学教授保原喜志夫、②日本医師会常任理事石川高明、③産業医科大学教授大久保利晃、④川崎製鉄産業医荘司榮徳、⑤産業医科大学理事長野崎和昭ら九名のメンバーにより構成されていた（以上職名は平成四年六月当時）。

（14）　該委員会は、①労働福祉事業団医監、岐阜大学名誉教授館正知を座長とし、②日本医師会常任理事石川高明、③産業医科大学教授大久保利晃、④日産自動車安全健康管理部長小熊正徳、⑤三ツ矢代表取締役社長草間英一、⑥藤田保健衛生大学医学部教授島正吾、⑦千葉産業保健推進センター所長荘司榮徳、⑧中央労働災害防止協会労働衛生検査センター所長高田勗、⑨北海道大学教授保原喜志夫、⑩合化労連総合企画局部長吉田和道の一〇名のメンバーにより構成されていた（以上職名は平成七年四月当時）。

（15）　座談会（保原喜志夫、石川高明、大久保利晃、荘司榮徳、野崎和昭）「産業医のあり方に関する検討会報告書をめぐって」ジュリスト（一九九二年）一〇〇三号一二頁・野崎発言、一四頁・大久保発言。

（16）　この点についての詳細は、前掲（注15）座談会二六、二七頁を参照。

(17)　さらに、産業医の選任義務のない事業場においては、「労働者の健康管理等を行うのに必要な医学に関する知識を有する医師等から意見を聴くことが適当であり、こうした医師が労働者の健康管理等に関する相談等に応じる地域産業保健センター事業の活用を図ること等が適当である」、とされている。

(18)　労働省労働基準局安全衛生部監修『九六改正安衛法ハンドブック』(労働基準調査会、一九九六頁)三三頁。

(19)　青山・前掲(注４)論文九頁。

(20)　パネルディスカッション(荘司榮徳、小野道真、井上温、大関親)「実践者として見た労働安全衛生法施行二五年の回顧と二一世紀への展望」安全(一九九七年)四八巻一二号一八〜二一頁(小野、井上発言)。

第五章　労安法を根拠とする労働者労災予防権の枠組み

本章においては、これまでに概観してきたわが国の労安法の展開過程を踏まえつつ、該法令を根拠として労働者個々人が（あるいは集団的にも）行使しうる私法上の労災予防権について検討を加えることとする。歴史的に監督法として展開してきたわが国の労安法に違反が生じた場合、労働者の第一次的救済は、いうまでもなく、その九七条に定める都道府県労働基準局長、労働基準監督所長又は労働基準監督官に対する申告を通じて図られることとなるが、かような申告に対しては、行政がこれに応じない場合も往々にあり得る。それというのも、かような申告権について、労働基準監督署を含めた行政機関は、これまでに行政判例において形成されてきた「反射的利益の法理」もしくは「自由裁量の法理」によって、行政権発動の可否、およびそのあり方に関して広範な裁量権を保障されてきているからに他ならない（例えば、昭和五七年阿倍野労基署長事件最高裁第二小法廷判決（昭和五七年一二月一〇日〈労働判例カード四〇一号一七頁〉他を参照されたし）。最近では、とりわけ労働者の生命・健康に直接関わる労働安全衛生の領域において、労働保護機関の裁量権に一定の限界を設けようとする判例も出てきたが（例えば、昭和五七年大東マンガン事件大阪地裁判決（昭和五七年九月三〇日〈判例時報一〇五八号三頁〉）、昭和六一年札幌栗山クロム事件札幌地裁判決（昭和六一年三月一九日〈判例時報一一九七号一頁〉他を参照されたい））、いずれも行政機関の作為義務を生ぜしめるに足る極めて厳しい条件を課しており、その雇用過程において健康不安を感じた労働者が、症状が発現する前段階で、迅速にその対応を求めることなどほぼ不可能に近い[1]。かような事情から、労安法上の本来的救済手段たる労働者の申告権については、その行使にどれだけの効果が期待できるかは未知数であり、さらには、安全衛生問題に積極的興味を示さない労働組合も対応を怠った場合、又は危険が切迫していてかような手続を踏み得ない場合等々にも、労働者には労務給付拒絶権及び履行請求権等の私法上の労災予防権を行使し、その前後に司法上の確認を得る手段が唯一残されることとなる。このように、わが国においては、現実の訴訟件数はともかくとしても、理論上こうした私法的手段は依然としてその重要性を失ってはいない。

そこで以下においては、第一に、労安法の法的性格、とりわけ労働契約との関係について一般的な検討を加えた後、第二に、労安法と私法上の法理としての安全配慮義務との関係、さらには安全配慮義務その他を通じて導かれる労働者労災予防権の検討を逐次行うことにより、労働者の労安法に基づく司法的救済の枠組みを究明していくこととする。

(1)　現行労安法の法的性格

先に述べたとおり、わが国の現行労働安全衛生法は昭和四七年に発布された比較的新しい法律であるが、本法の骨格部分は、その発布前に職場の安全衛生規制を敷いていた昭和二二年労働基準法およびこれに基づく労働省令として発令されていた昭和二二年（旧）労働安全衛生規則（昭和二二年労働省令第九号）において既に構築されており、現行法は、このうち危害の防止、安全装置、性能検査、有害物の製造禁止、安全衛生教育、健康診断等について一般的定めを置いていた法第五章一四箇条が分離独立する形で形成されたものである。この労働基準法は、戦後ＧＨＱによる占領政策下にあった日本政府、とりわけ厚生省労働保護課などがほぼその意向に添う形で作成したもので（その骨子は、ＧＨＱ労働諮問委員会が昭和二一年七月に発した「日本における労働立法及び労働政策に関する勧告」による）、戦前の工場法に比べれば、労働者保護のみならずその自由と権利の観点からも、少なからぬ改善がなされていた。適用事業場も拡大され、規制の緻密さもレベルもはるかに前者を凌駕していた。さらにその一三条は、「この法律で定める基準に達しない労働条件を定める労働契約は、その部分については無効とする。この場合において、無効となった部分は、この法律で定める基準による」と規定し、「労基法の各条文が、罰則を背景とした労働基準監督によって実現されるべき基準であるだけではなく、それらがあわせて私法的効力をもつことを明言し」たのである。(2)しかしながら、工場法時代に始まる「官主導」もしくは「官庁・経営者間ばかりの官民協調」政策は、そう一朝一夕に崩れるものではない。西谷教授の指摘するように、労基法の大部分の規定は、「使用者は……しなければならない」、もしくは「使用者は……してはならない」というように、国家の使用者に対する作為、不作為の義務づけという形をとっていたし、(3)実際の運用もこれに即してなされてきた。

労働安全衛生法制の産業社会進展への対応、最低基準の確保にとどまらない総合的労災予防対策の充実化、官民一体となった労災防止対策のための根拠規定の明確化などを目的に、昭和四七年になって発布された現行労働安全衛生法（昭和四七年六月八日法律第五七号）もまた、その性格を直接に受け継いでいる。労基法上義務の主体とされていた「使用者（労基法一〇条）」との文言は、各事業の最高経営責任者を意味する「事業者（労安法二条）」に変換されたが（ただし労安法一二二条により、法人の代表者たる者のみでなく、その代理人、使用人その他違反行為者当人に対しても罰則が適用されることが明文化されており、従って労基法上の使用者も依然として法規の名宛人であると解される）、(4)その規定の殆どが事業者の作為・不作為を義務づける構造に変更はなく、労働者の権利については、わずかに法九七条が監督機関への申告権を定めるのみである。しかも本法は、労基法一三条に相当する規定を欠いていたことや、その規制内容が特殊であったこともあって、後になって、労働法学説においてさえその契約直律効を否定する見解を生むこととなった。(5)いうまでもなく、労働法学における通説は、現行労安法が契約直律効を有する労基法から分離独立したものである以上、それと同様の効力を有するべきものと解しており、[6]ただその規制内容などから契約の内容として不相応なものを個別的に判断する姿勢をとっているが、[7]戦前からほぼ一貫してとられてきた官主導型労働安全衛生政策の延長線上で理解されるべき本法が、極力その私法的効果を排除するような構造と内容を与えられている現実は、やはり否定し得ないのである。

(2)　安全配慮義務との関係①　概論

日本の民法典において明確に安全配慮義務を規定した法文は存しない。しかしながら、周知のごとく、安全配慮義務（もしくは安全保証義務、安全保護義務などとも呼称される）は昭和五〇年陸上自衛隊八戸車両整備工場事件最高裁第三小法廷判決（昭和五〇年二月二五日〈民集二九巻二号一四三頁〉）において、国家公務員たる自衛隊員を相手方として国がその「生命および健康を危険から保護するよう配慮する義務」として示されて以来、判例学説上私人間においても妥当する一般的な法理として確立されてきている。この法理は本来、無過失責任制をとる労災保険制度ではカバーしきれない損害塡補を目的として発展してきたものであり、それが債務法上の義務と位置づけられることにより、既存の不法行為法上の法理（例えば注意義務構成）との比較では、①原告の立証責任、[8]②損害賠償請求権の消滅時効期間、[9]③附遅滞の算定時期、[10]⑤過失相殺などの点でそれぞれ労働者の有利（場合によっては不利）に働くと解されてきた。[11][12]しかしながら、本法理をその義務の内容から捉える限り、それは既に判例法上、人的物的諸条件の整備を内容とする手段債務と把握されており、[13]結局のところ事業者のなすべき配慮の基準を明示する労働安全衛生法令の定めを後追いして展開してきた側面がある。[14]したがって、本法理は、むろんその定めを超える内容を有するものではあるが、部分的には労働安全衛生法令の諸規定に私法的効果を与える媒体としても機能してきており、問題はこの私法的効果がどの範囲に及ぶかにあるといえよう。とりわけ本稿のごとく労働者労災予防権を重視する立場からは、危険有害業務に際しての労務給付拒絶権ならびに使用者に対して具体的作為・不作為を求める履行請求権が要目となるが、この点に関しては、既にわが国でも主として民法学の立場から主にドイツにおける議論を参考にした理論的検討が積み重ねられてきている。(15) これらの議論の詳細を分析し、いかに評すべきかを論じることは本稿の課題ではないが、本稿の主題と関連性を有する範囲で若干を述べるとすれば、以下のようにいうことができる。

まず、本法理の枠組みを確定したリーディングケースたる前掲昭和五〇年陸上自衛隊事件最高裁判決は、その債務構成について「ある法律関係に基づいて特別な社会的接触関係に入った当事者間において、当該法律関係の付随義務として当事者の一方、又は双方が相手方に対して信義則上負う義務」であると明言していることから、原則として、使用者がこのような義務を履行しないからといって、労働者に労務給付拒絶権なり履行請求権なりの効果を直接導く解釈はとり難い。しかしながら他方で、従来の民法学上の諸説においては、安全配慮義務は、諸説が展開する各々の契約責任論（債務構成理論）の中で様々な位置づけを与えられてきた。このうち諸説が展開する契約責任論については、むろんその呼称、性質等に論者ごとの差があるものの、およそ「主たる給付義務」、「従たる給付義務」、「付随義務（ないしは附随義務、附随的注意義務）」、「保護義務（ないしは安全義務）」の四部に分類して整理がなされている点において、ほぼ共通しているようである。(16) 問題は、安全配慮義務といわれるものが、こうした義務群のどこに位置づけられ、そしてその義務がいかなる性格を有するものと解されているかであるが、例えば北川教授は、極めて原則的な債務構成理論に立脚して、安全義務は契約関係の外枠を形成し、契約関係が正常に発展する場を確保し保全する機能を有するもの、すなわちここでいう保護義務と同視されうるものであり、たとえば警備保障契約等のように安全注意が給付義務として構成されうる例外的場合を除いて、その履行請求権は当然ながら認められない旨を説示している（ここにおいて労務給付拒絶権との関連性は必ずしも明らかにされていない）[17]。かような見解は、かつての民事法学の支配的見解を形成してきたものであり[18]、ここでいう保護義務とは、いかなる債権関係においても契約当事者がその相手方と密接な関係に立つことからそれに応じ、その履行に際して相手方の生命・身体ならびに財産的利益等を侵害しないよう配慮する一般的義務と認識されている。その不履行は、本来は不法行為法で処理さるべきものが特に契約責任上認識されるに至ったものであることから、これを根拠に労務給付拒絶権、履行請求権が認められることとはならず、これによって被害を受けた者の救済は損害賠償請求権の行使によってのみ担保されることとなるのである。他方、奥田教授は、前記最高裁五〇年判決の説示するところから、安全配慮義務は一般的な債権関係で認められる保護義務に近いものと考えられるが、しかしながらそれが本質的に雇用・労働契約における義務であることを重視して、給付義務そのものであるとの見解を示されている。そして、そうであれば、かような義務が尽くされていない場合に、公務員・労働者には就労を拒否する正当な理由があり、履行請求権の貫徹も認められることとなる、という[19]。また、宮本助教授は、雇用・労働契約の給付目的物たる労務は、物の給付契約とは異なり、労働者の身体と切りはなすことができない等、雇用・労働契約の特殊性を強調し、労働者には履行請求権や労務給付拒絶権が認められなければならないという、いわば効果の必要性から出発し、したがって、その限りで安全配慮義務は給付義務、それも従たる給付義務として位置づけられなければならないとする[20]。さらには、下森教授のように、安全配慮義務一般についてはこれを保護義務と同視しつつも、労働安全衛生法に規定されている安全配慮義務についてのみ給付義務に相当するとの趣旨を述べる見解もあるが[21]、ドイツのように労働安全衛生法規を超える内容を使用者—経営協議会間の経営協定の締結により規定しうる法的枠組みが存する場合ならばともかくも（詳細は第二部第三章第三節を参照）、かような枠組みの存しないわが国においてなおこのような見解が妥当するか否かは不明であり、学説上必ずしも賛同を得られていないようである。(22)

このように、民事法学上、安全配慮義務については、これを信義則に基づく付随義務とみなす最高裁判例を出発点として、学説上もこれを労務給付拒絶権及び履行請求権を導かない保護義務等とみなす原則的理解が支配的であったが、近年にいたって、労働法学説のみならず民法学説においても、かような先履行的損害回避権を労働者に認めるため、安全配慮義務を従たる給付義務とみなすなど、かつての立場に異論を唱える見解が増加する傾向にある。また、近年、安全配慮義務の履行請求を主題としてドイツ債務法に関する詳細な比較法的検討を行われた鎌田教授の研究によれば、日本法への示唆として、次のような事理が明らかにされている。(23)第一に、用語法上の問題ではあるが、日本では混同されがちな配慮義務（Fürsorgepflicht）と保護義務（Schutzpflicht）について、前者が伝統的な人格法的共同体理論（詳細は第二部第四章第一節参照）に沿革を有し、労働者の忠実義務に対応する労働関係の根幹に関わるものである以上、労務給付拒絶権はもちろん、本来的に一定の履行請求可能性を有するものであるのに対し、後者は民法の一般理論に沿革を有し、あらゆる債務関係に共通する付随義務的概念である以上、労務給付拒絶権は導かれても、本来的に履行請求可能性を有するものではない。しかしながら、彼国におけるその後の学説の展開により、たとえ保護義務といえどもその内容が当事者間の合意または法律上の定め等により確定される場合には、訴求可能性が認められ、従って、履行請求に関する限り両者の差異は相対化されてきている。第二に、かような保護義務としての安全配慮義務（あるいは保護義務とは別個の概念として措定される安全配慮義務）については、従来その義務の不確定性から履行請求可能性を否定する見解が支配的であったが、かような義務の内容はその時々に応じて客観的に定まってくるものであること、また本来保護義務が属すべき不法行為法領域と債務法領域とが規範統合的に解される傾向が見られる等々の理由から、現在ではその訴求可能性を肯定する見解が支配説を形成するに至っている、と。このように、鎌田教授の研究からは、わが国において安全配慮義務の履行請求可能性を論じるにあたっても斟酌さるべき貴重な示唆がなされており、とりわけ安全配慮義務の具体的履行内容を確定する労働安全衛生法規が存する場面においては、労務給付拒絶権については言うに及ばず、その履行請求権を否定すべきとする見解は、徐々に説得力を失いつつあるように思われる。

(3)　安全配慮義務との関係②　裁判例の動向

次に、労働者労災予防権に関する裁判例の動向を取り上げることとするが、この論点に関する裁判例の蓄積は極めて乏しいものと言わざるを得ず、しかもその判示は必ずしも精緻に展開されたものとは言い得ない。とりわけ労務給付拒絶権に関するものとしては、対立する労働組合員による暴行行為を放置した使用者の配慮義務違反が労働者の履行不能を惹起せしめたとして、彼のなした就労拒否の正当性とその間の賃金支払請求を認めた昭和五七年の新聞輸送事件東京地裁判決（昭和五七年一二月二四日〈判例時報一〇七一号一四二頁〉）が注目されるもの[24]の、その他の判例は、使用者の命じた危険労働の集団的拒絶に緊急避難規定の適用を認めたり、もしくはそうした危険労働を労働契約上強制されるものではないと見なしたりしているのみであって[25]、いずれにせよ、労働者の権利としての視点からその要件効果を明確にしたものは見あたらない。

他方、履行請求権に関する裁判例についても、該権利の行使の可否が正面から争われたケースは殆ど存在せず、その検討に幾分の価値があるかは測りかねるところであるが、近年には、とりわけ伝統的なじん肺損害賠償請求訴訟において、あるいは労働者が職場の喫煙制限を求めるケースなど、労働者人格権侵害の妨害予防請求事案等においても、若干ながら労働者の履行請求可能性に関する裁判所の考え方が示され、一定の判例法理が形成されるに至っている。そこで以下では、平成期に入って下されたかような事案に関する四判決に限定し、それらの判決の枠組みを検討することにより、わが国において認められた私法上の労働者労災予防権の水準を測ることとする。

(i)　日鉄鉱業松尾採石所じん肺訴訟一審判決（東京地判平成二年三月二七日〈判例時報一三四二号一六頁〉）

（事実の概要）

本件は、東京都西多摩郡にある松尾採石所において、昭和四一、四二年頃から坑道掘進等の削石作業に従事して重度のじん肺に罹患した原告（被控訴人、被上告人）ら三名が、同採石所の設営、経営管理にあたってきたものの原告らと直接の雇用契約関係にない被告一、及び原告らを自ら雇い入れ、被告一との間の請負契約に基づいて原告らを前記作業に従事させていた被告二（両者ともに控訴人、上告人）に対して、彼らの安全配慮義務違反の債務不履行又は不法行為を根拠に損害賠償請求を行った事案である。

裁判所の認定によれば、本件においては概略次のような事実が存在したとされる。第一に、原告らの松尾採石所における作業においては、作業種別毎に程度の差違はあるものの、そのいずれにおいても粉じんが発生していた。第二に、被告二と被告一との基本契約によれば、被告二は、被告一又はその係員の指示に従って、その工事仕様書、設計書及び図面の通りに誠実に工事を行わねばならず、工事施工に必要な機器、材料及び事務所宿舎等は原則として被告二の負担とされていたが、現実にはその殆どは被告一から原告らに対して支給がなされていた。

第三に、裁判所はじん肺の特質についても触れており、そこでは、該疾病が、不可逆性、進行性、全身性疾患であると認定されている。(26) 第四に、訴訟提起の約六年前、昭和三五年には、粉じん作業労働者の健康保持を目的に、健康診断をはじめとする総合的な健康管理等について定めたじん肺法が発布されており、事業者は、従来の労働安全衛生法よりも一段と厳しい規制下に置かれていた、等々。

（判旨）――原告請求一部認容――

労使間において粉じん作業雇用契約が締結された場合、「当事者が主たる給付義務として労務提供と報酬支払の各義務をそれぞれに負うに至るのみではなく、少なくとも旧じん肺法が施行された後においては、使用者は、粉じん作業に従事する労働者に対し、労働者をじん肺に罹患させせないようにするため、右雇用契約の継続する全期間にわたって、絶えず実践可能な最高の医学的・科学的・技術的水準に基づく、㈠……作業環境の管理、すなわち⑴粉じんの測定、⑵測定結果に基づく作業環境状態の評価、⑶安全性に問題ある場合には、一定の措置の実施）、㈡……作業条件管理、すなわち、⑴作業時間等についての措置、⑵呼吸用具の支給、装着等の措置）、㈢……労働者の健康等の管理、すなわち、⑴粉じん作業労働者に対しての一般的教育、粉じん測定結果の伝達、呼吸用具の保守管理等の教示……、⑵専門医による健康診断及び事後措置の実施）等の履行義務を負担したものと解すべきである（括弧内筆者要約）」。

すなわち、旧じん肺法は、前記のような諸措置を実施することにより労働者のじん肺罹患を相当程度防止することができる状況になったことに鑑みて、これまで遅れていたじん肺の予防の観点からの規制を行うことを目的に制定されたものであり、かような旧じん肺法の制定後は、「粉じん作業使用者は、粉じん作業労働者に対し、その違反が損害賠償義務を生じるにすぎないいわゆる安全配慮義務を負うにとどまるものではなく、粉じん作業労働者がじん肺に罹患するのを防止するために雇用契約の継続する限り、絶えず実践可能な最高の医学的・科学的・技術的水準に基づく作業環境管理、作業条件管理及び健康等管理に関する諸措置を講ずる履行義務（以下「粉じん作業雇用契約に基づく付随的履行義務」という）を負担し、粉じん作業労働者はその使用者に対し、右義務に対応する履行請求権を有するものと粉じん作業雇用契約を構成するのが、旧じん肺法の前記目的に沿った規範的解釈であるというべきだからである。そして、当該時点における実践可能な最高の医学的・科学的・技術的水準に基づく前記の諸措置の具体的内容は、通風体系を除いては、いずれも特定することが可能なものといえるから、右義務の内容は履行可能なものというべきである」。

なお、「この理は、労働者と直接粉じん作業雇用契約を締結した者との間に限られず、労働者を自己の支配下に従属させて常時粉じん作業に関する労務の提供を受ける粉じん作業事業者等、右労働者との間に実質的な使用従属関係がある者との間においても妥当するものというべきであるから、実質的作業使用者も、信義誠実の原則に従い、粉じん作業労働者に対し、粉じん作業雇用契約に基づく付随的履行義務と同一の性質及び内容の義務を負うものというべきであり、粉じん作業労働者は実質的粉じん作業使用者に対し、右義務に対応する履行請求権を有するものというべきである」。

そこで、本件において具体的に被告らに前記履行義務違反の債務不履行があったかいなかを検討するに、まず、粉じん濃度という点について、被告一が行った環境濃度に関する昭和五五、五六年測定値は、「日本産業衛生学会の昭和五七年の許容濃度を超えるものであったことは明らかであり……、松尾採石所においては、右測定結果を考慮して、作業環境管理、作業条件及び健康等管理のいずれの点においても具体的な改善措置がとられなかったことが認められる」。次に、労働者の暴露時間という点について、「松尾採石所における原告らの労働量は、日本産業衛生学会の許容濃度に関する勧告の前提とする労働量のみならず、労働基準法による保護の範囲をはるかに上回るものであったということができ」、更に防じんマスクについても、原告らの作業環境において粉じんの体内への吸入を抑止することができるものではなかった。「もとより、日本産業衛生学会の許容濃度に関する勧告も……（一定の）じん肺罹患の危険を含むものであり、また、坑内労働の時間制限に関する労働基準法……の各規定も、労働者保護という行政上の見地からその最低基準を定めたものにすぎないというべきであるから、……右勧告及び規定等が守られていたとしても、じん肺罹患の危険がなかったことにならないのはいうまでもないが、……松尾採石所においては、これらの規定等さえも守られていなかったことが明らかであるから、その余の点について判断するまでもなく、被告らには前記粉じん作業雇用契約に基づく付随的履行義務違反の債務不履行があったものというべきである。」

（若干の検討）

先にも述べた通り、本件は、原告らが被った被害に対する事後的補償を求めた損害賠償請求訴訟であるから、本来的には使用者の尽くすべき安全配慮義務ないしは注意義務の内容が特定され、その違反、被害との因果関係、使用者の帰責性が肯定されれば、自ずと判決が確定すべき事案であったということができる。にもかかわらず、本判決は、本件において使用者が尽くすべき義務が粉じん作業雇用契約に基づく「付随的」履行義務であり、これが付随的義務であるが故に本来的給付義務に比して軽視されるべきではないことを宣言するためか、あえてその履行請求可能性にまで言及しているのである。そして本判決は、本件被害が進行していた時点において、旧じん肺法が制定されていたことを重視し、「粉じん作業使用者は、粉じん作業労働者に対し、その違反が損害賠償義務を生じうるにすぎないいわゆる安全配慮義務を負うにとどまるものではなく、……」と述べ、要するに、「粉じん作業労働者がじん肺に罹患するのを防止するために雇用契約の継続する限り、絶えず実践可能な最高の医学的・科学的・技術的水準に基づく……諸措置を講ずる履行義務」が安全配慮義務の内容ではなく、あくまで粉じん作業雇用契約の「規範的解釈」から導かれるものであるとの判断を示している。この点の判示については、既に債務法の領域で専門的研究を行っている民法学者からも種々の疑問が呈されているが、(27) かような履行義務がなぜ安全配慮義務の内容に含まれないといえるのか、ここでいう規範的解釈とは信義則といかなる関係に立つのか、粉じん作業雇用契約の規範的解釈からいかなる理論的道程で判示された履行請求権が導かれるのか等々、その趣旨は必ずしも明らかとは言い得ない。したがって、かような問題が解決を見ない限り、本判決の示したかような論法が、労働安全衛生法と一般的な労働契約との関係にも妥当するのか、すなわち労働安全衛生法に定める安全確保義務の内容が、そのまま契約上の履行請求の対象となりうるのか否か、かりにそれが肯定されるとして、その理論的道程はいかに示されるのかについても、依然として不明な状態にあるといわざるを得ない。穿った見方をすれば、本判決は、本件における使用者の債務内容を安全配慮義務から分断して論じることにより、本判決の射程をじん肺法の規律を受け、特に高度な予防措置を要求される領域に制限することを狙ったかのようにも推察される。

しかしながら、かような問題は、本判決が有する以下のような意義を減却させるものではない。すなわち第一には、その法的構成のあり方はともかくとして、高度のじん肺対策を規定するじん肺法が整備されたことを受け、その法目的に沿った客観的な契約解釈がなされるべきこと、そしてその内容は私法的に訴求可能であることが大枠として示されたことであり、そして第二に、特に注目すべき点として、ここで要求される「絶えず実践可能な最高の医学的・科学的・技術的水準に基づく諸措置」がなされたか否かの判断は、日本産業衛生学会等々が規格化する実務・学術上の先端認識を基準になされるべきことが示されたことである。かような判断は、労働科学領域における研究の信頼性を背景にはじめて意味をなすものであり、究極的に労働安全衛生関連法規の立法管轄問題を生ぜしめる危険を有するものであるが、今後の該領域での研究の進展と共に、枢要な法理としての位置づけを獲得していくこととなろう。

(ii)　日鉄鉱業松尾採石所じん肺訴訟控訴審判決（東京高判平成四年七月一七日〈判例時報一四二九号二二頁〉）

本判決は、(i)事件について下された控訴審判決である。

（判旨）——控訴棄却——

「労働契約の下においては、労働者は、使用者の供給する労務場所・設備・機械・器具その他の環境で、使用者の指揮命令の下労務に服するものであるから、使用者はそれらの諸環境につき労働者が労務に服する過程で生命及び健康を害しないよう配慮すべき義務（安全配慮義務）を負うものである。本件において、第一審被告らは、前認定のような労務環境・労働契約の内容に従い、第一審原告らがじん肺に罹患しないよう、……（作業環境・吸入防止用具・予防教育・健康診断などの）科学技術の進歩を前提とした上で、（粉じんの発生防止、発生した粉じんの除去、適当な労働時間の設定、マスクの支給、じん肺安全教育、健康診断後の事後措置等の）諸措置を総合的かつ適切に履行し、もってじん肺防止に万全の注意を払うべき義務の履行が求められていたというべきである。このように、使用者側としては、当該労働者らとの関係では、如何に困難が伴うとはいえ、できる限りの有効な諸措置を講ずるのが信義則上要請されているといえる。」

第一審判示における「その違反が損害賠償義務を生じうるにすぎないいわゆる安全配慮義務を負うにとどまるものではなく」を削除し、「規範的解釈」を「合理的解釈」と改める。

〈若干の検討〉

本判決は、前掲(i)事件の控訴審判決であり、その要点は、一審において粉じん作業雇用契約の規範的解釈により導かれていた諸措置の履行義務を、労働契約上使用者が負う安全配慮義務の内容として、それも信義則に基礎づけられた義務として認識しつつ、その他一審の判断枠組みを基本的に支持した点にある。一審が諸措置の履行義務についての労働者の履行請求権を認めた点、ここで履行されるべき諸措置が「絶えず実践可能な最高の医学的・科学的・技術的水準に基づく」ものでなければならない点、本件一審被告一が本件一審原告と直接の雇用契約関係になくとも信義則上かような諸措置履行義務を課せられる点、さらには前記「実践可能な最高の医学的・科学的・技術的水準」の判断が日本産業衛生学会等の公表する先端認識基準によらしめられる点等も同様に解することができる。そして、本控訴審判決の判断枠組みは、その後の上告審の判断（最高裁第三小法廷判決（平成六年三月二二日〈労判六五二号六頁〉）においてもそのまま支持され、とりわけ使用者が講ずべき諸措置の履行義務については、それが安全配慮義務の内容たることを明言されていることから、本件の如きじん肺訴訟事案における裁判所の判断枠組みは、一応の確立を見たということができる。

ただし、本判決においても、本件において諸措置の履行請求可能性が唱われた論理的必然性、またここで定義された安全配慮義務から履行請求権が導かれた理論的道程等、本質的論点において明確な判示はなされておらず、一審判決について残された課題の全てが解決されたわけではない。とりわけじん肺法以外の労働安全衛生法規と安全配慮義務、安全配慮義務と履行請求権の法的関係については、未だに不明な点が多く、このことが、次に掲げる高島屋工作所事件判決の極めて消極的な判断に結びつくことともなるのである。

(iii)　高島屋工作所事件大阪地裁判決（大阪地判平成二年一一月二八日〈労働経済判例速報一四一三号三頁〉）

（事実の概要）

本件原告は、本件訴訟提起の時点において被告会社の家具販売事業部大阪販売部統括課に勤務していたが、右眼偽黄斑円孔を原因とする視力の低下に悩まされ、治療を継続していた。そこで彼は、労働安全衛生法六六条七項を根拠として、業務内容の変更、配置転換等の具体的措置を求め、被告の本社人事部長、同販売統括部長と面談の場を持ったが、「会社の方から業務内容の変更や配置の転換について具体的提示はしない」として果たされなかったため、さらなる協議を求めるとともに、間接強制として被告が協議を始めるまで一日金六〇〇〇円の支払を求めた。対する被告側は、「そもそも労働安全衛生法の規定は、使用者に対する行政取締を目的としたものにすぎず、労働者に対し、同法所定の措置を求める労働契約上の権利を付与するものではない」としてこれを争った。

（判旨）――原告請求棄却――

使用者は、労働安全衛生法の規定を待つまでもなく、労働契約に基づき自ら行う指示又は機械器具の提供により労働者の生命及び健康に被害が発生することのないよう配慮する義務を負っている。

「しかし、右配慮義務は、労務の提供義務又は賃金の支払義務等労働契約における本来的履行義務とは異なり、あくまで労働契約に付随する義務であり、予めその内容を具体的に確定することが困難な義務であるから、労使間の合意その他の特段の事情のなき限り、労働者は、裁判上、使用者に対し、直接その義務の履行を請求することはできず、労働者に疾病の発生又はその増悪等の具体的結果が惹起した場合において始めて事後的にその義務の具体的内容及びその違反の有無が問題になるにすぎないものと解するのが相当である」。

「そこで、労働安全衛生法に原告が主張する規定が存在することが、右特段の事情すなわち付随的義務たる配慮義務の一態様である『使用者の業務内容の変更、配置の転換等の具体的措置を提示し、協議を開始すべき義務』を本来的履行義務にまで高めたものか否かにつき考えるに（なお、本件では、原、被告間でこれを直接請求できる旨の合意があったとの主張はない）、労働安全衛生法の規定一般についてはともかく、同法六六条七項は、その規定の仕方自体が、……概括的であるうえ、……右規定に違反する事業主に罰則を課すことは予定されていないことからすると、右規定が存在することのみから、直ちに、その規定が使用者に命じた行為内容が、使用者の労働契約における本来的履行義務になったとまで認めるのは困難である。」（傍線筆者）

「したがって、被告が労働安全衛生法六六条七項の趣旨に従い一般的に原告の健康に配慮する義務を負っていることは認められるにしても、右債務は、前記意味で付随的債務にすぎないのであるから、これを根拠にその履行を直接請求する趣旨で提起された原告の本訴請求は理由がない。」

（若干の検討）

本件は、労働安全衛生法の規定を労働契約内容として、その履行請求可能性の有無が正面から争われた数少ない事例の一つである。本判決の判旨には、特筆すべき内容が幾つも含まれているが、その要点を整理すれば、次のようにいうことができよう。第一に、本判決では、使用者の有する配慮義務、通常安全配慮義務といわれているものが、労働安全衛生法の定める具体的措置義務よりも広範な内容を有していることが認められている。第二に、かような配慮義務は、使用者の付随的債務にすぎないものであることから、直接履行請求の対象とすることはできないとされている。第三に、その配慮義務は、「労使の合意その他特段の事情」のある場合には本来的履行義務に高められ、履行請求可能性を帯びるとされている。第四に、ここでいう「特段の事情」には、労働安全衛生法等の諸法規により、その債務内容が具体的に確定されうる場合が含まれるとされている。第五に、本件で問題となった労安法六六条七項はともかく、その他の労働安全衛生法の規定一般についてみるかぎり、それが使用者の配慮義務の内容を特定し、罰則の裏付けを得ている限りにおいて、履行請求可能性を帯びると解されている。

このように、本判決は、決して労働安全衛生法規の履行請求可能性を一般的に否定したものではなく、むしろ本件で問題とされた労安法六六条七項を例外として、その内容が特定化され、罰則の裏付けを有するその他の規定一般については、これを肯認したものと解することも可能である。(28) しかしながら、本判決が労安法六六条七項の履行請求可能性を否定した直接の理由を再確認すれば、それは本条項が、「事業者は、……必要と認めるときは……」あるいは「労働者の実情を考慮して」等抽象的、概括的であることが指摘されるのであるが、かりにかような理由をもって法規の履行請求可能性が否定されるのであれば、いかに労働者の健康に重要な意味を持つ規定であっても、それにいずれかの不確定法概念を含む限りにおいて全てその可能性を否定されることとなってしまう。さらにいえば、今後拡大するであろう複雑多岐にわたる衛生危険、とりわけ精神的危険に対しては、逐次個別的な対応の必要性が予想されるから、このように労働者の自主的判断が要請される規律においてなお、彼の履行請求可能性が否定されるという本末転倒を招きかねない。次に、本判決が安全配慮義務の性格を付随的債務と位置づけたことはともかくとして、その内容の確定が一般に困難であることから、やはり一般的に履行請求可能性を有しないと判示している点にも大きな問題がある。先に挙げた鎌田教授の研究からも知られたように、例えばドイツでは、安全配慮義務の履行請求可能性はむしろ原則となっており、その理由は、これを具体化する法規の充実化にも求められるが、むしろこうした債務の内容は、個々の場合に応じて個別的に特定されうることにも求められている。したがって、たとえ安全配慮義務の一般的性格が抽象性を帯びていたとしても、ただそのことをもってその履行請求可能性を否定するには、根拠が薄弱であるといわざるを得ない。

(iv)　岩国市職員嫌煙権訴訟一審判決（山口地判岩国支部平成四年七月一六日〈判例時報一四二九号三二頁〉）

（事実の概要）

本件は、被告の職員であって、被告の管理する庁舎に勤務する非喫煙者である原告が、被告に対し、被告がその庁舎管理権に基づき庁舎の事務室を禁煙にしていないために、原告は事務室内での受動喫煙を余儀なくされ、健康を侵害されている―眼や喉の痛み、頭痛等―として、人格権に基づいて事務室を喫煙にすること（妨害予防請求としての差止め）を求めるとともに、被告が事務室を禁煙にしていないことは原告に対する安全配慮義務に違反（論拠の一つとして労働安全衛生法二三条違反も主張）するとして、債務不履行ないし不法行為に基づき慰謝料請求としての損害賠償を求めた事案である。なお本件においては、原告側より、喫煙行為には何ら社会的有用性は認められないから、喫煙者―非喫煙者間の利益衡量や、いわゆる受忍限度論を適用することはできない、喫煙の有害性は既に科学的認識、国際機関の承認を得るに至っている、原告は、喫煙の全面禁止ではなく、むしろ分煙の措置を求めているにすぎないから、喫煙者の喫煙の自由を侵すものではない、被告は本件訴訟提起後に禁煙タイムを実施し、禁煙タイム外においても事務室外での喫煙が望ましい旨の通達を出していると主張するが、徹底されていない等々の論旨が展開されていた。

（判旨）――原告請求棄却――

まず、原告の人格権に基づく差止め請求可能性は一般的に肯認され得る。「しかしながら、人の生命、身体、健康に対する侵害には、その態様、程度に種々のものがあるところ、健康等に影響を及ぼすものであっても、その態様、程度によっては、社会生活上、許容されるものもあり得ると考えられるから、健康等への侵害、あるいはその恐れがある場合に、その態様、程度、並びにそれに対する加害的行為（加害者側）の利益の性質、差止めによる影響などを全く考慮しないで当然に差止めを是認するのは相当とはいい難い。」

したがって、本件において差止め請求が認められるには、「非喫煙者が受ける影響のみならず、社会一般の喫煙に関する考え方、喫煙者と非喫煙者が同時に存在する職場における喫煙規制の状況等の諸事情を総合的に判断し、侵害行為が受忍限度を超えたものであることが必要であるというべきである（もとより、その判断にあたっては、生命、身体、健康の重大性に鑑み、これらを重視すべきである）」。

そこで、本件について具体的判断を行うに、先ず受動喫煙の慢性影響については、一般的な受動喫煙の急性影響の存在及び喫煙と疾病との関係に関する各種研究結果の相対性、本件原告本人の受動喫煙によって受けている影響の不確定性等から一概に肯認され得ない。次に原告が求める措置の実行可能性については、被告庁舎内に喫煙室や喫煙場所を新設することは困難であり、その他の手段（禁煙タイム制、換気設備の設置）が既に実施されていることなどから、やはり認められ難い。さらに、室内空気は概して環境基準に適合していること、被告庁舎内喫煙者が減少していること、職場における部屋別分煙措置の一般的定着率が低いこと等「を総合して考えると、原告の受動喫煙により受けた被害の程度は、未だ受忍限度の範囲を超えるものではないというべきであるから、被告が庁舎の事務室を禁煙にしていないことをもって、直ちに違法（人格権の侵害）であるということはできない」。「そうすると、原告が被告に対して事務室を禁煙室にすることは請求できないというほかなく、原告の差止め請求は理由がない。」

なお、被告の安全配慮義務違反の有無については、「受動喫煙により原告の受けた影響の程度、（庁舎内で喫煙室を新設することに対する物理的制約、作業環境測定調査結果、被告職員の喫煙規制についての意識、本訴提起時の喫煙規制に対する社会一般の要請レベル、他市町村における措置の実施程度（括弧内筆者要約）等の事情を総合考慮すると、被告に安全配慮義務違反があったとは認めがたい」。

（若干の検討）

本事案においては、第一に、人格権侵害に基づく妨害排除請求としての差止め、そして第二に、安全配慮義務違反に基づく債務不履行ないし不法行為救済としての損害賠償請求が原告側より求められたが、結論的に判決は、原告の受動喫煙による被害程度が未だ受忍限度の範囲を超えないとして、また安全配慮義務違反の有無について

も、ほぼ同様の理由から、ともにその請求を斥けている。(29)

本事案においては、そもそも原告側主張において安全配慮義務違反が損害賠償請求にのみ関連づけられ、これに基づく履行請求可能性が争われていないので、判決においても該義務を根拠とする履行請求権について何も述べられてはいないが、他方、人格権侵害が存する場合については、「現に行われている侵害行為を排除し、又は将来生ずべき侵害を予防するため、侵害行為の差止めを求めることができる」と明言されている。後述するように、わが国が私法上、とりわけ不法行為法上の一般的法理としての人格権法理を形成するにあたり指導的立場に立ったドイツでは、契約法上の法概念であり、積極的な作為の請求権をも導く配慮義務との比較において、それは防衛的権利として侵害の除去と不作為請求を導くものにすぎないとされている。しかしながら、たとえ防衛的、消極的権利といえども、これに対応する加害者側の義務は、実質的には個々の場面に応じて客観的に特定されることが多い（例えば本件においては、労安法二三条の履行としての部屋別分煙措置あるいは時間別喫煙規制措置等）であろうから、かかる場面において、消極的権利と積極的権利との差違は相対的なものにしかなり得ず、その意味では、本件において人格権侵害を理由とする差止め請求の可能性が一般的に確認されたことには一定の意義が認められる。

とはいいながら、本判決が、人格権侵害ないしは安全配慮義務違反の有無を問うにあたり採用した判断基準及びその具体的判断のあり方には問題点が多い。例えば、本判決においては、かかる判断基準の一つとして、本件原告が受動喫煙により受けた被害に対応する受忍限度が挙げられ、そこでは被告庁舎内職員及び社会一般の喫煙に対する考え方、職員の喫煙者の割合等が具体的な審査対象に据えられているが、これらの受忍限度論と、人格権侵害及び安全配慮義務違反の構成要件との関連性に関する本件判示には以下の如き疑問が生じる。

第一に、人格権侵害と受忍限度論との関係については、本判決自体が示した一文（「人の生命、身体、健康に対する侵害には、……社会生活上、許容されるものもあり得ると考えられるから、……その態様、程度、並びにそれに対する加害行為（加害者側）の利益の性質、差止めによる影響などを全く考慮しないで当然に差止めを是認するのは相当とはいい難い」）において、一応その理論的道程が示されているかに思われる。しかしながら、ここにおいては、先ず以て焦点の受忍限度論が、人格権侵害そのものの成立要件として考慮されているのか、あるいは人格権に基づく差止め請求可否の判断基準として考慮されているのか必ずしも明確でないうえ（本判決末部には、それが人格権侵害の成立要件として考慮されるかの如き趣旨の論述があるが）、いずれにしても、雇用の場面における労働者人格保護の特質、すなわち使用者の使用従属下にあって、一般的に煙害からの退避が困難な状況にある事情、また予防的請求のメリットには本来労働者の個別的事情を考慮できる点があること等に照らし、労働者の生命、身体、健康に対する侵害が一般的な社会生活上許容されるものであることを、たとえ判断の一資料としてとはいえ、明確に人格権侵害の成立要件ないしはこれに基づく差止め請求可否の判断要素として取り込むことには、差止め請求制度の趣旨を没却せしめる危険が存することを述べなければならない。

第二に、安全配慮義務違反と受忍限度論との関係についての理論的道程は、本判決の判示からは必ずしも明確にはならないが、先述した最高裁五〇年判決が、該義務の具体的内容について、それが「問題となる当該具体的状況等によって異なる」旨を述べていることからして、本判決においても、受忍限度論は安全配慮義務の具体的内容を規定する一要素と捉えられているものと考えられなくもない。しかしながら、具体的な危険状況が存する場面において、社会的状況がそれを一般的に許している（ように見られる）からという理由で、それが被害者の受忍限度範囲内にあり、したがって加害者の負担する安全配慮義務の内容及び程度をおとしめるとする根拠はどここにあるのであろうか。むしろ安全配慮義務、とりわけ雇用の場面におけるそれは、雇用・労働契約の特殊性を基礎として、あるいは種々の社会的接触関係を基礎として、かような接触関係にある者の生命および健康を、通常の取引関係より高度の注意をもって保護することをその内容とするものではなかったか。そしてこの疑問は、たとえ安全配慮義務を使用者の結果債務として理解せず、物的・人的手段債務として理解する立場に立ったとしても、払拭されることはない。すなわち該義務は、あくまでその使用する者の「生命および健康を危険から保護するよう配慮する義務」であって、そうであるからこそ、労安法等の労働保護法規の規定以上の内容を認められているからである。

このように、本判決においては、人格権というほんらい不法行為法上の法概念から差止め請求の可能性が示され、従って労働者の予防的請求の可能性が確認された点に意義があるものの、対して安全配慮義務の履行請求可能性については特に触れられず、さらには結論的に人格権侵害も安全配慮義務違反も認められなかった根拠において、必ずしも説得的な説示がなされているとはいえず、この点でかえって安全配慮義務の履行請求可能性を狭めてしまったものといえなくもない。

以上の検討から、わが国においては、たとえ使用者に労働安全衛生法規の違反が存し、またその他の労働危険が存する状態にあったとしても、これを根拠に労務給付拒絶権を行使し、あるいは履行請求権を行使してその是正を正すべき法的枠組みが十分な成立を見ているとはいえず、しかしながら、諸外国、とりわけドイツやアメリカにおける法規、判例法理及び学説の展開を受けて、講学上理論体系の構築が目されている状態にあるということができる(30)。労働安全衛生法規の法的性格ならびに同法規に実質的に私法的効果を導く安全配慮義務法理には、

53010900451

● 第３シフト

122-01-3

D91-50　　アメリカ
187280　ＡＢＣ

冊数計　　１冊

主な銘柄
労働安全衛生法論序説

DI1028-09:21 ID70222
59458623
このカードでは発注はできません。

53010900451

各国毎に様々な展開過程、理論構成の相違が存し、したがって諸外国の法制度及び法理の検討が直接わが国への示唆を与えるものとはいえまいが、現在の労働者を取り巻く環境変化の共通性という事実上の観点に加え、わが国の裁判所が労働者に積極的な労災予防権の行使を否定した論拠に対するという範囲での理論的観点からも、彼国における議論から汲み取られるべき示唆は少なくない。

【注】

（1）なお、労働保護機関の裁量収縮に関しては、安西愈「労働基準監督行政と申告権」季刊労働法（一九九一年）一五九号一〇六頁以下が実態と理論の狭間で詳細な検討を試みているが、行政機関の裁量収縮に関するより原理的かつ包括的な検討は、数々の行政法学者により永年にわたって行われてきている。とりわけ近年の体系的研究としては、宇賀克也『国家補償法』（一九九七年）他を参照されたし。

（2）西谷敏「労働基準法の二面性と解釈の方法」『労働保護法の研究』（一九九四年）三頁。

（3）西谷・前掲（注２）論文三頁。

（4）この「事業者」概念導入の意義については、とりわけ松岡三郎「労働・職業病と労働者の保護」『現代労働法講座（第十二巻）労働災害・安全衛生』（一九八三年）一六、一七頁を参照されたし。

（5）例えば、菅野和夫『労働法（第三版補正版）』（一九九四年）二七一頁は、本法が労使以外の関係者をも規制対象としていること、事業主に対して諸種の努力義務を課し、その具体化に当たって指針の作成や行政指導を予定していること、法目的の達成のための行政施策の仕組みをも設定していることなどを論拠に挙げ、その契約直律効を否定している。近年には、こうした菅野教授の所説を敷衍し、英米法との比較法的視点からわが国の労案法が純然たる公法であると論じた小畑史子「労働安全衛生法の法的性質⑴⑵」法学協会雑誌（一九九五年）一一二巻二号二一二頁～二七七頁、三号三五五頁～四二五頁、五号六一三頁～六八四頁が発表されている。

（6）例えば、渡辺章「労働災害に契約責任を認め、損害を分担控除した事例」ジュリスト（一九七四年）五六四五号一一六頁。

(7) 例えば、香川孝三「労働安全衛生法三〇条二項前段違反と不法行為責任—山形水産公社事件」ジュリスト（一九九三年）一〇五七号一一八頁。渡辺賢「産業医の活動とプライバシー」日本労働法学会誌（一九九五年）八六号一三三頁も本法規の契約直律効については個別に判断すべきとの立場をとるが、原則的にはそれが公法的な法規であることを強調している。

(8) 最高裁第二小法廷判決（昭和五六年二月一六日〈民集三五巻一号五六頁〉）。

(9) 前掲・陸上自衛隊八戸車両整備工場事件判決。

(10) 大石塗装事件最高裁第一小法廷判決（昭和五五年一二月一八日〈民集三四巻七号八八八頁〉）。

(11) 例えば最高裁第三小法廷判決（昭和四三年一二月二四日〈民集二二巻一三号三四五四頁〉）。

(12) このような一般的理解に対抗するものとして、新美育文「『安全配慮義務』の存在意義」ジュリスト（一九八四年）八二三号九九頁以下、特に一〇三頁、同「『安全配慮義務の存在意義』再論」法律論業（一九八八年）六〇巻四・五号五八三頁以下、平野裕之「安全配慮義務の観念はこれからどの方向に進むべきか」『椿編／講座・現代契約と現代債権の展望』（一九九〇年）三三頁以下などがある。

(13) 最高裁第二小法廷判決（昭和五八年五月二七日〈民集三七巻四号四七七頁〉）。

(14) このことは、中嶋教授の以下の研究を通じていっそう明らかにされる。中嶋士元也「安全配慮義務論争の課題（上・下）」日本労働協会雑誌（一九八七年）三三八号一四頁以下、三四〇号二四頁以下。

(15) 例えば、高橋眞『安全配慮義務の研究』（一九九二年）一五一頁以下、宮本健蔵『安全配慮義務と契約責任の拡張』（一九九三年）一七三頁以下。

(16) 例えば奥田昌道『債権総論（上）』（一九八二年）一五頁以下、前田達明「債務不履行の構造」判例タイムズ（一九八六年）六〇七号二頁以下、北川善太郎「債務不履行の構造とシステム」下森編『安全配慮義務の形成と展開』（一九八八年）二六八頁以下等を参照。なお、各用語の性格を簡潔に整理、具現化し、かつ安全配慮義務の占める位置づけを明確にしたものとして、宮本健蔵「雇傭・労働契約における安全配慮義務」明治学院論叢（一九八六年）三九三号一七六頁、またこれらの用語を媒体に諸学説の比較対照化を図ったものとして潮見佳男「債務不履行構造に関する一考察（二・完）」民商法雑誌（一九八四年）九〇巻四号三四頁以下［同・契約規範の構造と展開（一九九一、有斐閣）五二頁以下所収］を参照されたし。

(17)　北川・前掲（注16）論文二九三頁。

(18)　宮本・前掲（注16）論文一四六頁。

(19)　奥田・前掲（注16）書一六、一七、一九、二〇頁。

(20)　宮本・前掲（注16）論文一四七、一四八、一五五頁。

(21)　『昭和五八年度重要判例解説』ジュリスト八一五号（一九八三年）八一頁以下（下森定執筆部分）。

(22)　例えば高橋・前掲（注15）書一四九頁では、以下のごとく述べられている。安全配慮義務の具体的内容については、「第一に、労働安全衛生関係の法令等が手掛かりとなる。しかし労務の性質上危険が存し、または特別の事情によって危険が高められた場合には、特に法令等がなくとも、その回避のための安全配慮義務が認められ得る」、と。

(23)　鎌田耕一「ドイツにおける使用者の安全配慮義務と履行請求」釧路公立大学社会科学研究（一九九四年）六号三五頁以下。

(24)　最高裁第二小法廷判決（昭和二八年一二年二五日〈刑集七巻一三号二六七一頁〉）。

(25)　最高裁第三小法廷判決（昭和四三年一二月二日〈民集二二巻一三号三〇五〇頁〉）。

(26)　これは、昭和五二年じん肺法改正に際し、その趣旨を伝達するため発せられた行政通達（昭和五三年四月二八日発基第四七号）に倣ったものと思われる。

(27)　奥田昌道「失利益からの控除―日鉄鉱業松尾採石じん肺訴訟第一審判決」判例時報（一九九一年）一三五五号一九七頁。

(28)　同旨のものとして、望月浩一郎「過労死と安全配慮義務の履行請求」日本労働法学会誌（一九九七年）九〇号一七七頁。

(29)「タバコ煙は社会的に受認される負担であって、よって社会領域においては受動喫煙者にとって期待可能な負担である」との考え方は、特に七〇年代のドイツを席巻した説であった（Cosack, Tilman, Verpflichtung des Arbeitsgebers bzw. Dienstherrn zum Erlaß eines generellen Rauchverbots am Arbeitsplatz, DB (1999), S. 1451)。

(30)　この点に関するアメリカとの比較法研究としては、林弘子「アメリカの労働安全衛生法をめぐる法律問題」日本労働協会雑誌（一九七九年）二四八号二六頁以下、同「アメリカにおける労働者の危険有害業務就労拒否権をめぐる問題」『社会法の現代的課題』林還暦（一九八三年）二五三頁以下、三柴丈典「アメリカにおける労災予防権の検討」季刊労働法（一九九七年）一八一号一三九頁以下等がある。これらによれば、アメリカにおける危険有害業務就労拒否権は、かなり厳しい要件を付されてはいるが、同国の労働安全衛生法、とりわけ労働長官規則によって直接根拠付けられ、それが後の連邦最高裁により支持されその正当性が裏付けられている。他方、履行請求権に関する研究は少ないが、彼国における現在の判例法理では、コモンロー上の差止め命令（equity 上の救済）として、やはり一定の要件下において喫煙許可措置の差止め等の場面で認められている。彼国においては、ドイツや日本でいう公法・私法の概念区分に相当するそれは存しないので、比較法研究にも相当の困難を伴うが、後にも述べる就労拒否権の存在自体及びその法的根拠、行使に際しての要件効果、ならびに履行請求権の争われる場面及び行使に際しての要件効果等については、ドイツ法におけるそれと類似点が多い。

第六章　わが国の主な労災防止団体とその性格

先述のように、わが国において全国単位での包括的な労災予防対策を講じる責務を委ねられた中心的機関は、中央労働災害防止協会（中災防）および業種別の災害防止協会（協会）である（その職務の具体的内容については、中災防について労災防止団体法一一条、協会について法三六条を参照されたい）[1]。該機関は、昭和三〇年代の高度経済成長初期、急速な技術革新・産業構造の高度化に伴う労働災害の増加、国の監督指導行政の限界などを背景に、自主的な災害防止活動を促進する目的をもって労働省の提案により法律上組織されたものである。その立法上の位置づけは、民法の諸規定が準用される法人（労働災害防止団体法九条、三五条など）とされており、歴史的にもその設立当時において既に存在していた自治的な経営者・衛生管理者組織（全日本産業安全連合会―全安連―および全国労働衛生協会―全衛協―）を吸収して形成された経緯を持つ。しかしながら、該機関の前身となったこれら自治組織は、現機関ほどではないにしろ、それ自体、決して官公庁と切り離し得ない公的性格を帯同していたことに留意すべきであろう。

まず、全安連の実質的な前身は、昭和二一年九月に東京・芝田の国立産業安全研究所所長（武田晴爾）の呼びかけで結成された「産業安全協会」である。同協会が参集を呼びかけた対象は、① 産業経営者、② 産業労働者、③ 産業およびその団体などであり、その発足後は教育・統計・出版・危害防止・衛生など多分野に渡る活動を繰り広げていたが、その活動の全国規模への拡大には、各地方労働基準局による強力な助力の背景が存在した。該協会は、発足後まもなく行われたＧＨＱによる幹部の公職追放、財政難などの事情からその活動をとん挫せしめられたものの、その後昭和二八年二月二八日になって、各地方の安全団体の結成、生産の復興、わが国政府および安全運動について政策転換したＧＨＱによる後押しなどを背景に、新たに全安連として結成された経緯を持つ。他方の全衛協の前身は、昭和二九年一〇月四、五日、第一回全国労働衛生大会で設立された「全国労働衛生管理協議会―全衛官協」であり、さらにこの協議会の前身は、衛生管理者の情報交流・共同研究などを目的に各地方・ブロックごとに結成されていた「衛生管理者協会」「衛生管理協議会」などであった。かような組織の結成に当たっては、やはり各地の労働基準局からの人的・物的助成が存在し、例えば大阪の衛生管理者会などでは、組織の結成区域が各労基署所轄区域に対応していたという。全衛協は昭和三四年一二月の発足後、機関誌の発行、講習会の実施、職業病研究の専門家を招いての特殊健康診断の実施、危険有害物質の調査研究など広範な活動実績を積み上げてきていたが、それらは常に行政機関との密接な連携の下になされてきており、その一部では、労働省からの委託事業なども実施していたとされる。(2)

次に、このような歴史的経緯を有する現機関の法的性格についてやや詳細に見るに、該機関は、①労働省労働者災害補償保険特別会計の予算範囲内から毎年補助金を受領し（一九六四年の設立当初は三億四、〇〇〇万円、近年一九九六会計年度では年額一四〇億円程度とされる）(3)、②その業務につき常に関係行政庁との緊密な連絡を求められ（同法第五五条）、またその業務内容として労安法七一条に基づき労働省のなすべき職場内専門スタッフの養成研修等の公的職務を委託されているほか、③労働省による予算管理、立入検査、勧告、設立認可取り消しなどの処分を受ける立場にある（同法第四節）など、実質上は労働省の出先機関といっても差し支えない程の強い公的性格を有する。(4)特に問題点として指摘されるべきは、労働者の機関運営への関与の不徹底である。すなわち、この点に関する現行法規は、労働災害防止団体法二七条、四七条の定める「参与」に労働者代表を指名すべきことを義務づけている他は、第三七条の定める労災防止規程の設定・変更・廃止に際し、「労働省令に定めるところにより、関係労働者を代表する者及び労働災害の防止に関し学識経験がある者の意見を聞かなければならない」との聴聞制度を定めているにすぎない（法四〇条）。先に述べたように、該機関は、そもそも行政と一体となって安全衛生政策を推進してきた「事業主の自主的な労働災害防止活動」を目的として法制度化されたものであり、事実その発足当時の布陣を見ても、会長は三村起一全国安全会議議長、理事長は前田一日経連専務理事、副会長に河田重全国労働衛生協会会長といった顔ぶれであった。因みに九九年九月現在では経団連（新日本製鉄）の今井敬氏が会長を務めている。

そして、本団体の性格を語る上で更に重要な論点は、それが労働大臣の認可を受けた上で制定する労災防止規程の法的性格である。労災防止団体法案の衆議院社会労働委員会における時の大橋労働大臣による提案趣旨説明によれば、本規程は、「これによって、法令の定める基準を、当該業種の実態に即して具体的に補充し、労働災害防止措置の改善向上を行なうことを趣旨とするもの」とされ(5)、その策定については、「労働災害防止団体等に関する法律」案の審議過程、すなわち労災保険審議会および中央労働基準審議会における労働者側意見を採り入れ、先に述べたごとく関係労働者等の意見聴取の上なされるべきことが定められている(6)。また法四一条によれば、その遵守義務ならびに加盟事業場の就業規則及び労働協約との関係について、以下のごとく定めが置かれている。すなわち、「会員は、労働災害防止規程を守らなければならない（第一項）。会員である事業主の事業に係る就業規則は、労働災害防止規程に反するものであってはならない（第二項）。前二項の規定は、労働災害防止規程が会員の事業について適用される労働協約と抵触するときは、その限度においては、適用しない（第三項）」、と。そして、同規程に反した会員事業主は、法三七条二項の定めにより、同規程にその旨の定めが存する場合に限り、協会による過怠金の賦課等の秩序罰を受けることとなるなど、本規程はそれなりの自治性と実効性を有しているかに見える。しかしながら、本規程の自治性ならびに実効性確保には、次のごとき憂慮すべき問題点が存する。第一に、本規程はそもそも各協会に策定権限が委ねられているものであって、全業種を管轄する中災防はこれに関与する権限を有しない。そしてその性格もあくまで会員のみを拘束する規約にとどまり、後に述べるドイツの災害予防規則などとは異なり、その一般法規性は認められていないがために、その適用が及ぶのは、現在のところ、労災防止法制定時に特に指定業種とされた建設業労災防止協会―七万六、〇七三個、陸上貨物運送事業労災防止協会―四万七、三〇七個、林業・木材製造業労災防止協会―二万三三〇三個、港湾貨物運送事業労災防止協会―一、一九四個、鉱業労災防止協会―二一四個の各加盟事業場（以上統計は九八年四月一日現在）にとどまる。第二に、その策定手続について、労働者に決定権限を付与していない点については既に述べた。第三に、これは筆者自身が聞き取り調査を実施したところによるものであるが、本規程は、こうした一部事業場についてさえ、その整備も運用も十分にはなされていないという実態が存する。例えばその近年における改正は、陸上貨物運送事業労災防止協会による一九九五年改正が実施された他は、各協会において全くなされておらず、前記法三七条二項に基づく秩序罰の適用も、法制定以来、全ての業種にわたり一件たりともなされていない。そしてその理由について、これら協会中最大規模を誇る建設業労災防止協会は以下のごとく述べている。「労災防止規程の制定当初は国家労働法規としての安全衛生法令よりもその設定基準が高く、相応の意味をなしていたものの、その後の同法令の整備充実とともに、該規定はその意味を失っていった」、と。(7)

後に述べるように、ドイツ・フランスなどでは、労災補償と労災予防とは、その設置、運営等につき国家の合法性監督を受けつつも一銭たりとも補助金を受けない同一の自主管理団体に一括して委ねられ、したがって同団体には、労災補償給付総額を減額するためにも積極的な労災予防活動に従事するという構造的圧力が働く（加えて同団体の構成員は、災害保険制度の強制加入者であることに留意する必要がある）。この点日本の労災予防団体は、昭和三八年より実施された第二次産業災害防止五カ年計画において、労災保険「行政」と産業災害予防「行政」の関連の緊密化が謳われていたことからも明らかなように、極めて行政色の濃いものであることからも、要するに労災予防と労災補償の両職務の管轄が形式上分断的に国家に委ねられている実態が理解される。かような国家主導形態は、先述した労働安全衛生法令の策定、構造、運用過程とも共通するわが国の労働安全衛生政策の主たる特徴と言い得ようが、複雑多様化する労働危険に国家予算の制限も相まって、その実効性に限界を生じている事情は、やはり否定し得ない。事実、今般、一九九七年三月二七日には、規制緩和を基調とする行政改革推進の政治的意向を受けた自民党の行政改革推進本部が打ち出した特殊法人・認可法人の廃止案の中に中災防の「民営化」案が盛り込まれたことに見られるように（日本経済新聞一九九七年三月二七日朝刊一面）、ようやくその運営の自主管理化の方向が模索され始めたようである。ただし中災防は、法形式的には既に民営化されているわけだから、これは要するに補助金の削減、労働省を中心とする関係省庁による規制、これらの行政機関からの人員の送り込みなどを実質的に排除していく趣旨と考えられよう。

いずれにしても、現段階においてわが国の法的災害防止団体は、国家労災防止政策上の補助機関的位置づけに置かれているものの、それが当初のモデルとした独仏の機関とは著しく性格、組織、機能を異にしており、労使自治機関としての機能も、国家監督機関に拮抗する規制、監督権限も持ち合わせてはいない。その背景には、労働省のドル箱とも称される労災保険制度と労災予防制度との分断を図り、両者の運営を政府の管掌下に置く政策的意図を見ざるを得ないが、今後益々多様化かつ個別化する健康被害への対処にあたり、従来の画一的統一的管理体制の限界を見るに及び、労災の予防と補償との関係をいかなるレベルで捉えるかは、より本質的問題として提起されることとなろう。

【注】

（1）その他該機関の実際の活動内容については、中央労働災害防止協会編『安全衛生運動史』（一九八四年）三六七頁以下を参照されたし。
（2）中災防・前掲（注1）編著二九二頁。
（3）六四年の統計については、村上茂利『労働災害防止団体法解説』（日刊労働通信社、一九六四年）三七頁。九六会計年度統計については九七年三月、中災防より回答。ここでは、情報管理の観点から回答日、回答者名およびその所属部署の記載はあえて控えさせて頂くこととする。
（4）中災防・前掲（注1）編著三六二頁以下も同旨。
（5）村上・前掲（注3）書四〇頁。
（6）該審議過程についての詳細は、村上・前掲（注3）書三二頁以下を参照されたし。
（7）九八年八月一二日、建設業労災防止協会総務課より回答。

第七章　わが国における主な労働科学研究とその法的吸収システム

「生産技術が人間生理に従属するのは亜流的努力ではない。それこそが科学的技術の究極の目的である」[1]との一文に象徴される労働科学研究の理念は、今やＩＬＯ、ＷＨＯらの主導する国際文化の一翼を形成しているといってもよいであろう。職場における高度の労働保護の達成に際し、労使間、ひいては公労使三者間の協働が必要であることは言うまでもないが、それにもまして重要なのが、一方で普遍性を有し、また一方では個々の産業、職場ごとの特性に密着した労働科学研究の進展およびその迅速かつ適切な法的基準化のシステムである。法律学の論考を目的とする本稿において、こうした研究の内容に至るまで検討を加えることなど到底不可能であるが、先に見た日鉄鉱業事件第一審判決（ならびにこれを支持した控訴審、上告審判決）が示したごとく、例えばじん肺法など「絶えず実践可能な最高の医学的・科学的・技術的水準に基づく諸措置」を要求する法規の履行判断基準は、種々の私的・公的研究機関が公表ないし規格化する実務・学術上の先端認識に求められること、あるいは労災の事後的補償段階における因果関係立証に際しても、当然にかような先端認識基準が重要視されることからも[2]、ここにおいて、わが国における主な労働科学研究の性格、沿革、規模、水準および当該研究成果の法的吸収過程等につき、至極一般的な範囲で概観しておくことは、それ相応の意義を有するものと思われる。わが国において、現在労働衛生関連の労働科学研究を行っている公的機関には、前述した中央労働災害防止協会、国立衛生試験所、産業医科大学その他の各国公立大学など様々なものがあり、またわが国で初めて安全工学を体系的学問領域として開学した北川徹三博士の学譜を受け継ぐ横浜国立大学工学部安全工学科（現在では物質工学科と呼称されている）の果たした功績も無視することはできない。しかしながら、その専門性と規模においてわが国を代表する労働科学研究機関としては、とくに国立機関としての産業安全研究所、産業医学総合研究所、及び私立機関としての労働科学研究所の三機関が挙げられよう。そこで以下では、かかる三機関について、その沿革、研究領域、予算及び研究成果の公表手段等を探ることにより、前記目的の実現を図ることとする。

先ず、わが国において政府が自ら実施する労働科学研究は、現在のところ労働省所管の産業安全研究所および同産業医学総合研究所などにおいて行われている。

このうち前者の沿革は、昭和一四年、染工場を経営していた民間人伊藤一郎が、同工場を譲渡するにいたり、ここから捻出された五〇万円を安全博物館の建設に当てようと目論んだところから開始される。伊藤からの資金供給の申し出を受けた厚生省は、昭和一七年一月、厚生省官制を改正し、工場事業場における災害予防（※これ以降、特に断りのない限り、「災害予防」との用語には「疾病予防」をも含めて考えるものとする）の調査研究および工場事業場で実際に災害予防活動に関わる技術者の養成訓練を目的とした産業安全研究所を設立し、ここに参考館を設けてその研究成果を展示することとした。「戦力増強には安全は不可欠である」とする初代研究所長、元厚生省労働局技師武田晴爾の意向を受け、本研究所は、従来その多くが個人的不注意に帰せられていた災害原因を、人間の生理的、心理的特性を考慮に入れながら、より科学的に分析する姿勢を貫き、戦時下の厳しい財政事情の中でも災害防止のため多くの基準を設定した。戦後、昭和二二年には労働省の発足とともにその所管に移され、同二七年には戦後復興期の労災増加に対応して大幅な組織改正を行い、安全技術指導部門の強化が図られた。昭和四二年には庁舎改築にあわせて東京都清瀬市に本部が移転され、現在では年間約一〇億円に上る予算、四部門の研究部門（①機械システム安全研究部、②建設安全研究部、③化学安全研究部、④物理工学安全研究部）、四〇名の研究者（その他一二名）という布陣をもって、各種災害現象の解明と災害防止技術の開発に関する広範囲にわたる研究を行っている。その研究成果は、各種学術雑誌、学会報告などにおいて公表される他、労働省との間で連絡会議をもって伝達・協議され、規格作成を含めた労働安全行政および法規の作成に活用されている。(3)

他方、労働者の健康に有害な影響を与える職場環境、作業条件、危険因子等、労働衛生全般に関わる専門的研究は、戦後昭和三一年に設立された産業医学総合研究所において行われている。そもそもわが国で初めて設置された官設労働衛生研究機関は、大正六年、工場や鉱山の傷害予防と衛生的施設に関する調査を行うため、当時築地にあった農商務省内に開設された工鉱業衛生研究室であり、本機関は、工場や鉱山に存する各有害物質の人体に与える影響を中心に本格的研究を行っていた。しかしながら、その研究には財政、人材等様々な制約が課され、必ずしも予想された成果を挙げられなかったことから、労働行政の内務省社会局への移管と同時に廃止されている。その後、昭和一三年には、日本鋼管予防医学研究所、三井産業医学研究所、八幡製鉄所労働衛生研究室など民間予防医学研究施設による積極的研究活動の気勢を受け、厚生省所管の国立公衆衛生院が建設され、この中に、職業病研究を専門に手がける労働衛生部、労働生理や環境衛生を手がける生理衛生部が設けられた。しかしながら、戦後の科学技術の進歩に伴う労働環境の変化、作業方法の変革、新たな有害化学物質の導入に伴う危険因子の拡大に比して、わが国の労働衛生研究は依然として後れをとっており、より総合的な労働衛生研究を行う国家機関の設立は急務とされていた。現在の産業医学総合研究所の前身に当たる労働衛生研究所は、こうした産業界の情勢を受け、昭和三一年四月に労働省の付属機関として開設されたものである。その発足当時は、厚生省公衆衛生局長山口正義を所長として、労働衛生学、物理学、生化学、鉱物学、化学、工学などを専門とする研究者が職業病部と労働環境部の二部門に配置されていたが、その後のさらなる研究対象領域の深化、拡大に応じて逐次その研究部門が拡充されていった。昭和五一年の労働省設置法改正による改称を経た現在では、その研究部門は、①作業条件適応、(4)②健康障害予防、(5)③有害性評価、(6)④作業環境計測、(7)⑤人間工学特性の五部門をもって編成され、研究者全六四名、その他一四名の人員が配置されている。(8)ただし、筆者が確認した限りでは、産業安全研究所とは異なって、その研究成果の発表手段は主として学会や学会誌などでの公表により、労働省との公式の連絡会議は持たれていないようである。また、その予算規模も九七年度で八億九千万円にとどまり、ここから人件費、研究費他種々の物的費用の全てが捻出されている。(9)

次に、わが国における民間部門の労働科学研究について一瞥しておく。この領域においてわが国最大規模を誇るのは、現在やはり川崎市に所在する民間研究施設としての労働科学研究所である。本研究所は、大正期に紡績事業を経営していた大原孫三郎の先見的先導により、大正九年に設立された大原社会問題研究所（通称大原社研）から分離独立する形で、同一一年七月一日、大原所有の紡績工場（倉敷紡績）内に「倉敷労働科学研究所」との名称で創設されたもので、労働のあり方を根本から探ろうとする大原の意図を受けた暉峻義等を所長とし、計四名のスタッフを擁してその研究を開始した。その発足当時は、同社の紡績工場で働く「工女」の労働条件、労働環境の改善を主目的にしていたものの、その創始者たる大原および暉峻の本質的問題関心、またそもそも「労働科学」という研究分野が持つ特質からもその研究対象領域は徐々に拡大し、現在では、常勤研究者二二名、非常勤研究者一六名を中心に、①労働ストレス研究、②ヒューマン・テクノロジー・インタラクション研究、③システム安全研究、④快適職場環境マネジメント研究、⑤化学物質健康リスクマネジメント研究、⑥環境保健研究、⑦雇用・労働生活条件研究、⑧地域産業・福祉サポート研究の八部門にわたる広範囲の研究活動を行うに至っている。(10)これらの研究は、大別して各研究者が自ら計画して行う継続的研究と、各産業界、官公庁および各種労働組合からの委託を受けて行う個別的調査研究とに分類され、前者についてはその発足当時より自ら発行している機関誌、書籍の他、各学会報告などにおいて研究発表が行われ、後者については各依頼者に対して個別的に報告がなされている。本研究所は、母体たる倉敷紡績の経営事情の悪化などにより、昭和一一年にいったん解散されたが、その後東京府知事の助力もあって「日本労働科学研究所」として東京で再開され、戦時下の大日本産業報国会への統合を経て、昭和二八年以降、文部省所管の財団法人「労働科学研究所」として現在に至っている。現在その年間財政規模は約五億五、〇〇〇万円、このうち一、六〇〇〇万円が科学研究費として補助されているという(11)。

このように、わが国における労働科学研究体制を概観すると、やはり伝統的な安全危険対策の研究が先行し、衛生危険対策の研究がそれを追いかける形で急ピッチで進められていること、そしてその研究は、各民間企業の付設研究所などにおいても行われてはいるが、企業機密の漏洩を防ぐためにもその成果がそのまま公表されることは珍しく、実際には国家機関もしくはこれと連携を図る準公的機関によるものが主軸をなしていることが確認される。しかしながら、とりわけ労働衛生に関する研究は、比較的その歴史が新しいこともあって、素人目から見ても依然として十分な成果を挙げているとは言い難い。現在に至るまで、その先駆的研究の多くはドイツやアメリカにおいてなされ、一〇年単位のタイムラグを置いてそれらに倣うという形式が一般化していることは、この領域の研究者からも多々指摘されてきたところである。にもかかわらず、長年にわたる苦心の末もたらされた研究成果も、欧米諸国の例とは異なって、直接に法的吸収が図られる手段は確立しておらず、監督官庁の目に留まったもののみが、政策的判断を加えられた上基準化もしくは規格化されるにとどまる。

なお近年では、ＩＳＯ（国際標準化機構）（ならびにそれと密接な協力関係にあって電気工学、電子工学の分野を管掌するＩＥＣ（国際電気標準会議）と呼ばれる国際的非政府組織が、各国事業主ならびに政府機関等を召集し、本来的には物資やサービスの国際的流通を技術的に保証する目的をもって、機械工学、基礎化学、鉱工業、建築、輸送等広範な通商産業領域における国際規格制定活動に従事し、全体の業務項目からいえば各々六・二％、三・九％にすぎないが、健康と医療、環境（職場の環境を表す安全衛生も含まれる）等の社会的領域での規格化をも果たしつつある。[12] 詳細は後述するが、かかる機関は、欧州の規格調査研究機構ＣＥＮなどの地域標準化機関とも協定を締結して協働を図っているため、ドイツやフランスなどの先進的労働科学研究の成果、更に言えば、ＥＵの達成した社会・技術的領域の研究成果を規格に反映させ易い、というメリット（同時にデメリット）も有している。また、該機関においてわが国を代表するＪＩＳＣ（日本工業標準調査会）は、一九七九年には、後述するドイツのＤＩＮ（ドイツ規格研究機構）、アメリカのＡＮＳＩ（全国基準研究機構）等と並び、機関の常任理事会メンバーに選任され、また会長や副会長等の執行役員を輩出していることもあり、そうした国際規格を翻訳して直接ＪＩＳ規格として採用したり、指針やその他の規格を策定する等してそれに倣うような動きも出てきている。[13] しかしながら、かかる機関においてわが国が積極的関与ないし指導的役割を果たしてきた領域は、鉱工業、情報技術等といった部門の、それも主として品質管理に関わる領域に限られてきており、実際上わが国が国策として特に力を注いできた分野を除き、ヨーロッパ諸国に比べても、整合化率は低いのが実状である。[14] 従って、最先端の労働科学研究成果は、至極一部の専門家及び行政等において寡占される一方、国内外双方からの法的吸収ルート、制度を欠いており、それらの個々の職場における活用には恒常的な遅れが生じるという結果を招かざるを得ないのである。

【注】

（１）　梶原三郎「日本の労働衛生の新たな発展のための労働衛生工学の意義」労働衛生工学創刊号（一九六二年）巻頭。なお、筆者自身が参照したわが国における労働科学研究の歴史を知る上で有意義な文献として、例えば梶原三郎（元大阪大学教授、医学博士）『労働衛生』（東洋書館、一九五一年）、古澤一夫（元兵庫医科大学教授、医学博士）『労働生理』（東洋書館、一九五一年）、桐原葆見（元労働医学心理研究所、文学博士）『産業安全』（東洋書館、一九五一年）、勝木新次（元労働科学研究所所長、医学博士）『労働科学読本』（労働科学研究所、一九六四年）等がある。

なお、このうち梶原前掲書は、その七～一〇頁において、「労働衛生学の目標」として、次のような整理をなしている。①「労働に伴う特殊にして明らかなる……危害事実を正確に実証し、加うるにそれを避けるに役立つ技術を完成」すること、②「労働行政の強固な基礎となり得るような正確な知見を提供すること」、③「どんなに社会思想が変ろうとも否定のできないような労働に関する知見を得ようとする」こと、と。梶原博士の緒言のうち、特に②は、当時の時代背景を背後に置くものとも考えられるが、博士は、ここで同時に、産業医学の開祖ともいわれるラマッチーニ博士の叙述を引きつつ次のようにも述べており、労働衛生学の捉える幅広い射程を的確に示している。ラマッチーニ「の叙述した疾患や肉体の損傷は毒性物質や、不適当な労働条件から来るものではあろうが、その原因―それは自然的に存したのではない―を除去する方策は、この原因を労働者に作用せしめている社会的勢力を除去するにあるのではないか。即ち最も根本的な職業性疾患の治療は社会に治療を加えることである、とこの立場の人々は考えるのである」、と（同書九頁）。

（２）　この点の詳細については、三柴丈典「脳・心臓疾患事案における法的因果関係」労働法律旬報一四三八号（一九九八年）二六頁以下、とりわけ三三～三五頁を参照されたし。

（３）　その詳細は、産業安全研究所が作成しているインターネット上のホームページ http://www.anken.go.jp に掲載されている。本項目の執筆に当たっては、筆者もこの資料を参照したが、予算規模については九七年一二月時点での直接の問い合わせによる。

（4）主に労働時間、作業の困難度、作業に伴う精神的負荷が健康に及ぼす影響に関する調査研究、快適な職場環境を形成するために必要な心理学的調査研究等を行う。
（5）主に職業性疾病の発生機序に関する調査研究、職業性疾病の早期発見に必要な検査指標の開発等を行う。
（6）主に化学物質あるいは物理因子の有害性を評価するための簡便で精度の高い検査方法の開発、有害因子による健康障害の有無を明らかにするための調査研究等を行う。
（7）主に労働者が作業中に曝露する有害化学物質等の量を的確に推定する方法の開発、作業環境中に発生する可能性のある有害化学物質等の予測に関する調査研究を行う。
（8）主に労働者の使用する機械器具および保護具を労働者の解剖学的・生理学的な特性に適合させるための調査研究、環境中の有害物質を工学的に除去するための調査研究を行う。
（9）以上は、筆者が九七年一二月、同研究所庶務課より確認した事項である。なお、本研究所についての概要は、インターネット上のホームページ http://www.hiih.go.jp にも記されており、筆者もこれを参照した。
（10）その詳細は、労働科学研究所が作成しているインターネット上のホームページ http://www.isl.or.jp に掲載されている。
（11）この点は、筆者が九七年一二月、同研究所総務部より確認した。
（12）日本規格協会編『ＩＳＯ規格の基礎知識』（日本規格協会、一九九八年）五～一〇頁。特に社会的領域でのＩＳＯ規格については、例えば小林章雄「仕事と職場のストレス：第五回職業（仕事）とストレス」産業衛生学雑誌（一九九九年）四一巻五号Ａ七三頁（ここでは、ISO 10075（1991）「頭脳作業に関する人間工学上の原則」、ならびにこれに連なるISO 10075-02（1996）等について若干の記述がなされている）およびＡ七四頁に記された参考文献を参照されたい。
（13）日本規格協会・前掲（注13）編著一三～一五、一七～三一、四五頁以下。
（14）日本規格協会・前掲（注13）編著一三、一四頁。

第八章　小　括――比較法の視点

以上の検討から明らかにされたように、わが国の労働安全衛生政策において労働者はほぼ一様に保護の対象として位置づけられてきており、この領域における法制度もこうした姿勢を一貫させてきた。監督機関への申告権の他、労働安全衛生法自体に労働者の権利規定は全く置かれず、その労働契約法としての性格付けにも異論が差し挟まれている。昭和五〇年以降とみに発展してきた安全配慮義務の法理も、同法に労働者労災予防権を含む包括的な私法的効果を与えるには至っていない。とりわけ高度産業化社会において認識される複雑多様化した労働危険への対応を各事業場レベルにおいて管掌する法的事業場内保健制度にしても、専門保健スタッフの有効的活用に不可欠な、選任、職務、解任に関する労働者決定権の枠組みを有してはおらず、また労使一体となって各事業場内の安全衛生問題に対処すべき安全・衛生委員会制度も、事業者の諮問機関としての位置づけから自らを引き離す労使自治的制度枠組みを予定されているわけではない。加えて、各産業ごとにより横断的かつ統一的な労災予防活動を期待される法的労災防止団体も、行政の補助機関として以上の性格づけを付与されてはおらず、労使自治的、自主管理的運営をもって行政監督機関と拮抗する予防、規制、補償活動に従事するドイツの災害保険組合等とはその本質を全く異にしている。

その一方において、労働安全衛生法は、その施行以来一二回にもわたる改正を繰り返し、その間には種々の健康危険規制も、極めて一般的かつ訓示的ながら一定程度に整備がなされてきた。しかしながら、産業衛生学の研究が的確に示すように、個々の事業場レベルでは依然として既存の法規制の網を漏れた労働危険が蔓延し、監督機関もいよいよその規制行政に限界を見つつある。(1) 法的事業場内保健制度は、各事業場で要求される高度の職務内容を引き受けるに十分な人的・物的整備を予定しておらず、事実上の機能不全に陥っている安全・衛生委員会はもちろんのこと、各種労働組合も、複雑多様化した労働危険を眼前に、積極的な予防（協約）政策を展開し得ないでいる。(2) さらには、高度の安全衛生対策に必要不可欠な労働科学研究体制も、はたまたその迅速な吸収システムも用意されておらず、労安法自らが掲げる「快適な職場形成」との法目的は、依然としてその実効的方策を得てはいない。

このように、現行労安法体制の予定する行政―事業者（専門家）―労働者の指導順位体制は、高度産業化社会における複雑多様化した労働危険を眼前にしていよいよ行き詰まりを迎えており、ここにおいて改めて、労働者権ならびに労使自治の視点の重要性を認識しないわけにはいかない。むろん、かかる多様な問題の解決に、ひとり労使自治・労働者権の視点のみが解決の方策を示すものとは言い得ないが、高度産業化社会の到来、ＭＥ労働革命、高齢・女子労働人口の増加等々マクロ的視点においてほぼ同様の背景事情を抱える先進各国が、ほぼ一様に公労使の密接な連携の下での問題解決にあたり、否、さもなくば、とてもかかる困難な作業をなし得るものではない、との共通認識に立っていることは、以下の論述からも順次明らかにされていくことと思われる。

例えば、既発表論文(3)において、アメリカ労働安全衛生法（Occupational Safety and Health Act（OSHA））との比較法制度研究を行い、かかる問題解決のための一試論を提示したところであるが、その内容を要約的に示せば次のように表されよう。

すなわち、明文上の定めにより行政取締法規としての性格を宣言されたＯＳＨＡは、その法五条(a)(1)に一般的な安全管理義務規定を置き、これによって従来型の労働危険に対応する特定基準外の領域を規制しようと図っている。しかしながら、本条の構成要件の解釈には種々の不安定要素が存するため、本法の運用を任された労働安全衛生局がその適用の可否を判断するに当たっては、最終的に連邦労働安全衛生研究機構（National Institute for Occupational Safety and Health（NIOSH））および全国基準研究機構（American National Standards Institute（ANSI））などの公的・私的科学調査機関の認定によることとなる。言い換えれば、ＯＳＨＡは一般的義務条項を介して、このような機関が明らかにした労働科学的認識を法規範に取り込み、それに事実上の法的効力を付与しているのである。とはいえ、他の先進各国と同様、労働安全衛生局の予算、人員にも一定の制限があり、このように複雑な法執行活動をすべての職場で実現することは現実には不可能である。そこで労働長官は、ＯＳＨＡの解釈規定たる規則を制定してここに労働者の危険有害業務就労拒否権を規定し、その運用責任の一部を労働者自身に委ねる手段を講じた。そもそもＯＳＨＡには、労働安全衛生局による法執行活動に労働者を積極的に関与させるべく、包括的な権利規定が置かれており、同規則はこれらの規定が有する趣旨を体現するものに他ならない。労働者が積極的危険回避措置をとるために必要な職場危険情報についても、連邦法・州法両者においてアクセス権が保障されており、これらの法的枠組みは現在も刻々と整備充実されつつある。このように、新たな労働危険に対応するための一つの法的アプローチのあり方としては、労働科学的認識と個々の職場とを連結する柔軟な法制度を構築し、その運用に労働者を深く関与させる手法が有効に機能しうることが示唆されるのである、と。

しかしながら、その研究の端緒としてなしたアメリカ法の検討においては、以下のような本質的限界が存することもまた理解されることとなった。

第一に、わが国のように、実体法上も手続法上も、公法・私法の間で一応の区分がなされている（ように思われる）国において、アメリカ法の示唆がどこまで直接的に機能しうるかは明らかではない。とりわけ労働安全衛生法と労働契約との関係を論じる場合、さらに使用者の労安法規違反に際しての労働者の私訴権を論じる場合、独自の法体系を有するアメリカ法を検討したとしても、十分な解明はなされ難い。

第二に、アメリカにおいては各事業所内における産業医等の保健制度に関する法的規制が存しないことからも、その設置から職務内容に至るまで、使用者および専門家の自主性に任されており、要は労使の力関係に左右される要素が大きい。(4) したがって、この制度についていかなる陣容が整えられ、いかなる労働者の関与がなされるべきかに関する法制度の比較は極めて困難である。しかしながら、とりわけ各事業所独自の健康障害因子の除去に当たってこうした制度の果たす役割が甚大であることはいうまでもなく、この点に関する比較ができなければ、わが国への示唆は依然不十分なものにとどまらざるを得ない。

第三に、各企業において災害予防に関する事項を協議するため労使合同で構成される安全衛生委員会（Joint Health and Safety Committe）についても、前者とほぼ同様の問題が生じる。本委員会に関しては、使用者が、あらゆる労働団体の結成・運営に対して支配もしくは介入すること、または、財政的もしくはその他の援助をこれになすことを禁じる全国労働関係法八条(a)(2)との関係で、使用者がそのメンバーを指名したり、彼が唯一の経費援助者となったり、委員会の議題を決定したりした場合には、違法性が問われることがあるが、(5) その設置、構成のあり方から職務、権限に至る事項は通常労働協約によって明らかにされており、(6) やはりわが国とは比較の基準を欠いている。

そしてなによりも、アメリカにおける労災防止法は、団体交渉によって獲得された労働協約に依る度合いが高く、そもそもＯＳＨＡは、こうした協約自治に一定の限界があることを一つの理由として制定された経緯がある。(7)

にもかかわらず、このような協約規定の入手は極めて困難であるばかりでなく、その災害防止へのアプローチのあり方は、各企業ごと産業ごとに著しく異なっている。[8] 彼国においても労働組合の組織率の低下が著しいことはよく知られており、[9] 今後もこれまでのような協約政策が展開されていくか否かには疑問なしとしないが、いずれにしてもＯＳＨＡならびにこれに準じる各州法の枠組みのみを見て、アメリカの労働安全衛生法制を論じることは困難である。

そこで本書では、ＥＣ／ＥＵ法の影響もあり特に法的レベルでの議論が充実しており、また労使自治・労働者権の枠組みを先駆的に構成し、さらに労働科学研究の進捗の著しいドイツ及び彼国の法制度を対象に、以下のような二点の問題意識を掲げ、本格的な比較法的考察を試みることとする。

①　従来型の労働危険に加え、近年の産業構造の大幅な転換に伴い発生してきた新たな労働危険（あるいは労働を一因とするにすぎない危険）に対応する法制度はいかにあるべきか。

②　そうした法制度の中で労働者はいかなる位置づけに置かれるべきか。

彼国の安全衛生法については、一九七三年に経営内保健制度の設置により高度の労働保護の確立を企図した労働安全法（Arbeitssicherheitsgesetz）が発布されて以降、労働法学、産業医学の立場から若干の検討がなされたことがあるが、[10] これまでに同国法制の枠組みの全体像を捉えた包括的検討がなされたことはなく、十分な分量を割いてこれに対応することは、それのみでも一定の意義を有すると思われる。かてて加えて、社会民主国家たるドイツにおける労働科学研究の進行、労使自治・労働者権体系の歴史的展開は、本書の問題関心に対してほぼ直接的な解決の糸口を与えることが期待される。このような背景から本稿では、かかる検討を通じ、わが国で構築されるべき新たな法制度、ならびになされるべき法解釈、法理論構成への、可能な限り具体的かつ詳細な指針を提示することを目的として、論述を進めることとする。

【注】

(1)　平成一一年三月三〇日には、第九次労働災害防止計画を受け、労働安全衛生規則を改正して新たに二四条の二を導入し（平成一一年労働省令第二一号）、併せて指針（平成一一年四月三〇日「労働安全衛生マネジメントシステムに関する指針（平成一一年労働省告示第五三号）」）や行政通達を整備する形で、労働安全衛生マネジメントシステムの各事業所レベルでの構築が図られ（詳細は労働省安全課編『ここがポイント！　日本の労働安全衛生マネジメントシステム』（中央労働災害防止協会、一九九九年）他を参照されたし）、ここで改めて、「生産現場の第一線にいる労働者は、安全衛生水準の向上を図っていくための重要な情報源であり（同前四三頁）」、システムの運用にその「協力が不可決（同前）」であることを根拠に、指針九条等において労働者の意見反映制度について定めが置かれたが、これはやはり「労働者の協力」を間接的に促すものにすぎない。かかる制度改正の直接の契機としては、ＩＳＯ（国際標準化機構）を中心とする国際的動向へのわが国の法制度の整合化、国内的にも労災減少率の鈍化傾向への対応等の要請が存在したが、本制度改正の基礎となった労働安全衛生管理システム検討会検討結果報告書において的確に示されていたように、また本改正が規則改正に留められた事実からも明らかなように、新たなシステム導入にあたり、それは「現行の労働安全衛生法を前提とし、これまでの労働安全衛生法を中心とした体系及び内容を変更しないもの（同前一〇頁）」との前提が厳然と存在していたからである。

(2)　この点に関しては、まずは当然の前提として、職場の安全衛生に関する事項が組合の義務的団交事項であり、なおかつ就業規則の相対的記載事項に該当することを確認しておかなければならない。しかしながら、結論的に述べれば、安全衛生に関する問題が極めて高度な技術的問題に関わること、さらには賃金・労働時間・解雇等の事項に比較して副次的位置づけを与えられてきたことも作用してか、わが国の事業場内規制を司る労働協約及び就業規則において、積極的な労災予防対策を反映した詳細かつ体系的な安全衛生規定が置かれ、しかも実効的な運用がなされているとの実例に筆者自身が触れた経験は未だ存しない。かような事業場内規則の実例は、企業機密たる技術的事項に関連するものが多く、安易に外部に放出されることがないために、筆者自身、過去の判例において裁判所認定事実ないしは当事者の主張として部分的に現れたものの他、大手航空事業（Ｊ社）、同鉄鋼事業（Ｓ社）、同保険事業（Ｍ社）の規程を計三編入手し得たにすぎないが、いずれも多数の就業者からの被害や苦情を契機として事後的かつ断片的な規制、あるいは安全衛生管理体制を構築するための組織関連規程を主軸に据えるものとなっており、例えば職場における危害防止の観点から、労働時間、休憩等に関わる法令の内容を超える実態的定めを置く、あるいは中災防その他の労災防止団体、労働科学研究機関との連携を制度化するなどといった積極的施策を見ることはできなかった。しかもこれらは、規模からいってあくまで大規模事業場の例であって、中小規模事業場の殆どにおいては、「会社は事業所の安全及び衛生の確保と向上のため、法令の定めるところにより必要な措置を講じる」といった一般規定が、若干の作業手続的規定とともに置かれているにすぎないことが多い。この点に関しては、更に実例を集積した後、各産業、事業規模、組織構成等との関連において改めて整理検討を行う必要があると思われるが、先に見たわが国における行政―事業者主導型の国家安全衛生施策の展開過程、ならびに産業の現場における経済的報酬（アメ）と権力・統制（ムチ）による労働強化とその受容という形態の一般化傾向等々に鑑みても、わが国の事業場内安全衛生規制の内容及び水準が、先進各国との比較において著しく低廉かつ貧弱な現状を想像することは、あながち不当とはいえないであろう。

（3）　三柴丈典「アメリカにおける労災予防権の検討」季刊労働法（一九九七年）一八一号一三九頁以下。

（4）　詳細は、品田充儀「アメリカにおける産業保健・産業医制度」日本労働法学会誌（一九九五年）八六号九一頁以下を参照されたい。

（5）　詳細は、中窪裕也『アメリカ労働法』（弘文堂、一九九五年）五六、六二～六四頁を参照されたい。

（6）　詳細は、Ashford, Nicholas A. /Caldart,Charles C., Technology, Law, and the Working Environment (Island Press, 1996), at 296.

（7）　桑原靖夫監訳『職場の安全衛生と労使関係』（日本労働協会、一九八六年）八一頁（上林千恵子担当部分）。本書の原典は、Bacow, Lawrence S., Barganing for Job Safety and Health (MIT Press, 1980) である。

(8)　詳細は、桑原・前掲（注7）監訳書八二頁以下を参照されたい。

(9)　連邦労働統計局によれば、九六年度における全賃金労働者の組合組織率は実に一四・五%となっており、これは九五年度に比べても〇・四ポイント低下している。一九八三年には二〇・一%であったことからすると、数値はかなり落ち込んでいるが、これには景気の上昇を受けた雇用者数の上昇があることを考慮に入れなければならない。なお、九六年度における産業部門別の組合組織率は以下のように算出されている。①運輸およびガス、電気等の公益企業—二七%、②建設業—一九%、③製造業—一七%、④炭坑—一四%……。これらの統計についての詳細は、連邦労働統計局の作成・公表するホームページ http://stats.bls.gov/news.release/union2.nws.htm を参照されたい。

(10)　これらの業績についての詳細は、第二部において逐次触れることとする。なお労働安全法についての詳細は、第二部第二章第一節第一款および第四章第四節を参照されたい。

第二部　ドイツ法に関する労働災害の実態

第一章　ドイツにおける労働災害の実態

ドイツの現在における労災の傾向を一言で表現すれば、伝統的な意味でのいわゆる労働災害が全体的に減少し、職業病その他作業関連疾患が増加している、ということができる。ドイツ法が定める労働災害および職業病その他の定義については第二章第一節第三款および第三章第二節第一款で詳述するが、両者を大まかに区分すれば、前者は突発的、一時的作用による外傷、後者はある作用が一定時間継続して生じる内発的疾患と措定することが可能であろう。以下では、一九六三年以降ライヒ保険法七二二条（現行社会法典第七編二五条）[1]に基づき連邦政府に作成が義務づけられている連邦災害予防報告（Unfallverhütungsbericht）一九九六年度版に準拠し、彼国における近年の労災の実態を概観することとする。

まず、一九四九年以降申告された労働災害の件数[2]は、同年一〇〇万件強であったものが、六一年に約二八七万件とピークを迎え、その後はほぼ一貫して減少傾向を辿り、九五年には約一八一万件となっている。申告件数についてだけみれば、八三年には約一五〇万件にまで減少しており、その後若干増加傾向にあるが、これは労働人口の増加（特に九一年には東ドイツの吸収合併が有り、それ以降は統合ドイツ全体の統計となっている）によるもので、災害割合からみればむしろ若干の減少を示している。死亡災害に至っては、四九年に七、〇〇〇件近くに達していたものが、九五年には一、五九六件と四分の一弱にまで減少しており、これを労働人口に占める発生率でみればその傾向はさらに顕著である。次に、九三年から九五年にかけての産業ごとの災害申告率を見ると、比較的多いのが土木工事事業、食肉精製事業、建設事業などで、正規従業員一、〇〇〇名ごとの申告件数はそれぞれ一〇七、一〇九、一四〇件にまで達しているが、直前三年間の数字を見ると、建設事業を除いて大幅に減少している。逆に労災の申告について一貫して少ないのが、精密機械産業やエレクトロニクス事業、化学産業、行政官庁などで、正規従業員一、〇〇〇名ごとの申告件数は二〇件から三〇件前後にとどまっている。ただし、これを当該年度に初めてなされた災害認定件数でみると、炭鉱業におけるそれが最も多く、土木工事、食肉精製、建設などの各事業が正規従業員一、〇〇〇名ごとに二から三件前後に落ち着いているのに対し、独り五件から六件前後を推移している。申告件数に比して認定率が高いという意味では、海運・漁業などの船舶関連事業もこれに該当する。

続いて職業病の統計に目を馳せる。まず、職業病については、一九二五年に職業病に関する命令（Berufs-krankheiten-Verordnung）が発令されて以来、再三にわたってリストの改訂が行われているため、職業病全体の数値をとって年代ごとの比較をすることにそれほど意味はない。そこで連邦災害予防報告は、特に発生率の高い五大疾病について四九年以降の申告件数および災害認定件数の統計を記載している。これを大まかに分類すると、数の上でほぼ減少傾向にあるものとして、①珪肺症、②感染症、逆にほぼ増加傾向にあるものとして、③騒音による難聴、④皮膚疾患、ほぼ横這いのものとして、⑤関節部分（半月板）の損傷という整理が可能である。このうち①は、四九年には申告件数二三、六八九件（新規認定件数五、一八四件）を記録していたものの、五五年近辺を境に激減し、九五年には申告件数二、九二四件（新規認定件数五五八件）にまで減少している。次に②は、四九年に申告件数三、二四三件（新規認定件数九〇九件）であったものが六六年までには申告件数一、六七二件（新規認定件数六〇一件）にまで半減し、七〇年代後半には再び申告件数三、五〇〇件程度（新規認定件数一、二〇〇件超）にまで増加したものの、その後はほぼ減少傾向を辿り、九五年には申告件数こそ二、一三八件と多いものの、新規認定件数は一八三件に落ち着いている。他方③は、四九年にはわずか申告件数二六件（新規認定件数七件）にすぎなかったものが、五〇年代から七〇年代にかけて急増し、七七年のピーク時には申告件数二〇、五九二件（新規認定件数三、五一四件）にも達している。その後若干の減少が見られはしたものの、九〇年代に入っても申告件数一〇、〇〇〇件台（新規認定件数一、〇〇〇件台）の水準を保っている。④についても一般的傾向は変わらず、四九年の申告件数一、七八四件（新規認定件数一〇四件）という数値は、九五年には申告件数二一、二二四件（新規認定件数七九三件）に達している。⑤については、一九五二年から統計が開始されており、同年に申告件数六三七件（新規認定件数二件）であったものが、六五年には申告件数二、二一四件（新規認定件数一、五四一件）に至り、その後ほぼ一貫して減少傾向にあって八七年には申告件数九六五件（新規認定件数二四四件）にまで落ち込んだが、翌年には申告件数が一、八八四件（新規認定件数二六九件）と倍増し、九五年には申告件数二、三〇八件（新規認定件数三三八件）となっている。このように、年を追ってみた職業病の申告件数は、その種類によって傾向のあり方に違いが見られるが、これを総合的に見た場合、必ずしも労働災害と同様の減少傾向を辿っているとは言い難い。一見減少傾向にあるように見える①や②についても、職業病とはいえ、比較的安全技術的な対抗策を講じやすいものであり、それらが認識されてからかなりの年月を経ている点を考慮しなければならず、それも九〇年以降は若干の増加傾向にある。労務管理における総合的かつ本質的な対策が要求されるその他の疾病は一向に減少しておらず、法定された職業病リストから外れる作業関連疾患の申告件数も年々増加している。ドイツでは、一九七三年に、経営内に事業所医やその他の専門家を中心とする専門的な経営内保健制度の形成を義務づける労働安全法（Arbeitssicherheitsgesetz）が発布され、その施行後数年間は有害化学物質による被害などを中心にある程度の効果を挙げたが（詳細は第二節第一款および第四節第三款で後述）、八〇年代後半からはME技術革命などを背景に労働の質の転換がなされ、また職場で労働者が接触する危険有害物の幅も拡大してきたことから、必ずしも十分な対応ができなくなってきている。九五年に至っても申告件数が依然増加傾向にある疾患を整理すれば、およそ次のようになる。①溶媒、殺虫剤およびその他の化学薬品による疾患、とりわけ(1)芳香剤による鼻の粘膜の損傷、癌あるいは尿道の腫瘍、(2)ハロゲン炭化水素、ベンゼンなどによる疾患、(3)酸による歯の損傷、②機械装置による疾患、とりわけ人体の活動停止を招来する腱鞘、じん帯組織、半月板の損傷、③長期にわたる重量物取扱いもしくは屈身姿勢または座った姿勢での作業の垂直負荷からくる腰椎の椎間板疾患、④騒音による難聴、⑤イオン化した光線による疾患、⑥エイズを含め、とりわけ病院その他公衆衛生機関などに勤務する者の罹患する感染症、熱帯病、⑦アスベスト等無機質の塵を吸引して生じる珪肺症などの肺ないし胸膜の疾患、肺癌、⑧アレルギー体質の者に生じる鼻炎、刺激物その他の有害物質による呼吸器疾患、⑨皮膚疾患、とりわけ重度のもの。

ドイブラーの示すとおり、ドイツにおいてもいわゆる「労災隠し」は横行し、とりわけ不況下においてはその頻度が増すという(3)。後に述べるように、同国でも労災補償制度にはメリット制が導入されており、労災申告件数が増えれば、それだけ事業主の保険料負担が増加するからである。さらに、労災及び職業病の申告義務は、これによって三日間を超える労働不能に陥った場合にのみ課されるものであることから、ここに現れた統計が所詮氷山の一角にすぎない事情は、我が国とも共通している。とりわけ本稿が検討対象としている人間工学的、労働心理学的、経営組織的災害、とくに軽度の症状が、こうした統計の域外に放逐されていることは想像に難くない。このような事実は、ドイブラーも指摘する早期労働不能者、すなわち年金法が定める通常の退職年齢である六五歳に到達する前に労働不能に陥り労働過程からの退出を余儀なくされた者が全労働者の四割近くにも達し、依然として減少に転じない事実に典型的に現れている。(4) しかしながら、今後見込まれるこうした早期労働不能者の増加がドイツ政府に何らの痛手も与えないかと言えばそうではない。労働不能日数の増加からくる税収減額に加え、より直接的には社会保険費用が増加するからである。たとえば、これらの者のうち、社会法典第六編四三条、四四条の定める一定要件―現に労働不能状態あるいは稼得不能状態にあり、同状態の発生前五年間のうち三年間、保険料支払義務を課されており、同状態の発生前に一般待機期間を経過すること(5)（四三条一項、四四条一項）―を満たす者は、労働不能あるいは稼得不能とみなされ、これに応じた労働不能年金あるいは稼得不能年金を受給することになる。(6) したがって、連邦立法府の労災予防立法および連邦政府の労災予防政策の失策は、それに要する何倍もの額となって跳ね返り、連邦財政を圧迫することになる。ドイツでは、長期にわたって労災発生率がＥＣ加盟国中トップという不名誉な状態にあったこともあり、とりわけ七〇年代以降はあらゆる法領域でその改善が目指されたのである。

【注】

（1）一九一二年に発効したライヒ保険法（Reichsversicherungsordnung）は、疾病保険、災害保険、老齢及び廃疾保険に関する各法規を統合して完成されたものであり、その後幾度も改正を繰り返してきたが、一九九六年八月七日災害保険統合法（BGBl. 1 S. 1254）により、九七年一月一日以降、妊娠及び母性給付に関する規定を残し、社会法典第七編に吸収・統合された（詳細は、西村健一郎「労働保険と雇用政策」古瀬徹＝塩野谷祐一編『先進諸国の社会保障㈣ドイツ』（東京大学出版会、一九九九年）七一頁以下を参照されたい）。それに伴い、削除された条文や、表現内容や実体そのものを変更された条文も存するが、本論考においては、取り上げる判例及び研究対象時期等との関係から、旧ライヒ保険法の条文による表記及び叙述を基本としつつ、これに併せて新法の条文も付記することとする。

（2）　労災及び職業病の申告は、これによって経営内の就業者が死亡したか、三日間を超えて一部あるいは全部の労働不能に陥った場合、経営事業主によって、その認識後三日間以内になされなければならない（ライヒ保険法一五五二条（現行社会法典第七編一九三条））。

（3）　Däubler, Wolfgang, Das Arbeitsrecht 2, 10. Aufl. (Hamburg, 1995), S. 233.

（4）　詳細は、Däubler, a. a. O. (Fn. 3), S. 234, 235 を参照されたし。また、同旨のものとしては、Konstanty, Reinhold, Inhalt und Stragegie gewerkschaftlicher Politik bei den gewerblichen Berufsgenossenschaften, Mitbestimmung (1986), S. 545.

（5）　ここで待機期間とは、そもそも年金保険の被保険者となった者が年金受給資格を得るために待機しなければならない期間を指し、一般待機期間と個別待機期間とに分別される。このうち一般待機期間とは、すべての年金に共通な期間で、計五年であり、他方の個別待機期間とは、一般待機期間を基礎として被保険者が法定された諸事情により保険料を支払い得なかった場合にこれを考慮した上算出される期間であって、その長さは保険の種類によって異なる。

（6）　詳細は、宍戸伴久「年金制度―その改革の方向：法定年金制度を中心として」社会保障研究所編『西ドイツの社会保障』（東京大学出版会、一九八九年）一二六頁以下他を参照されたい。

第二章　ドイツの現行労安法制度の枠組み

日本でいう労働安全衛生法は、ドイツでは技術的労働保護法（technisches Arbeitsschutzrecht）と呼ばれ、労働者（Arbeitnehmer）[1]の生命・健康に新技術が及ぼす影響を規制の対象とする点で、解約告知保護、労働時間制限などを扱う社会的労働保護法（soziales Arbeitsschutzrecht）から一応区分されている（また、この区分とは別に、医学的労働保護法（medizinisches Arbeitsschutzrecht）という領域を設定し、これに労働者の身体的・精神的・社会的健康の医学的実現の役割を担わせる見解も存するが[2]、ここではこれも技術的労働保護法に含めて考察することとする）[3]。とはいえ、日本法におけるように一元的法整備はなされておらず、労働法・社会法、公法・私法の多様な法体系に分散した多重的・複合的構造をなしており、後述する九六年新労働保護法の制定後の現在においても、至極基本的な枠組み規定のみが統合を見たものの、やはり後述する独仏両国に見られる国家労働保護制度と社会保険制度両者のこの分野における共存・競合状態がそのまま残されたこともあり、個別具体的な規定が各法体系に分散した状況は依然改善を見ていない。なお、ドイツ基本法七四条一二号において経営組織、職業紹介とともに労働法の根幹をなすと位置づけられている「労働保護」概念の画定は容易ではないが、一般的にはおよそ次のようなものが含まれるとされている[4]。①労働災害の予防、②職業病の予防、③作業関連疾患の予防、④労働による損耗の回避、⑤規律的感性の保護、⑥職業上の満足感の確保、⑦自由時間の確保、⑧人間的な寄宿舎の確保、⑨待合室、洗面所、トイレの整備など。

第一節　公法上の安全衛生法

第一款　労働法

〈営業法〉

九六年新労働保護法の発効前、公法上の労働安全衛生法の中核は一九八七年営業法にあった。なかでも安全衛生両面にわたる作業環境整備の一般的義務条項としての性格を有する同法一二〇条(a)一項（現行：削除―新労働保護法三条等に統合）はドイツ労安法体系において極めて重要な位置を占めていた。本規定の定めは以下のごとくであった。

「商工業を営む事業主は、その労働空間、経営設備、機械および器具を、その労働者が生命・健康に対する危険から保護されるよう、経営の性格の許す範囲で、整備、管理および規制することを義務づけられる(5)」。

そこでその定めについて若干を述べるに、第一に、本規定における「商工業を営む事業主」との文言については、営業法六条の定めにより、次の事業はその適用を除外されていた。①漁業、②薬局の設置運営、③謝礼を伴う教育業、④弁護士、公証人の職務、⑤法律のアドバイザー、⑥会計監査および会計監査事務所の運営、⑦税理士業および税理士事務所の運営、⑧移民の相談事務所の運営、⑨鉄道事業…その他場合によって鉱業等々。しかし、これらの制限は新労働保護法においては一切取り払われている。

第二に、「経営の性格の許す範囲で」との制限は、本条項が使用者の経済的・技術的実行可能性を無視して適用される危険に対応し、産業の麻痺を導かないよう設けられたものであるが[6]、八九年ＥＣ指令との整合性がとれないとの理由から批判が多く、その解釈にあたっては、基本法二条の定める人格の発展、あるいは生命・身体の不可侵の要請から一定の制約が加えられている[7]。

このように、本規定は、あくまで私的な商工業を営む事業主に対し、不必要な経営上の障害を与えない範囲で一般的義務を定めるものであるが、とはいいながら、本規定に基づき使用者がなすべき（あるいはなさざるべき）措置は、それ自体では抽象的範囲にとどまり必ずしも明確ではない。そこで、連邦労働社会相およびラントの管轄当局は、法一二〇条(e)に基づき、一二〇条(a)を具体化する法規命令の発令権限を付与され（現行法上は、一二〇条(a)とともに具体化が根拠づけられていた一二〇条(b)の具体化のみが根拠づけられている）、これまでにも後掲一九七五年職場に関する命令（Arbeitsstättenverordnung（BGBl. 1 S. 729））およびその改正令、同一九九三年危険有害物質に関する命令（Gefahrstoffverordnung（BGBl. 1 S. 1782））など、議会立法に勝るとも劣らぬ重要な命令が発令されている。加えて各ラントに設置された営業監督（Gewerbeaufsicht）は、法一二〇条(d)にもとづき、行政行為（行政手続法三五条）としての効力を持つ個別的な指図権限を付与されている（現行法上は一二〇条(b)の具体化に際してのみこの指図権限が根拠づけられる）。この行為は行政執行法に従ってなされ、違反した使用者は、営業法一四七条一項一号に従い一〇、〇〇〇マルクまでの過料に処せられる[8]。

なお、各企業において労働保護法の合法性監督を行う営業監督は、各ラントの行政機関であり、直接的にはラント労働相の管轄下にある。その職務を効果的に遂行させるため、営業法一三九条(b)は、本機関に予告なしに経営の査察を行う権利を含めた警察権限を付与している。一九九六年の統計によれば、九五年度において、一部地域を除いて連邦全土に存する営業監督官は四、四五二名であり、これは九〇年の二、八八五名に比して一、〇〇〇名以上増員されている。同年に本機関が管轄下においていた経営は総計二二四万六、七五〇個で、このうち二〇四万三二八個が正規従業員数一名以上一九名以下の小規模事業である。問題は、実際にどれだけの査察が行われたかであるが、九六年一年間で見ると、全管轄経営のうちわずかに二七万八、九六一個において実施されたにすぎない。それも中小規模経営ほどその割合が少なくなっている。査察の結果行われた措置については、指図が三万四二七六件、指図が実行されない場合に発せられる書面による警告が二、八二七件、秩序罰の通知が六、七二五件、刑事訴追が一九三件となっており、これを実施された査察回数に占める割合で見ると、それぞれ五・八五％、〇・四八％、一・一％、〇・〇三％と計算される。(9)

〈営業法（現行労働保護法）の解釈法令①――職場に関する命令〉

職場に関する命令は、特に一条二項の定める旅行業、露天商、一般的往来における自動車交通・鉄道・航空業を除き、新労働保護法発効に伴う改正（4/12/96（BGBl. 1 S. 1841））以前は、営業法一二〇条(a)ないし一二〇条(c)、ならびに商法典六二条に関連する一三九条(g)が適用される商工業経営内にある職場を適用対象とし（旧命令一条一項）、現在もなお、五〇以上の条文をもって、室温、騒音保護、交通路、休憩所、洗面所に至るまで、職場およびその周辺領域の包括的な安全確保のための個別的要件を定めている（詳細は巻末〔参照条文〕を参照されたい）。

ここで、やや複雑であった本法令の新労働保護法発効以前の適用関係を整理しておくと、以下のように説明される。第一に、営業法一二〇条(a)ないし一二〇条(c)については、その適用領域について法六条が定めを置き、ここで先述した漁業、自由業等はその適用を排除されていた。他方、営業法六条が一定事業の適用除外を定める法一二〇条(c)は、外国人労働者のドイツへの大量流入にあわせて、使用者が提供する共同宿舎の安全衛生を確保するために設けられた規定であるが、その五項は、本条が鉱業を含めほんらい営業法の適用のないあらゆる事業を営む使用者に適用されると定めている。次に、一三九条(g)は、一二〇条(a)の具体化を目的とする一二〇条(d)と同様に、商法典六二条一項の具体化を目的として営業監督に法規命令の発令権限を委ねた規定であり、これによって営業監督の管轄権は商法典六二条一項の適用される「商業」および（場合によっては）保険事業へも拡大されることとなる。ここで「商業」にあたるものには、金融機関、質屋業、出版事業、仲介業、ならびに商業使用人が職務に従事する工場内の管理部門などが挙げられる。しかして、命令一条一項の定めを総合的に検討すると、本命令の適用対象となる事業は、営業法の定める「商工業（Gewerbe）」にほぼ該当する。営業法自体にこの文言についての法的定義は存せず、その解釈は現実の必要に併せてなされているが、通説によれば、「利益を追求しその存続を目的とする、社会的価値を有する自立した活動であって、原料生産、自由業（高度の技術的性格を有する自由な学術、専門、著述業、ならびに高等教育を要する個人的サービス）、公権力を除くもの」であるとされている。[10] 従って、原料生産にあたる農林業およびワインの生産、公権力にあたる連邦、ラントの行政機関および事務所、ならびに地方公共団体、その他社会福祉団体などはその範疇から漏れることになる。

以上を前提としたうえで、新労働保護法発効後の適用関係についてみるに、九六年改正により、本命令一条は、極めて簡略な適用範囲を定めるに至った。すなわち、命令一条一項は、本命令の原則的適用範囲が新労働保護法のそれと同じであることを宣言し、二項が例外として、前記の旅行業、露天商、一般的往来における自動車交通・鉄道・航空の他、連邦鉱業法の適用事業及び船舶業を適用除外としたのである。これをもって、そもそも広範囲に捉えられていた本命令の適用範囲は、公権力及び原料生産、自由業等をも含む包括的なものとなって現在に至っている。

本命令の適用下にある使用者は、その三条一項の定めにより、本命令の他適用される労働保護法規、災害予防規則（第三章第二節第二款で後述）および「一般に承認された安全技術規定および確定的な労働科学的認識」すなわち実務・学術上の先端認識（第三章第一節で後述）にもとづき職場を整備し、その職場において職務に従事する労働者に、本命令に規定された空間および設備を自由に利用させるべき義務を負う。さらに命令三条二項は、連邦労働社会相に対して「職場に関する準則（Arbeitsstätten-Richtlinien）」の公示権限を与え、命令のさらなる具体化を保障している。例えば以下のごとくである。

まず、命令六条一項は以下のように定めを置く。

「職場空間においては、労働時間中、労働者の作業手順や身体への荷重を考慮して、衛生的な室内温度が確保されなければならない。」

これを職場に関する準則が次のように具体化する。

「職場空間においては、最低でも以下のような室内温度が確保されなければならない：a）圧倒的にデスクワークが多い場合には摂氏一九度、b）圧倒的にデスクワークが少ない場合には摂氏一七度、c）身体的に重労働の場合には摂氏一二度、d）事務的作業空間の場合には摂氏二〇度、e）営業場所の場合には摂氏一九度。

職場空間における室内温度は摂氏二六度を超えてはならず、熱気を帯びた職場空間は排除されなければならない」。

ただし、この準則自体に法的拘束力は存せず、その内容には一般に承認された技術規定などの「実務・学術上の先端認識（第三章第一節を参照）」がそのまま採用されているものも数多く見受けられる。

〈営業法（現行労働保護法）の解釈法令②―危険有害物質に関する命令〉

安全衛生の効果的実施のためには、それが不可避な場合を除き、労働者が危険有害物質に曝露しないことが当然の前提となる。危険有害物質に関する命令は、爆発物防止法（Sprengstoffgesetz）、原子力法（Atomgesetz）、危険物質防止法（Chemikaliengesetz）、放射線保護に関する命令（Strahlenschutz-Verordnung）、レントゲンに関する命令（Röntgen-Verordnung）など危険有害物関連の規制を行うその他の多くの法令と並び、ここでいう危険有害物質との接触およびその流通に際し、使用者に調査義務、ラベル貼付義務、一般的保護義務、監督義務、個別的指示義務のほか一連の技術的措置を課すことにより（命令第三章、第五章）、あるいはそうした危険有害物質のうちの一部についての製造・利用の禁止、労働者の曝露防止、特定の集団（とりわけ若年層）の就業禁止（命令第四章）などを義務づけることにより、第一に「人」を労働条件その他に起因する衛生危険から、第二に「環境」を危険有害物質による被害から、それぞれ保護することを目的とする法令である（命令一条）。

因みに、ここでいう危険有害物質とは、とりわけ危険物質防止法（Chemikaliengesetz）および本命令付則で定められた物質や化学生成物―命令三条及び四条参照―を指し、これを大別すると、①それ自体危険有害な物質、化学生成物、②それ自体危険ではないが、それとの接触に際して危険有害な物質や化学生成物が発生・放出される物質・生成物、③その利用に際して危険有害な物質や化学生成物が発生・放出される生産物、④病原体を伝染させる物質、化学生成物、生産物、⑤その他毒性・腐食性のあるもの、刺激物、爆発物などに分類される。

次に、ここでいう「接触」との文言については、命令三条二項に次のような定義がある。本命令にいう「『接触』とは、危険物質防止法三条一〇号の定める抽出もしくは利用を含め、製造と解されなければならない」。加えて危険物質防止法三条一〇号は、「利用」について「使用、費消、経営内での移送、貯蔵、保管、加工処理」

と定義づけている。

以上の理解を前提に、本命令について特筆すべき点を挙げるに、まず、本命令が内容的に準拠する法が営業法ではなく危険物質防止法であることから、その適用領域が私的領域にとどまらず公的領域にも及ぶこと[11]、次に、その危険有害物質の判断基準が明確化され具体名が列挙されていること（本命令の付則は現在第一編から第六編までにわたり、一、〇〇〇を優に超える危険有害物質名が列挙されている）[12]、第三に、ＥＣが認定した危険有害物質をそのまま採用・吸収する手段を講じていること（例えば四条(a)）、第四に、危険の判断基準として「実務上・学術上の先端認識」が多用されていること（例えば一五条(a)二項、一七条）[13]、第五に、本命令が各国に先駆け、直接的な衛生危険の存在を前提とする労働者の職場離脱権を規定していること（二一条六項―これについては第四章第二節第一款で詳述）などを挙げることができる。さらに命令四一条は、危険有害物質との接触の際労働者に衛生危険が予測される場合、管轄行政機関が一定の指図を行いうる旨を定め、その柔軟な運用が図られている。本法の違反は、直接的には危険物質防止法（命令四八条〜五一条）、年少労働者保護法（四五条）、母性保護法（四六条）、家内労働法（Heimarbeitsgesetz ―四七条）の適用を受け秩序違反として扱われる他、場合によっては刑罰の適用を受ける。

〈機械器具安全法〉

後に掲げる災害予防規則を含め、かつてのドイツの労働安全衛生法（とりわけ公法）は、職場の機械器具の安全につき、原則として注文主すなわち事業主の側に、必要な保護設備を備え、法定基準に達した機械器具の搬入義務を課していた（例えば旧災害予防規則総覧第一編一四条は、「事業主は、機械の注文に際し、その機械が安全な労働に対応する条件を満たし、災害予防規則の要件とする保護措置を備えるよう予め指定するよう義務づけられる」、と規定している）。また、現在においても営業法二四条は、就業者および第三者を要監視装置による危険から保護するため、連邦政府に法規命令の発令権限を付与しており、使用者は経営設備に関する詳細な規制の下に置かれている[14]。しかしながら、事業主、とりわけ中小零細企業の事業主にとって、過度に複雑化した機械器具の安全技術管理を行うことは困難を伴う。そこでドイツでは、一九六三年の「機械安全に関する第一一九号ＩＬＯ協定」の成立を契機に、六八年機械安全法（Maschinenschutzgesetz —正式名称は「技術的労働手段に関する法律（Gesetz über technisches Arbeitsmittel vom 24. 6. 1968（BGBl. 1 S. 717））」）を制定（八〇年には機械器具安全法（Gerätesicherheitsgesetz）に改称）、技術的労働手段の製造者・輸入業者に対し、生命・健康に危険を及ぼす機械器具の流通を禁止する手段を講じた[15]。なお、本法二条一項によれば、法の意味する技術的労働手段とは、工具、作業器具、機器、ジャッキ・コンベア設備などの「利用準備の整った」作業設備であり、ここで「利用準備の整った」状態とは、当該作業設備がそれ以上部品を装着しなくとも秩序的な利用が可能な状態をさすとされている。

本法により、流通を許される機械器具は、国内の一般に承認された技術規定（第三章第一節参照）および労働保護法規、災害予防規則（第三章第二節参照）に定める基準を満たすことを要件づけられる（法三条一項二文）が、いずれもこの領域での基準作成が遅々として進んでいないことから、ＥＣ法および欧州レベルのルール形成に依る度合いが高まっている。例えば機械器具安全法では、機械器具の検査義務を課しておらず、実際に市場に流通される新機種の約七％にしか検査が実施されていない。しかし欧州レベルでは、これまで任意に実施されてきた検査およびその後の「安全商標（Sicherheitszeichen）」の取得をＥＣ法により義務づけることが適当か否かが度々議論され[16]、必ずしも機械器具に限らないが、職場の危険源及び危険一般に対する安全商標を義務づける指令[17]

の整備が進んできている（例えば、後述する八九年安全衛生基本指令に基づく個別指令としての、一九九二年八月二六日「作業場における安全衛生情報伝達のための最低規則に関する指令（Amtsblatt der EG 1992 Nr. L 245/23）」を参照されたい）[18]。

なお、技術的労働手段の製造者・輸入業者が故意または過失により本法に定める一定の規定に反した場合には、秩序違反を根拠として罰せられる旨規定がなされている（法一六条）。

〈労働安全法〉

営業法（現行新労働保護法）を中心とする国家監督法と後述するライヒ保険法（現行社会法典第七編）を中心とする社会法に並ぶ第三の労働安全衛生法の要は、経営内に専門的保健制度の形成を義務づける一九七三年労働安全法（正式名称「事業所医・安全技術者およびその他労働安全専門職員に関する法律」(Gesetz über Betriebsärzte, Sicherheitsingenieure und andere Fachkräfte für Arbeitssicherheit (Arbeitssicherheitsgesetz) vom 12. 12. 1973 (BGBl. 1 S. 1885))）である。因みに、ここでいう「労働安全（Arbeitssicherheit）」とは、「実務上発展してきた概念であり、労働保護のあらゆる努力の矛先[19]」を指し、「心身に対する危険回避のためのあらゆる措置を含むものである[20]」とされており、本法は、事業主、それも家事、船舶業及び鉱業操業者の一部を除く全ての者に対して、彼を補佐する事業所医（Betriebsarzt）および労働安全専門職員（Fachkraft für Arbeitssicherheit）の選任を義務づけることにより、各経営ごとの労働保護の改善および災害予防を実現することを目的としており、その規準は以下で述べる災害保険組合の作成した災害予防規則のほか、「確定的な産業医学上・安全技術上の認識」（第三章第一節参照）から導かれる高いレベルに求められている（法一条）。なお、本法がその適用単位とするのは企業

(Unternehmen) ではなく、個々の経営 (Betrieb) である。従って、本法に基づく措置は全ての経営ごとになされなければならず (BSG 8. Mai 1980, 8a Recht Urteil 44/79 und 26. Juni 1980, 8a Recht Urteil 106/79)、また、連邦社会裁判所の判断によれば、労働安全法にいう「経営」は経営組織法にいう「経営」と概念上等しいと解されている (BSG 8a Recht Urteil 106/79)。

本法制定の背景として挙げられるものとしては、① 営業監督官および技術監督官のような経営外監督官の増員にも関わらず、労働災害が増加していたこと (特に一九六八・六九年度の連邦災害予防報告第五編一号は、統計上の計算から、今後においても、たんなる監督官の要員増加によっては問題解決になり得ないと言明していた)、しかしながら、② 事業所医および労働安全専門職員などの経営内保健制度の機能している経営では、災害頻度が低かったこと、③ 作業関連疾患やストレスなど、事業所ごとの専門的ケアの必要な疾病が多発していたこと、④ 経営外監督官の配備に比べ、経営内保健制度の設置が進んでいなかったこと、さらには、⑤ 各国際労働機関の勧告、ドイツ国内における労使および工場医の協定、欧州経済共同体委員会勧告、ドイツ連邦議会決議など様々な背景的取り組みがあったことなどが指摘され、(21) 本法制定の目的には、これら諸事実への対応に加え、企業内—とりわけ中小企業内(22)—における労働安全対策の質的向上などが存在していたことを伺い知ることができる。

では、本法の内容にはどのような特徴が存するであろうか。第一に、本法が伝統的な労働保護の枠組み、典型的には旧営業法一二〇条(a)による規制範囲をこえ、労働生理学的、労働心理学的要素も取り込む「作業関連疾患」の予防を目的としていることが挙げられる (例えば、事業所医の職務に関する労働安全法三条一項一号、三号)。ここで作業関連疾患とは、職務とその発現との間に狭義の (streng＝一対一の) 因果関係の存在が求められる職業病とは異なり—従ってライヒ保険法五五一条二項 (現行社会法典第七編九条二項) の開放条項による以外、原則として災害保険組合による災害塡補を受けることはない（第三章第二節第一款〈職務―損害塡補〉参照）―、労働と日常生活のそれぞれに複合的に存在する要因が発端となって発症する疾患である[23]。本法は、このような疾患の予防を「疾病―原因間の因果関係が最も実証し易い[24]」経営内の保健制度に委ね、その実効を図ったものと考えられる。第二に、本法の目的には一九七二年に経営組織法九〇、九一条において初めて採用された「労働の人間的形成」という法概念が取り入れられていること（法六条一項一文）が挙げられる。「労働の人間的形成」とは、伝統的な「衛生（Gesundheitsschutz）」の概念を超え、主に人間工学の見地から身体にマイナスの影響を与える過大な負担を予防的に回避することを想定した概念である[25]。因みに、ここでいう人間工学の理解については論者によって様々に見解が分かれるが、Spinnarke, Jürgen, Arbeitssicherheitsrecht von A-Z, 2. Aufl. (München, 1992), S. 100, 101 などの記述を総合すると、一応以下のように措定することが可能であろう。すなわち、本来人間工学とは、人間―機械―環境間の相互作用、とりわけ労働手段や労働環境が人体および人的有機組織体に与える影響を研究することにより、労働が人間に対して与える衛生的・社会的マイナス効果を回避すること、ひいては労働の本質的最適化を目的とするものである。したがって、これが関わる研究領域は、医学、技術学、労働心理学、生理学など多方面にわたる、と。第三に、本法に含まれる規定には、大まかな要件を定める一般規定しか存しないことを指摘する必要がある。例えば本法二条および五条（巻末〔参照条文〕参照）は、使用者が、その事業種別、災害および衛生危険の程度、従業員数・構成（女性、少年、外国人など）、経営の構成のあり方に応じ、一定数、一定時間、一定の資格を有する事業所医および労働安全専門職員を書面により選任すべき義務を負う旨定めるが、その数、時間、資格に関する詳細は災害保険組合の定める災害予防規則によることとされている（ライヒ保険法七〇八条一項四号（現行社会法典第七編一五条一項六号（第三章第二節第二款参照[26]）)）。このように、一種意図的な開放状態を立法技術として設けることにより、健康被害への機動的対応が図られているのである。

〈新労働保護法〉

一九九六年八月二一日に発効した新労働保護法（正式名称「EC労働保護基本指令その他の労働保護関連指令内国化のための法律（BGBl. 1 S. 1246）[27]」）は、後述する八九年EC基本指令（正式名称「安全衛生の改善に関する基本指令(Amtsblatt der EG 1989 Nr. L 183/1)」）の国内法化政策及びドイツ連邦統一協定により立法者に課せられた職務の一環として、現行の営業法、労働安全法、ライヒ保険法、危険物質防止法等分散する労働安全衛生法規を整理統合する目的で制定されたものである。EC基本指令の国内法化の本来の期限は九二年一二月三一日であったが、第一次法案（この時点では、労働保護基本法草案（正式名称「労働における安全衛生に関する法律」政府草案（Regierungsentwurf eines Gesetzes über Sicherheit und Gesundheitsschutz bei der Arbeit: BR-Drucksache 792/93; BR-Beschluß v. 17. 12. 1993）と呼ばれていた[28]）が連邦労働社会省の主導により連邦議会に上程されたのは、九三年の一一月であった。それも結局は、主に自由民主党（FDP）とキリスト教社会同盟（CSU）の反対から審議未了廃案となり、再提出を余儀なくされた[29]。第二次法案は、第一次法案頓挫の経験を踏まえ、各ラントの要望を容れて、従来の労働安全衛生法規の本格的統合及び規範目的の高度化を目して基本指令より内容が膨らんでいた部分[30]をスリム化し、基本指令をそのまま国内法化する形で九五年に議会に上程されたものであり、九六年六月一三日にようやく連邦議会で可決した。

その内容は、まさにドイツ労働保護法の基本法らしく、一般規定ないし原則規定を中心に構成され、全五部から成る。このうち本編は第一部のみであり、第二部以下は本編の定めを受け、もしくは必要に応じて既存の法規の改正を図るものである。本編はさらに五章に分かれ、そのうち本法最大の特徴を示すのは、第一章に規定された本法の適用領域である。これによれば、本法の適用事業は、嘗ての営業法上の一般規定等とは異なり、商工業経営のみでなく、公勤務、自由業、宗教団体その他営利性の有無にかかわらず全ての組織にわたり、適用対象者も、唯一の例外たる家事使用人（及び船舶及び連邦鉱業法の適用下にある経営の就業者）を除き、直接の労働契約関係の有無にかかわらず、法的関係をもって労務給付をなす者全てにわたる。次に第二章は、本法の核ともいえる使用者の基本的義務、一般的原則及び個別的義務を定め、これをもって従来の営業法一二〇条(a)の定めは削除されている（第四部）。このうち本法の基本理念を語る第三条一項及び第四条を掲げれば、以下のごとくである。「三条〔使用者の基本的義務〕①　使用者は、就業者の労働における安全衛生に影響する条件へ配慮しつつ、必要な労働保護措置を講じなければならない。彼はまた、その措置の効果について審査し、その他必要に応じて臨機応変の対応をなさなければならない。そしてその際には、就業者の安全衛生の改善を追及するのでなければならない」。「四条〔一般的原則〕　使用者は、労働保護措置をなすに際して、以下の一般的原則を前提としなければならない。1　労働は、生命及び健康に対する危険が最大限除去されるとともに、残存する危険が最小限に抑制されるよう、形成されなければならない　2　危険はその根源から絶つのでなければならない　3　当該措置に際しては、技術規準及び産業医学、産業衛生学、ならびにその他確定的な労働科学的認識が顧慮されなければならない……　6　特に危険な作業に就いている者達については、その危険について特別な配慮がなされなければならない……　8　直接もしくは間接に性別を区分する規制は、生物学的根拠により、どうしても必要とされる場合に限り許される」。続く五条の労働条件調査義務規定及び資料整備義務規定は、本来的には従来の法規定から当然に導かれる措置を改めて明文化したものに過ぎないが、その規定には使用者サイドから強い抵抗があり、使用者に広く裁量を認める形式を採用することにより、ようやく議会の承認を得たものである。(31) 使用者間の協働義務を規定する第八条は、いわゆる事業場内下請事業を想定したものであり、九条は職場からの即時退避を含めた特別な危険に対する対応を規定している。一〇条から一二条までは既存の法規の定めを特に拡大するものではないが、一二条の安全衛生に関する指導義務規定は、従来後述する経営外災害予防規制や労働契約法上の配慮義務の構成要素に過ぎなかったものを法文化したものであり、労働者の的確な情報に基づく行為を側面から支えている。法一三条は、使用者以外の本法上の法的責任負担者を規定するが、これにより法違反に際して使用者の最終責任まで免責されるのか否かは必ずしも明らかではない。また法一四条は、後述する経営組織法八一条に定める個別的情報権を公勤務領域に拡大したものである。第三章は就業者の権利義務を体系的に定め、ここで就業者は、従来の単なる法令遵守義務の枠を超え、使用者の義務遂行を包括的に補佐する義務を課される、すなわち安全衛生領域において使用者と協同責任を規定される（※これは使用者の第一次的な労働保護義務を免責ないし軽減するものではない）一方、第一に、一定の危険状態に際し使用者に申立を行ってなお適当な措置が講じられず、あるいは具体的根拠に基づきそれが不十分であると考えられる場合の最終手段として、(32) 自ら監督機関に申立をなす権利を保障されている。第四章は、連邦政府の法規命令策定権限、その内容、射程等につき定めており、これは主にEC基本指令に基づく個別指令その他に倣ったものである。終章たる第五章は、合法性監督における管轄当局及び法的災害保険者の協同、連邦の経営及び行政機関における合法性監督管掌機関、管轄当局の査察及び検査権限、命令発令権限、使用者の経営内資料作成義務、管轄当局の一般的行政規則の制定権限、行政罰及び刑事罰などにつき定めを置いている。

このように、本法は既存の法規及び法理を本質的に改訂するものとまではいえず、今後の改訂の足掛かりとして、先ずは種々の法体系に分散した労働安全衛生法規の原則規定の統合を果たしたものにすぎない。とはいえ本法が規定する原則は、後にも述べるドイツ労働安全衛生法全体にわたる背景理念、とりわけ労働科学研究の尊重とそれを実現するための当事者間の主体的協働を的確に捉えるものであり、今後は本法を筆頭にして、次々に法規の統合が進められていくものと思われる。

第二款　環境法

環境法（Umweltsrecht）は、最近四半世紀にとみに発展してきた新たな法体系である。例えば総合地域開発計画法、都市計画法、自然保護法、原子力法、林業・漁業に関する法など多様な法領域がこれに含まれるが、未だに包括的な概念は形成されていない(33)。そこで、とりわけ技術的分野での立法（危険有害物質規制法、放射線保護法など）が進むようになってからは、労働安全法を中心とする労働保護法と規制領域が重なる事態が多々生じるようになった(34)。例えば、連邦イミッション保護法六条一項二号は、環境あるいは人体に有害な装置の設置・操業を許可するために必要とされる要件を定めた規定であるが、ここには「そうした装置の設置及び操業が本法を除く『他の公法規定及び労働保護に関する事項』と対立関係に立たない限り」、との一節が設けられている。環境法はほんらい公衆一般の保護を目的とするものであるが、経営に発生する労働危険が部外者に及ぶという事態も発生し得ることから、規制範囲を雇用領域にも拡大する必要が生じるのである(35)。むろん、雇用の場により高い危険が予想される場合には、職業上危険に曝露する者とその他公衆一般とで異なった限界値を設ける規定も存するが(36)、このような定めは、雇用を選択するのは労働者自身であるとの理由から、「同意あれば被害なし（volenti non fit injuria）」との原則に基づき十分に正当化され得るとされ、環境法としての位置づけから外れることにはならない。

この環境法が各経営内でその法目的を実施するため採用した重要な制度として「経営内委員（Betriebsbeauftragte）」制度がある。経営内委員は、①連邦イミッション保護法（一九七五年法（1. 8. 1975）以来五三条において）、②廃棄物法（一九七八年法（1. 1. 1978）以来一一条(a)以下において）、③水管理法（一九七六年法（1. 10. 1976）以来二一条(a)以下において）などの主要な環境法を根拠として、特定の経営でその選任が義務づけられるもので、このような法的義務はドイツで初めて導入されたものである。(37) 例えば、環境に有害な影響をもたらすか、またはこれとは別に公衆一般あるいは近隣の者に危険あるいは重大な不利益、負担をもたらす傾向が強い一定の装置の設置にあたっては、現行連邦イミッション保護法四条の定めに基づき、行政の許可が必要とされているが、この要許可装置（genehmigungsbedürftige Anlage）について、同法五三条一項は次のような定めを置いている。「要許可装置の保有者は、……装置の性質あるいは規模に照らして必要と認められる限り、最低一名、イミッション保護にあたる経営内委員を選任すべき義務を負う……。この際、連邦環境・自然保護・原子力安全相は、法五一条に定める関係者への聴聞の後、経営協議会の同意を得て、経営内委員の選任を要する要許可装置を特定するものとする」。環境法上の経営内委員は、伝統的な合法性監督のみでなく経営内での積極的予防業務、予防体制作りに従事する点で、労働安全法二条の定める事業所医（第五章第一節第一款参照）、同法五条の定める労働安全専門職員（第五章第一節第二款参照）、ライヒ保険法七一九条（主として現行社会法典第七編第二二条）の定める安全管理委員（第五章第二節第一款参照）、事故対策に関する命令（Störfall-Verordnung（BGBl. 1 S. 1891））五条二項の定める事故対策委員（Störfallbeauftragte）などと並置せられ、これらはいずれもその法定以前にドイツ国内の企業が既に長年築き上げてきた伝統であったとされる。(38) 従って、これら社会・環境法領域の経営内委員は、あくまで「各経営の委員」であって「経営内の行政委員」ではない。すなわち、彼らは私法上の契約により選任され、経営に対して責任を負いこそすれ、監督官庁に対して直接の責任を負うものではない。また、何ら高権的な支配を行う権限も有せず、彼が職務違反を犯した場合にも、行政機関に対し責任を負うのは事業主である。その職務はたしかに行政の監督業務を補完し、軽減するものではあるが、各経営内委員の本質は自主統制にある点で共通しているのである。しかし、ひとたび法制度化された以上、経営内委員には、①監督権、②協働権、③事業主から援助を受ける権利、④経営首脳に対する直接的な上奏権など一定範囲の権利が保障され（加えて義務が課され）、また彼に委ねられた職務の遂行の故に不利益取扱を受けないこと（連邦イミッション保護法五八条、水管理法二一条(f)など）についても保障されている。例えば、このうち連邦イミッション保護法五八条では、その一項が一般的な不利益取扱禁止を規定した後、とくに二項が次のように定めを置いている。「イミッション保護を担当する経営内委員がその選任義務を負う保有者の労働者である場合、当該労働関係の解約は許されない。ただし、当該解約が契約期間の満了を経なくとも重大な理由から正当化される場合にはこの限りではない。また、経営内委員がその職を解職されて後一年以内の解約は許されない。ただし、この場合も上記の理由のある場合にはこの限りではない」、と。なお、環境法上の経営内委員と労働安全法上の専門家、とりわけ労働安全専門職員との関係については明文上協働を行うべしとの定めがあり（例えば連邦イミッション保護法五五条三項三文）、また連邦イミッション保護法五五条一項(a)には、経営内委員の選任および解任に際しても、労働安全専門職員と同様、経営協議会もしくは職員代表委員会が介入すべき旨定めがある。現段階で、経営内労働安全衛生組織と環境法とを有機的に結合する一般規定は存しないが、以上のような規定は、労働保護法と環境保護法、ひいては経営組織法と環境組織法との接近性、重複性を示す有力な証左と考えられよう[(39)]。

第三款　社会法

〈災害保険法〉

ドイツの労働安全衛生法において最も特徴的な点の一つは、その立法・運用権が各国家機関に加え「社会法上の法的災害保険者（gesetzlicher Unfallversicherungsträger ―社会法典第四編二九条一項）」、とりわけ商工業、海運・漁業、農業分野における災害保険を管掌する災害保険組合（Berufsgenossenschaft）に委ねられていることである。ここでひとまず法的災害保険の保険者についてその概要を示せば、次のような整理が可能であろう。

(1) 災害保険組合― ① 三四の商工業災害保険組合（ライヒ保険法六四六条一項（現行社会法典第七編一一四条一項、一二一条一項）及び同法六四六条一項付則第一編（現行社会法典第七編一一四条付則第一編））および海運業・漁業などを司る一の海員災害保険組合（ライヒ保険法八三五条（現行社会法典第七編一二一条二項）以下、八五〇条一項（削除））、② 林業、庭園業、養殖業なども含む二一（現二〇）の農業災害保険組合（ライヒ保険法七七六条（現行社会法典第七編一二三条）以下、七九〇条一項付則第二編（現行社会法典第七編一一四条付則第二編））。(2) その他政府機関、公的機関など― ① 連邦機関（ライヒ保険法六五三条（現行社会法典第七編一二五条（但し六五三条一項：一二五条一項、六五三条一項二号：一二五条三項、六五三条二項：一二五条二項））、七九〇条二項（現行社会法典第七編一一四条一項三号）、八五〇条三項（削除））、② 連邦雇用庁（Bundesanstalt für Arbeit ―ライヒ保険法六五四条（現行社会法典第七編一二五条一項））、③ ラント機関（ライヒ保険法六五五条（現行社会法典第七編一二八条一項（但し六五五条一項：一二八条三、四項、六五五条三項（削除）、六五五条四項：一二八条五項））、七九〇条二項（現行社会法典第七編一一四条一項三号）、八五〇条三項（削除））、④ ラント政府の指定する市町村及び市町村災害保険協会（Gemein-

den und Gemeindenunfallversicherungsverbände —ライヒ保険法六五六条（現行社会法典第七編一一七条（但し六五六条一、二項：一一七条一項、六五六条二項二文：一一七条二項、六五六条三項（削除）、六五六条四項一文：一二八条二項、六五六条四項二文：一一七条三項））、六五七条（現行社会法典第七編一二九条（但し六五七条一項：一二九条一項、六五七条一項二号：一二九条三項、六五七条二項：一二九条四項、六五七条三項：一二九条二項）））。⑤ラント政府の指定する火災金庫（ライヒ保険法六五六条四項二文（現行社会法典第七編一一六条））。日本でも、昭和三九年八月一日、「労働災害防止団体等に関する法律（昭和四七年改称「労働災害防止団体法」）」に基づきドイツの災害保険組合、フランスの社会保障金庫などをモデルとして中央労働災害防止協会（いわゆる中災防）および労働災害防止協会（いわゆる協会）が設置され、労災防止のための総合的活動の「業務（労働災害防止団体法一一条、三六条等）」を与えられているが、ドイツにおける法的災害保険者は、ライヒ保険法五四八条（とりわけ一項一文及び二項（現行社会法典第七編八条一項及び三項））—一般的な労災の定義）、五五〇条（現行社会法典八条二項一号ないし四号—同通災）、五五一条（主に現行社会法典第七編九条—同職業病）などに定める保険事故が発生した場合、現物・金銭による損害塡補を行う（法五四七条（現行社会法典第七編二六条一項））とともに、法五四六条（現行社会法典第七編一四条一項一文）にもとづき、災害発生時の緊急活動（erste Hilfe）[40]に加え、適当な災害予防活動（例—職場の査察・災害原因の調査研究・スクーリング・健康診断など）[41]を行う、といった広範な「義務」を負う。このような災害「予防」と「塡補」の組み合わせ（社会法典第一編二二条）は、一八八四年のビスマルクの社会政策にもとづく一連の社会保険立法時には既に取り入れられており、法的災害保険者には、「保険金支出を増やさないためにも災害予防活動に尽力する」という構造的圧力が働く。中でも商工業災害保険組合は、ライヒ保険法上一定の要件の下で、災害予防のための設備、指図および措置に関する災害予防規則（Unfallverhütungsvorschrift）を制定する権限を委ねられており（同七〇八条（現行社会法典第七編一五、一六条（但し七〇八条一項一文一号ないし三号：一五条一項一号ないし三号、七〇八条一項一文四号：一五条一項六号、七〇八条二項三文：一五条五項、七〇八条三項：一六条一項、七〇八条四項：一五条三項)）(42)、これが同組合の災害予防活動の基軸をなしている（なお、正規の災害予防規則が初めて制定されたのは一八九六年であり、一九一二年以降は、ライヒ保険局の通達に基づき、ドイツ商工業災害保険組合連合会により、有力経済団体の関与の下ライヒ保険局と共同して作成されていた(43)。その他詳しくは第三章第二節を参照されたし）。災害予防規則の規制対象は、作業場のみでなく危険有害物質、労働手段など広範囲に及び、営業法、職場に関する命令、危険物質防止法、機械器具安全法その他数多くの国家法規範と重複する(44)。また、営業法の場合と同じく、災害保険者および技術監督官（ライヒ保険法上災害予防規則の実施を担当し、営業法上の営業監督官に相当）は、ライヒ保険法七一二条一項二文（現行社会法典第七編一七条一項二文）・七一四条一項五文（現行社会法典第七編一九条二項）にもとづき、災害予防法実施・災害危険防止などのための指図権限を与えられており、これは秩序罰の裏付けを伴う行政行為と位置づけられている。

因みに九六年の統計によれば、九五年度において商工業災害保険組合に就労していた技術要員は四二二三名、このうち実際に査察活動に従事していた者が二二八六名、この災害保険組合が管轄下に置いていた企業は二八二万三二二八個で、このうち二六二万五一六九個は正規従業員数一から一九名までの小規模企業であった。営業監督官による場合と同じく、問題は実際に行われた査察及び監督活動の頻度であるが、九六年に査察が行われた企業数は三九万五九一四個、このうち前述の小規模企業については三〇万三九七七個でそれが実施されている。次に、ライヒ保険法（現行社会法典第七編）上の前掲規定に基づく指図がなされた数を見ると、七一二条一項二文によるものと七一四条一項五文によるものの双方をあわせて六万九七八〇件で、この結果、ライヒ保険法七一〇条一項（現行社会法典第七編二〇九条一項一号）及び七一七条(a)一項（現行社会法典第七編二〇九条一項（但し七一七条(a)一項一号：二〇九条一項三号、七一七条(a)一項二号：削除、七一七条(a)一項三号：二〇九条一項二号））に基づき保険組合のメンバーたる事業主に対して下された秩序罰の処分（これについての詳細は、第三章第二節第二款を参照されたし）は、一四二三件（被保険者たる労働者に対するものは五八二件）であった(45)。

【注】

(1) Arbeitnehmer は、Arbeiter と Angestellte の両者を含む上位概念である。ここでは、Arbeitnehmer に「労働者」、Arbeiter に「労務者」、Angestellte に「職員」、その他 Belegschaft には「従業員」、Beschäftigte には「就業者」の訳語をそれぞれあてることとする。

(2) Westermann, Harm Peter (Redakteur), Schuldrecht, besonderer Teil, Münchener Kommentar zum Bürgerlichen Gesetzbuch Bd. 3, 1. Halbbd., 2. Aufl. (München, 1988), S. 1589 [Lorenz, Martin]. 具体的には、① 最先端の認識基準にもとづき作業関連健康被害を回避すること、② 既に生じた健康被害を治療すること、③ 健康被害者の職場復帰を容易ならしめること、④ 必要とあらば、客観的評価をもって正当な賠償を可能にすることなどを目的とする法領域であり、主に産業医学上の健康診断や診療行為の実施規定（年少労働者保護法三三条、三四条、危険有害物質に関する命令、各ラントの鉱業労働に関する命令、圧縮空気に関する命令、レントゲンに関する命令のほか該当する災害予防規則など）によって構成される。

(3) Bücker, Andreas/Feldhoff, Kerstin/Kohte, Wolfhard, Vom Arbeitsschutz zur Arbeitsumwelt : europäische Herausforderungen für das deutsche Arbeitsrecht (Neuwied, 1994), S. 1. とはいえ、この区分は絶対的なものではない。

(4) Nitschki, Jürgen/Bramer, Monika/Meyer, Peter Heinrich/Müller, Werner (Arbeitskammer des Saarlandes (Hrsg.)), Arbeitssicherheitsgesetz, 8. Aufl., (Saarbrücken, 1992), S. 13.

（5）　特に商業に従事するホワイトカラー層（いわゆる商業使用人）に対しては、一八九七年商法典六二条にもこれと同旨の規定があり、これは現在も改正されていない。

（6）　LAG Düsseldorf(Urteil) vom 3. 12. 1964, BB (1965), S. 245.

（7）　たとえば、LAG München LAGE § 618 BGB Nr. 4 ; Wittkowski, Wolfram, Der Schutz der Arbeitskraft durch das Grundgesetz : zugleich ein Beitrag zum Sozialstaatsprinzip (Frankfurt am Main, New York, 1979), S. 245 ff.

（8）　営業法一二〇条(a)や職場に関する命令は、（要件が抽象的すぎるためか）それ自体では行政罰・刑事制裁の裏付けがなかった（営業法一四七条参照）ことから、営業監督による制裁の中心は一二〇条(d)に置かれていたのである（Bücher/Feldhoff/Kohte, a. a. O. (Fn. 3), S. 7)。

（9）　BT-Drucksache, 7/260, S. 36-39.

（10）　Sieg, Harald/Leifermann, Werner/Tettinger, Peter J., Gewerbeordnung, 5. völlig neubearb. Aufl. (München, 1988), § 1 Randziffer 1 m. w. N.

（11）　Däubler, Wolfgang, Arbeitseinstellung wegen Asbestemission, AiB（1989), S. 137.

（12）　さらに本命令の付則は、特定の危険有害物質との接触に際しての保護措置（例—使用の禁止、医師による健康診断、技術的保護措置、衛生学的保護措置など）も規定している。

（13）　ただし、この規定については、命令四四条により一定の要件を前提に逸脱が認められ得る。

（14）　なお、ここで営業法二四条に定められた要監視装置（überwachungsbedürftige Anlage）とは次のようなものをさす。①ボイラー、②ボイラー以外の圧力タンク、③濃縮ガス、液化ガスまたは圧力液化ガスの移し替えのための装置、④可燃性、腐食性または有毒性のガス、煙もしくは液体に対し内部で過剰な圧力がかかった状態にある配管、⑤昇降設備、⑥特に危険な空間内での電気装置、⑦飲料自動販売機および炭酸飲料製造機、⑧アセチレン施設および炭化カルシウム保存設備、⑨可燃性液体の貯蔵、移し替え、輸送のための装置、⑩医療技術上の器具（営業法二四条三項）。

(15)　ただし、使用者はBGB六一八条（後述）に基づき本法の要件を満たす技術的労働手段を職場に整備する義務を負うことから、本法は間接的に使用者に向けられたもの、とする見解も存する（Lorenz, a. a. O. (Fn. 2), S. 1594)。
(16)　Wlotzke, Otfried, EG-Binnenmarkt und Arbeitsordnung – Eine Orientierung, NZA (1990), S. 419.
(17)　わが国の労働省の説明によれば、危険源は英語では hazard に対応し、危険の潜在性を持つ原因または状況を示し、危険は同じく risk に対応し、危険源が労働者に及ぼす危害の可能性とその重大性の組み合わせを意味する（労働省安全課編『ここがポイント！　日本の労働安全衛生マネジメントシステム』（中央労働災害防止協会、一九九九年）三一頁)。
(18)　この指令は、一九七七年七月二五日に発令された「作業場における安全情報に関する構成国法令の同化のための指令（Amtsblatt der EG 1977 Nr. L 229/12)」の定めを拡大・改訂したものである。
(19)　Nitschki, a. a. O. (Fn. 4), S. 13.
(20)　Spinnarke, Jürgen, Arbeitssicherheitsrecht von A-Z, 2. Aufl. (München, 1992), S. 69.
(21)　BT-Drucksache, 7/260, S. 1. なお、本法制定の直後（一九七五年）にわが国で西村教授が行った制度紹介（西村健一郎「西ドイツの労働安全法について」日本労働協会雑誌（一九七五年）一九六号七〇頁）においては、本法制定の理由及び目的として、まずは「産業医（＝本書にいう事業所医）と労働安全専門職員の選任によって、使用者と監督官（＝同じく営業監督官と技術監督官）の過重な負担を軽減すること」があったことが指摘されている。
(22)　西村・前掲（注21）論文によれば、本法制定以前においても、二〇名を超える従業員を有する経営においては、ライヒ保険法七一九条の定めにより安全管理委員をおくべき義務を課されており、また大企業では企業が独自に雇い入れた工場医あるいは安全技術者が、安全衛生に関する任務を担当する例が多かったとされる（同前七〇、七一頁)。
(23)　Bücker/Feldhoff/Kohte, a. a. O. (Fn. 3), S. 21.

(24) Spinnarke, Jürgen/Schork, Gerhard, Arbeitssicherheitsgesetz, Kommentar und Sammlung, Losenblatt (Heidelberg, 1993), § 3 ASiG Randziffer 81；vgl. Mülles, Dietrich/Müller, Rainer (Hrsg.), Berufsarbeit und Krankheit (Frankfurt am Main, New York, 1985), S. 280ff.

(25) Spinnarke/Schork, a. a. O. (Fn. 24), § 6 ASiG Randziffer 8；Fitting, Karl/Auffarth, Fritz/Kaiser, Heinrich/Heither, Friedrich/Engels, Gerd, Betriebsverfassungsgesetz, 18. Aufl. (München, 1996), vor § 89 Randziffer 2, 7.「労働の人間的形成」（およびこれを敷衍した「労働条件（および労働生活）の人間化」）という法概念は、直接疾病要因とは見なされないが、生理的・心理的衛生状態を侵害し、とくにそれが継続的に作用した場合には特定の疾病の発症を助長することにもなりかねない負担の回避を扱うものである。従って、その目的には、直接疾病との因果関係が認められない負担の回避、すなわち広義の労働条件の改善が含まれている。この点で、疾病との因果関係が直接認められる危険防止を目的とするにすぎない「衛生（Gesundheitsschutz）」との原則的な違いが認められる（Zöllner, Wolfgang/Loritz, Karl-Georg, Arbeitsrecht, 4. neubearbeitete Aufl. (München, 1992), S. 309)。しかしながらこの概念は、ＷＨＯ（世界保健機構）のいうような理想主義的で実現不可能な健康概念を想定したものでもない。ＷＨＯはいう。健康（Gesundheit）とは「肉体的、精神的、社会的に完全に健在である状態を指し、ただ疾病あるいは何らかの障害のない状態を指すわけではない（Die Präambel der Satzung der WHO (BGBl. 2 (1974), S. 45))」。「労働の人間的形成」はあくまで衛生の前段階（Vorfeld）にあるべきもので、とくに別個の立法上の措置のないままこのような概念を現行労働保護法規に組み込むことは許されないのである（Ehmann, Horst, Arbeitsschutz und Mitbestimmung bei neuen Technologien (Berlin, 1981), S. 27f.；Zöllner/Loriz, a. a. O., S. 309)。

(26) ここで災害保険組合が災害予防規則の制定を怠り、あるいは内容に瑕疵のある規則の修正を怠った場合、連邦労働社会相は、自ら設けた相当期間の経過後、法規命令の発令により、使用者の義務を具体化することができる（労働安全法一四条一項）他、より個別的なケースでの具体化は、行政上の指図により行うことも可能である（労働安全法一二条）。この際重要なのは、前者の場合、連邦労働社会相は経営協議会（Betriebsrat）の同意を（法一四条二項）、後者の場合、監督官庁は経営協議会の意見を聴取し（法一二条二項一号）、また発令される指図について書面で通知する義務を負うことである（法一二条四項）。

(27)　本法の条文試訳は、三柴丈典「ドイツにおける労働安全衛生法の新展開―ドイツ新労働保護法の意義と課題」労働法律旬報（一九九九年）一四六五号一九頁以下を参照されたい。

(28)　本法案についての詳細は、Bücker/Feldhoff/Kohte, a. a. O. (Fn. 3), S. 187ff.；Brückner, Bernd, Ein Schritt vor－zwei zurück im Arbeitsschutz!, AiB (1994), S. 66ff.；BT-Drucksache 12/6752 mit Gegenäußerung der Bundesregierung；1. Lesung im Bundestag am 25. 2. 1994－Protokoll der 211. Sitzung, S. 18312 ff. を参照されたし。

(29)　Füssel, Ulrike, Beim Arbeitsschutz sitzt die Bonner Regierung in der letzten Reihe, in：Frankfurter Rundschau vom 8. 8. 1994, S. 2；Vogl, Markus, Das neue Arbeitsschutzgesetz, NJW (1996), S. 2753, 2754.

(30)　その眼目は、職場における男女平等取扱原則の規定及びＷＨＯ（世界保健機構）に倣った健康概念の統一化にあった（Stellungsnahme des Bundesrates zum Entwurf eines Gesetzes über Sicherheit und Gesundheitsschutz bei der Arbeit, BR-Drucksache 792/93）。

(31)　Fischer, Cornelia, Artikelgesetz Arbeitsschutz：Starke Präventionsimpulse, Bundesarbeitsblatt 1 (1996), S. 23；Vogl, a. a. O. (Fn. 29), S. 2755.

(32)　この最終手段原則（原則的には法一七条二項一文に規定）に就業者が反した場合には、通常解雇もしくは場合により即時解雇が正当化されるという（Vgl. LAG Baden-Württemberg (Urteil) vom 3. 2. 1987, NZA (1987), S. 756；Vogl, a. a. O. (Fn. 29), S. 2756）。

(33)　Trümner, Ralf, Betriebsverfassung und Umweltschutz, Die Mitbestimmung (1988), S. 358. 本論文の著者は、環境法が確たる概念を確率していないがために、この法領域における立法は場当たり的にならざるを得ないとも指摘している（同旨：Däubler, Wolfgang, Umweltrecht, Technologiepolitik und Wirtschaftsordnung, DuR (1988), S. 6）。

(34) たとえば、森英良「西独の産業医制度を見て」産業医学レビュー（一九九〇年）二巻四号七頁では、旧西ドイツで産業医学が重視されている背景として、「同国および西欧全般に酸性雨による森林破壊、河川湖沼汚染、さらにはチェルノブイリ原発事故による放射性降灰の拡散等々に触発されたエコロジー重視の風潮があ」ることが指摘され、「その中でいわば職場のエコロジーとしての産業医学にも医学生の関心が高まっている」と言明されている。後に述べるように、産業医学は労働安全衛生、とりわけ職場の衛生を実現するための総合的な学問領域であり、これと環境保護との接点を指摘することは、同時に労働安全衛生と環境保護との接点をも指摘することになる。

(35) Kloepfer, Michael/Trier, Günter Veit, Grundstrukturen des technischen Arbeitsschutzrechts, NZA (1990), S. 123.

(36) 例えば八九年放射線保護に関する命令（Strahlenschutzverordnung（BGBl. 1 S. 1321））は、その四四条以下で公衆一般を対象とする規定を、四九条以下で職業上有害光線に曝露する者を対象とする規定を置き、それぞれ異なった限界値を定めている。

(37) Steinmark, Thomas, Betriebsbeauftragte im Umwelt-und Sozialbereich, BB (1983), S. 867. なお、経営内委員は、その名の通り各経営単位で選任されるが、一部大企業ではこれとは別に一企業単位あるいは一コンツェルン単位で委員が選任されることもある（ちなみに、このような場合には、各経営間の職務の調整のため、調整委員会（Koordinierungsausschuß）が設置されることが多いとされる（Steinmark, a. a. O., S. 867)）。また、企業規模を問わず監督官庁が行政命令において外部の委員の選任を命じることもある（Ibid)。

(38) Steinmark, a. a. O. (Fn. 37), S. 867.

(39) Bücker/Feldhoff/Kohte, a. a. O. (Fn. 3), S. 23.

(40) 「緊急活動」という訳語、定義については、日本労働学会誌八六号（一九九五年）一八五頁：倉田聡—宮島尚史質疑応答部分を参照されたい。

(41) 詳細は第五章第三節において後述するが、これらの活動は、ライヒ保険法の定めに基づき一九六八年に連邦労働社会相より制定された一般的行政規則により、営業監督と連携して行われることになっている。とりわけ各経営の査察及び災害調査は、技術監督官と営業監督官が連れだって行われるのが通常とされる。

(42)　その他、農業災害保険組合、海員災害保険組合、各公共機関についても、社会法典第七編発効以前は、それぞれ七〇八条の準用あるいは独自の定めをもって、災害予防規則の制定権限が明記されていた（八〇一条一項（削除）、八六五条（削除）、七六七条二項五号（現行社会法典第七編一一五条三項））。

(43)　Amtliche Nachrichten für Reichsversicherung (Teil IV bzw. seit 1940 Teil II des Reichsarbeitsblattes), S. 431.

(44)　災害予防規則は現在、その規制対象ごとに番号をふって分類され、中央商工業災害保険組合連合会より公表されている。このうち一般的規定を定めた部分は、災害予防規則総覧第一編（VBG 1）に整理されている。

(45)　BT-Drucksache, 13/6120, S. 40, 41, 45.

第二節　私法上の安全衛生法

〈ドイツ民法典（ＢＧＢ）〉

ドイツ民法典（ＢＧＢ）に代表される市民法の基本原則が私的自治、契約自由にあることは周知の事実であるが、既に研究が重ねられている通り、現行ドイツ民法典の中には、これを社会政策的、人間的観点から修正した規定も多く存在する。中でも労働者の安全衛生を私法の領域において志向する基本的規定はＢＧＢ六一八条に設けられており、本規定は次のように定めを置く。

「① 労務権利者（Dienstberechtigte）は、労務給付の性質が許す限りにおいて、彼が労務の遂行のために供与すべき領域、設備、器具を設置・維持するにあたり、また自己の指示または指導の下に遂行さるべき労務給付を規律するにあたり、それらを、義務者が生命・健康の危険から保護されるように行わなければならない。……（中略）……。

③ 労務権利者が義務者の生命・健康に関して自己の負う義務を履行しないときは、その損害賠償義務につき、不法行為に適用のある八四二条（※不法行為における損害賠償責任の範囲）ないし八四六条（※殺人者と被害者の死亡により不利益を被った第三者間における過失相殺）の規定が準用される。……（後略）……。」[1]

この規定が労務権利者に対して定める生命・健康の保護義務は、後に説明するように、現在のところＢＧＢ二四二条の定める信義誠実の原則から導かれる債務者（この場合使用者）の配慮義務（Fürsorgepflicht）の一部をなすものと解されているが（第四章第一節参照）、規定の内容自体は先に挙げた一九八七年営業法一二〇条(a)（現在は新労働保護法三条以下の定めにより発展的に解消）およびその関連規定たる一八九七年商法典六二条などに非常に似通っていることに気づく。このうち現在の八七年営業法は、中世のツンフトに独占的経営権を与えていた一七九四年プロイセン一般ラント法を修正し、国家から離れた営業の自由と国家の秩序利益を統一的に調整する目的で―同時に一般的な警察法から商工業に関わる領域を分離独立させる目的で―、一八四五年のプロイセン営業法（GewO vom 17. 1. 1845（GS. S. 41））および一八五九年のオーストリア営業法に続き北ドイツで編纂された一八六九年営業法（GewO vom 21. 6. 1869（BGBl. S. 245））を継承したものである(3)。一八九五年に提出された民法第二草案を審議した委員会の議事録によれば、一八九六年に制定されたＢＧＢは、次のような点を目的として、当時既に存在していた一八九一年営業法一二〇条(a)から同条(e)に至る一連の規定を修正し、現行法の六一八条一項につながる五六二条(a)に強行法規として取り込むこととなったもの、と説明されている(4)。①営業法の射程は商工業事業主と商工業労働者との雇用関係に絞られていたが、これを労務権利者の指揮監督の下で労務が給付される雇用関係全体に拡大すること、②営業法上の規定が商工業労働者の保護のため商工業事業主に課していた保護設備の設置を中心とする諸義務を、より包括的な義務として再構成すること、③こうして再構成された諸義務が私法上の原則に基づく私法上の義務であり、したがって所定の営業法規違反は使用者の秩序責任と同時に私法上の責任をも根拠づけることを宣言すること(5)。このうち③に関連して言えば、本規定の制定以前においても、営業法およびこれに基づく公的諸法規違反が使用者の不法行為責任を生ぜしめる、との一般原則はたしかに存在していた。すなわち、これらの諸法規は、一般的な不法行為の要件効果を定めるＢＧＢ八二三条において、その一項の意味する取引上の安全義務（Verkehrssicherungspflicht）(6)および二項の意味する保護法（Schutzgesetz）の内容としても評価されうるとするものである(7)。しかしこの原則の適用の有無および根拠には依然として曖昧な部分が残されていた上、営業法その他公的諸法規の契約法上の意義については依然として明らかではなかったことから、③の要求を具体化する作業は不可欠であったと考えられる。

では、その解釈具体化の側面において両者はいかなる関係に立つのであろうか。既に述べたとおり、新労働保護法発効以前において、営業法は一二〇条(a)二項以下においてその解釈に若干の指針を掲げていた他[8]、数々の法規命令によって詳細な具体化が図られていた。他方のＢＧＢ六一八条は、自らは抽象的な一般基準を掲げるのみで、具体的な予防措置を規定することはせず、その具体化についてはこれを個別的な契約に委ねていた。しかしながら、結局この点において思うような具体化は果たされなかったことと、一九三〇年頃からニッパーダイを始めとする諸学者により使用者の現行国家労働保護法規に基づく義務と労働関係上の義務とを連結しようとする試みがなされていたことなどを背景に[9]、一九七六年連邦労働裁判所判決（第三章第二節第二款で詳述）[10]は、災害予防規則を含む公的規範[11]の定める使用者の諸義務がＢＧＢ六一八条を介してそのまま労働契約上の義務となるとの判断を下した。この結果、諸種の公的規範において具体化された使用者の配慮義務は、労働者によって「訴求可能な行為義務（klagbare Verhaltenspflicht）[12]」としての性格を帯び、したがって、例えば個別的な国家労働保護法規に使用者の何らかの行為を要求する「義務」が定められたにすぎない場合にも、労働者はその履行を求める契約上の「権利」を行使できることになる（この点に関し詳細は第四章第二節第二款を参照されたし）。

この結果、かつてはこれを使用者の配慮義務の内容として捉えることが困難であった「良好な風紀および規律の保持（Aufrechterhaltung der guten Sitten und des Anstandes）」も、営業法一二〇条(b)およびこれをより具体化した一九六四年の「風紀上危険性のある活動への一八歳未満の者の就業禁止に関する命令（BGBl. 1 S. 262）」などを根拠にそうした配慮義務の内容として捉え得るようになり、例えば女性未成年者を経営内でヌードダンサーあるいはストリップダンサーとして職務に就かせることは、これらの諸法規違反として秩序罰に処せられる他（第二章第一節第一款〈営業法〉本文および脚注参照）、労働者の損害賠償請求権、差止め請求権、給付拒絶権など種々の私法上の効果を導くとされる。[13] また、さらに興味深いことに、私的な研究機関および各産業の実務家が任意に作成したにすぎず、本来はなんら法的拘束力をもち得ない「実務・学術上の先端認識（第三章第一節で詳述）」が、本条を介して「事実上の法的拘束性（Quasiverbindlichkeit）」を帯びる場合もあり得るという。[14]

では、一般に技術的労働保護法による使用者の配慮義務の具体化には、何らの制約も存しないのであろうか。一九六〇年年少労働者保護法（BGBl. 1 S. 605）六条において既に明らかにされていた通り、本来このような労働保護法規は、労働契約上の取り決めの対象として内容的に適している場合でなければ、六一八条が定める使用者の配慮義務の内容とはなり得ない。これはすなわち、当該規定が直接的に個別労働者の保護を目的としており、これを根拠に労働者が履行請求権を行使することが可能なものでなければならないということを意味する。[15] したがって、例えば経営内の安全衛生組織の設置を義務づける労働安全法もしくはライヒ保険法七一九条（主として現行社会法典第七編二二条、詳細は第五章第二節第一款参照）などの組織規定、また経営組織法上多々見られるように、直接的には労働者集団を保護の対象としていながら間接的にその効果が当該集団の一員としての労働者に及ぶにすぎない規定などは具体化の対象とはならないと解されている。[16]

【注】

（1）　ここで「労務権利者」との文言を用いる理由は、本条の適用が雇用・労働契約に及ぶのは勿論のこと、「請負人が注文主の領域においてもしくは注文主の設備・器具を用いて労働しなければならず、それらが身体・生命に対する危険をもたらすにもかかわらず、契約責任に反して注文主およびその履行補助者が可能な限り職場を安全に整備しなかった場合」請負契約に対して（RG (Urteil) vom 26. 4. 1938, RGZ 157, S. 282；RG (Urteil) vom 20. 12. 1938, RGZ 159, S. 268；BGH (Beschluß) vom 5. 2. 1952. NJW (1952), S. 488)、「それが雇用契約的手段で遂行される場合」委任契約に対して（BGH (Urteil) vom 9. 2. 1955, AP Nr. 4 zu §618 BGB)、それぞれ及ぶからである。

(2)　この訳は高橋眞『安全配慮義務の研究』（成文堂、一九九二年）七、八頁によった。なお、本条三項の定める損害賠償義務は、ライヒ保険法六三六条以下に従い法的災害補償制度によってカヴァーされるため、現在では殆どその意味をなくしている。例外にあたるのは、労務権利者（使用者）が故意に労災を引き起こした場合、あるいは災害が一般的往来で生じた場合に限られる（第三章第二節第一款において後述）。

(3)　Sieg, Harald/Leifermann, Werner/Tettinger, Peter J., Gewerbeordnung, 5. völlig neubearb. Aufl. (München, 1988), S. 8, 9.

(4)　Achilles, Alexander/Gebhard, Albert/Spahn, Peter, Protokoll der Kommission für die zweite Lesung des Entwurfs des Bürgerlichen Gesetzbuchs, Band II (Berlin, 1898), S. 290. 本書のこの部分の記述については、和田肇『労働契約の法理』（有斐閣、一九九〇年）八三頁以下においても簡潔に整理がなされている。

(5)　委員会での審議中、この目的の法的実現に際しては次のような批判が見られた。すなわち、使用者は経営のあらゆる箇所を管理できるわけではないことから、多かれ少なかれ労務者に独立的な地位を与え、彼らが自ら行う安全管理を信頼することとなる。法案が示すような包括的義務の設定により、労務者の側がこのような職務を怠った場合にまで使用者に責任を負わせることは到底許されない、と。しかしながら、委員会の多数は、法案が生命・健康に対する危険から労務義務者を私法上保護する趣旨である限りにおいて、その原則的視点は支持できる、との判断に至った（Achilles/Spahn/Gebhard, a. a. O. (Fn. 4), S. 291)。

(6)　取引上の安全義務とは、「他者との取引関係において、その他者の危険に積極的に配慮する義務」を意味し、これは、「危険要因を形成する本人こそが第三者を保護するための必要な予防措置を講じなければならない」との考え方を基礎にしている（BGH (Urteil) vom 26. 5. 1966, NJW (1966), S. 1457）。このような義務は、二項の定める保護法規の存しない場合にも認められるが、これによって考え得る全ての損害発生可能性に対処がなされると考えるのは相当ではなく、あくまでその場の取引関係に応じなされる期待を基準に、経済的期待可能性も考慮の上、第三者の危険を可能な限り回避することがその内容となるという（Palandt, Otto (Gesamtredaktion und Einleitung), Bürgerliches Gesetzbuch, 56. Aufl. (München, 1997), § 823 Randziffer 58 [Thomas, Heinz]）。

（7） Bücker, Andreas/Feldhoff, Kerstin/Kohte, Wolfhard, Vom Arbeitsschutz zur Arbeitsumwelt : europäische Herausforderungen für das deutsche Arbeitsrecht (Neuwied, 1994), S. 12.

（8） 例えば一二〇条(a)二項は、経営内の十分な明るさ、空間、換気のほか、塵、ほこりなどへの配慮、三項は、機械もしくはその部品への危険な接触またはその他職場の性質に起因する危険から労働者を保護するための設備の配置、四項は、安全な経営の確保のため必要な、経営の秩序および労働者の行為に関する規則の作成をそれぞれ事業主に課していた。新労働保護法発効以前から現在に至るまで、一二〇条(b)以下にも同様の規定がある。

（9） Siehe, Nipperdey, Hans Carl, Die privatrechtliche Bedeutung des Arbeitsschutzrechts, in Die Reichsgerichtspraxis im deutschen Rechtsleben, Band 4 (Berlin, 1929), S. 213ff. 本論文に記されたニッパーダイの諸説ならびにこの点に関するその後の学説の展開については、とりわけ鎌田耕一「ドイツにおける使用者の安全配慮義務と履行請求」釧路公立大学社会科学研究（一九九四年）六号四一頁以下を参照されたし。

（10） BAG (Urteil) vom 10. 3. 1976, 5 AZR 34/75, AP Nr. 17 zu § 618 BGB.

（11） 現在の通説の理解によれば、これに含まれるのは原則的に技術的労働保護法のみであり、社会的労働保護法や医学的労働保護法は含まれないとされる。しかし、ローレンツを始めとする諸学者は、後二者であってもそれらが具体的な衛生危険防止を目的とする場合、その限りで法六一八条の解釈基準となりうることを示唆する。これによれば、例えば労働時間法を中軸とする社会的労働保護法は、もっぱら特定の労働者集団の一般的衛生を目的としているのであるから、その違反が法六一八条に定める配慮義務違反とみなされる可能性は極めて高いということになる（Westermann, Harm Peter (Redakteur), Schuldrecht, besonderer Teil, Münchener Kommentar zum

Bürgerlichen Gesetzbuch Bd. 3, 1. Halbbd., 2. Aufl. (Müinchen, 1988), S. 1589ff. [Lorenz, Martin].)。

(12) このような履行請求権の有無を問題とする訴訟は、労働関係から生じる請求権を扱うものであるから労働裁判所の管轄に委ねられる（Lorenz, a. a. O. (Fn. 11), S. 1605）。

(13) Lorenz, a. a. O. (Fn. 11), S. 1586 ; Hueck, Alfred/Nipperdey, Hans Carl, Lehrbuch des Arbeitsrechts, Band Ⅰ, 7. vollig neubearb. Aufl. (Berlin ; Frankfurt am Main, 1963), § 24 ; § 48 Ⅲ 2.

(14) Lorenz, a. a. O. (Fn. 11), S. 1592.

(15) Hueck/Nipperdey, a. a. O. (Fn. 13), § 48 Ⅲ 2.

(16) Lorenz, a. a. O. (Fn. 11), S. 1587. 従って、このような規定は個別の労働者に何ら直接の請求権を与えるものではないとされる（Lorenz, a. a. O. (Fn. 11), S. 1596）。

第三節　ＥＣ法上の安全衛生法

欧州では、ローマ条約（※九三年のマーストリヒト条約（以下マ条約とも表記）発効以降ＥＣ条約とも呼称）七条(a)（マ条約発効以前は八条(b)、後掲アムステルダム条約（以下ア条約とも表記）発効以降は一四条）に謳われる「物、人、サービスおよび資本の自由移動が確保される国境なき域内市場統合」へ向け、また労働条件の近接化[1]を通じて域内各国の競争力を調整する思惑もあって、労働保護法を含め、労働法全域にわたってＥＣ（欧州共同体）による立法がなされてきた。とりわけ労働安全衛生の分野では、七四年「ＥＣ社会行動計画（Amtsblatt der EG 1974, Nr. C 13/1）」、七八年「労働安全衛生に関する第一次行動計画（Amtsblatt der EG 1978, Nr. C 165/1）」に沿って労働社会相理事会より発令された一九八〇年の「危険有害物質からの労働者の保護に関する指令（Amtsblatt der EG 1980, Nr. L 327/8 ; geänderte Fassung : Amtsblatt der EG 1995, Nr. L 1/1）」を皮切りに、一般的・個別的法令が多数作成されている[2]。

周知のことではあるが、これらＥＣ法[3]には、各ＥＣ機関設立・加盟条約、八七年欧州単一議定書などの第一次法源の他、ローマ条約一八九条に基づき欧州（閣僚）理事会および委員会が第一次法源の定める条件に従い決定を許される(1)規則（Verordnung）、(2)指令（Richtlinie）、(3)特定の名宛人にのみ行政行為としての効力を持つ決定（Entscheidung）、(4)法的拘束力を持たない勧告（Empfehlung）・意見（Stellungnahme）といった第二次法源がある[4]。国際法学者からの説明によれば、「こうしたＥＣ法は、国家間の合意である設立文書を基礎にしつつも、一般国際法秩序に対して一種の自律性を持った特別の法秩序を形成して」いるとされ、近年では、このようなEC法が、構成国における法の置換がなくとも当該国の司法手続において有効に機能するという意味での直接的効力（unmittelbare Geltung）、その結果、構成国国内法と抵触した場合にも優先して適用されるという意味での優位性、(5)さらにはその憲法性についてまでも論じられるようになってきたという。(6)このように、連合体内における独自の法的位置づけを獲得しつつあるEC法であるが、中でも最も発令数が多く、この領域での中心的役割を果たしているのは(2)の指令である。指令については、それが必ずしも具体的基準を定めているわけではない点、その国内法化に一定の手続的期間を要する点などに問題もあるが、とりわけ労働安全衛生の領域では、後に見るように、ドイツ国内法と比べても指令自体の法的要件が高水準である場合が多いことに加え、欧州の統一基準設定機構（※CEN（Europäische Kommission für Normung（欧州標準化委員会））およびCENELEC（Europäische Kommission für elektrotechnische Normung（欧州電気標準化委員会））など）がその解釈・運用上のルール作りに尽力し、これらによって具体化された基準が国内法上の基準を上回る場合が多々あることなどから、(7)その発令の意義は決して小さくない。また、勧告の領域でも、欧州全域で職業病の最低基準を設けるべく一九六二年七月二三日および六六年七月二〇日の欧州委員会勧告が発令され、これにもとづき「欧州職業病リスト（Europäische Liste der Berufskrankheiten）」が作成されるに至っている。このリストは、域内各構成国のその時々の医学的知識水準を各国間の最高水準に引き上げる、という勧告の目的を実現するため、数度の付加修正を経て現在に至っている。指令の発令ばかりに頼ってきたECの労働安全衛生規制における新たな展開を示すものといえよう。

そこで以下では、このような指令その他の基準策定の基礎となる条約・憲章・協定を中心に、ドイツ国内に――公法・私法両領域において――恒久的な影響を与える主要なEC労働安全衛生関連法およびこれと国内法との関わりについて一瞥しておく。

(1)　一九八七年欧州単一議定書[8]により挿入されたローマ条約一〇〇条(a)

ローマ条約一〇〇条(a)は、欧州（閣僚）理事会に対し、条約七条(a)（ア条約により一四条）の定める域内の自由市場の設立・運営を主目的として、原則単純多数決あるいは全会一致（条約一四八条（ア条約により二〇五条））のところ「特定多数決（qualifizierte Mehrheit）」により、構成国の法令および行政措置の接近のための「措置（Maßnahme—※条約一八九条の定める規則・指令・決定を含む）」[9]をとる権限を付与するものである。ここで「特定多数決」とは、各国別に異なる票数を持ち、裁決には規定の票数の賛成を必要とする制度であり、個々の構成国の反対票を無力化せしめ、域内市場の調和を飛躍的に進行させることを意図するものに他ならない。その規定を一瞥すれば分かるとおり、本規定（およびその関連規定たる七条(a)（ア条約により一四条））は、直接的には関税障壁の撤廃や輸出入量の設定に関連するものであって、直接労働保護を目的とするものではない。その第二項には、本規定が理事会に与えた権限が労働者の権利利益には及ばないこともはっきり明記されている（※ちなみに労働者の権利利益に関する措置には、条約一八九条(a)（ア条約により二五〇条）に基づき理事会の全会一致の決議が必要とされる）。しかしながら、域内の自由市場の設立・運営には、域内を流通する労働手段の製造業者・輸出入業者・販売業者のそれぞれに安全衛生規制を行うことも必要である。従って、本規定は労働者のための重要な労働保護規定としても機能しており、ドイツ国内法では、九二年機械器具安全法（Gerätesicherheitsgesetz）、九四年危険物質防止法（Chemikaliengesetz）など主に安全技術・化学技術領域の労働保護法規に影響を及ぼしている。本条約に基づく指令（※多くは国内のより厳格な法規を許容する最低基準指令[10]）はこれまでにも数多く発令され[11]、とりわけ一九八九年の「機械装置に関する指令（Maschinenrichtlinie vom Juni 1989, Amtsblatt der EG 1989, Nr. L 183/9）」と九二年機械器具安全法はその規制内容の大部分が重複している。ただし、条約一〇〇条(a)（ア条約により九五条）四項には以下のような例外も規定されていた。「構成国が……労働環境保護・環境保護に関連してその国内法規定を適用すべき必要性を認める場合には、……委員会の承認を経て……、国内法規定を適用することも許される[12]（※なお、ア条約九五条四項では、国内法規定の適用条件が更に厳格化されている）」。

(2)　同ローマ条約一一八条(a)

以下に掲げるローマ条約一一八条(a)（ア条約により一三七条）は、欧州（閣僚）理事会が、域内労働環境の安全衛生面での改善を直接の目的として、一〇〇条(a)（ア条約により九五条）と同じく「特定多数決」により、指令形式で（条約一一八条(a)第二項（ア条約により一三七条二項））最低基準を発令することを可能にするものである。

「構成国は、労働者の安全衛生に関して、特に労働環境の改善に格別の注意を払い、既に達成された進捗状況を尊重しながら、この分野における諸条件の調和を目的とするものとする。」[13]

このうち「労働環境」という文言の示す範囲については議論があり、これを「あくまで労働者の（※狭義の）安全衛生問題に限られる（括弧内筆者）」、と解する説もあるが[14]、八八年に出された欧州議会決議（Entscheidung vom 15. 12. 1988, Amtsblatt der EG 1989, Nr. C 12/181）では、次のように述べられている。

まず、「たしかに条約一一八条(a)自体は曖昧かつ大雑把な規定である」が、「あくまで域内自由市場の確立を目的とするにすぎない一〇〇条を出発点とする一〇〇条(a)とは異なっている」。つまり「その適用範囲は狭い意味でいう男女労働者の安全衛生に限られるものではなく、人間工学および労働環境に関する規定ならびに労働者が直接・間接に接する物質、労働者の心理的利益などにも及ぶべきである」。

したがって、ここに定められた「『労働環境』という概念には、労働時間、労働の構成（深夜労働、交替制労働、一時的労働、パートタイム労働など）、労働の内容までもが含まれる。このことは、このような要素が、たとえば深夜労働や労働者に負担及び危険をもたらす活動において明らかなように、労働者の安全衛生に密接な関係を有すること」、さらに、近年の「技術の進歩により、労働者の生活・生命に影響する全ての側面をカバーする包括的なアプローチが必要とされること」からも正当化される、と。[15]

本条約に基づくもののうち最も重要な指令は、一九八九年の「安全衛生の改善に関する基本指令（Rahmenrichtlinie für die Verbesserung der Sicherheit und des Gesundheitsschutzes vom Juni 1989, Amtsblatt der EG 1989, Nr. L 183/1）」であり、これは、公私双方のあらゆる就業領域における労働保護の基本法としての位置づけを与えられ、本指令に基づく個別指令も相当数にのぼる。[16] 試みに、本基本指令に基づく個別指令とこれに対応するドイツ国内法上の措置につき若干を記せば以下のようになる。

① 既存の職場ならびに設置が具体的に予定された職場の基礎的作業条件（換気、照明、室温、休憩室、衛生室など）に関する指令（Amtsblatt der EG 1989, Nr. L 393/1）：職場に関する命令の適用対象者を拡大する意味を持ち、その実現は新労働保護法による。

② 個人的な作業用防護具の使用に関する指令（Amtsblatt der EG 1989, Nr. L 393/18）：新労働保護法による。

③ とりわけ腰に負担をかける重量物の取扱に関する指令（Amtsblatt der EG 1990, Nr. L 156/9）：同前。

④　端末機器作業における労働者の安全衛生に関する指令（Amtsblatt der EG 1990, Nr. L 156/14）：同前。

⑤　生物学的危険を孕む物質との接触に際しての労働者の安全衛生に関する指令（Amtsblatt der EG 1990, Nr. L 374/1, geändert durch die Richtlinie, Amtsblatt der EG 1993, Nr. L 268/71）：「生物学的物質の危険回避に関する命令（Verordnung zur Vermeidung von Gefahren biologischer Arbeitsstoffe）」においてその実現が図られているが、九九年八月時点においてその発令は確認されていない。

⑥　建築現場で就業し短期で職場を移動する労働者の安全衛生に関する指令（Amtsblatt der EG 1992, Nr. L 245/6）：新労働保護法による。

⑦　妊娠中および産前産後の労働者の（社会的母性保護に加え、技術的労働保護を含む）安全衛生に関する指令（Amtsblatt der EG 1992, Nr. L 348/1）：母性保護法に既に相当規定が存在する。

先に述べたとおり、条約一一八条(a)の規範目的についてはその広狭を巡って議論があり、それを反映する形で本指令の性格についても議論がある。しかし、本指令の目指す最優先の課題は「労働者への雇用上の危険の回避」に据えられており、その水準はたんに現在の技術水準にとどまらず、「人間的な要素」を加味する極めて高い位置に設定されている。(17)そのためか、ここに規定される使用者の義務は、①あらゆる労働保護問題に関する労働者への情報提供（指令一〇条）、指示（指令一二条）、労使協議（指令一一条）から、②労働安全専門職員の選任（指令七条）、③労働者に対する健康管理の実施（指令一四条）、(18)④その他適当な経営内保健制度の設置、安全防護具の準備提供などに至るまで多岐にわたり、危険防止の具体的方法・手順まで綿密に示されている。また、指令一三条一項、二項によれば、労働者に対しても安全な行動をとるべき協力義務が課せられており、同一一条一項一文によれば、経営内労働保護の形成には、労働者代表の関与も必要とされる。また、使用者は担当能力のある安全問題の専門家を選任する義務を負う（指令七条一項）。但し、使用者がほんらい有する健康管理責任（Vorsorgeverantwortung）は、労働者の債務引受（Inpflichtnahme）によっても、安全問題の専門家の選任によっても免責、軽減されるわけではない[19]。他方、本指令には次のような労働者の権利規定が設定されていることも注目に値する。① 労働者に「重大かつ直接的で不可避な危険」が存することを要件とする労働者の職場離脱権（Entfernungsrecht）およびこれを行使した者に対する使用者による不利益措置の禁止（指令八条三項(b)、四項）（なお、基本指令の定めるこの権利の行使は、「労働者に対する重大かつ直接的で不可避な危険」が実際には存しなかった場合にも、彼のその場の判断に合理性が認められれば正当化される。このような主観的視点を認める理解は、指令の発令された時点では必ずしも一般的ではなかったが、今日では国際法上の通念となっているとされる[20]）、② 職場形成に直接に関与するための使用者を相手方とする上奏権、関与権（指令一一条一項）、③ 管轄機関への直接的な異議申立権（指令一一条六項）など。本指令の掲げる高度な安全衛生の実現には、労働者の積極的行為は不可欠、との趣旨であろう。

本指令のかように広範な規制領域に対応するドイツ国内の規定としては、これまでのところ既述の営業法上の一般規定[21]、後述する経営組織法の諸規定、本指令と同年に制定された労働安全法などが存在していたが[22]、九六年八月に至り、これらの規制内容を一括し、さらに修正を加えたやはり既述の新労働保護法が発効し、基本指令のより直接的な国内法化が図られたところである。

(3)　八九年EC社会憲章および社会行動計画

ローマ条約には、各構成国における労使間の契約を直接規律する協約・協定ならびに契約自身を対象として規則や指令を発すべき直接的な法的根拠は存しない。労働保護全域をカヴァーするローマ条約一一八条(a)（ア条約により一三七条）も、これを根拠としてこうした私法上の労働法の調和を目的とする指令を発しうるか否かには議論があるし、欧州委員会に欧州レベルでの労使対話（ソーシャル・ダイアログ）および協定の締結を促進する努力義務を課すローマ条約一一八条(b)（ア条約により一三八条、一三九条）も、あくまで協定当事者（Sozialpartner）間の債務法上の取り決め（schuldrechtliche Vertrage）を視野に入れているに止まることから、[23]かりに欧州レベルでの労使協定が締結されたとしても、構成国内の全ての労使関係がこれによって直接規律されるわけではなく、その実効性にはどうしても疑問が残る。[24]

一九八九年一二月九日、再三に渡る紆余曲折と慎重な審議の末イギリスを除くＥＣ加盟一一ヵ国により採択されたＥＣ社会憲章（Gemeinschaftscharta der sozialen Grundrechte der Arbeitnehmer）[25]は、(1)(2)が対象としてきた労働保護の範囲に止まらず、より本質的でより広範な領域をカバーする基本的社会権の実現を目指すものである。[26]これは国際法上の条約には位置づけられない最高政治レベルによる宣言であり、構成国に対する直接的な法的拘束力はないが、各構成国はその国内法が憲章に見合ったものか否かを審査し、調整をはかる政治上の責任を負う。[27]更に、ブロッキーによれば、その立案の趣旨からも本憲章には各構成国における各労働契約に対する強行法規として機能するという特徴が認められるという。[28]

本憲章は、各構成国の法令・慣習を尊重しながらも、「適当な生活基準を可能にする適正賃金」、「労働時間などの労働条件」、「積極的・消極的団結権」、「労働者の情報・聴聞・協働の権利」など一二項目の社会権を謳っている。これら一二原則はＥＣ域内市場の社会的次元の諸問題そのものという評価もなされ、したがって、不当解雇からの労働者の保護、疾病に際しての所得保障など重要な権利が抜け落ちていることもまた事実である。[29]しかしながらここには、重要な社会権の一つとして、次のような労働安全衛生に関する権利も含まれている。「すべて労働者は、作業のあり方につき、安全衛生上の保護との関わりで十分な条件を享受する権利を有する（Gemeinschaftscharta (Rats Dokument. 10928/89-v. 19. 12. 1989), Nr. 19)」。この規定を含め、憲章上の個別規定はきわめて抽象的であるが、欧州委員会はその実効性確保のため、ローマ条約に定められた共同体権限の範囲内（具体的には同条約の社会条項の対象となっている政策領域）で規則・指令などの第二次法源を「提案（※ローマ条約一五五条（ア条約により二一一条）により、委員会の指令に関する権限は、基本的に指令案を理事会に提案するにとどめられている）」し、これを補充・具体化することを予定されている。[30] この際、委員会が実施すべき措置・範囲を委員会自らが積極的かつ具体的に示したのが八九年「社会行動計画（Aktionsprogramm, EG Kommission KOM (89) 568 endgültig vom 29. 11. 1989)」[31]であり、これに基づき、有期労働契約者もしくは派遣労働者の安全衛生に関する九一年ＥＣ指令（Amtsblatt der EG 1991, Nr. L 206/19）の原案となった「八九年安全衛生の改善に関する基本指令の補完指令案（EG Kommission KOM (90) 228 endgültig vom 29. 6. 1990, Amtsblatt der EG 1990, Nr. L 224/6)」を含め、正規・非正規労働者双方の労働安全衛生の改善を目的とした具体的な指令案が複数作成・採択されている。[32]

(4)　マーストリヒト条約（欧州連合条約）付属議定書および社会政策協定

一九九三年一一月一日、前年二月に加盟一二カ国により調印された欧州連合条約（いわゆるマーストリヒト条約）が発効し、ＥＣ構成国は外交・安全保障政策を共有する政治的統合を果たした。しかし、欧州連合条約が最終的な目的とする経済・通貨統合を実現する（欧州連合条約Ｂ条）には、旧来のＥＣ法による構成国間の社会的条件の近接化、とりわけ域内労働法の調整は未だ不十分な状態にあった。そこで、本条約発効に併せ、この領域で残された課題と域内における社会的基本権の実現を達成する役割を担ったのが、本条約の付属議定書（Protokoll zum Unionvertrag）第一四号に挿入された九二年社会政策協定（Abkommen über die Sozialpolitik zum Vertrag über die Europäische Union vom 7. 2. 1992）である。ここで付属議定書は、ローマ条約二三九条（ア条約により三一一条）によりローマ条約の一部とみなされるため、社会政策協定は結局条約と同様の法的位置づけを与えられる。[33]

まず、付属議定書第一四号は、社会政策協定の直接の目的が八九年EC社会憲章の実現にあることを明記し、協定一条は憲章に謳われた社会的基本権とも一部重複する五項目の目的（①雇用の促進、②生活・労働条件の改善、③（社会保障を含む）適切な社会的保護、④労使間の対話、⑤失業防止のための人材開発）を掲げる。これによって、単なる政治宣言に過ぎなかった社会憲章およびこれに基づく社会行動計画の内容に初めて―目的設定（Zielsetzung）としての―法的拘束力が与えられた、と考えられている。[34] また、社会政策協定の中には、欧州（閣僚）理事会がEC労働法を形成する権限を強化する条項が挿入され（協定二条二項）[35]、理事会は一項に掲げる目的達成のため、以下の事項（全五項目）について指令により最低基準を発令することができることとなった。①労働者の安全衛生を目的とする、とりわけ労働環境の改善、②（一般的な）労働条件、③労働者への通知・聴聞、④労働市場における男女の機会均等および職場における平等取扱、⑤失業者対策（以上二条一項の定めによる）。協定二条六項の定めにより、賃金、団結権、争議権（ストライキ権およびロックアウト権）に関するものはこれらの項目から排除されているが、前掲ローマ条約一一八条(a)との比較では、②を除く事項については大幅な拡大がなされている。したがって理事会は、この五項目に関する限り、たとえ一部構成国の意思に反しても、従来通り「特定多数決」により（最低基準）指令を可決・発令することができる。[36] 既に述べたとおり、欧州連合条約本文に実定法としての労働法規定は存しない。これは、ローマ条約一一七条（ア条約により一三六条）の解釈から一般的に認められていた労働政策および社会政策における構成国の優先権限とも首尾一貫する。しかしながら本協定は、あくまでこれへの参加を拒んだイギリスを除く留保の下ではあるが、このような原則を否定し、労働政策および社会政策においてさえＥＣと各構成国との対等権限を設定したものとして評価されている。[37] ただし、前掲社会憲章および社会政策協定の理念を反映して、本協定には以下のような若干の付帯条件も付けられていることにも留意されねばならない。①指令作成に当たって、各構成国の既存の条件および技術規制との調整をはかるべきこと（協定二条二項）、②中小企業の設立・発展を阻害してはならないこと（同）。

次に、本協定は社会的パートナーと呼ばれる労使代表者[38]によるソーシャル・ダイアログ（欧州労使対話）を法的に承認・促進する強力かつ多様な法的手段を保障する。まず、協定三条一項は委員会にソーシャル・ダイアログを促進すべき一般的義務を課し、同三条二項・三項は、協定当事者に独立した「聴聞権（Anhörungsrecht）――この場合には、委員会が社会政策領域での法案を提出する際に、必ずその意見を聴取『される』権利――」を付与している。続いて、協定四条一項はローマ条約一一八条(b)（ア条約により一三八条、一三九条）を受けて協定当事者の協定締結権限を再確認し、同四条二項一文は理事会に対し、委員会の提案および協定当事者双方の申立を受け、「決議（Beschluß）」によって協定の実施を保障する権限を与えている。この際、「決議」の法的性質について協定四条に明文の定めはなく、まさにこの点が、当該労使協定の効力、ひいてはソーシャル・ダイアログの意義を不明確化させる一因ともなっているが、例えばクリンフォーベは、協定二条とのバランスからも理事会による「指令」発令の決議である、と考えるのが相当としている。[39] さらに、協定二条四項は、「構成国は、労使の共同の要請で、二項及び三項に従い採択された指令の実施を労使に付託することができる」とし、これは主として国内での労働協約締結による指令の国内法化を想定した規定と解されている（もっとも本条が指令国内化の義務を課す直接の名宛人は各構成国であり、各構成国に適当な労働協約法制が存しない場合等には、国家法による補充的介入も必要とされる）[40]。

このように、社会政策協定は、労使自治の範囲につき、EUレベルでの規範設定過程に加え、その適用の様々な段階においてこれを徹底させ[41]、従って、構成国労働法の調整という点では卓越した機能を有していたが[42]、次のような根本的問題点もまた孕んでいた。先ず、本協定により実現を見た欧州レベルでの労使自治が、たとえ労使協定の締結に至ったとしても、現行EC法制には協定当事者の選出、代表性、協定の効力等々に関する明確な定めが存しないこと等から、当該労使協定が構成国内において実効性を付与されるまでには、様々な手続的障害が存在することについては、わが国でも具に紹介されている[43]。次に、やや形式的な問題として、本協定については、EC加盟一二カ国中イギリスのみがその合意を拒んだため、EC労働法に分裂状態を引き起こし、その運用形態も複雑怪奇なものとなってしまった[44]。そのためか、理事会は、一方でローマ条約一〇〇条、一〇〇条(a)、同一一八条(a)のいずれによっても指令を発令することができるという恵まれた条件下にあるとはいえ、こと安全衛生問題に関する限り、次項に掲げるアムステルダム条約調印に至るまで、結局本協定に基づく指令を発令することはなかったのである[45]。

(5)　アムステルダム条約[46]

アムステルダム条約は、マーストリヒト条約により外交・安全保障政策における政治統合を果たした欧州の二一世紀へ向けた更なる統合過程の進展を目し、一九九七年一二月二日に調印された、大規模なEU／EC基本条約改正条約である。[47]本条約調印に至る過程には、一九九四年コルフでの欧州（首脳）理事会を契機とする欧州連合諸機関（理事会、欧州議会、委員会、欧州裁判所、欧州会計監査院）による欧州の将来ビジョンに関する報告、一九九五年六月の作業部会報告、これらを受け一九九六年三月（チューリン）から九七年六月（アムステルダム）にかけて開催された政府間会議における詳細な議論の積み重ねがあり、さらに九七年五月のイギリス、ブレア政権の誕生が条約内容の決定に大きな作用を果たしたことはいうまでもない。[48]

アムステルダム条約は、かつて経済面での市場統合をなしたECがいかにしてもなし得なかった政治統合の更なる促進、より具体的には政策決定の理事会中心主義から欧州議会との共同決定方式への移行、欧州単一議定書が問題として残していた全会一致制の（特定）多数決制への移行等を直接の目的としており、その具体的方策は、およそ以下の通りである。[49]

① かつては司法及び内政領域における各国政府間協働に過ぎなかった査証、庇護、入国及び人の自由移動に関する政策のEC法制度化（旧第三編(a)（ア条約により第四編））。[50]この領域では、とりわけ難民法、（域内に属する者の）入国管理、域外に属する者の入国及び滞在条件ならびに（国境通過に関する）民事問題における司法制度上の協働に関する政策が、本条約発効後五年間の猶予期間を経て、「全会一致による理事会決定の上」、理事会の特定多数決及び欧州議会との共同決定制へと移行されること、また旅券政策については、やはり条約発効後五年を経過して、「自動的に」委員会の発議を前提とする特定多数決及び共同決定制へと移行されること、加うるに、域内国境管理の漸次解消を目的に、一九八五年のシェンゲン条約、一九九〇年のシェンゲン補足条約[51]を基に設立されたシェンゲン基金も、付属議定書によって、連合体財産へと引き継がれることとなったこと等が注目される。

② 連合体内における共通外交及び安全保障政策の実効性、透明性、持続性、一貫性及び連帯性の強化、ならびにかつてNATOの陰にあって実際的防衛機能を果たし得なかった西欧同盟（Westeuropäische Union）とEUの制度的関連性の強化（旧第四編（ア条約により第五編））。[52]

③ その他、連合体の財政管理及び詐害行為防止のため、欧州裁判所への訴訟権限を含めた会計監査院の権限強化（旧一七三条以下（ア条約により二三〇条以下））等々。

このように、本条約は、基本的に構成国政府の意向が反映されやすい理事会決定主義を打破し、共同体独自の意思が形成される欧州議会の決定を重視することにより、遅れていた政治部門における統合を促進させるべきものであり、EC機関により既に相当の整備がなされてきた労働安全衛生面での規制は、必ずしも直接の目的というわけではない。しかしながら、イギリスにおける労働党政権の誕生という政変は、前述した社会政策協定のEC基本条約内への統合という偉業を可能ならしめ、と同時に社会政策領域での条約規定は、その他雇用創出、環境保護領域の条約規定とともに、応分の強化を図られることとなった。

例えば前述のローマ条約一〇〇条(a)（ア条約により九五条）は、その第三項において、「委員会は、衛生、安全、環境保護及び消費者保護に関して、第一項に定める提案をするにあたって、科学的事実に基づく全ての新たな発展に対し特に考慮を払い、高い保護水準を基準にとる（※傍線部は新たな追加部分）」、と規定することにより、職場の安全衛生と労働科学との牽連性を明記し、またその第四項においては、理事会又は委員会による調和措置の採択後、構成国が国内規定を維持する場合の例外を依然として認めつつも、その必要性が「重大なもの」でなければならず、なおその理由についても委員会に通告すべきことを定めている。

次に、ローマ条約一一八条(a)（ア条約により一三七条）は、本条約により一一八条他へと発展的解消を遂げたが、その一一八条（同前）は、第一項において共同体が構成国の活動を支持、補足すべき分野の筆頭に「労働者の安全衛生を確保するため、とりわけ労働環境の改善」を掲げ、また第二項は、これまで社会政策協定に参加せざるイギリスに対しては理事会の特定多数決による決定が認められていなかった（一般的な）労働条件、労働者の情報及び協議等々の諸分野についても、そうした決定方式による最低要件の設定、すなわち指令の発令を可能ならしめている。

とはいいながら、先にも述べた社会政策協定自身が有していたソーシャルダイアログに関する根本的問題点が解決を見たわけではなく、この点に関しては、今後の立法に待つ他はない。

この節の最後に、以上概観してきたEC労働安全衛生関連法（とりわけEC法と認められるものについて）の履行確保手段およびその実効性について若干述べておく。

まず、ローマ条約は、第一次、第二次法源双方を包摂するEC法の履行を確保する役割を、その構成国、委員会[53]、裁判所のそれぞれに求めている（ローマ条約五条（ア条約により一〇条）、一五五条（ア条約により二一一条）、一六四条（ア条約により二二〇条））。とりわけ構成国の役割について定めを置く五条（同前）は次のようにいう。「構成国は、この条約に基づくかまたは共同体の機関の行為に基づく義務の遂行を確保するため一般的又は特別のすべての適切な措置を執り、かつ、共同体の任務の達成を容易にする」。ここで「この条約に基づくかまたは共同体の機関の行為に基づく義務」には第二次法源の遵守も含まれると解されているため[54]、例えば構成国に指令違反が生じた場合には、本条約（一六九条（ア条約により二二六条）、一七〇条（ア条約により二二七条）、一七一条（ア条約により二二八条））に定める手続きに従い[55]、欧州委員会および当該構成国以外の構成国の提訴を待って、最終的には欧州裁判所による条約義務不履行判決によってその履行が確保されることとなる(56)。ただし、ここで下される判決はあくまで宣言的な性格を持つにとどまり、被告国に対し損害賠償や争訟の対象となった国内措置の無効を導く効果までは認められていない(57)。加えて条約二一九条（ア条約により二九二条）では、「構成国は、この条約の解釈又は適用に関する紛争を、この条約に定める以外の解決方法に訴えないことを約する」と定められているため、各構成国は一般国際法に基づく紛争解決手続を含め、条約が定める以外の方法による紛争解決によることもできない(58)。

そこで今日では、マーストリヒト条約で追加されたローマ条約一七一条二項（ア条約により二二八条二項）により、以下のような手続に基づいて、欧州裁判所による一時金（Pauschalbetrag）または強制賦課金（Zwangsgeld）の言い渡しが可能とされるようになった。①判決確定後においてなお構成国が事態の改善を行っていないことの委員会による認定、②委員会による当該構成国の意見聴取、③委員会による理由つきの意見表明（以上一七一条二項一文）。以上によってもなお構成国が必要措置を執らない場合、④委員会による欧州裁判所への提訴ならびに適当な一時金または強制賦課金の額の提案、⑤裁判所による判決の言い渡し（以上同二文および三文）。ダビースのように、各構成国がその責任を果たす鍵は、むしろ構成国によるEC法置換の真摯な努力をどう評価するかや、欧州裁判所による指令の解釈のあり方にこそある、として、一七一条二項の挿入がただちに実際的な効果を生むわけではない点を強調する見解もあるが(59)、ことドイツの労働安全衛生立法についていえば、ほんらいその履行期限を九二年一二月三一日としていた八九年基本指令及びこれに伴う個別指令の国内法化に関連して、その要となる新労働保護法の制定が大幅に遅れたことから、既にこの手続が利用されたことがある。欧州委員会第五総局（雇用社会問題担当）委員（Sozialkommissar）でその責任者でもあるフリンが明らかにしたところによれば、委員会は、ドイツの指令違反を訴えるＤＧＢ（Deutscher Gewerkschaftsbund—ドイツ労働総同盟）からの二通の書簡に対応し、欧州裁判所への付託に踏み切ったのだという[60]。いずれにしても、現時点では緩やかな「国家連合体」に過ぎないＥＣの法政策に有効な強制手段が確保されたことの意義は決して小さくはないであろう。

【注】

（1）　構成国の労働条件近接化の基底に存するＥＣの目的について、欧州委員会は、構成国国内法の本質的な「調和（Harmonisierung）」を挙げているが、この文言についての一般的概念は未だ確立されていない。例えばＥＣ条約一一八条(a)（ア条約により一三七条）は、その規定の目的がまさに「調和」であると述べていたが（ア条約発効以後はむしろ旧一〇〇条(a)（新九五条）においてよく登場する）、同一〇〇条（ア条約により九四条）および一〇〇条(a)（ア条約により九五条）は「接近（Angleichung）」という文言を使用している。この点通説は、厳密な概念構成を必要とせず、「ＥＣはその都度目的論的解釈を行い、必要な施策を採ればよい」と解しているようである（Beigel, Anton, Arbeitssicherheitsrecht in Deutschland und Frankreich (Frankfurt am Main, Berlin, Bern, New York, 1996), S. 228)。

（2）　前田充康『ＥＣ統合と労働問題』（日本労働研究機構、一九九二年）一三八、一三九頁。

（3）　ＥＣ法との呼称については、山根裕子『ＥＣ／ＥＣ法』第二版（有信堂、一九九六年）三、一七、二〇頁をそれぞれ参照した。

（4）　前田・前掲（注２）書三六頁以下；Beigel, a. a. O. (Fn. 1), S. 228；Krimphove, Dieter, Europäisches Arbeitsrecht (München, 1996), S. 41. このうち規則は、直接的に構成国国内法に効力を及ぼすものであるが、指令は原則としてその名宛人である各国の立法者に対しその国内法化を義務づけるにすぎず、彼による立法がなされてはじめて国内における効力を有する。しかもこれにより求められる国内法の性格および立法手段、その要件の具体化などはあくまで各構成国に委ねられている。構成国が指令に基づくこのような義務に従わなかった場合の効果については、本文で後述するが、試みに次の欧州裁判所の判例を参照されたし。EuGH (Urteil) vom 5. 2. 1963, EuGHE (1963), S. 1.

（５）ただし、これが認められるとされるＥＣ法の範囲は、直接的効力が認められるとされる範囲よりも若干狭い。ローマ条約を始めとする第一次法源の他には、規則、指令までとするのが一般的である。

（６）例えば、寺沢一＝山本草二＝広部和也編『標準国際法（新版）』（青林書院、一九九三年）一六二頁（小寺彰執筆担当部分）、高村ゆかり「ＥＣ法の履行確保におけるＮＧＯ」人間環境問題研究会『平成八年度環境庁企画調整局委託・環境施策における住民参加・ＮＧＯ活動に関する法学及び行政学的研究(2)』（一九九七年）一八一頁など。なお、このような法を形成するＥＣとその構成国との関係およびＥＣの実体とはそもそも何なのか、との疑問に立ち帰ると、一九六四年欧州裁判所判決（EuGH (Urteil) vom 15. 7. 1964, EuGHE (1964), S. 1521, NJW (1964), S. 2371）の以下のような一節に行き当たる。「独自の機関、権利能力および一般的な行為能力、国際法上の行為能力、構成国の管轄権の制限あるいはその国権の譲渡により得られた統治権を伴って形成されたＥＣの設立により、その構成国は自らの主権を制限したのであり、その構成国および自分自身を拘束する法的存在を造り上げたのである」。

（７）Fitting, Karl/Auffarth, Fritz/Kaiser, Heinrich/Heither, Friedrich/Engels, Gerd, Betriebsverfassungsgesetz, 18. Aufl. (Müinchen, 1996), vor § 89 Randziffer 25c. なお、このうちＣＥＮは、欧州において電気工学、電子工学を除くほかの分野のすべての分野の標準化を進めている大規模な地域標準化機関であり、一九九一年にはＩＳＯ（国際標準化機構）との間でも協定（「ＩＳＯとＣＥＮとの間の技術協力に関する協定（ウィーン協定）」）を締結している。ここでは、中央事務局レベルでの情報の全般的交換、規格作成における協力、現行の国際規格の欧州規格としての採択、規格の並行投票に基づく並行承認、合同調整会議の開催等について詳細が定められている（和訳本文は日本規格協会編『ＩＳＯ規格の基礎知識』（日本規格協会、一九九八年）一〇一頁以下に掲載されている）。

（８）Amtsblatt der EG 1987, Nr. L 169. なお、欧州単一議定書の発効前のＥＣ労働安全衛生規制は、全てローマ条約一〇〇条（域内共同市場の形成：ア条約により九四条）および二三五条（条約に定めのない事項に関する特別措置：ア条約により三〇八条）によっていた。しかしながら、両者ともそれに基づく措置に極めて大きな手続上の困難が存したことは、その条文を見れば十分明らかとなろう。

(9)　この措置の内容としては、複数の構成国の法の修正を必要とする場合には、原則として指令が優先されるが、域内各国の法制度の近接化の目的に照らして規則のほうが実効性があがる場合には、規則の発令も考慮されるという (Beigel, a. a. O. (Fn. 1), S. 231)。

(10)　因みに、指令の示す最低基準が国内基準よりも低いレベルに設定され、これにより悪影響を受ける構成国が出現することを避けるため、条約一〇〇条(a)（ア条約により九五条）第三項は、欧州委員会が、衛生、安全、環境保護および消費者保護に関する提案をするに際し、原則として高いレベルの保護基準を採用することとするべき旨を定めている。

(11)　この点に関しては、例えばKrimphove, a. a. O. (Fn. 4), S. 234f. の一覧表を参照されたし。

(12)　バイゲルによれば、このような場合に限らず、国内法上の基準がＥＣ基準を上回る場合や、相当性の原則 (Verhältnismäßigkeitsgrundsatz) を侵す場合にも、国内法の適用が認められることがある、とされる (Beigel, a. a. O. (Fn. 10), S. 231)。

(13)　本邦語訳は、山本他編『国際条約集（一九九八）』四〇二頁以下を参考にした。以下、ローマ条約の引用は全て同じ。なお、ローマ条約において本規定のごとき高度な基準が設けられた背景として、濱口桂一郎『ＥＵ労働法の形成』（日本労働研究機構、一九九八年）九七、九八頁は、既に高水準の安全衛生規制を実現していたイギリスが特に敵対的対応を示さなかったことをその理由の一つに挙げている。

(14)　例えば、Birk, Rolf, Gesetzgebungszuständigkeit der Europäischen Gemeinschaft im Arbeitsrecht, RdA (1992), S. 71.

(15)　一九九三年一一月一三日、欧州（閣僚）理事会は、ローマ条約一一八条(a)（ア条約により一三七条）の射程に関するこのような広い理解を背景に、本規定に基づいて労働時間規制に関する指令を発令した。しかしながら、この指令の効力を巡っては、「そもそも一一八条(a)は労働者の安全衛生に関する条項であって、労働時間指令の適法な採択根拠にはならない」、とするイギリス政府により欧州裁判所に提訴がなされ、争われることとなった。これに対し、一九九六年一一月一二日欧州裁判所判決は、やはり一一八条(a)の射程を広く捉えてこのイギリス政府による訴えを棄却した。このケースについての詳細は、小宮文人／濱口桂一郎「欧州連合（European Union）の労働時間指令とイギリスの対応」季刊労働法（一九九七年）一八一号一三三頁以下を参照されたし。

(16)　特に有期労働契約者もしくは派遣労働者の安全衛生に関しては、九一年のEC指令（Amtsblatt der EG 1991, Nr. L 206/19）が本基本指令の補充をなしている。

(17)　Wlotzke, Otfried, EG-Binnenmarkt und Arbeitsordnung—Eine Orientierung, NZA (1990), S. 420. これに対しBeigel, a. a. O. (Fn. 1), S. 232 は、条約一一八条(a)（ア条約により一三七条）によって発令される指令は、あくまで「構成国ごとの規制に裁量の余地を残す最低基準」であることを強調するが、このことは本指令の目標が高く設定されていることと必ずしも矛盾するものではない。

(18)　指令一四条二項によれば、労働者はその求めに応じていつでも健康診断を受診できるのでなければならない、とされる。

(19)　Beigel, a. a. O. (Fn. 1), S. 246.

(20)　Bücker, Andreas/Feldhoff, Kerstin/Kohte, Wolfhard, Vom Arbeitsschutz zur Arbeitsumwelt : europäische Herausforderungen für das deutsche Arbeitsrecht (Neuwied, 1994), S. 202.

(21)　しかしながら、例えば営業法一二〇条(a)における「経営の性格が許す限り」との制限は本指令の趣旨とは相容れない、との指摘もなされていた（Krimphove, a. a. O. (Fn. 4), S. 228, 229 ; Wlotzke, a. a. O. (Fn. 17), S. 420）。ただし、基本指令五条四項によれば、使用者があらゆる配慮を尽くしても回避し得なかったであろう変則的で予見不可能な条件あるいは異常な出来事に起因する事故に際し、その責任を免責あるいは軽減されることは、とくに指令の趣旨に反しない、とされる。

(22)　その他、ライヒ保険法七〇八条に基づき災害保険組合の制定する災害予防規則（詳細は第三章第二節を参照）

と本条約規定に基づき発令される指令との関係については、学説上「災害予防規則はこれらの指令を具体化ならびに改善するものである」、との解釈が提起されているが（Wlotzke, a. a. O. (Fn. 17), S. 420)、経営組織法八七条一項七号、八八条一号などに基づく経営協議会の労働保護問題に関する各経営ごとの共同決定（詳細は第三章第三節を参照）と本指令との関係について、今のところ明確な見解は見あたらない。

(23)　これについてブロッキーは、欧州レベルでの協約法を形成するには、① 誰が協約当事者となり、② 協約の内容をいかなるものとし、③ いかなる法的効果を与えるかなどについてECによる法形成が必要だが、これがなされていないことなどをその理由に挙げていた（Wlotzke, a. a. O. (Fn. 17), S. 421)。

(24)　Wlotzke, a. a. O. (Fn. 17), S. 421.

(25)　籾山錚吾『EC労働法の展開と現状』（朝日大学法制研究所、一九九四年）九頁以下では、本憲章の誕生した背景として、① 各構成国間の経済的格差を是正する必要性、② 域内の高失業率、③ 本憲章とほぼ同様の内容を持つ国際条約としての欧州社会憲章（一九六一年成立、六五年二月二六日発効）の署名国における履行状況が比較的十分であったこと、④ 社会的基本権の実現のために委員会の権限の強化が有効であったこと、⑤ EC企業の多国籍化などに対応した各構成国における労働組合の交渉力の低下、⑥ 失業者対策におけるECの比重の高まりなどが指摘されている。

(26)　EC社会憲章の性格、欧州社会憲章との関係などについては、籾山・前掲（注25）書七頁以下を参照されたし。

(27)　Wlotzke, a. a. O. (Fn. 17), S. 422. なお、Krimphove, a. a. O. (Fn. 4), S. 24 によれば、EC社会憲章もこれに基づく社会行動計画も、少なくとも欧州裁判所では、直接的な法的意義を発揮する、とされる。

(28)　Wlotzke, a. a. O. (Fn. 17), S. 418, 422 : EG-Kommission, KOM (89) 568 (endg.) v. 29. 11. 1989. これによれば、例えば、不当に低い賃金が定められた場合には、本憲章の定めが民法一三八条の定める良俗の内容となり、当該契約の無効を導くこともあり得るという。

(29)　籾山・前掲（注25）書八頁。

(30)　Wlotzke, a. a. O. (Fn. 17), S. 422.

(31) 社会行動計画の発令は、あくまで委員会独自の発議に基づくものであり、このような発議権は、その立法上の提案権からも、ローマ条約一五五条において割り当てられた職務からも明確に導かれるという（Krimphove, a. a. O. (Fn. 4), S. 22)。

(32) Krimphove, a. a. O. (Fn. 4), S. 22；高橋甫「ＥＣ労働法の現状と展望」『ＥＣ統合の法的側面』（成文堂、一九九三年）一四九、一五〇、一五六頁参照。

(33) Krimphove, a. a. O. (Fn. 4), S. 25. ただし、荒木尚志「マーストリヒト条約以降のＥＣ労働法（下）」ジュリスト（一九九三年）一〇二〇号一四九頁脚注三九では、これに反対するローデスの見解が紹介されている。

(34) Dauses, Manfred A. (Hrsg.), Handbuch des EG-Wirtschaftsrechts, Kapital D. III. Arbeitsrecht, (München, 1993), S. 2, Randziffer 9.

(35) 協定二条二項は次のように定めを置く（試訳)。
「理事会は、一項に定める目的を達成するため、各構成国における既存の条件および技術規制とに鑑みながら、その穏やかな実施のための最低限の要求を、指令の発令により行うことができる。ここでいう指令は、中小企業の設立および発展を阻害しないよう、行政的、財政的、法的強制を行うものであってはならない」。

(36) Krimphove, a. a. O. (Fn. 4), S. 27. なお、本協定に基づく指令の採択手続については、金丸輝男編『ＥＵとは何か』（日本貿易振興会、一九九四年）六八頁を参照されたし。

(37) 例えば籾山・前掲（注26）書二〇頁。

(38) その詳細については、川口美貴「欧州連合（ＥＵ）における国際的集団的労使関係法の展開」法政研究（一九九八年）第三巻一号六五頁以下［同・国際社会法の研究（一九九九年、信山社）三二一頁以下所収］を参照されたし。

(39) Krimphove, a. a. O. (Fn. 4), S. 29.

(40) 川口・前掲（注38）論文六五、六六頁［同・前掲（注38）書三二一、三二二頁］。

(41) この点についてわが国でも包括的研究を行ったものとして、川口・前掲（注38）論文一頁以下［同・前掲（注

38）書三一六頁以下」、とりわけ六三頁以下［同・前掲（注38）書三一八頁以下］を参照されたし。

（42）この社会政策協定の意義と問題点について簡潔に整理した文献として、荒木・前掲（注33）論文一四五頁以下、とりわけ一四六頁以下。ここにおいて強調される協定の意義には、①ECの立法権限の明定、②特定多数決事項の拡大、③労使の新たな役割（立法活動への参加、EC指令の実施・履行の担い手としての役割）があり、また問題点としては、①社会政策協定の法的性格が明らかでなく、その結果EC労働市場内に二つの労働法規範を生ぜしめる事態が生じていること、②ECの社会立法権限に関して、特定多数決事項と全会一致事項が分けて規定されていながら、両者にまたがる事項が散見されること、③労使交渉主体の団体交渉権源が不明確であること等が指摘されている。

（43）例えば、川口・前掲（注38）論文六八～七二頁［同・前掲（注38）書三二四～三二八頁］。

（44）詳細は、高橋・前掲（注32）論文一五二、一五三頁を参照されたし。

（45）Beigel, a. a. O. (Fn. 1), S. 235；Bundesminister für Arbeit und Sozialordnung (Herausgeber), Stand der EG-Richtlinienvorhaben auf dem Gebiet des Arbeitsschutzes, Bonn (Stand：1. 2. 1994).

（46）なお、アムステルダム条約の発効時には、後述する社会政策協定の同条約への置換などにより、従来のEC基本条約（ローマ条約）は、同一二条に基づきその条文構成を大きく変えることとなった。その意味で、本条約は、ローマ条約の実質改正とナンバリング（条文番号表記）の変更という形式改正という二側面を有していることになる。そこで、アムステルダム条約の条文集、解説書等では、まず、①アムステルダム条約自体を掲示するもの（※この形式が多いが、この際、ア条約はあくまでローマ条約の一部改正条約でしかないから、ローマ条約の元の条文がなお有効である場合があることに留意しなければならない）、②アムステルダム条約によって改正されたローマ条約を掲示するもの（※この形式は今現在そう多くはない）の両者が存し、さらにこれらは、①アムステルダム条約によるナンバリング変更前の表記をなすもの、②同じく変更後の表記をなすもの、に分かれており、これらを理解していないと一瞬戸惑うことがある。なお、本稿におけるナンバリングは、原則としてア条約発効前（実質改正前）のものとし、逐次ア条約発効後（実質改正後）のそれを掲示することとする。例えば（旧）ローマ条約一一八条(a)は、アムステルダム条約により実質改正を受け、先ずは（旧）ローマ条約一一八条に統合されたが、その後ア条約の発効により、同条は（新）ローマ条約一三七条に形式改正された。従って、その表記は、「ローマ条約一一八条(a)（ア条約により一三七条）」となる。

(47)　本条約の趣旨及び意義についての詳細は、千田恵介「変化するEUの姿―アムステルダム条約が目指すもの」外交フォーラム（一九九八年）一月号六九頁以下、庄司克宏「アムステルダム条約とEUの多段階統合―緊密化協力（柔軟性）条項の意義」外交時報（一九九八年）一三四六号四頁以下等を参照されたい。

(48)　この点について、より詳細には、濱口・前掲（注13）書一九頁以下を参照されたい。

(49)　以下の詳細は、Denkschrift zum Vertrag von Amsterdam vom 2. Oktober 1997 (BR-Drucksache, 784/97) による。

(50)　より具体的には、山本編『国際条約集（一九九八）』七二一、七二二頁に記載される七三各条を参照されたし。

(51)　両条約についての詳細は、山根・前掲（注3）書二三三頁以下を参照されたし。

(52)　この点に関するアムステルダム条約発効以前の法状況については、山根・前掲（注3）書一三頁以下を参照されたい。

(53)　本条約に基づく履行確保手続の中で、委員会はもっぱら手続の開始、進行の役割を負うが、最終的に裁判所による裁定を仰ぐ前に、構成国との公式、非公式の協議、連絡などの努力を行っているという（高村・前掲（注6）論文一八四頁、一九六頁）。

(54)　Beigel, a. a. O. (Fn. 1), S. 254 ; Grabitz, Eberhard/Hilf, Meinhard, Kommentar zur Europäischen Union : Vertrag über die Europäische Union, Vertrag zur Gründung der Europäischen Gemeinschaft (München, 1994), § 169 Randziffer 12.

(55)　これら一連の手続についての詳細は、高村・前掲（注6）論文一八四頁以下に詳しい。

(56)　他方、構成国政府および裁判所による、EC法ならびにこれに基づきとられたEC機関の行為および規定の解釈適用をコントロールするには、欧州裁判所の先決判決（Vorabentscheidung）による手段も存在する（ローマ条約一七七条（ア条約により二三四条）（この点の詳細については、特に伊東洋一「ＥＣ判例における無効宣言判決効制限について(1)(2)」法学協会雑誌（一九九四年）一一一巻二号一六一頁〜二一七頁、一一一巻三号二九五頁〜三三九頁及びそこに記された諸文献を参照されたし）。このような手段は、それが一七七条（同前）に定める条件を満たしていれば、たとえ訴訟経済上の理由からなされる付託であっても許されると考えられているが（Beigel, a. a. O. (Fn. 1), S. 256）、条約一七七条自身から明らかなように、当該構成国以外の国の政府や裁判所、司法手続を行う当事者自身によってはなされ得ない（Ibid.）。

(57)　詳細は、山根・前掲（注３）書一三六頁以下を参照されたし。

(58)　高村・前掲（注６）論文一九六頁。

(59)　Davies, Paul/Lyon-Caen, Antoine/Sciarra, Silvana/Simitis, Spiros, European Community, Labour Law : Principles and Perspectives (Oxford, 1996), at 101.

(60)　詳細は、Füssel, Ulrike, Beim Arbeitsschutz sitzt die Bonner Regierung in der letzten Reihe, in : Frankfurter Rundschau vom 8. 8. 1994, S. 2.

第四節　小　括

以上をもって明らかにされたドイツ労働安全衛生法の体系は、日米のそれに比べ見ても、全くもって統一性を欠き、複雑怪奇なものとなっている。ドイツ国内法のみを見てもその分散性、複雑性が著しいことに加え、これにＥＣ法の法形態の諸段階、労使協定の政策的採用等の要素が加わり、ドイツ労安法体系は、いよいよ専門家以外にはおよそ理解の不可能な様相を呈している。たしかに、職場における安全衛生を実現するためには、本来様々な要素が考慮されなければならないことから、このような法規の分散はある意味で至極当然の現象かもしれない。また、ＥＣ法の枠組みにしても、これはＥＣというよりＥＵが、あるべき連合体の理想を探り、現在はその過程を登りつつある一段階に過ぎないと考えれば、将来へ向けて、法体系の簡素化が図られる期待を捨て去ることはできない。しかしながら、とりわけ中小企業の労使にとって、このような体系の理解が現実的に殆ど不可能である事実は、一九八〇年になされた連邦政府の研究(1)においても明確に示されている。そしてこのことは、近年九六年における新労働保護法の制定によっても本質的に変わることはない。確かに本法は、後述するドイツ労働安全衛生法の理念を帰納的に体現するものであり、使用者の行動指針としての意味合いは少なくない。しかしながら、それが一般的、原則的規定に留まる以上、個々具体的な場面における規準として十分に機能し得るわけではなく、その役割は、別途、既存の個別法規に求めなければならない。しかも、先に述べたように国家機関による現実の監督活動が実施される頻度は極端に低く、その数の多い中小企業においては、ほぼ一〇年に一度の割合にとどまっている。

それでは、このようなドイツ法制度をわが国のそれと比較して、労働者保護の視点からなお見るべき点があるとすれば、どのような点であろうか。そのうち主なものについて以下に列挙してみたい。第一は、EC法の影響を受け、ドイツ労働安全衛生法規が、比較法的に見て、より詳細かつ高度の内容を具備している点である。両者は常に緊張関係を維持しており、その全てが国内法として即座に取り込まれているわけではないが、EC構成国間の競争力調整の思惑もあって、EC労働安全衛生法は刻々と進展を見せており、これがEC主要国をなすドイツに及ぼす影響力が甚大であることはいうまでもない(2)。第二は、ドイツ労安法において、既に相当程度整備されている公法規定の私法的効果が明らかにされている点である。とりわけ労務権利者の一般的な安全配慮義務を明文化したBGB六一八条は、両者の連結を果たす重要な役割を担っており、本規定を媒体に、労働者には使用者の公法規違反を契機として種々の私法的権利が導かれることになる。第三は、ドイツ労安法規の中に、種々の労働者の権利規定が明文化されている点である。このような権利の多くは、ドイツ法における種々の一般原則ならびにBGBを要とする市民法の解釈からも導かれうるが、その要件効果の基準が明らかにされることは、現実の法運用に大きなインパクトを与えることになる。第四は、ドイツ労安法規の多くが、私的な科学調査機関の公表する実務・学術上の先端認識基準に言及している点である。このような基準への過度の傾倒が、様々な点において問題を抱えていることについては次章において詳述するが、このような立法傾向の裏側には、彼国における労働科学研究への厚い信頼、また近年にいたって、EC法自身がかかる科学研究と労安法体系との整合性を模索し始めている事実が存することを無視することはできない。第五は、ドイツ労安法体系の特質として、社会法たる災害保険法上の災害保険者が災害予防活動に従事し、その一環として災害予防規則の制定権限を与えられている点である。この災害保険者と営業監督の活動内容の重複、災害予防規則と国家労働保護法規の規制内容の重複がドイツ労安法体系をいっそう理解不能なものとしている現実は否定しがたいが、彼国における労使による自主管理的運営を原則とする災害保険組合の災害予防制度が、ここ数十年間「官主導型」から「官民一体型」への方針転換を謳ってきながら、その実質を吸収し得なかったわが国の災害防止法体系と比較しても、大きな示唆的意義を有することは疑いがない。

このように、わが国の労安法制度との比較において浮かび上がるドイツ労安法制度の背景的理念は、①労働の人間化に特徴づけられる高度な目的設定、②安全・衛生両面にわたる詳細（かつ複雑）な法体系の整備、③官民協働ならびに労使自治、労働者権の視点、④官民両者における労働科学研究への厚い信頼などに集約され、かかる理念は、先述した如く、九六年新労働保護法において見事に顕在化したといえる。ここに挙げられた諸理念は、確かに彼国ならびに欧州諸国における社会民主主義国家形成に至る歴史的・社会的・渉外的背景の上に築き上げられてきたものであり、これをわが国の現行法制度と単純に比較して議論を展開することができないことはいうまでもないが、労働安全衛生という比較的、制度を論じる上での前提条件―すなわち科学的、技術的、経済的、理念的（とりわけ人道的）条件―が整いやすい領域においては、その法制度の違いを単なる歴史的社会制度的背景の違いに帰着せしめ、したがって制限的な示唆を与えるに過ぎないと断じることは、十分な説得性を欠く。

そこで以下においては、本章において明らかにされたドイツ法の背景的理念に関連して、とりわけ本稿の検討課題である新たな労働危険に対応する立法技術（特に立法段階における労使自治の枠組み）、ならびにかような立法及び現実の労働危険を前提として労働者が行使しうる労働者権の枠組みに着目し、これらが個々の法体系の中でいかにして実現され、いかなる実効性を付与されているか、またそうした個々の法制度はいかなる背景事情をもって制度化されてきたのかを知るため、より具体的かつ詳細な検討を進めていくこととする。

【注】

（1）これについての詳細は、Mertens, Alfred, Der Arbeitsschutz auf dem Prüfstand (Dortmund, 1980), S. 79ff. に詳しい。

（2）とりわけ第二章第三節において若干触れた一九九三年一一月一三日労働時間規制に関するＥＣ理事会指令は注目に値する。後に述べるように、八三年ドイツ連邦労働裁判所決定は、ドイツ労働安全衛生法規と労働時間法規との分断性について明言しているからである。既に述べたように、本指令は、ほんらい労働者の安全衛生に関して定めを置く旧ローマ条約一一八条(a)（現行ア条約一三七条）を直接の根拠に発令されており、このような立法の動向は労働安全衛生法の解釈のあり方に少なからぬ影響を与えると考えられる。

第三章　新たな労働危険に対応する立法技術

第一節　実務上・学術上の先端認識の法規範化

ドイツの労働安全衛生法、すなわち技術的労働保護法に属する複数の法規では、迅速かつ専門的な対応の求められる新たな労働危険への対応を目的として、その時々の「実務上・学術上の先端認識」を直接法規に吸収する手段が講じられている。たとえば九二年機械器具安全法三条一項二文は以下のように規定する。「法令に何ら要件の定められていない技術的労働手段は、それが一般に承認された技術規定……に即した状態にある場合にのみ、市場に提供することができる」。ここでいう「一般に承認された技術規定」とは、その承認を公的機関よりもむしろ民間領域に対して積極的に求めることを想定した「実務上・学術上の先端認識」に他ならない。日本でもこれに類似した立法技術はとられているが、例えば労働安全衛生規則第二六条や第二七条、第三三二条などに見られるように、採用される基準はあくまで労働大臣が定める規格および日本工業規格（ＪＩＳ）などの公的・準公的機関の作成した基準に限られている（因みに労働安全衛生法令の中では、ＪＩＳ以外の機関の作成した規格は採用されていない）。(1) 翻ってみれば、たしかにドイツでも、連邦労働社会相の公示にかかる「公的認定基準（Auslöses-chwelle)」と呼ばれる基準が存在し、職場空間あるいは体内に存在する危険有害物質の濃度をはかる尺度として用いられている。これは危険有害物質に関する命令二八条二項などで言及されており、その超過に際しては直接に追加的労働保護措置が求められる（危険有害物質編技術規定（Technische Regeln für Gefahrstoffe）第一〇〇編Nr. 1 I）極めて規範性の高い基準であるが、結局のところ、原則的には現行の私的先端認識を直接あるいは間接の基準として取り決められており（危険有害物質編技術規定第一〇〇編Nr. 1 IV；Nr. 3 I；Nr. 4 I II III ほか参照）[(2)]、基準設定に関する管轄権が主として国家の手に握られているわけではないことが理解される。

このように、ドイツ安全衛生法令の運用に少なからぬ影響をもたらす「実務上・学術上の先端認識」は、数の上でも相当数に上り、その性格もまちまちであることから、認識の確実性、一般化の程度などにより、およそ次の三種類に分類されている[(3)]。

①　一般に承認された技術規定（allgemein anerkannte Regeln der Technik）

これは、技術分野の専門家・実務家の支配的見解を具体化したものであり、試験による実証を前提としている。主な作成者は社団法人ドイツ規格研究機構（DIN-Deutsche Institute für Normung）[(4)]、ドイツ電気技師連盟（VDE-Verein deutscher Elektrotechniker）[(5)]などの私的な学術団体、専門機関、職業団体であり、前掲機械器具安全法の規定の他、災害予防規則総覧第一二一編三条以下など複数の公法において言及されている。近年では、規定作成の任に当たる団体には巨大産業の影響力が強く働く点、従ってその作成にやはり手続的時間を要する点など、その信頼性に対する批判も多くなってきたことから、職場に関する命令三条一項一号、危険有害物質に関する命令一七条のように、これと「確定的な労働科学的認識（gesicherte arbeitswissenschaftliche Erkenntnis →③を参照）」の双方に言及するなどの手段を講じる規定もある。

②　技術規準（Stand der Technik）

これは、たとえ一部であれ合理的根拠を唱える有力な専門家集団が法に規定された目的の実現を確実にさせると考える「開発規準（Entwicklungsstand）」であり、専門家の一般的認識も、実際の試験結果も必要とはされない。従って、技術規準は一般に承認された技術規定よりも一足早く、技術発展の最前線で配慮されるべき基準である。ドイツの国内法では、九〇年連邦イミッション保護法五条一項二号などの公法での言及が見られる他、欧州レベルでも、前掲八九年基本指令六条二項(e)[6]などで触れられている。

③　学問及び技術の規準（Stand von Wissenschaft und Technik）＝確定的な労働科学的認識（gesicherte arbeitswissenschaftliche Erkenntnis）

様々な研究領域の成果を結集し、人間工学的、労働心理学的側面を総合的に職場環境に取り込むことを目標とするこの基準は、最新の学術認識に基づき、「技術的限界に影響されない」高水準の予防対策を求めるものである。現在のところ、七二年経営組織法九一条、七三年労働安全法一条など経営内の作業条件、安全衛生に関わる基本法規のほか、八五年原子力法（Atomgesetz）七条二項三号、九三年遺伝子技術法（Gentechnikgesetz）七条二項などの先端技術関連法規において言及されている。

今般、立法者は高度の技術を要する労働安全衛生領域の規制にあたり、とりわけＤＩＮ規定を中心に、これらの技術規定・規準への言及を行うことが多くなってきた（※さらに今般ではＩＳＯ（国際標準化機構）規格を規準とするものも増加傾向にある。この点については特に危険有害物質に関する命令五三条を参照されたし）。このような手法は、立法の精密さ、迅速さをカヴァーする点でメリットもあるが、立法管轄上の視点など様々な観点から様々な批判がなされている[7]。

たとえば、ドイツ基本法八二条一項によれば、「全ての法はその発効に際して公布されなければならない」、とされ、通常は連邦官報（Bundesgesetzblatt）あるいは連邦法律広報（Bundesgesetzanzeiger）への掲載がなされている。しかしながら、試みにＤＩＮ規定を例にとってみても、これを入手することは誰でもできるものの、その公開はＤＩＮの定期刊行誌（DIN-Mitteilung）において本部でなされるのみであり、当然その合憲性が問題とされる。この点に関し学説はどのような見解を示しているかと言えば、およそ以下のような賛否両論に分断されている。第一に、このような技術規定・規準は、そもそもそれに言及する法規定を具体化する手段にすぎず、法令による言及がなされたからといって法規範的性格を帯びるわけではない、とするもの(8)。あるいは、法令が技術規定・規準に言及する目的は、むしろこれらの公示を回避することにあるのだから、これらの規定・規準自体に厳格な法規範性を求めることはない、とするものもこれに含めて考えられよう(9)。第二に、行為者はこれに違反することで罰則を科されることもあり得ることから、やはり法規範と同様—少なくともこれに言及する法令と同レベル—に秩序的な公示がなされるべき、とするもの(10)。このうち、通説は第二説を支持しているようであるが、この点を強調しすぎれば、実際の運用において労働科学研究の迅速な法的実現というメリットは失われてしまいかねず、依然問題は残る。

次に、基準自体の持つ硬直性に関する問題が挙げられる。すなわち、このような危害防止基準は、それがいくら詳細かつ具体的に規定されていても、否、そうであればこそ、個々の経営あるいは個々人に応じた設定がなされなければ、その目的とするところは達成し得なくなる。そもそも、かかる基準の作成者は、「完全に危険のない絶対的安全状態はあり得ない以上、正当化できない（unvertretbar）危険を摘出する」、との方針でその作成にあたってはいるものの(11)、ある経営においてはこれをある程度逸脱しても安全は確保されうるかもしれず、そのまた逆のケースもあり得る。とりわけ被保護者が職業病罹患者、虚弱体質の者と健常者とでは基準値のあり方は当然に異なるべきことはいうまでもなく、この点への配慮から、近年では労働者体内の液体（血液や尿）にどの程度の有害物質が存するか、をはかるＢＡＴ値（Biologische-Arbeitsstoff-Toleranzwerte）が採用されるに至っている。しかしながらこの手段は、たしかに労働者個人の特殊条件を加味できる、という長所を備えてはいるが、特定の労働者が不要な者として排除される危険も孕んでおり、一概に長所ばかりを強調するわけにはいかない。(12)

第三に、国際的に比較した場合の全体的な基準値の甘さも指摘されている。例えば、職場の空気中にあるガス、煙、塵などの濃度の最大許容値、いわゆるＭＡＫ値（Maximale Arbeitsplatzkonzentration-Werte）(13)は、前掲ドイツ規格研究機構の委員会によって作成されるＤＩＮ規定に属するが、一九八九年の調査においてその溶媒基準はスウェーデン、デンマーク、アメリカなどに比べて最も高かったという。(14)加えて、一九八三年までは一日八時間単位で平均的数値の上限を定める方法が採用されていたため、労働者が短時間に高い濃度に曝露したとしても、それは基準の、すなわち法の許容する範囲内とされていた。逆に、八時間という単位では基準値に満たないごく微量の物質（とりわけ発ガン性・遺伝性物質）であっても、それが長期間体内に蓄積され、数年後あるいは世代を超えて発現するような場合、これを基準違反とする尺度も一九七五年までは存在しなかった。この点の克服のため、七五年七月以降は、連邦労働社会省の諮問機関たる「危険有害物質検討委員会（Ausschuß für gefährliche Arbeitsstoffe（その構成、責務等については危険有害物質に関する命令五二条を参照されたし））」によりＴＲＫ値（Technische Richtkonzentration-Werte）(15)が策定されるようになり、ＭＡＫ値の測定対象に含まれていない上記危険有害物質の指標化が可能となった。しかしながら、他の基準値と同様、その水準はあくまで健康被害の危険を「回避する（vermeiden）」にとどまり、たとえそれを遵守したとしても当該危険を完全に「排除する（ausschließen）」には至らないとされる。(16)

このように、労働科学研究が進み、これに対する信頼度の高いドイツにおいても、いざこれを法的レベルで直接に実現しようとなると、様々な問題が発生してきており、その解決は容易ではない。とりわけ昨今のように、災害の発生が一つの要因によるものでなく、複数の要因によることが増えてきた状況下では、このような最先端の基準を作成・運用する上で克服すべき問題点は増える一方である。しかしながら、現実に被害を受けている労働者を後目に、本来の法設定手続きに要する長期間を徒に過ごすよりは、まずは彼らの救済を最優先課題に据え、労働科学の先端研究と職場とを法的に連結する方策をいち早く講じ、後の試行錯誤によってこれを調整していく手段が有効であることはいうまでもない。ドイツ労安法制は、かような認識を基礎に、かかる実務・学術上の先端認識を、上記のごとく直接法規範に吸収し、あるいは種々の法規範の解釈基準とする、あるいはそれを迅速に法規範化するための制度設計をなす等、要はそれに応分の信頼を置くことにより、労働の人間化を志向しているものと解される。後に詳述するように、ドイツにおける労使自治・労働者権の展開は、かかる労働「科学への厚い信頼」と、労働者自身のそれへの接近、そしてそれを可能ならしめる制度等を前提に成り立っているのである。そしてまた、かかる労働科学の進展もまた、現場の労働者の親和的な理解、知識経験のフィードバック等を背景に置いている。すなわち、彼国における労安法制は、労働科学と労働者（個人及び集団）とが、密接な相互補完ないし相互支援的関係に立つことを企図して存在しているのである。例えば近年のドイツでは、その有害性に関する科学的評価の不一致を基礎に、法的取扱の如何が議論されてきた職場における受動喫煙[17]について、連邦政府の諮問機関たる前掲危険有害物質検討委員会に先駆け、ＤＩＮの設置した特別委員会―「危険有害物質調査研究機構評議委員会（Senatkomission der Deutschen Forschungsgemeinschaft zur Prüfung gesundheitsschädlicher Arbeitsstoffe)」より、初めてその発癌性効果が認定され、九八年版ＭＡＫ・ＢＡＴリストにおいて発癌性要素第一分類に格付けされた。日本におけると同様、この受動喫煙という古くて新しい問題[18]については、それが当事者に不快感をもたらすことは勿論のこと、一定以上の濃度に晒された場合、目鼻の刺激、痛み、せき、頭痛、場合によっては目眩などの諸症状、すなわち一定の健康障害を引き起こすことは一般的に知られていたが、それが進んで発癌性効果までをも有するか否かについては、極最近に至るまで科学的に明確な確定がなされてはおらず、より進んでそれを否定する学説の傾向さえ見られた。これに従い、わが国におけると同様、この問題に関する裁判例の立場も分断されていたが、一九八七年には連邦厚生省よりタバコ煙ならびに受動喫煙の発癌性効果に関する意見表明（Bundesgesundheitsamt-Presse-Dienstnummer 23/1987 vom 26. 5. 1987）[19]がなされ、判例学説もこれに沿うものが増加してきていた中、九八年には前記格付けがなされるに及び、判例動向の到達点を示すものとして、第四章第二節第二款で詳述する九八年連邦労働裁判所判決（BAG (Urteil) vom 17. 2. 1998, 9 AZR 84/97, DB (1998), S. 2068）が下されたのである。同判決は、前述の如き労働科学的認識を受け、ＢＧＢ六一八条の解釈として、それが「平均的人間にとっての無煙空間」を求めるものである限り、使用者には労働者の個人的体質に合わせて保護措置を講ずべき義務がある、との趣旨を述べている。現状においても、どの程度以上の受動喫煙があれば衛生上の危険を生ぜしめるのかについては依然解明されていないが[20]、現在の判例動向は、労働科学的立場に拠り、学説においてもその認識を根拠に、ＢＧＢ六一八条等を解して、例えば喫煙場所を特定的に設ける等の一定条件下において、喫煙行為の禁止措置の発令の使用者への義務づけを肯定する見解までもが主張されている[21]。

【注】

（１）　もっとも、近年に至って、ＩＳＯ（国際標準化機構）の作成公表する規格をそのまま翻訳してＪＩＳに採り入れる例が出てきていることについては既に述べたところである。しかしながら、日本が、すなわちＪＩＳの調査、審議の職務を負っているＪＩＳＣ（日本工業標準調査会）が積極的関与を果たしてきた領域が、主として鉱工業、情報技術等に関する極めて狭い範囲に限られ、健康や医療、環境等の領域へのそれが必ずしも十分ではなかった事実についても、ここで再確認しておきたい（詳細は、日本規格協会編『ＩＳＯ規格の基礎知識（改訂版）』（日本規格協会、一九九八年）一〇頁、一三～一五頁、四五頁以下等を参照されたし）。

（2）　なお、この基準値は、基本的にＭＡＫ値、ＴＲＫ値、ＢＡＴ値など現行の私的先端認識基準を参照して取り決められているが、これを詳細に検討すれば、こうした私的先端認識基準の超過が即本基準値の超過を導くとする規定もあれば、そうでないとするものもある。本基準値と私的先端認識基準の趣旨の違いは、とりわけ危険有害物質編技術規定第一〇〇編 Nr. 1 Ⅲの以下のような定めに典型的に現れている。「本基準値の超過に応じて義務づけられる措置は、これによって現行のＭＡＫ値、ＴＲＫ値およびＢＡＴ値を遵守してもなお完全に排除されることのない衛生危険を回避するものでなければならない」。

（3）　以下の記述は、主として Fabricius, Fritz/Kraft, Alfons/Wiese, Günter/Kreutz, Peter, Betriebsverfassungsgesetz, Gemeinschaftskommentar, 5. Aufl. (Neuwied, Kriftel, Berlin, 1995), § 89 Randziffer 18ff. による。

（4）　ＤＩＮ（ドイツ規格研究機構）は、日本のＪＩＳＣ（日本工業標準調査会）と並び、一九七九年のＩＳＯ総会において、アメリカのＡＮＳＩ（全国基準研究機構）他と同様の常任理事会メンバーに選任されている。

（5）　ドイツ電気技師連盟の策定する規格（VDE-Bestimmungen）は、同連盟内の専門委員会により作成され、通常は「一般に承認された技術規定」として扱われるが、中には単なる目安としての位置づけしか与えられず、専門誌に若干掲載される程度のものもある。これに言及する法令、規則には、一九三七年エネルギー経済法施行令第二編（2. Durchführungsverordnung zum Energiewirtschaftsgesetz (RGBl. I S. 918)）、災害予防規則総覧第四編九条など多様なものがあり、とりわけ後者では、VDE 規格の遵守が「一般に承認された技術規定」の遵守の証拠となる旨が明記されている。

(6) 八九年基本指令六条は、使用者が労働者保護のためとるべき措置を包括的に定めており、その二項(e)は、その措置が技術的進歩に従ってなされるべきことを規定している。

(7) 以下の記述は、主として Backherm, Johannes, Unzulässige Verweisung auf DIN-Normen, ZRP (1978), S. 261ff. による。

(8) たとえば Herschel, Wilhelm, Regeln der Technik, NJW (1968), S. 620.

(9) たとえば Staats, Johann-Friedrich, Zur Problematik bundesrechtlicher Verweisungen auf Regelungen privatrechtlicher Verbände, ZRP (1978), S. 60.

(10) Backherm, a. a. O. (Fn. 7), S. 261 ; Karpen, Ulrich, Zur Verweisung auf Regelungen privatrechtlicher Verbände (zur Staats, ZRP 1978, 59), ZRP (1978), S. 151.

(11) Möx, Jochen, Das Zurückbehaltungsrechte an der Arbeitsleistung gem. § 21 Abs. 6 Satz 2 GefStoffVO, AuR (1992), S. 236.

(12) Däubler Wolfgang, Das Arbeitsrecht 2, 10. Aufl. (Hamburg, 1995), S. 218, 222.

(13) より正確には、その時点での知識水準により、平均週四〇時間まで（四交替制の経営においては四二時間まで）の週労働時間で、通常一日八時間、長期間かつ恒常的な作用があっても、一般的に労働者の健康を害さないとされる職場内の危険有害物質濃度を指し、ドイツ規格研究機構の委員会によって作成された後は、連邦労働社会相の決定を受けて毎年「危険有害物質編技術規定九〇〇」に掲載・公示されている。このＭＡＫの日本での実施及びその問題状況については、特に勝木新次『労働科学読本』（労働科学研究所、一九六四年）一六二頁以下を参照されたし。

(14) Däubler, a. a. O. (Fn. 12), S. 219.

(15) その測定の時間的基準は、基本的にＭＡＫ値のそれと変わらない。

(16) Spinnarke, Jürgen, Arbeitssicherheitsrecht von A-Z, 2. Aufl. (München, 1992), S. 224, 225 ; Däubler, a. a. O. (Fn. 12), S. 221.

(17)　職場における受動喫煙については、法学上一応の定義が存する。すなわち、「職場における受動喫煙とは、タバコ煙の呼気からの吸引と解される。タバコ煙とは、直接煙（タバコを「吸う」ことにより吸い込まれる煙）と、副次煙（タバコの燃焼から生じる煙）とから成る。呼気に存するタバコ煙は、その副次煙ならびに喫煙者の吐き出した煙の双方を含んでいる（※ここで、全てのタバコ煙のうち約三分の二は副次煙であるとされる）」、と（Cosack, Tilman, Verpflichtung des Arbeitsgebers bzw. Dienstherrn zum Erlaß eines generellen Rauchverbots am Arbeitsplatz, DB (1999), S. 1450, m. w. N.)。

(18)　Cosack, a. a. O. (Fn. 17), S. 450によれば、これが一般に議論されるようになったのは、遅くとも六〇年前からであるとされる。

(19)　ここでは、先ず、タバコ煙に大量の危険有害物、発ガン性物質が含まれていることが述べられた後、明確に発ガン性効果を認められるもの及びその疑いのあるものが記され、ただし現在のところ発ガン性効果の発生濃度については未確認であることが述べられている。そして受動喫煙については、これは直接喫煙者自身もなすものであるが、直接喫煙によるものよりも高濃度の有害物質を吸入することになる点が指摘され、そのような有害物質としてニトロアミン、ホルムアルデヒド等の発ガン性物質ならびにその疑いのあるものがあることが述べられている。

(20)　この点、前掲ＤＩＮの特別委員会が受動喫煙の有害性評価に際して参照した研究は、いずれも最低三〇分以上、通常数時間にわたる長時間の曝露、質的にもレストランやバーといった比較的高濃度の暴露を前提としたものであったことが明らかにされている（Cosack, a. a. O. (Fn. 17), S. 1451)。

(21)　Cosack, a. a. O. (Fn. 17), S. 1455.

第二節　災害保険組合による自治立法

先にも述べたように、ドイツにおける公法上の労働安全衛生法制度は、ライヒ保険法を中心とする社会法制度、営業法（※及び新労働保護法）を中心とする労働法制度に区分され、それぞれ、①――災害疾病の発生を防止するというやや消極的意味合いを有する「災害防止（Unfallschutz）」、②――一般的な健康被害防止・健康の増進というより積極的意味合いを有する「衛生づくり（Gesundheitsschutz）」の職務を割り当てられている。(1) 両者はそれぞれ異なった歴史的沿革を有するが、現在のところ、その規制領域に関する限り、両者を区分する意味はほとんどないといってよい。しかしながら、ドイツ社会法が保障する災害保険組合（※特に断りのない限り商工業災害保険組合を指す。以下同じ）の立法、すなわち災害予防規則は、①基本法上の立法機関外の立法機関による点、②労使の自治立法という側面を持つ点、③国家法の立法上困難な迅速かつ専門的立法を可能にする点などで比較労災予防法上きわめて特殊な位置づけにある。そこで以下では、とりわけ災害保険組合により制定される災害予防規則の法的意義及び性格を探るため、先ずは災害保険組合の歴史、組織、役割などに焦点を当てた多角的検討を試みることとする。

第一款　災害保険組合

〈成立経緯と法的性格〉

社会法典第四編二九条一項はいう。「社会保険の保険者は、自主管理（Selbstverwaltung）を行い、権利能力を有する公法上の社団（Körperschaften des öffentlichen Rechts）である」。従って、災害保険組合もまた、国家の合法性監督の下に置かれる一方、事業主の保険料のみを収入源とし、事業主・被保険者（労働者側）それぞれの代表によって自治的に運営される「公法上の社団」である。災害保険組合が自ら有する規約（Satzung）の作成権限については、ライヒ保険法六七一条（現行社会法典第七編一六四条及び一五四条（但し六七一条七号：一六四条二項、六七一条九号：一五四条一項））および社会法典第四編三一条以下に定めがあり、地域ごと・専門分野ごとに設置された災害保険組合は、法とこの規約に従い運営される。(2)

そもそも、ライヒ保険法の前身ドイツ災害保険法の立法過程（一八八一年ドイツ災害保険法第一次法案作成段階）では、法的保険者組織を公的なものとするか私的なものとするかで労使対政府間に猛烈なせめぎ合いがあり、保険組織の主導権を政府の手にとりあげようとする（宰相ビスマルクの）意図、かりにそれを私的なものとした場合に予測される様々な問題点（①経営状態悪化に際しての給付能力低下、②産業分野ごとの保険・給付条件のばらつき、③保険料の高額化など）への危惧などから、法的災害保険についてはライヒ保険施設（Reichsversicherungs-anstalt）による一元的管理が予定されていた（※加えて第一次法案には、労働者にも保険料を負担させ国庫負担を拠出する、などの案が盛り込まれていた）。(3)(4)(5) しかし、同法案五六条には、「事業主は、同クラスの危険階級に属する経営により、一定の区域ごとに災害保険を目的とする共済制度（Gegenseitigkeit）を構成することを許される」、との規定があったため、ライヒ保険施設の設置に対抗する勢力がこれを利用、自主管理的な「組合組織（Genos-senschaft）」の設置を目指すなどしてこれに抵抗した。ここでは、ドイツの産業が既に構成していた私的な経済団体が活用された点に注目する必要があろう。(6) そもそもなぜこのような団体が結成されていたかも興味深いが、フォーゲルの一九五一年の研究では、一八七一年六月七日のライヒ雇主賠償責任法（Reichshaftpflichtgesetz）がそれまでの民法の規定に比べて雇用主の災害賠償責任を拡大したことが雇用主同士による相互保険組合などの団体の結成を促したことにつき指摘がなされている[7]。また、社会主義者鎮圧法（正式名称「社会民主主義者の破壊的行動防止のための法律（Gesetz zur bekämpfung der gemeingefährlichen Bestrebungen der Sozialdemokratie)」）下で組織的弾圧を受けていた労働組合が活動の拠点とした自助組織、職能別組合等への事業主による対抗が基底にあったであろうことも想像に難くない[8]。ともかくも、以上のような経過の後、ドイツ災害保険法の第三法案において労働者の保険料負担および国庫負担は廃止[9]、第一法案五六条は「災害保険組合の原則」に修正され[10]、ここに正式に法的承認を受けた「自主管理的」かつ「公的」性格を有する災害保険組合が誕生することとなる[11]。

この災害保険組合は、国家監督とのせめぎ合いの中、資本側のイニシアティブで設立された経緯を持つが、あくまで労使による自治的な組織・運営が原則である。とはいいながらも、①事業利益及び負担の共有という社会的性格、②純粋な私的保険者に発生しうる先述の問題点を回避する目的などから、その組織の枠組み及び職務内容については、法規制及び行政監督を受ける（労働保護活動につき連邦労働社会省、リハビリにつき連邦保険局）点に留意する必要がある。やはり先述したように（第二章第一節第三款）、とりわけその組織規模については、各産業ごとに横断的な大規模組織を結成をすることが予定されている。

〈組　織〉

九六年の統計によれば、九五年度において、ドイツ国内には三四の商工業災害保険組合が存在し、約一四〇地区に支所を有している。組合内で就業する者の総計は二万人を超えるが、このうち実際に経営査察に従事する先述の技術監督官の職にある者は、わずか二二八六名にすぎない[12]。

災害保険組合のメンバー（Mitglied）は、その本拠地が当該保険組合の管轄域にある各「事業主（Unternehmer）」[13]と定められているが（ライヒ保険法六五八条一項（現行社会法典第七編一三〇条））、「被保険者（Versicherte）」については、法律（法五三九条（現行社会法典第七編二条）以下）および規約（法五四三条（現行社会法典第七編三条）以下）により強制加入被保険者（Pflichtversicherte）となる者（例―労働・雇用・徒弟関係の下にある労働者、家内労働者、中間加工業者、農林水産業などに従事する小事業主、職業訓練生、一般の学生など）の他、任意加入被保険者（法五四五条一項（現行社会法典第七編六条）、六三二条（現行社会法典第七編五五条二項二文、八三条二文、九二条八項、九三条五、六項））となる者（例―世帯主を除く事業主、五四二条（現行社会法典第七編四条二項（※但し一号～三号までに対応））において法定適用除外者とされた事業主および彼らの配偶者など）全てが該当する。これらの中には災害保険組合のメンバーでありながら同時に被保険者にも該当する事業主が存在し、彼らはメンバーと被保険者の両側面から保険法の適用を受けることとなる。[14]なお、統計上（九五年）は、二八二万三二二八名の事業主に対し二八五四万二九名の被保険者が登録されている。[15]

組合の自治組織としては「代表者会議（Vertreterversammlung）」と「理事会（Vorstand）」が存する（社会法典第四編三一条一項）。[16]このうち前者は国家機関における議会に相当し、メンバー（使用者側）代表と被保険者（労働者側）代表が半数ずつ、六年ごとに実施される社会保険選挙（Sozialwahlung―九二年社会保険選挙法（BGBl. 1 S. 115））によって選出される。代表者会議は災害予防規則および災害危険度一覧表（Gefahrtarif）のような規則及び規約を決定する権限を持つ（社会法典第四編三三条）。このような「自治立法権」はあくまでも代表者会議に固有のものであり、特別委員会などを設置してこれに委任することはできない。[17]他方、後者には日常的な業務を除く災害保険組合の管理及び司法内外での代表の任務が課せられ（社会法典第四編三五条）、日常的業務は理事会の提案により代表者会議が選出する事務総長（Hauptgeschäftsführer―通常一名）および事務長（Geschäftsführer―通常三名）が管掌する（同三六条）。理事は代表者会議の委員から選出され、代表者会議と同様に被保険者（労働者側）とメンバー（使用者側）の数につき対等に構成される。なお、理事会は、規約の定めあるいは個別的判断により、各理事に災害保険組合を代表させることもできる（同三五条）。

〈職務―損害塡補〉

保険事故（労災・通災・職業病）に対する本組合メンバーの人的（≠物的）損害賠償責任は、それがメンバーの故意によるか一般的往来で生じたものでないかぎり、本組合に承継される。従って、被災被保険者およびその遺族の、組合メンバーおよび加害者たる共同雇用者に対する私的な損害賠償請求権（現物・現金給付請求権）は、この限りで排除される（法六三六条（現行社会法典第七編一〇四条（但し、六三六条四項部分は削除））、六三七条（現行社会法典第七編一〇五条、一〇六条（但し、六三七条一項：一〇五条一項、六三七条二項及び三項：一〇六条三項、六三七条四項：一〇六条一項、六三七条五項：一〇六条二項））。[18]ただし、災害がある者の故意または重過失により惹起されたにもかかわらず、法律または規約の定めにより災害保険組合が補償を義務づけられる場合、その者に対しては、組合の求償権が認められる（法六四〇条（現行社会法典第七編一一〇条）以下）。

保険事故に含まれる労働災害については既にライヒ保険法五四八条（とりわけ一項一文及び二項（現行社会法典第七編八条一項及び三項））に定義されているが、判例学説の蓄積を経て、現在ではおおよそ次のように具体化がなされている。すなわち労働災害とは、「法的災害保険の被保険者が事業活動に従事する際に被る、突発的で、身体障害を生ぜしめる、短時間の、かつ外部からの現象である」[19]、と。

この他の保険事故の中でとりわけ重要な意味を持つのは職業病である。一九二五年には既に設けられていたライヒ保険法五五一条一項（現行社会法典第七編九条一項）は、職業病について、「連邦政府がその法令に規定し、被保険者が法定の保険活動範囲で被った疾病である」、と定義し、法技術的に通常の労働災害とは異なった扱いをしている。すなわち、被保険活動との因果関係の立証が困難な職業病については、それが大量観察方式など比較的緩やかな条件で医学上認識される限り、社会政策的判断からリストアップされるのである。[20][21]このような職業病リストは、法五五一条一項（現行社会法典第七編九条一項）と同年に設けられた職業病に関する命令（Berufs-krankheiten-Verordnung（RGBl. 2 S. 69）に続く一連の改正令（最新改正：九七年一〇月三一日（BGBl. 1 S. 2623）※この改正は、主としてライヒ保険法の社会法典第七編への統合に基づく、同命令の根拠条文の変更によるものである）に記載され、九七年改正を経た九九年九月時点では六七の疾病類型が挙げられている。さらに一九六三年には、ライヒ保険法五五一条二項（現行社会法典第七編九条二項）に「開放条項（Öffnungsklausel）」が設けられ、一定の要件（一項に挙げられた疾病のリストアップ要件以外の要件）の充足を条件として、災害保険者独自の判断により、リスト外の疾病を個別的に職業病として損害塡補することが可能となった（因みに本開放条項は、新社会法典第七編への統合に伴い、一定の要件充足に際しての認定について、sollen との表現が haben zu～へと変更されている）。[22]このような損害塡補対象領域の拡大は、申告対象領域の拡大とも連動しており、例えば職業病に関する命令五条（現行社会法典第七編二〇二条）は、職業病の存在を裏付ける「合理的な疑い（begründete-Verdacht）」があれば、申告の対象となる（※但し、本条の定める申告は、医師もしくは歯科医に限定された義務でありなおかつ権限である）旨定めている。さらに、彼国では、上記ライヒ保険法上の災害保険組合の職務権限に対応して、被保険者本人も、かかる申告をなすことができると解されており、現実もそれに沿った運用がなされている。[23]こうした入口と出口の制度的改善が、労働災害全体の申告件数の減少傾向にあって、[24] 少なくとも申告件数の飛躍的増加（詳細は第二部第一章を参照）に幾分かの寄与を果たし得たであろうことは、統計上も明らかなものと思われる。

他方、災害保険組合が保険給付決定手続に要する期間については、伝統的に批判が多い。統計は若干古いが、一九七八～八〇申告年度にかけて一部の職業病について集中的に行われた調査では、申告後一年半を経ても処理された手続は半数に達しなかったとされ、[25] 保険組合の年次報告を見る限り、現在でもこの状態は十分に改善されてはいないようである。[26] ここでは、災害保険組合が職権により決定手続を遂行するにあたり（社会法典第四編一九条―同第一〇編二〇条および第一編一七条の関連規定）、事実の鑑定を行う資格・能力を有する社会医学や産業医学の専門家が極端に少ないことなどが原因として指摘され、現実にも災害保険組合と専門医療との連携・協力体制の構築が模索されている。[27]

災害保険組合による保険給付費用を含め、法律上同組合に委ねられた職務をまかなう必要経費は、そのメンバーである事業主のみがこれを負担することとされている（ライヒ保険法七二三条（現行社会法典第七編一五〇条、一五一条（但し七二三条一項：一五〇条一項、七二三条二項：一五一条））が、各経営ごとの具体的な保険料は、凡そ以下の事項を計算要素として算出される。①各産業ごとに「各事業部門（Gewerbszweig）」の災害危険レベルが具体化された「災害危険度一覧表（Gefahrtarif）」（同七二五条一項（現行社会法典第七編一五三条一項、一六七条一項）、七三〇条（現行社会法典第七編一五七条一項））、②「個別経営ごとに」支払われた賃金総額（同七二六条（現行社会法典第七編一五三条二項及び三項）以下）、③「個別経営において」過去に生じた災害の数・程度（同七二五条二項（現行社会法典第七編一六二条一項及び二項））。[28] このうち①の「災害危険度一覧表」とは、具体的には、各事業部門の被保険者の賃金総額と補償給付額を対比して導かれる「災害危険率（Gefahrklasse）」を産業毎にまとめて整序したもので、各「事業部門」ごとの「一般的な」災害危険レベルが表されている。[29]このような計算要素に基づく保険料の調整は、当然のことながら事業主に災害予防へのインセンティブを与えることを目的としており、その計算方法、計算要素は、災害保険組合の災害予防政策の一環として常に見直しの対象とされている。

〈職務——災害予防など〉

法的災害保険者のなすべき職務の中でも、ライヒ保険法五四六条（現行社会法典第七編一四条一項一文）の定める災害予防（および緊急活動）は、今日の優先的課題とされている。しかし、災害予防の法的性格を論じれば、それは給付的性格を有さず、したがってこれにより利益を受ける者になんら公法上の請求権をもたらすことのない「行政行為」である、[30]といわなければならない。

災害予防の本質は、労働災害および一定の職業病の積極的な一般的、特定的予防にあることから、その目的は「危険因子の発現と進行の抑制（die Verhinderung schädigender Ereignisse und Geschehensabläufe）」という根本的課題へと向けられる。[31]ここで、「危険因子の発現と進行」を抑制する基本的手段が、ライヒ保険法七〇八条（現行社会法典第七編一五、一六条（但し七〇八条一項一文一号ないし三号：一五条一項一号ないし三号、七〇八条一項一文四号：一五条一項六号、七〇八条二項三文：一五条五項、七〇八条三項：一六条一項、七〇八条四項：一五条三項））にもとづく災害予防規則の制定、および同法七一二条（現行社会法典第七編一七条及び一八条、二〇条（但し七一二条一項：一七条一項、七一二条二項：一八条一項、七一二条三項一文：一八条二項、七一二条四項：二〇条））にもとづく技術監督官による監督、指図であること、これらの対象が医学的・心理的・教育的側面あるいは作業構成のあり方に至るまで様々な側面に向けられることなどについては既に述べてきたところであるが（とりわけ第二章第一節第三款参照)、その手段は必ずしも直接的な予防措置に限定されるわけではない。たとえば職業病に関する命令三条一項には、被保険者に職業病が発生・再発する危険がある場合にとられる個別的予防措置につき定めがあるが、これには被保険者の晒される危険因子の除去とともに、経過措置として彼の所得減少分あるいは経済的不利益の補償も含まれる。また、ライヒ保険法七一二条(同前)は、災害保険組合に属する技術監督官が営業監督官と同様に、経営の災害防止監督(予告なしの経営査察も含む)に加え、メンバーへの勧告・相談を行いうること(二項一文(現行社会法典第七編一七条一項一文))、一定の要件にもとづき事業所医・労働安全専門職員の選任を命じうること(一項二文(同前二文、但し一五条も関連))などを定めている。

さらに、災害保険組合は一九九三年一一月、同組合による現実的な災害予防活動の必要性、目的、領域を明確化するため、「労働安全衛生:災害保険組合による災害予防コンセプト」と題する次のような将来構想を発表し、その活動内容の多様性、領域の拡がりを再確認した。

「(1) 一九七八年五月三〇日にメンバー会議(Mitgliederversammlung (1/78))で決議された、「労働安全領域における自主管理・その目的に関する宣言書」を出発点として、

(2) 一九九〇年六月一二・一三日にメンバー会議(1/90)で決議された「新技術と労働保護」と題する課題目録およびこれに含まれる宣言(※内容:新たな作業手順及び作業内容に対応する専門的対応の拡大および技術監督官によるサポート)のさらなる展開の下で、

(3) ローマ条約一〇〇条(a)に端を発し、一九八五年五月一七日のEC理事会決議を直接の根拠とする、技術的調和および規制への新たな取り組み、またこれに必然的に伴う災害保険組合の立法への影響の結果として、

(4) 一九八九年EC基本指令(Amtsblatt der EG 1989, Nr. L 183/1)」を基礎とする労働保護基本法草案(※

第二章第一節第一款〈新労働保護法〉参照）およびその内容となる包括的労働保護のための取り組みを考慮し、(5) ライヒ保険法に形成された災害保険組合の災害予防の任務が、労働災害および職業病を超えて拡大されるべき、との視点で、

労働者の生命・身体に対する基本権の実現に寄与すること」（※傍線部筆者）。

以上の方針に従い、現在災害保険組合の規約などに具体的に定められ、実施されている定型的な災害予防活動の内容には次のようなものがある。(1) 事業主との相談、彼らへの啓発、(2) 各経営ごとの労働保護措置の監督、(3) 経営内の各目的集団への情報提供・教育、(4) 技術的労働手段および個人的な安全防護具などの検査、(5) 職場危険及び作業上の負荷などの調査・分析・評価の推進、実施ほか。[32] とりわけ職業病予防の領域では、災害保険組合の総合的災害予防制度を定立した災害予防規則総覧第一〇〇編（VBG 100：vom 1/4/93）を基礎として、化学産業災害保険組合を中心に、以下のような積極的活動が重点的になされている。[33] ① 組合が特に注目した活動領域にある者（八〇―九〇年代にかけては硫酸製造（砒素による肺ガン危険）従事者、アスベスト―セメント産業（肺ガンおよび珪肺症危険）従事者など）を対象とする組織的な健康診断の実施。[34] ②とりわけ重大な疾病に関する未確認統計の作成（法定の職業病とは別に、先述した合理的疑いのあるレベルのものも算入）。③ 災害保険組合指定病院連合協議会（Gremium der Vereinigung Berufsgenossenschaftlicher Kliniken-VBGK）、大学の研究機関を通じた職業病の専門研究、治療体制の確立など。

〈自主管理的運営における現実的問題点〉

既に述べてきたように、災害保険組合は少なくとも法形式上、社会保険選挙を通じて選出された労使代表者に

よって、対等決定原則に則って運営される自治的組織である。しかしながら、その現実的運営に際しては、労使間の様々な利害関係の絡みから数々の問題点が表出している。以下においては、八六年当時ＤＧＢ（ドイツ労働組合総同盟）の社会政策部長コンスタンチーの指摘を整理・列挙し（Konstanty, Reinhold, Inhalt und Strategie gewerkschaftlicher Politik bei den gewerblichen Berufsgenossenschaften, Mitbestimmung (1986), S. 543ff.）、もって彼国において実務的に認識されている災害保険組合の職務に関わる基本的問題点の抽出を試みる。

まず、その構造的問題として挙げられるのは、災害保険組合に課せられた総合的災害予防の職務の持つ多面性と使用者側の抵抗の図式である。これを額面通り遂行しようとすれば、同組合の活動は、安全技術、危険有害物質、作業体制、作業手順、労働時間、労働テンポ、職場内社会心理学的環境など多面的領域へ向けられ、従って経営を圧迫する事態も多々生じうる。その結果、形式的には対等決定制度を有する災害保険組合の運営は、「調整の行き詰まり（Abstimmungspatt）」を恐れて使用者側の意向に添う形で決定されやすい。このような結果を見越して労働者側が自ら危険状態の申立を控える場合さえあり得るという（Kontanty, a. a. O., S. 544）。

次に、災害保険組合の執行部が日常的業務の遂行過程で実際上優勢な支配力をもつ使用者側の意見を尊重したり、労使間の交渉で「なれ合い」が横行したりする実態も報告されている。利害対立の図式を揺るがす交渉の「なれ合い」により、保険組合内部の審議内容は外部に漏れずに済むが、社会保険選挙のメリットは実質的にほとんど奪われてしまうこととなる（Ibid.）。

第三に、災害保険組合の重要な政策決定が、代表者会議の決定を経ずに行われている事実も指摘されている。例えば、同組合による職業病の損害塡補に関する基本方針の決定は、もっぱら中央商工業災害保険組合連合会内部の職業病管理委員会（Verwaltungsausschuß “Berufskrankheiten”）に委ねられ、この委員会の議事録は、閲覧を希望する理事にさえ、公開を拒否されている。しかも、直接的な法規制の及ばない保険組合内の各特別委員会の構成は、産業側のメンバーへの偏りが目立ち、労働者側で参加を許されるのはＤＧＢの正規代表者ぐらい、との指摘もある（Konstanty, a. a. O., S. 544, 545）。

第四に、災害保険組合の作成する災害予防規則が、まさに「災害」予防という狭い歴史的概念にとらわれており、職業病およびそれと同様の疾病領域への規制の展開が遅れている。これと基を一にして、職業病領域における同組合の損害塡補が不十分であり、例えば二〇年近くにわたり過酷なアスベスト粉塵の被害に遭ってきた労働者においてさえ、その保険支給率が僅かであった、との報告がなされている（Konstanty, a. a. O., S. 545, 546）。

以上のような問題点を踏まえ、コンスタンチー自身が提起する問題解決への視座は以下の通りであり、現在災害保険組合と労働組合はこれらの実現へ向けて、一定の取り組みを行っているようである。[35] ①災害保険組合の業務における公開制の確保。②労働者自身による災害保険組合への積極的提案、申立。③労働者団体・各利益団体などによる国家政策領域への圧力。④ＤＧＢなどの労働組合による職場におけるとりわけ健康被害防止対策の推進など。

なお、コンスタンチーは、この論文が書かれた八六年以降の一定期間、災害保険組合の抱える以上のような構造的問題点を受け、ＤＧＢを始め各労働組合の傾注すべき災害予防活動について、次のような項目立てを行っている。これらは、今日なお十分に達成されておらず、各年度に災害保険組合及び労働組合双方が立てる安全衛生上の目的と多くが共通していると思われることから、一定範囲で以下に掲げることとする。

①「災害」および「疾病」危険の予防に際してより大きな効果を挙げるための安全技術および人間工学の進展。

②　身体的、神経的、心理的な過剰負担、過密スケジュールによる圧迫感、時間外労働、労働テンポなどが職場あるいは作業環境における技術的条件と相まって生じる災害および疾病危険の抑制。

③　職場で使用する危険有害物の影響による疾病の予防。ここでの関心の対象は、呼吸器、肋膜および腹膜、膀胱、血液および血液分泌器官、消化器系統、腎臓、肝臓、骨髄、神経系統および脳における悪性腫瘍等である。

④　なお解明の不十分な光線照射の人体に及ぼす影響の解明と予防。ここでとりわけ問題となるのは、放射線、電磁波の磁力圏、レーザー光線、マイクロ波および赤外線、紫外線などである。

⑤　生物学的危険に対する厳格な対抗措置、とりわけ遺伝子工学的手段の開発。

⑥　騒音により生じる健康被害の防止。この場面では、騒音による難聴に加え、神経系統および心臓循環器系統の疾病が特に配慮されなければならない。

⑦　全身の振動およびその他の振動作用による脊柱および関節の疾病要因の一掃。

⑧　身体的な重労働、強制的な姿勢、偏った作業工程や身体を磨耗させるような作業工程による運動機能障害の予防。

⑨　深夜労働、交替制労働など労働構成のあり方を原因として生じた心臓循環器系、神経および精神疾患への対応。

⑩　多重的な作業負担の除去による災害および作業関連疾患の予防。

⑪　とりわけ中小規模経営支援のため、責任保険組合調査・分析センターの連邦規模でのネットワークを創設すること等。

第二款　災害予防規則

〈旧ライヒ保険法七〇八条、七一〇条〉

旧ライヒ保険法七〇八条は、以下のように規定していた。

「① 災害保険組合は、以下の事柄に関して規則を制定するものとする。

一　事業主が労災予防のためになすべき設備、指図、措置

二　被保険者が労災予防のため遵守すべき行為

三　被保険者自身および第三者に対する著しい災害衛生危険を伴う労働への就業開始前に実施さるべき被保険者の健康診断

四　事業主が、事業所医、安全技術者およびその他労働安全専門職員に関する法律（※労働安全法）上生じる義務の履行のためなすべき措置

本規則は、災害保険組合の代表者会議により決定される。

② 本規則は、一般的に公示されなければならない。規約に定める災害保険組合の広報誌における公示は、本規定にいう一般的な公示にあたる。災害保険組合のメンバーは、この規則および法七一〇条の定める過料につき通知されねばならず、また自ら被保険者へ通知する義務を負う。

③ ……（省略）……

④ 本条一項一号ないし三号の規定は、鉱業監督官庁の監督下にある企業に対しては適用されない。ただし、（※鉱業災害保険組合は、）七一九条五項に基づき、かかる企業に対して安全管理委員（※詳細は第五章第二節第一

款を参照）の定員数につき災害予防規則を制定する権限を失うものではない」。

他方、旧法七一〇条は、以下のように規定していた。

「①災害保険組合のメンバーまたは被保険者でありながら、故意または過失により、七〇八、七〇九条にもとづき制定された災害予防規則に違反した者は、その規則が特定の構成要件に対して過料の定めを置く限りにおいて、秩序違反として扱われる。

②この秩序違反は、二〇、〇〇〇ドイツマルクまでの過料をもって罰せられうる」[36]。

なお、ここで本文に定める用語についての説明を加えれば以下のようになる。

第一に、七〇八条本文にいう「労災」には、ライヒ保険法五五一条一項一文が労働災害と職業病を同様に扱っていることから、当然に職業病も含まれることが留意さるべきである。

第二に、七〇八条一項一号にいう「設備（Einrichtung）」との文言は非常に広く解釈されており、操業中の動力装置に付される安全装置などの一般的な技術装置をはじめ、例えば非常口、保護区画の設置などの建築上の構造、警戒標識の設置や床からのくぼみの除去など、災害予防を目的とするあらゆる物的手段が含まれる[37]。

第三に、「指図（Anordnung）」という概念もまた広く解釈されており、これには、例えばヘルメット着用、安全靴の使用に関するもののほか、災害防止を目的として発せられる一般的なあるいは特定的な指示の全てが含まれる[38]。

第四に、「措置（Maßnahme）」という文言は、災害予防を目的として考え得るあらゆる行為を指す、と解されている。典型例として挙げられるものには、以下のようなものがある。①経営における安全組織の設置、②経営指導者の災害予防教育、③災害予防フィルムの上映、④災害予防フォーラムの開催を目的とする従業員集会の開催、⑤その他安全な作業手順の形成を目的とする規制等々。[39]

第五に、七〇八条一項三号にいう「著しい災害衛生危険」とは、「全ての業務活動に存在する通常の危険を超える災害衛生危険」を意味し、これが存在するか否かは個別的に様々な事情を勘案した上で判断されることとなる。例えば、労働者個人に宿る基礎疾病から「著しい災害衛生危険」が発現した場合には、本条の適用はなされないとされる。[40]

第六に、同じく三号にいう「就業開始前に実施さるべき被保険者の健康診断」とは、通常「採用時検診」を意味するが、その他管理上必要な診断も当然に含まれる。健康診断にかかる費用の負担者についてライヒ保険法に定めはないが、現実には、その全部・一部を災害保険組合が負担したり、企業が負担したり、と様々な慣行が存する。[41]

第七に、七〇八条二項にいう、災害保険組合のメンバーおよび被保険者に対する「通知（Unterrichtung）」とは、「公示」とは異なりより広範囲にわたる。すなわち、「公示」に際しては、災害予防規則が一定の形式で全文掲載されれば十分だが、「通知」の場合には、その内容が一般的に理解できるよう示されねばならない。[42]

第八に、七一〇条一項にいう「過失」の定義については、それが民事法上のものか刑事法上のものか、あるいは危険性の高い労働では違反があれば当然にその存在が肯定されるか（一般的には否定される）、自ら選任した者の過失を事業主との関係でどう捉えるか（一般的には事業主は独自の監督義務から共同責任を問われる）など様々な点で議論が錯綜しており、このような議論のはじまりは、一九七四年刑法施行法による改正以前に、この文言が「重過失」とされていた時期にまで遡る。[43]

第九に、同じく一項にいう「違反」との文言については、たんに違反行為があれば十分であり、その行為により災害が生じたか否か、あるいは具体的危険が生じたか否かは問われない。一つの違反には通常一つの秩序罰のみが決定されうるが、秩序罰に「一事不再理の原則（ne bis in idem）」は当てはまらないため、刑事罰との関係においても複数の秩序罰との関係においても、同原則とは関係なく処罰がなされうる。(44)

以上のごとき根拠規定をもって、災害予防規則は災害保険組合による以下のような手続を経て制定され、秩序罰の脅威を背景にその履行を確保される。このことは、かかる規定が九七年に発効した新社会法典第七編に統合された後においても基本的な変化はない（対応する現行社会法典第七編一五条及び二〇九条について巻末参照。但し、同規定において災害予防規則は明確に「自治的法規」であると宣言され、また同規則の規制対象領域としての健康診断に関する定めが充実化されている）。なお、この際徴収された過料は災害保険組合に納入されることとされている点に留意する必要があり、一九九四年の統計で、その納入額は商工業災害保険組合全体で一八七万二四三四ドイツマルクに達している（ただし、七一〇条および七一七条(a)一項に基づく過料の合計額(45)――とはいえ、これは同年における同組合収入全体三一億四八五一万六二九〇マルクの〇・〇六％に過ぎない(46)）。

〈作成から発効まで〉

そもそも災害予防規則は、中央商工業災害保険組合連合会の中央災害予防局（Zentralstelle für Unfallverhütung）の特別委員会において作成される。この委員会には、①中央機関の代表者のほか、②規制対象領域を専門的に担当する技術監督官、③連邦労働社会相の代表者、④営業監督、⑤規制対象領域にある設備の製造者・利用者、⑥使用者側の専門家組織、⑦労働組合の代表者、がそれぞれ属し、必要に応じて当該領域に知識経験を有する専門家が招聘されることもある。特別委員会における審議終了後、この規則案は「中央災害予防局の草案」

として、個々の代表者会議での審議のため関係する各災害保険組合に送付されると同時に、予備審査のため連邦労働社会相へも送付される。ここで特筆すべきは、連邦労働社会相が草案を受け取り次第、これを各ラントへ回送、その意見を聴取し（ライヒ保険法七〇九条二文（現行社会法典第七編一五条四項二文））、各ラントはその地域内にある営業監督機関に草案を分配することである。これは、営業監督機関にとって災害予防規則が（かりにそれが大臣の認可を経れば）営業法一二〇条(a)（現行：削除―新労働保護法三条等に統合―）に基づきそれが事業主に課す要件基準としての機能を果たすからに他ならない。[47] 他方、関係する災害保険組合の代表者会議で決定された災害予防規則は、予備審査の結果に応じて連邦労働社会相の認可を受け（ライヒ保険法七〇九条（現行社会法典第七編一五条四項））、旧ライヒ保険法下においては、公示されることとされていたが（同法七〇八条二項一文）、現在この公示を定める規定は削除されている。ここで、何故かかる規定が廃止されたかについては必ずしも明らかではないが、おそらく、かかる事項については旧ライヒ保険法七〇九条及び七〇八条二項三文を受け継ぐ現行社会法典第七編一五条四項及び五項の趣旨から明らかであって、あえて繰り返す必要もないと考えられたことによると思われる。その公示の実施手段については、旧ライヒ保険法下においては、本来規約がこれを定めることとされていた（同法六七一条一〇号（やはり現在は削除されている）（※なお、商工業部門から制定された災害予防規則は、通常、中央商工業災害保険組合連合会の刊行する災害予防規則総覧（Sammlung der Unfallverhütungsvorschriften（VBG-Sammelwerk））に閉じられている））が、それでは不十分とする立場から、ラオターバッハは以下のように述べていた。「災害予防規則は規範的性格を与えられていることから、規約に特段の定めのない場合には、その全てが連邦法律広報に掲載されるべき」であり、またその公示が規約の定めにより災害保険組合の広報誌によってなされた場合にも、「特定の災害防止規則が公示された事実が官報に掲載される必要があるか否かについて、別途検討を要する[48]」と。

〈法的性格〉

―一般法規性―

以上の手続を経て公示された災害予防規則は、本来的には、災害保険組合のメンバーおよび被保険者のみに対して拘束力を有し、規範的性格（normativer Charakter）を認められた「自治的法規（autonome Rechtsnorm）」である[49]。一九五〇～六〇年代の裁判例では、本規則の対象者がこのように限定されていることからも、例えばＢＧＢ八二三条（不法行為に関する規定）二項にいう保護法規には該当しない、などその一般法規性を消極的に解する判断が支配していたが、その後多くの法規においてこの規則を明確に違法性判断基準として採用するものが現れ（例えば機械器具安全法三条一項二文、四条二項、職場に関する命令三条一項）、またこれらの法規がＢＧＢ八二三条二項の保護法規に該当する場合も多々あることからも、その保護範囲は遍く第三者へも拡大していった[50]。

なお、元中央商工業災害保険組合連合会会長ラオターバッハは、一九六七年の時点において既に、災害予防規則のもつ以下のような特質を指摘し、それがたんに事業主・被保険者の範囲を超えた一般的効果を有する旨力説していた[51]。

① 災害予防規則は、経営を対象とする国家労働保護法規と同様に、先ずは人間の安全衛生という「公益」を目的として、次に災害保険者あるいは事業主の「財産的利益」を目的として発令されるものである。

② 災害予防規則は、当該事業で得られた経験を公権力によって確定、結集したものであり、今後生じうる災害の可能性を総合的に予測した結果に他ならない。

③　災害予防規則は、典型的な災害要因を一掃するためにとられるべき措置をまとめたものである。例えば過去のライヒ裁判所判例（BG（1931), S. 42）では、建設業災害保険組合の制定した災害予防規則が「一般に承認された技術規定」とみなされた例も存する。

—最低基準性—

次に、やはりラオターバッハによれば、災害予防規則は、災害防止のため遵守されねばならない最低基準規定に他ならない[52]。そしてこのことは、以下の如き事柄を意味する。すなわち、第一に、半ば当然のことではあるが、事業主は、違反当時災害予防規則を知らなかったことをもってその責任を免れることはできず（OLG Celle vom 16. 10. 1957, VersRecht (1958), S. 65）、また、自らに違反が存する限りにおいて、結果として災害が第三者の軽率な行為により惹起されたものであっても、災害の発生が予見できなかったとの主張によることもできない（Ibid；BGH vom 24. 6. 1953, BG（1953), S. 401）。第二に、災害予防規則の解釈は事業主の裁量事項ではなく、法に定める他の手段によっても同様の効果が期待される場合に例外的に定められる逸脱条項（abweichende Zulassung）のない限り、事業主に規則の逸脱は認められない（RGZ, Band 95, S. 240）。他方において、本規則は事業主の経営における注意義務に限界を設けるものではなく、また事業主が災害予防のための適当な措置を実施するに際して独自の創意工夫や注意を免じるものでもない。従って、事業主が特定の経営危険を排除する災害予防規則に違反し、その結果として災害が発生した場合、まず、その災害はその規則を遵守していれば回避されたであろう、との推定が働き、これを覆すのは事業主の責任とされる（BGH vom 13. 7. 1965, Kartei Nr. 5983 zu § 708；OLG Frankfurt am Main vom 10. 3. 1964, Kartei Nr. 5452 zu § 708；Kammergericht vom 12. 2. 1963,

Kartei Nr. 5119 zu §640)。

このように見てくると、災害予防規則という規約が、公法上の社団としての法的性格を有する労使自治による自主管理的組織、災害保険組合によって法に定める範囲において、また国家労働保護機関の認可を受けて制定、公示される、という限りにおいて、国家労働保護法規に極めて類似した性格を与えられる、ということにもそれなりの合理性が認められるように思われる。(53) そしてこのことは、以下に掲げる一九七六年連邦労働裁判所判決(BAG (Urteil) vom 10. 3. 1976, 5 AZR 34/75, AP Nr. 17 zu §618 BGB) において、国家統治機構の明確な宣言を受けることとなるのである。災害予防規則の法的性格を知る上で残された重要な検討課題としては、本規則が労働契約との関係でいかなる意義を有するか、の解明が挙げられるが、本判決は、災害予防規則と国家労働保護法規を同列に位置づけたのみでなく、この両者が労働契約法たるＢＧＢ六一八条の定めを介して労働契約を律すると解した点でも斬新なものであり、当時の学界の注目を大いに集めることとなった。

(1)　事　案

原告（被控訴人、被上告人）は、被告（控訴人、上告人）の下で就労する大工であり、被告との間で次のような内容を約する経営協定を締結していた。①作業中は安全靴を使用しなければならないこと、②使用する安全靴の購入費用については、最初の一足につき半分、それ以降につき四割を使用者が負担すること、③この協定は双方当事者によりいつでも解約され得ること。被告は、この約定に従って靴一足を原告に引き渡し、その負担部分をその給与から差し引いたが、原告はこれに納得せず、このような経営協定は、次のような災害予防規則の規定に違反するものであると主張して、差し引き部分の支払を求めるとともに、一審の手続中にこの協定を解約した。

災害予防規則総覧第三六編

四条二号「建築現場で就業する者に対しては、（頭部保護具、安全靴などの足部保護具などの）必要な安全装備が準備（bereithalten）され、常に利用可能な状態にされていなければならない」。

一二条三号「被保険者は、準備された個人用防護具の使用を義務づけられる」。

これに対し被告は、被告が原告の給与から協定で定めた額を差し引いた時点では協定は有効に作用していたことを当然の前提として、次のように反論し、訴えの棄却を求めた。第一に、原告の主張の根拠である災害予防規則は、ただ個人用防護具の「準備」を要求しているにすぎず、その費用負担まで要求するものではない。第二に、協定に定められた安全靴は、労働時間外にも用いられ、自宅に持ち帰ることも許され、労働者自身がそのメンテナンスに責任を感じているなど、事実上被告の所有物として扱われている。一審および原審は、原告側請求認容の判決を下したため、被告側が上告。

(2)　判旨：上告棄却

「本件においては、災害予防規則の定めが災害保険組合のみでなく、労働者に対しても、使用者を義務づけることについては両当事者に争いがない。災害保険組合の制定する災害予防規則は、それが労働契約上の取り決めの対象として適当である限りにおいて、国家労働保護法と同様、労働者に対する使用者の義務にならんで使用者に対する労働者の義務をも根拠づけるものである(54)」。

「国家労働保護法および災害予防規則の定めは、ＢＧＢ六一八条、営業法一二〇条(a)に基づき使用者に課される配慮義務の内容を具体化する（※傍線部筆者）。この配慮義務は、労働保護法規により使用者が労働者に対してなすべき義務をこれに含み、ＢＧＢ六一九条に基づき、これを逸脱する当事者間の取り決めを排除する」。

「ＢＧＢ六一八条、営業法一二〇条(a)に基づく義務の履行に関連して生じる費用を使用者が負担すべきことは明らかである。これは、使用者の経営の所有者としての地位から当然負うべき負担だからである」。

さらに本判決は続けて次のような趣旨を述べる。

「(※使用者は、労働者が協定により負担するのは、これによりかかる費用の一部のみであるばかりでなく、その利用上の利益も得ていると主張するが、(括弧内筆者)）本件で問題となるのは、労働保護法上要求される個人用防護具に被用者が費用負担する取り決めが合法的か否か、という点に他ならず、したがって、使用者がＢＧＢ六一八条、営業法一二〇条(a)により要求される設備や規制を行う義務の存否およびその範囲は問題とはならない。確かに、原告の行う主張がいついかなる場合にも肯定されるかは判断できず、労働者の一部費用負担が正当化されるか否かは、事実に即して判断されなければならないが、本件では、これを特に正当化すべき事由も見当たらない」、と。

このように、本判決は災害予防規則を含めた労働保護法規が労働契約の内容となること、そしてこの際、ＢＧＢ六一八条およびその原型となった旧営業法一二〇条(a)の定める使用者の配慮義務を媒体とする法律構成がとられることを明言したはじめてのケースである。本判決の下される一六年前に発布された一九六〇年年少者労働保護法六条には、「本法および本法に基づき発令される規定により使用者に課される義務は、それが労働契約上の取り決めの対象として内容的に適している場合に限り、彼の就業者に対する労働関係上の義務としても効力を有する」との規定が既に設けられており、本判決は実際上、この規定の趣旨を災害予防規則を含めたその他の労働保護法規に拡大したものにすぎないとの評価も可能である。(55) ただし、この場合にも、立法者はあくまで年少者労働保護法の規範が使用者の労働契約上の配慮義務を具体化するものと考えていたのであって、本判決が、これらの規範の立法趣旨から直接に労働契約に対する直律効が導かれる、とするジンツハイマーなどが提唱する見解(56)を支持したわけではない点は確認されるべきであろう。

【注】

（1）Däubler, Wolfgang, Das Arbeitsrecht 2, 10. Aufl. (Hamburg, 1995), S. 239.

（2）Spinnarke, Jürgen, Arbeitssicherheitsrecht von A-Z, 2. Aufl. (München, 1992), S. 56-58.

（3）ドイツ災害保険法立案に至る過程、その趣旨については、成瀬治／黒川康／伊藤孝之『ドイツ現代史』（山川出版社、一九九二年）九六頁以下、近藤文二『社会保険』（岩波書店、一九六三年）八七頁以下ほかを参照されたし。また近年では、ビスマルクの労働者保険立法に関し、とりわけ疾病保険制度の特殊性に注目した本格的な制度史研究として、倉田聡『医療保険の基本構造』（北海道大学図書刊行会、一九九七年）の他、木下秀雄『ビスマルク労働者保険法成立史』（有斐閣、一九九七年）など、複数の優れた業績が発表されている。

（4）その内容は、各企業を産業危険別に分類し、同一危険集団ごとにそれぞれ保険基金をつくらせ、被害者に賃金の四分の一ないし三分の二の災害手当を支給する、というものであった（近藤・前掲（注3）書一一五頁）。

（5）すなわち、その内容は以下のようなものであった。①年収七五〇マルク以下の低賃金労働者―保険料の三分の二：雇主負担、三分の一：市町村の救貧基金が負担。②年収七五〇マルク～一二〇〇マルクまでの者―保険料の三分の二：雇主負担、三分の一：労働者負担、③年収一二〇〇マルクから二〇〇〇マルクまでの者―労使折半（以上近藤・前掲（注3）書九〇頁）。

（6）Lauterbach, Herbert, Gesetzliche Unfallversicherung, 3. und 5. Buch der Reichsversicherungsordnung, Band I-III, 3. Aufl. (Stuttgart, 1963-), S. 60.

（7）とはいえ、この法律によっても、①労働者は雇主の責に帰すべきものであることを挙証しなければ賠償が受けられなかったこと、② 事業主の加盟した保険会社ができるだけ保険金の支払を圧縮しようとはかったことなどから、実際上労働者が賠償を求めうる機会は極めて少なかった。近藤教授によれば、この雇主賠償責任法そのものの不備については、ビスマルク自身も早くからこれを認めており、その反省が第一次ドイツ災害保険法案に活かされたとされる（近藤・前掲（注3）書一一四頁）。

(8) Vogel, Walter, Bismarcks Arbeiterversicherung, Ihre Entstehung im Kräftespiel der Zeit (Braunschweig, 1951), S. 23. この文献を含め、二〇世紀初頭から後半までの独日の研究を参照しながら、ビスマルク社会保険の成立過程に関して「飴と鞭」的な理解をする従来の通説に変更を迫る近年の日本の研究として、例えば星真実「ビスマルク社会保険の制度的原型」中央大学大学院研究年報（一九九六年）第二五号九頁以下を参照されたし。

(9) 藤田伍一「ビスマルク社会保険の社会的必然性論」（一九七〇年）一橋研究二〇号四四頁参照。本研究も前掲星論文と異なる視点でビスマルク社会保険立法に関する通説の理解に疑念を示すものである。

(10) 第二次法案では、労働者負担はとりやめるが国庫負担は存続、また雇主に同業組合をつくらせて保険者とするがその自主的な運営は認めない、という内容であったため、これも資本側の同意を得られなかった、とされる（近藤・前掲（注3）書一二二頁）。

(11) Lauterbach, a. a. O. (Fn. 6), S. 55.

(12) BT-Drucksache, 13/6120, S. 40.

(13) ライヒ保険法六五八条二項（現行社会法典第七編一三六条三項）は事業主の定義を次のように定めていた。① 自らの会計上の責任で企業（経営、設備あるいは経済活動）を運営する者、② 営業とは関わりなく車両・輸送手段を保有している場合には、その保有者、③ 法五三九条一項一七号（現行社会法典第七編二条一項一五号）に関連するリハビリの実施者。

ちなみに、旧ライヒ保険法上は、事業主が災害保険組合のメンバーとなるためには、事業主名簿への登録がなされ（法六六三条（削除））、メンバー資格証明書を手交される（法六六四条一項二文（削除））必要があるとされていたが、現在この規定は削除されている。

(14)　Lauterbach, a. a. O. (Fn. 6), S. 925.

(15)　BT-Drucksache, 13/6120, S. 40, 41.

(16)　一九七六年社会法典第四編の定める社会保険者の自主管理に関する規定は、一九六七年社会保険自主管理法 (Selbstverwaltungsgesetz vom 23. 8. 1967 (BGBl. 1 S. 917)) の諸規定を引き継いだものである。現在の社会保険者の制度枠組みおよびその基底に存する自治の性格は、ここにおいて既に顕著に表されていた。

(17)　Lauterbach, a. a. O. (Fn. 6), S. 927.

(18)　保険事故としての認定を漏れた災害・疾病・あるいは物的損害については民事損害賠償請求のルートが残されており、さらにこのような場合義務違反と事故との因果関係についての被害労働者の立証責任負担は軽減あるいは免責されることとされている (BAG (Urteil) vom 8. 6. 1955, 2 AZR 200/54, AP Nr. 1 zu § 618 BGB ; BAG (Urteil) vom 27. 2. 1970. 1 AZR 258/69, AP Nr. 16 zu § 618 BGB ; LAG Köln (Urteil) vom 22. 1. 1993, AiB (1993), S. 393, 395) が、このような手段は実際には殆ど活用されていない、とされる (Bücker, Andreas/Feldhoff, Kerstin/Kohte, Wolfhard, Vom Arbeitsschutz zur Arbeitsumwelt : europäische Herausforderungen für das deutsche Arbeitsrecht (Neuwied, 1994), S. 13)。なお、労災保険の本質とは何かとの原点に立ち返り、使用者の個人責任との関係に重点を置いてドイツ法を中心に歴史的検討を加えたものとして、西村健一郎「ドイツ労働災害補償法の生成に関する一考察(一)(二)」民商法雑誌（一九七二年）六五巻四号五二八～五五八頁、五号七三三～七五六頁、同「ドイツ労災保険法における事業主などの民事責任」民商法雑誌六八巻一号（一九七三年）二三頁以下などを参照されたし。

(19)　Spinnarke, Jürgen, Sicherheitstechnik, Arbeitsmedizin und Arbeitsplatzgestaltung, 2. Aufl. (München, 1990), S. 42. なお、現在では新社会法典第七条一項が、かかる判例学説の考え方を踏襲して、同様の定義規定を置いている。

(20)　災害保険組合における保険給付認定手続では、職業病など因果関係の立証が困難な場合の立証責任も、原則的には労働者側に存するが、近年、被保険者の保護のため立証責任を転換する制度（① 表見証明制度—外形的な要件事実をもとに因果関係の成立を認める制度、② 危険等級適用制度―取り扱われている危険有害物、職業グループ、個々の活動及び職場ごとに類型化されたリストをもとに、被保険者の職場危険への接触を無条件に認める制度）が構築されつつあるという（Radek, Erwin, Aktuelle Probleme und Entwicklungen im Bereich des Berufskrankheitenrechts, NZA（1990）, S. 597）。

(21) Radek, a. a. O.（Fn. 20）, S. 592. 自ら化学産業災害保険組合の事務総長の職にあるラデークは、この論文において、① 職業病リストの追加登録に災害保険組合が尽力している点（S. 593）、② 法律上、医師（職業病に関する命令五条（現行社会法典第七編二〇二条））や事業主（ライヒ保険法一五五二条（現行社会法典第七編一九三条））、法的健康保険組合（ライヒ保険法一五〇三条（削除））にも職業病の報告義務が課せられているにもかかわらずこれが十分に履行されていないこと（S. 594）、③ 災害保険組合自身、職業病およびその疑いの申告があった場合には、相当徹底的な調査を行っていること（S. 595）、などを強調し、災害保険組合の職業病認定が制限的である、との批判に対抗している。

(22) しかし、Radek, a. a. O.（Fn. 20）, S. 593, 594 によれば、この手段はあまり積極的には用いられていないようである（若干古いが八七年の統計によれば、その事例の殆どは化学産業災害保険組合に集中しており、二項にもとづく産業全体の認定率が一〇％程度であったのに対し、化学産業では六八事例中一二事例が認定を受けた、とされる）。なお、ラデーク自身は批判的ではあるが、災害保険組合は、本開放条項の利用に当たり、七三年労働安全法によって導入された先述の「作業関連疾患」との概念を考慮すべきであるとの示唆もなされている。

(23) HVBG, Geschäfts-und Rechnungsergebnisse der gewerblichen Berufsgenossenschaft（中央商工業災害保険組合連合会が編纂した小冊子①）（1994）, S. 27.

(24) BT-Drucksache, 13/6120, S. 7.

(25) Radek, a. a. O.（Fn. 20）, S. 594.

(26) HVBG, a. a. O.（Fn. 23）, S. 60, 61.

(27) Radek, a. a. O.（Fn. 20）, S. 596.

(28) 災害保険組合は、事業主の災害予防への積極的動機づけの手段として、ライヒ保険法一五五二条一項（現行社会法典第七編一九三条一項）により報告義務を課せられた労災（死亡事故および三日を超える労働不能を導く傷害）の数、程度、費用などを計算に含めることも認められる。しかし、職業病や通勤途上災害は事業主による予防が困難あるいは不可能なため、その計算からは除外される（Spinnarke, a. a. O. (Fn. 2), S. 57）。

(29) Spinnarke, a. a. O. (Fn. 2), S. 57. なお、災害保険組合は災害危険度一覧表の中での位置づけを基に、各事業部門を複数の「災害危険グループ（Gefahrengruppe）」に分類し、労働安全法上の事業所医や労働安全専門職員の投入時間を算定する際の基礎としている（詳細は第五章第一節第三款を参照されたし）。

(30) Bley, Helmer/Kreikebohm, Ralf, Sozialrecht, 7. überarb. Aufl. (Neuwied, Kriftel, Berlin, 1993), S. 267.

(31) Ibid.

(32) Butz, Martin/Coenen, Wilfred/Hoffmann, Burkhard/Waldeck, Dieter, Arbeitssicherheit und Gesundheitsschutz : System und Statistik, in : die Broschüre von Hauptverband der gewerblichen Berufsgenossenschaften (1994), S. 36, 37.

(33) Radek, a. a. O. (Fn. 20), S. 595.

(34) 災害予防規則総覧第一〇〇編には、発ガン性のある危険有害物質の影響下にあった被保険者に継続的な健康診断を実現すべき規定が存する。これに基づき、災害保険組合はその他の災害保険者とも共同し、「事後検診のための組織的サービス（ODIN-Organisationsdienst für nachgehende Untersuchungen）」を実施している。

(35) この点は、Butz/Coenen/Hoffmann/Waldeck, a. a. O. (Fn. 32), S. 39ff. からも読みとることができる。なお、裏付けとして行ったハノーファー建設業災害保険組合でのインタビュー（九六年三月二六日）でも同様の印象を得た（事務長 Neumann, Michael 氏および事務次長 Brötje, Jürgen 氏より回答）。

(36) 一九七四年刑法施行法による改正以前には、災害予防規則違反が認められた場合、理事が秩序罰の決定を「行わなければならない」と定められており、その違反により生じた危険が軽微な場合にのみ秩序罰の決定義務が免除されていた。なお、ドイツ法におけるものを含めた秩序違反および秩序違反法に関するわが国における研究として、井戸田侃「行政法違反と犯罪」『犯罪と刑罰（上）』佐伯博士還暦（一九六八年）五三頁、神山敏雄「経済犯罪行為と秩序違反行為との限界」刑法雑誌（一九八〇年）第二四巻第二号一四九頁などを参照されたい。これら諸文献においては、秩序違反の判断及びその処罰が、あくまで行政政策的な配慮の下になされるものであることが明らかにされている。

(37) Lauterbach, a. a. O. (Fn. 6), S. 924/2.

(38) Ibid.

(39) Lauterbach, a. a. O. (Fn. 6), S. 925.

(40) Lauterbach, a. a. O. (Fn. 6), S. 926, 927.

(41) Lauterbach, a. a. O. (Fn. 6), S. 926.

(42) Lauterbach, a. a. O. (Fn. 6), S. 929.

(43) Lauterbach, a. a. O. (Fn. 6), S. 931, 932.

(44) Lauterbach, a. a. O. (Fn. 6), S. 932.

(45) ライヒ保険法七一七条(a)一項（現行社会法典第七編二〇九条一項（但し七一七条(a)一項一号：二〇九条一項三号、七一七条(a)一項二号：削除、七一七条(a)一項三号：二〇九条一項二号））は、七一四条一項二文（現行社会法典第七編一九条一項）の定めに反して権限を有する者の査察を拒んだ者（一号）、七一四条一項三文（現行社会法典第七編一九条一項）の定めに反して権限を有する者に化学物質のサンプルの提供を拒んだ者、サンプルの採取を妨げた者（二号）、七一二条一項二文（現行社会法典第七編一七条一項二文）もしくは七一四条一項五文（現行社会法典第七編一九条二項）に基づきなされた実行可能な指図に故意過失により違反した者（三号）を、それぞれ秩序違反として扱う旨定めていた。

(46) HVBG, a. a. O. (Fn. 23), S. 99.

(47) Lauterbach, a. a. O. (Fn. 6), S. 920.

(48) Lauterbach, a. a. O. (Fn. 6), S. 928.

(49) BGH (Urteil) vom 11. 2. 1953, BG (1953), S. 203 ; BGH (Urteil) vom 24. 6. 1953, BG (1953), S. 401. 先述した通り、現行法上は、新社会法典第七編一五条においてこのことは明文化されている。なお、より本質的に災害予防規則の法的性格を探究した旧ライヒ保険法適用下（※六三年災害保険改正新法制定時）の論考として、特にAndree, Richard, Die Unfallverhütungsvorschriften (Teil I II), DB (1963), S. 831-834, 866-868 を参照されたし。

(50) Lauterbach, a. a. O. (Fn. 6), S. 920.

(51) Lauterbach, a. a. O. (Fn. 6), S. 920/1.

(52) Lauterbach, a. a. O. (Fn. 6), S. 921. なお、本段落における本文掲載判例は、ラオターバッハのこの箇所での記述による。

(53) なお、ドイツ災害保険組合は、災害予防規則とは別に、同規則に掲げられた目的の達成手段についての詳細を定める以下の如き二種類の解釈規定を策定している。近年では、災害予防規則自体が一般条項的に設定される傾向が強まっており、その結果これら補完準則のもつ意義が相対的に高まってきている。その目的、内容、法的性格、違反の効果等については、Lauterbach, a. a. O. (Fn. 6), S. 924/1 において、およそ次のような整理がなされている。

(1) 準則（Richtlinie）　準則とは、技術の展開が著しく、これに対応する災害予防規則が未だ制定されていない設備、作業手順、労働機材などを対象として災害保険組合より策定される規定を指す。このような準則は、災害予防のための技術的条件、行為および経営の安全規制につき指針を与えるものの、法規範にあたるものではなく、準則違反を直接の根拠として秩序罰を科すことはできない。しかしながら、当事者がこの準則を知り、あるいは知るべきであった場合、これを遵守しないことは民刑事手続上過失と評価されることがある。また、十分な災害保護の実施のために準則の遵守が必要とみなされるようなケースにおいては、事業主がこれを拒んだ場合、災害保険組合からそれを遵守するよう個別的指図がなされ、既に述べたように（第二章第一節第三款）、この指図は秩序罰の裏付けを伴う。

(2) 実施規定（Durchführungsregeln）—実施規定は、災害予防規則に規定される要件の実施手段について、あくまで例示的に定めをおくものであるが、別に同じ目的に達し得る手段がある場合にはそれによることも可能である。しかしながら、特定の実施規定によって予め知り得た措置あるいはその他適当な措置が実施されず、これによって結果的に災害予防規則の規定する要件がみたされない場合には、その実施規定の不遵守を根拠に秩序罰が科され得るだけでなく、民刑事両手続において過失の構成要件としても認められる。加えて、災害保険組合の技術監督官は、その時点での技術水準に照らして、災害予防規則の要件を有効に充足することが他の手段では困難である場合等において、その災害予防規則の要件を提示するとともに、それに属する実施規定を「勧告」として挙げたり、場合によっては指図することもできる。

(54) ここで裁判所は、次のような学説を引用している。Hueck, Alfred/Nipperdey, Hans Carl, Lehrbuch des Arbeitsrechts, Band I, 7. völlig neubearb. Aufl. (Berlin, Frankfurt am Main, 1963), § 24 II und III, S. 143/144；Herschel, Wilhelm, Die rechtliche Bedeutung schutzgesetzlicher Vorschriften im Arbeitsrecht, RdA (1964), S. 11；Hueck, Götz, Anm. zu BSG AP Nr. 5 zu § 611 BGB Fürsorgepflicht；Söllner, Alfred, Arbeitsrecht, 5. Aufl. (Stuttgart, Berlin, Köln, Mainz, Kohlhammer, 1976), § 25 III, S. 180f.

(55) Herchel, Wilhelm, Anm. zu BAG (Urteil) vom 10. 3. 1976, BAG AP Nr. 17 zu § 618 BGB.

(56) 詳しくは、第四章第二節第二款を参照されたい。

第三節　経営協議会による共同決定

新たな労働危険に対応するための専門的規制を行うに際しては、産業別・地域別に締結される労働協約は勿論のこと、各経営ごとに締結される経営協定等といった自治的な規範による手段も残されている。とりわけ、その実態と要件においてわが国の労働協約と就業規則の性格を併せ持つ経営協定には、各経営固有の危険に対応して、国家労働保護法規および災害予防規則を迅速かつ詳細に具体化し、また任意の経営協定であればこれらの規定を超える内容さえ実現する可能性が開かれており、かような協定にとってそれが直接の目的であるかいなかはともかく、彼国においては、人間工学および労働科学的視点も含む「労働生活の人間化」の各経営単位での促進にとって、このような手段は必要不可欠と考えられている。(1) 前節で述べた災害保険組合による災害予防規則の制定（ならびに労働保護監督機関による法規命令、指図の発令）を労使自治による経営外災害予防規制と位置づけるとすれば、経営協議会と使用者による経営協定の締結（※これに至らない「規制の申し合わせ（Regelungsabrede）」も含む）は、さしづめ同じく経営内災害予防規制と位置づけることができるであろう。

現行経営組織法の中には、経営協議会の労働保護問題への関与を根拠づける規定として、①経営組織法八〇条一項一号（経営協議会による労働保護法規の一般的監督義務）のほか、②同八一条一項二文（使用者の労働者に対する労働危険教示義務）、③八七条一項七号（安全衛生に関する義務的共同決定）、④八八条一号（安全衛生を含む社会的事項全般に関する任意・補充的経営協定の締結）、⑤八九条（安全衛生に関する経営協議会と経営外労働保護機関、経営協議会と使用者間の協働）、⑥九〇条一項、二項（作業工程、作業手順、作業場などの計画段階における経営協議会への通知義務および同協議会の関与、ならびに労使双方の確定的な労働科学的認識の顧慮義務）、⑦九一条（作業条件に関する確定的な労働科学的認識違反が労働者に特別な負担を導く場合の経営協議会の義務的共同決定権）、⑧その他労働安全法、ライヒ保険法の諸規定などが存するが、以下では、これらのうち経営内災害予防規制を根拠づける複数の規定がいかに形成されてきたかを若干フォローし、しかる後、かかる規定の中でも最も基本的かつ重要な位置を占める八七条一項七号についてより詳細な検討を試みることとする。

第一款　経営内災害予防規制の歴史的展開

ビスマルク政権が終焉を告げて後の一九〇〇年頃、労働保護の領域における労働者の協働権（Mitwirkungsrecht）(2)は、「職工（屋根葺き職人）は、作業の開始にあたり使用者から革紐と共に、安全綱を提供されなければならない」、あるいは「酸性器材を扱う労働者は、軽量で使いやすく、耐久性のある耐酸服を提供されなければならない」などといった協約規定によって実現されていた（これらを総じて「労働者保護規範（Fürsorgenormen）」という）。ここで協約中の労働者保護規範には、以上のような個別労働者を対象とした規定の他、複数労働者を対象として人的・物的規制を行う集団的規範（betriebliche Solidarnormen）があり、実際の協約規定ではむしろこちらが多数を占めていたとされる。その集団的規範をさらに詳細に見ると、第一に、共同利用に供される作業・休憩場所、保護・作業器具等に対する物的規制を行う経営規範（Betriebsnormen）、第二に、労働者の編成、作業の割り振り、作業の構成等に関する人的規制を行う組織規範（Organisationsnormen）とに分類され、典型的には次のような規定として表されていた。経営規範としては、「使用者は、衛生的でかつ秩序的な作業空間の形成に配慮しなければならない」、といった一般規定の他、「店舗内で作業に従事する者に対しては、浴室が設けられなければならない、これが不可能な場合には、大衆浴場の利用券が支給されるものとする」、などの個別的規定。組織規範としては、「一〇名を超える労務者を擁する工場においては、服の修繕のためのミシン工が選任されなければならない」、「花崗岩や砂利の中の縁石の移動に際しては、必要に応じ、石積み工にこれを補助する者が加えられなければならない。とりわけ高さ四〇センチを超える縁石の移動に際しては、三名の補助者が加えられなければならない……」などである。(3) このように、ドイツ帝政時代の労働協約は、極めて基本的な枠組み規定を中心とする現在の労働協約とは異なり、かなり詳細な安全衛生規定を置いていたが、これを各経営レベルに転じて見た場合、労働者の協働の範囲は極めて限定されていたという。(4)「労働者の従属的な位置づけは当面拭い得ず、労働条件の改善や人間化はあくまで使用者の強い社会的責任感によってのみなされうるという認識を前提に、労使関係を家父長的なものとして構成し、それによって使用者に諸種の支配権を認めると同時に自ら支配下に置く者への配慮義務を課す」という産業封建化理論（die Theorie der Feudalisierung der Industrie）(5) を引き出すまでもなく、当時、技術的労働保護の領域は、協約規範が別個の定めを置かない限り、原則的には使用者の独占的な指揮命令権の下に留保されていたからである。(6)

これがヴァイマル憲法可決後の一九二〇年になると、同年発布された経営協議会法（Betriebsrätegesetz（RGBl. 1 S. 263））により、労働者の協働権は、経営協議会の共同決定権という形で経営内災害予防の領域に本質的展開を果たすことになる。

まず、安全な経営の確保と密接に関連する経営の秩序および労働者の行為に関する規則の発令は、これまでのところ旧営業法一二〇条(a)四項により独占的に事業主に委ねられていたが、事業主のこのような権限は、以下のような定めを置く経営協議会法六六条五号および七五条によって、経営協議会との合意、もしくは各ラントの管掌する公的機関としての調停委員会（Schlichtungsausschuß）―若干性格は異なるが、その機能の点において現行経営組織法上の仲裁委員会（Einigungsstelle）にあたる―の決定によってのみ行使することが可能とされるようになった。賃金その他、労使間の個別契約に基づく法律関係に対応する労働条件を労働関係の中核となる実質的労働条件とすると、経営秩序および経営における労働者の行動に関する労働条件は形式的労働条件と呼ばれ、ドイツでは、経営協議会法制定以来長きにわたり、前者を労働協約の管轄下に置き、後者を経営当事者間の協働、ひいては仲裁機関の拘束力ある裁定の下に置く考え方が支配的地位を形成していくこととなる。(7)

（法六六条）「経営協議会は次のような職務を有する。……五　現行の労働協約の範囲内で、本法七五条に従い、労働者に対する統一的な職務規定およびその修正を、使用者と共に取り決めること」

（法七五条）「本法六六条五号に基づき統一的な職務規定が取り決められるべき場合、使用者は、その規定が労働協約によるのでない限り、経営協議会に対して草案を提示すべき義務を負う。この草案について合意に達しない場合、双方当事者は、拘束的決定を下す調停委員会を召集することができる。この決定の効力は労働時間の長さには及ばない。

このことは、職務規定の修正の場合にも同様に当てはまる(8)」。

本規定生成の時点においても、労働者の行為および経営における秩序は制裁や教育研修により他律的に誘導されるものにすぎない、という社会政策上の立場と、災害予防の実効を図るためには労働者自身が使用者の提案に対して「人道的な根拠に基づく拒否（menschliches Versagen）」を行うとともに「みずからに課せられた責任（Eigenverschulden）」を果たすべきであるという労働科学の立場が対立していた。本規定は、このうち後者たる労働科学の示す見解に対応したものにほかならない。(9)

次に、経営協議会法六六条八号は、使用者に対する義務的協働権こそ欠いていたものの、経営協議会の経営内災害予防のための監督的・補助的機能について、「経営内における災害衛生危険の一掃に配慮すること、およびこの活動に際して提案、協議、情報提供によって営業監督その他の関係機関を補佐するとともに、営業監督によりなされた規制および災害予防規則の実施に努めること」、をその職務に掲げた。さらに法七七条は、使用者、営業監督もしくはその他関係機関の実施する経営内での災害調査に経営協議会の指名者が招聘されるべきことを定めており、これらの規定は、「労働者の役割を災害予防の目的からその主人公へと転換させるもの」として学説からも高い評価を受け(10)、現行経営組織法にも継承されている。

しかしながら、このような展開の兆しは一九三四年に至り、ナチスドイツによる経営協議会の解体により振出しに戻される。三四年国民労働秩序法（Gesetz zur Ordnung der nationalen Arbeit（RGBl. 1 S. 57））は、その二六条において、従来の就業規則（Arbeitsordnung(11)）に代えて経営指導者（Führer des Betriebs）―使用者―の一方的制定にかかる経営規則（Betriebsordnung）の制定を義務づけたが、続く二七条によれば、災害の予防は経営の秩序や経営内における従業員の行為などに並び、その経営規則の必要的記載事項と捉えられていた（第三号）。これにより、経営内災害予防に関する事項を含め、労働者の協働権は跡形もなく消し去られたわけだが、さらに注目すべきはその二八条である。これによれば、このような「経営規則」に定められた経営の秩序または安全義務の違反については、従業員に対する制裁（Buße）による科罰が許されるとされ、加うるに、それまでの営業法上置かれていた「就業規則」の違反に対する制裁の形態に関する制限（一八九一年営業法一三四条(b)二項）やその確定、手続、記録に関する規定（同法一三四条(c)二項、三項）に相当する規定も、完全に排除されていたのである(12)。

一九四五年、第二次大戦の敗北後の西ドイツ（ドイツ連邦共和国）は、四六年管理委員会法第四〇号（Kontrollratsgesetz Nr. 40 vom 30. 11. 1946 : Amtsblatt des Kontrollrats, S. 229 ff.）による国民労働秩序法の廃止に続き、五二年経営組織法（Betriebsverfassungsgesetz vom 11. Oktober 1952 (BGBl. 1 S. 681)）において[13]、経営協議会に再び労働保護の領域における義務的協働権を付与した。本法では、現行七二年法八七条一項七号に存するような一般的な安全衛生事項については法五七条[14]の予定する任意の経営協定に委ねられていたが、その五六条一項(f)に次のような定めを置くことにより、経営の秩序および労働者の行為について再び義務的な協働権を設定するに至った。「経営協議会は、別個の法規または協約規定の存しない限り、次の事項について共同決定を行う義務を負う。……(f) 経営の秩序および経営内における労働者の行為の問題」。さらに本法では、二〇年経営協議会法六六条八号に盛り込まれていた国家労働保護機関などに対する経営協議会の補助的機能もその五八条に復活することとなった。

こうした流れを引き継いで、経営内災害予防領域への労働者代表組織の法制度上の本格的展開を実現したのは、他ならぬ七二年経営組織法（Betriebsverfassungsgesetz vom 15. Januar 1972 (BGBl. 1 S. 13)）である。そもそも七二年法は、五二年法の施行以来一八年間に生じた経済的、技術的、社会的変化によりもたらされた経営の実状と法的規定との乖離に対応するため、次のような点に重点を置いて編纂されたものである[15]。①経営内における労働者の個別的権利規定—通知受領権（Unterrichtungsrecht）、聴聞権（Anhörungsrecht）、討議権（Erörterungsrecht）など—の創出、②経営協議会の社会的・人事的・経済的事項における共同決定権、協働権の設定および強化、③職場形成および作業工程など新たな領域における経営協議会の権利の創出、④経営内における労働組合の地位の確保および強化、⑤経営協議会と使用者の協働に関する規定の設定。その七二年法八七条一項七号では、国家労働保護法規および災害予防規則の範囲内における安全衛生のための（現実的な物的措置をも含む）あらゆる規制が義務的共同決定の対象とされ、さらにこの規定は、冒頭に挙げた経営組織法八〇条一項一号、同八一条一項二文、八八条一号、八九条など、労働保護の領域において経営協議会および個々の労働者に様々な権利を付与する他の法規範に支えられることとなった。後に掲げる一九八三年連邦労働裁判所決定において確認されたように、法八七条一項七号は、それのみでは労働保護の持つ多様な目的の全てを強制的に実現し得るものではない。しかしながら、本規定とこれを支える規定とを一体的な規範として眺めたとき、これらが最終的な目的として捉える労働保護には、作業工程の人間工学的組織形成―労働の人間的形成―を含め、労働者の作業条件を構成する組織的、空間的、時間的、技術的条件の全てが整う必要がある。(16) そして、労働保護の持つこのように多様かつ高度な目的の実現にとって本規定の定める経営協議会の義務的協働が不可欠かつ主軸的要素と捉えられるべきことについて、その立法当時既に幅広い合意が存在していた事実は看過され得ない。(17)

さらに七二年法は、その九〇条および九一条において、作業条件の計画段階における経営協議会の情報権、労使による協議および労働の人間的形成に関する労働科学的認識の顧慮義務、ならびに労働科学的認識違反が生じた場合の経営協議会の「修正的共同決定権（korrigierendes Mitbestimmungsrecht）」(19)を新たに定め、経営内における被害防止のためのユニークな集団的予防手段を保障した。(18) 再三述べるように（詳しくは第二章第一節第一款〈労働安全法〉参照）、ここでいう労働の人間的形成とは、人間対機械間システムを含む労働条件の「最良の形成」を意味し、作業における過重な負担の回避をも含む高いレベルを要求するものである。本規定の制定により、経営協議会が作業場および作業工程などの人間工学的形成を経営協定に定めるよう一般的に要求しうるか否かの検討は後に譲るとして、連邦議会の担当委員会がその立法過程において以下のようにのべ、本規定についてとりわけ八七条一項七号とは異なる保護目的を強調していたことは注視されてしかるべきであろう。「本規定のカヴァーすべき領域は、既に労働保護法規により規制された狭い範囲にはとどまらず、労働保護の前段階において労働者の衛生管理を問題とするような先駆的領域にも及ぶ」。[20][21]

このように、経営内災害予防規制を目的とする労使の共同決定は、様々な歴史的変遷をたどった末、七二年経営組織法八七条一項七号により基本的な法的枠組みを与えられ、現在は、さらに高度な労働保護の実現のため、同法九〇条および九一条が労働の人間的形成に関する労働科学的認識の顧慮義務およびこれを基準とする修正的共同決定権を規定し、また先に述べた七三年労働安全法も「労働保護の改善（Verbesserung des Arbeitsschutzes）」を目標に、事業所医および労働安全専門職員を中心とする経営内保健制度の形成を予定し、これに経営協議会の関与を規定する、という構造に支えられている。中でも経営組織法八七条一項七号は、必ずしも近来型の労働危険への対応を直接想定して設けられた規定というわけではないが、可能な限り効果的に労災および健康被害を防止するため、現行労働保護法規の欠陥を埋めると同時に、その解釈具体化に際して経営協議会の専門知識を活用する、という重要な規範目的を背負った規定である。[22] さらに七三年労働安全法との関係でも、同法自身が独自の形式で経営協議会の関与を予定していない限り、その解釈具体化に際して本規定の定める共同決定権が行使され得るケースはるる存在し、本規定の適用を通じて高度の労働保護の実現を図るルートも十分残されている。そこで以下では焦点をいったんこの規定に絞り、これによって許容される義務的共同決定の範囲と具体的な規制の例をできる限り簡潔に整理・検討してみたい。

第二款　経営組織法八七条一項七号による義務的共同決定

経営組織法八七条一項七号は次のように定めを置く。

「経営協議会は、法的規定または労働協約規定の存しない限り、次の事項につき共同決定義務を負う。……七　労働保護法規あるいは災害予防規則の定める枠内での安全衛生に関する規制」

〈共同決定の範囲〉

本規定の文言に照らすと、義務的共同決定が認められているのは、あくまで労働保護法規あるいは災害予防規則の定める枠内とされており、要するに「労働保護を目的とする公法上の規定」[23]の枠内での規制に限られていることが分かる。しかしながら、義務的共同決定を導く法規、災害予防規則の目的、性格等に関する具体的な限界については必ずしも明らかではなく、別個に検討する必要がある。

まず、規定の目的についていえば、それはあくまで労働者の保護に向けられていなければならず、労働者以外の第三者あるいは公衆一般の保護を目的とするものであってはならないことが原則である。しかし、先に述べた如く（第二章第一節第二款参照）、環境法など労働保護法以外の領域にも同法とその内容および目的が重複する規定は数多く存在し、例えば以下のような定めを置く連邦イミッション保護法五条一項二号も、直接の労働保護法規とはいえないまでも、同時に労働者の保護も視野に入れているものと理解されている。[24]「①　行政の許可を必要とする一定の有害装置（※第二章第一節第二款参照）は、以下のような条件で設置、操業されなければならない。……二　特に技術規準（※第三章第一節参照）に見合った汚染抑制措置により、環境への有害な影響に対する配慮がなされていること」。結局、こうした場合の具体的判断基準は、当該規定が第一次的に経営内の健康被害ないしは災害危険を軽減し、あるいは効果的な安全衛生の確保へと向けられているか否か、によることとなる。[25]

次に述べる規定の性格については非常に議論が多い。第一に、ここでいう義務的共同決定の対象は、あくまで補充的規制の可能性が開かれ、しかもその必要性のある「枠組み規定（Rahmenvorschrift）」の範囲内、いわゆる規制領域（Regelungsspielraum）に限られる。[26]従って、既にその要件が特定された強制規範（zwingende Norm oder "Muß-Vorschrift"）はここでいう規定の性格にそぐわない。[27]問題は、そうした枠組み規定が創出する規制領域とは具体的に何を意味するかである。行政法領域では、法文上「〜できる（können）」、「〜してもよい（dürfen）」など、様々な形式で行政が特定のケースに介入することの可否あるいはその手段の選択（法的効果の画定）について行政自身に効果裁量を委ねる、すなわち行政に「裁量領域（Ermessensspielraum）」を認める文言が置かれることがある。[28]また、法文上「適当な」「公共の福祉」「信頼性」などの不確定法概念から、消極的ながら行政にその評価、解釈（認識裁量（kognitives Ermessen）または要件裁量）が求められ、これに伴い「評価領域（Beurteilungsspielraum）」が保障されることもある。両者の区分は主に行政裁判所による事後審査の可否との関係で論じられ、前者（「裁量領域」）の場合、行政は「合目的性および相当性の原則、平等性原則」などを遵守しつつ、権限付与の趣旨および目的に沿うよう裁量を行使すべき義務を負うが、裁量の誤り（裁量の愉越、濫用）を犯す違法のない限り、[29]事後審査を受けることはないとされる（行政裁判所法一一四条）。他方、後者（「評価領域」）の場合には、前提となる行政の認識裁量自体が原則として全面的に行政裁判所の事後審査に付され、ただ個別的に司法審査に服し得ない事情のある場合に限り、行政独自の評価が保障されるというにすぎない。[30]以上のような区分は、基本的には経営協議会による共同決定領域の限界とも対比せられ、同協議会の共同決定権が及ぶのは、原則として使用者に「裁量領域」が存する場合に限られる、と考えられている。[31]しかしながら、経営組織法上の規制領域がそのまま行政法上の裁量領域と対応するかいなかは極めて疑わしい。行政行為においては行政は自らの判断においてまず行為し、その後どの範囲で司法によるコントロールをうけるかが問題となるにすぎないこと、労働保護法上の措置がとられるべきか否か、あるいはいずれの措置がとられるべきかの判断は原則的には経営の事情に応じて客観的に定まること、など両法領域を分断する要素が山積しているからである。[32]では、具体的にいかなる規定が共同決定義務を発生させる枠組み規定と認められるのであろうか。以下に議論の集中する若干の例を挙げてみたい。

① 旧営業法一二〇条(a)（第二章第一節第一款参照）、商法典六二条、職場に関する命令三条などの一般規定

旧営業法一二〇条(a)（現行：削除―新労働保護法三条等に統合―）を筆頭とするこれらの規定は、前述したように使用者（および事業主）を対象とする直接的かつ一般的な義務規定であり、これらに基づき彼はなすべき内容に関して複数の選択肢を得ることとなる。ベルリン・ラント労働裁判所[33]およびデュッセルドルフ・ラント労働裁判所[34]は、経営組織法八七条の解釈として「各経営レベルで労働保護を実施する上で現存する欠陥を埋め合わせるための労働保護の詳細な規制は、まず第一に法規の作成者および災害保険組合に委ねられるべきである」、との趣旨を述べていたが[35]、実際には数多くの労働保護規定が一般条項方式を採用しており、法規の作成者等に対し、各経営の実態に即してこれら全てを解釈具体化するよう期待することは実際上不可能であること、その怠慢あるいは無能力に際して使用者に規範的義務を免除するのは不当であること、などからも学説上の賛同は得られず[36]、連邦労働裁判所も両ラント裁判所の見解を採用するには至らなかった（BAG (Beschluß) vom 6. 12. 1983, AP Nr. 7 zu §87 BetrVG 1972 Überwachung Bl. 11. これについては後述)。ヴィーゼらの述べるとおり、むしろ「八七条一項七号は、労働保護法の一般条項と関連し、技術革新に伴い生じる立法者の対応できない新たな労働危険に際して、共同決定による一定の保護を保障するものである」、と解するのが合理的であろう。[37]しかしながら、八七条一項七号を経営協議会の法政策のための「打ち出の小槌」とするわけにはいかないので、一般条項の

具体化にあたっては、その法文の要件を超える内容を創出しないよう留意しなくてはならない。したがって、いずれの一般条項においても、労働者に対し生命・健康を脅かす具体的かつ客観的危険の存在が前提とされるのでなければならず[38]、とりわけ旧営業法一二〇条(a)の具体化にあたっては、こうした危険が当該事業主の労働空間、経営設備、機械、器具および経営組織に直接由来するものでなければならない、とする連邦労働裁判所の見解も存する（BAG AP, a. a. O.)。

② 職場に関する命令

職場に関する命令（第二章第一節第一款参照）の中には、三条をはじめ、その保護目的を掲げるにとどまり、その目的を達成する具体的手段については個々の経営のあり方およびその特殊性に応じてあえて開放状態を保つ規定が複数存在する。若干ながら、項目ごとに主要な規定を列挙すれば、以下のごとく整理することができるであろう[39]。

(1) 非喫煙者の保護―命令五条（巻末参照）、命令三二条「使用者は、休憩室、待合室および仮眠室において、非喫煙者が喫煙による負担から保護されるべく適切な措置が実施されるよう配慮しなければならない」。なお、室内の空気が相当程度健康上の負担をもたらすに至らない場合であっても、経営組織法八七条一項一号の定める経営秩序の問題として義務的共同決定に付されるルートは残されている。

(2) 騒音保護―命令一五条（巻末参照）。なお、騒音保護については、九〇年災害予防規則総覧第一二一編（騒音編）においても、規定によっては（例えば六条の騒音緩和計画（Lärmminderungsprogram）など）共同決定による規制領域が存すると考えられている。

(3) 避難・救助計画―命令五五条一文「使用者は、職場利用の状況、範囲、性格上必要と認められる場合、その職場について避難・救助計画を作成しなければならない。また、作成された避難・救助計画は、職場の適当な場所に配置あるいは掲示されなければならない。実際に危険または災害が生じた際に、労働者がいかにして安全状態に導かれ、あるいは救助され得るかについては、適当な期間を置いて、計画に沿って訓練されなければならない」。本規定においては、主として一文の定める避難・救助計画の作成および三文の定める訓練の設定に共同決定義務が及ぶ。

こうした規定の創出する経営ごとの規制領域は、連邦労働社会相の公示する職場に関する準則（命令三条二項）を中心に、災害予防規則、各ラントの建築法規、管轄行政機関あるいは技術監督官による指図（命令三条三項、ライヒ保険法七一二条一項二文（現行社会法典第七編一七条一項二文）他）などが充実すれば、いっそう制限されることとなる。しかしながら、命令四条には以下のような定めがあることから、この点に関し、共同決定はなおその意味を失わない。

「①　管轄機関は、使用者の書面による申請に応じ、以下の条件を満たす場合、本命令の規定の例外を認めることができるものとする。

一　使用者が、規定とは異なるものの同様の効果を持つ措置をなす、または、

二　個別的事例において、規定の実施が著しく過酷な状況を導くであろうことが予想され、規定の逸脱が労働者の保護と矛盾しないこと

②　使用者は、自ら同様の効果を持つ措置をなすかぎり、三条に定める実務・学術上の先端認識を逸脱することを許される。ただし使用者は、管轄機関の求めに応じ、先端認識とは異なる措置に同様の効果があることにつき、個別に証明しなければならない」。

職場に関する命令は、その多くが強制規範によって構成されているが、本条項の定める例外許可により、使用者には一定の裁量の余地が与えられ、従って経営協議会は適当な解決策について共同決定すべき義務を負うこととなる。[40] ただし、行政機関による許可はあくまで例外的な規制の可能性を開くものにすぎないことから、①経営協議会は使用者に例外許可の申請そのものを要求することはできない、②共同決定を行う時期は申請の前後どちらでも構わない（※これは、たとえ行政の許可を得てもそれを経営内で実施するか否かは経営ごとに判断しうることによる）、と解されていることに留意すべきであろう。[41] なお、経営組織法八九条二項一文によれば、経営協議会は、使用者による例外申請に際しては、使用者および管轄機関の双方から招聘されなければならないとされ、こうした点で共同決定の前提条件が整えられている。

③　危険有害物質に関する命令

第二章第一節第一款〈②危険有害物質に関する命令〉で既に述べたように、本命令、とりわけその一六条以下は使用者の法的義務を詳細に規定しており、ほとんど規制領域など残されていないかに思われる。しかしながら、本命令の内容を具体化する細かな規定ないしは規準（巻末命令一七条参照）は、現実にはかなり危険が切迫した状況でなければ遵守されないとの事情も手伝って、経営組織法八七条一項七号にもとづく共同決定にはそれなりの期待がかけられているようである。[42] この際、本規定の適用を導く枠組み規定の典型例として挙げられるのが以下に掲げる命令二〇条（※筆者試訳（以下本文ないし脚注における条文は特に注記のない限り同様））であり、ここに定める「各経営独自の指示」の可否および具体的内容は、最終的には共同決定により決せられるべきとされている。

「①　使用者は、作業領域および物質に関する各経営独自の指示（Betriebsanweisung）を行う義務を負う、この中では、危険有害物質との接触に伴い生じる人および環境に対する危険について触れられ、また必要な保護措置および行為準則が明らかにされるものとする。……この指示は、理解しやすい形式で、従業員の母国語で、かつ職場内の適当な位置において公表されなければならない。また、この指示においては、危険状況における行為及び緊急活動に関する指示がなされなければならない」。

「②　危険有害物質に接触する作業に従事する労働者は、これによって生じる危険、ならびにこれに対応する保護措置について、各経営独自の指示により知らされなければならない。これに加えて産前の労働者は、妊産婦に起こりうる危険および就業制限について通知されなければならない……」(43)。

④　災害予防規則

八七条一項七号に基づく共同決定は、その本文に定めるように、災害予防規則の解釈具体化にも及ぶ。とりわけ災害予防規則総覧第一編二条一項は、次のような包括的規定を置き、さしづめ営業法、商法典など国家法上の一般規定にも相当する事業主の一般的義務を定めている。

「事業主は、労働災害の防止のため、本災害予防規則の規定およびその他現行の災害予防規則に加え、一般に承認された産業医学的、安全技術的規定に見合う設備、指図、措置を行わなければならない。とりわけ労働保護規定など他の法規に要件が定められた場合にも、本規定はなんらその影響を受けない」。

本規定に代表される災害予防規則上の一般規定については、本来は他の災害予防規則、災害保険組合および技術監督官の指図などにより具体化されるのが原則ではあるが、ここでもやはり経営ごとの解釈具体化の余地は十分に残されている。災害予防規則の具体化のための共同決定は、とりわけ個々の災害予防規則に付随して策定される補完準則（前節、注53参照）と深い関わりを持っている。これら補完準則は、災害予防規則とは異なり自ら法的拘束力を有する規範ではないが、規制対象者に対する解釈上の指針を提供するものであり、個々の災害予防規則に示された保護目的の具体的実施手段を例示している。従って、挙げられた選択肢からの選択に際し、共同決定義務のある規制領域が生じるのである。(44)

〈一九八三年連邦労働裁判所決定〉

以上、若干の法令を名称ごとにとり挙げて、それぞれが有する性格・趣旨との関係から規制領域の有無を検討してみたが、現実には経営協議会による共同決定の必要が叫ばれながら規制領域の網を漏れるか、あるいはその範囲に入るか否かの判断が微妙なケースも多々存在する。例えば日本でも八〇年代に盛んに議論され、労働省からの通達(「VDT作業のための労働衛生上の指針について(八五・一二・二〇)」)も発令された端末機器(VDT)作業(45)(Bildschirmarbeiten)――代表的にはコンピュータの受像器を継続的に見つめて行う作業がこれに当たる(45)――については、現行ドイツ法上直接これを規制するような「枠組み規定」は存しない。しかしながら、端末機器作業が労働者に与える影響は、視力低下、ストレス発生など多岐に渡り、労働者の衛生のためにはできるだけ同機器での作業時間を制限し、こまめに眼科検診を受診させるなどの健康対策が必要となる。とりわけ同機器から発せられる有害光線から妊婦を保護する必要性は高く、ドイツにおいても、母性保護法四条一項の定め(巻末〔参照条文〕参照)により、一般的な母性保護についてはともかく(46)、最低限妊婦についてはその保護が図られている。

以下に掲げる一九八三年連邦労働裁判所決定(BAG (Beschluß) vom 6. 12. 1983, 1 ABR 43/81, AP Nr. 7 zu §87 BetrVG 1972)は、経営組織法に基づく経営協議会の義務的共同決定権の範囲を、とりわけ端末機器作業との関わりにおいて画定したリーディング・ケースである(47)。ここでの主要な論点は、

(1)　経営協議会は、経営組織法上の規定に基づき、作業場および作業工程を労働心理学にも配慮した高いレベ

ルで形成すべきとする一般的規制を要求できるか、
(2)　経営協議会は、旧営業法一二〇条(a)などの一般規定の具体化の過程、もしくはその他経営組織法規の解釈から、「有給の休息時間」の規制を要求できるか、
(3)　経営協議会は、旧営業法一二〇条(a)などの一般規定または労働安全法の解釈等から、自ら要求する形での眼科検診を要求できるか、

など多岐にわたり、各経営ごとの新たな安全衛生規制の可能性を論じる上で本質的な問題が論じられている。とりわけ論点②は、労働安全衛生関連法規の解釈から労働時間法上の経営内規制を導けるか、というわが国の労働安全衛生法学上も常々議論されてきた焦点を扱うものである。ドイツでは、例えば労働者の有給休暇請求権について、一九六三年連邦休暇法（Bundesurlaubsgesetz）が制定される以前の時点で、BGB二四二条、六一八条などをよりどころとする使用者の配慮義務、基本法二〇条、二八条において確立されている社会法治国家原理、あるいは両社会当事者を含む国民の一般的な法確信（Rechtsüberzeugung）、法実行意思（Rechtsgeltungswillen）などを根拠に、これを認めるとする判例が既に存在していたが[48]、本件は、このように主として保養のために年単位で与えられる有給休暇を扱ったものではなく、主張されている目的もその根拠規定もこれらの判例の事案とは異なっている。やや長くなるが、本稿の中心となるテーマを直接捉えた判例であることから、以下ではその詳細な検討を試みたい。

(1)　事実の概要

アメリカに本拠をおく航空会社―パンナム社―の中央経営協議会は、同社が国際線およびホテルの予約などに

用いるため端末機器作業場の設置を予定するにあたり、各経営協議会の委任を得て、同機器の導入および投入に関する経営協定の締結へむけ、一九七九年九月一四日、同社へ向けて以下のような内容の経営協定案を送付すると同時に仲裁委員会を召集した。

「第一条（対象および適用領域）

①　この経営協定は、端末機器の投入及びコンピュータをベースとする情報および情報処理システムから、その発展段階において生じる労働条件を規制するものである。

第二条（端末機器を使用する作業場および労働条件の形成）

①　……（略付加）……

②　端末機器および作業場の設備は、そこで就労する者に対する労働心理学的負担(49)ができる限り抑制されるよう形成されなければならない。

③　端末機器作業に際しては、一般の保護法規または協約規定がより好条件の休憩時間を定めている場合を除き、四五分間の作業継続に一五分間の有給休憩時間が含まれるのでなければならない。端末機器での一日当たりの作業時間は、一三五分間を超えてはならない。その具体的配分については、パンナム社がこれを形成する。

④　端末機器の投入に関連して、これまでの一日当たり労働時間（含休憩時間）の開始、終了ならびに労働時間の各週日への割当は変更され得ない。

⑤　端末機器、またはこれと関連してとられる手続は、個人の業績管理のための手段として投入されてはならない。

第三条（医師による健康診断）

①　経営管理者は、端末機器を用いて作業を行う従業員について、その活動開始前に適性健診を受けさせる義務を負う。

②　この健康診断は、経営幹部および経営協議会の両者が同意する医師によって行われるものとする。

③　医師による健康診断は、各経営における労働時間内に行われるものとする。

④　眼科専門医による診断は少なくとも一年に一回繰り返して行われなければならない。ただし、診断にあたる専門医がより短期の間隔を設定した場合はこの限りではない。このことは、労働者の希望がある限り、その他の健康診断についても同様に当てはまる。

⑤　本条第一、二および四項にもとづく医師による健康診断の費用は、使用者が負担する。このことは、必要かつ医師により指示された救済手段についても同様に当てはまる。

⑥　端末機器作業へ妊婦を就労させてはならない」。

その後一九七九年一一月、パンナム社は、フランクフルト労働裁判所に仮執行手続を申し立て、主位的に、「中央経営協議会の召集した仲裁委員会は、同協議会の提出した経営協定案について管轄権を持たないこと」の確認、予備的に、「中央経営協議会は、本協定案に定められた事項に関し、なんら強制的共同決定権を有しないこと」の確認を求めた（※むろん、前者と後者は密接に関連しており、裁判所自身、後者は前者の前提としてあることを認定している）。対する中央経営協議会は、仮執行手続申立の却下ならびに、「同協議会には、（本協定案に定められた事項を含め）パンナム社の端末機器投入により生じる、その労働者の特別な健康負担およびその防止、軽減、補償に関連して、経営組織法九一条、八七条一項七号の意味する共同決定権が帰属すること」の確認を求めた。先に挙げた主要な争点(1)〜(3)は、パンナム社の主位的申立にも関連するが、主としてその予備的申立の成否を判定するための要素と位置づけられている。

実際の端末機器作業場の設置は、一九八一年以降、約七〇カ所にわたって行われていたが、端末機器作業場の形成にあたり、パンナム社が「労働の人間的形成に関する確定的な労働科学的認識」を特に考慮していなかったことは、中央経営協議会の提出した数々の証拠写真などから裁判所認定事実として明らかにされている。例えば、同機器からの放射を防ぐために行われる作業空間のしきりの塗装加工、画面からの光線漏れを防ぐカバーの装着、画面を見やすくするため室内を暗くする措置、などは全く行われておらず、加えて同機器は、通常窓の前あるいは直近の位置に、窓面と画面が並行になるよう、極めて近距離に複数置かれていた。労働者は、作業に利用する資料を自分の膝の上に置き、その脚の置き場も十分に確保されない状態で、立ったままかあるいは中腰での作業を余儀なくされていたという。

一審フランクフルト労働裁判所は、パンナム社の主位的申立を却下し、予備的申立については、結局、経営協定案に定められた事項に関しては、眼科検診の規制を除いて中央経営協議会に共同決定権が存しないことを確認した。中央経営協議会の申立は却下された。この決定に対し双方の当事者が抗告を行ったところ、二審デュッセルドルフ・ラント労働裁判所は、パンナム社の主位的申立の却下はそのままにして、一審で否定された同経営協議会の共同決定権を肯定し、パンナム社の予備的申立および中央経営協議会の原申立を、法的利益を欠き許されないものとした。これに対してはパンナム社のみが抗告を提出し、他方中央経営協議会はその却下を求めた。

(2)　判旨――パンナム社の抗告認容――

（2-1）　手続的判断

連邦労働裁判所は、主位的申立と予備的申立の両者について、まずは手続的側面から判断し、結論的には前者を否決し、後者を認容している。前者について裁判所は、かりにそれについて法的決定を下したとしても、それは本件経営協定案についてのみ有効な一時的限定的なものにしかなり得ない（※即ち、新たな経営協定案が提出されれば、直ちに無意味なものとなってしまう）し、本件経営協定案は、そもそもそのまま仲裁委員会の決定内容になるわけではなく、これに関して仲裁委員会の管轄権が存しないことの確認を求める申立は、訴訟目的の特定性に欠ける、としている。他方、後者について裁判所は、次のような中央経営協議会の主張に個別的判断を加えている。第一に、「経営協議会の共同決定権の存否に関しては、司法の決定手続に付託される前に、仲裁委員会により、その責任において決定されるべきではないか」、第二に、「経営協定案は、仲裁委員会の審議において原案から離れることを予定された中央経営協議会の要求の最大値を表すものにすぎないから、先決的判決手続の中で裁判所の審査に服しうる規制の客体とはいえないのではないか」。裁判所は、第一の論点について、「たとえ仲裁委員会が判断を下す前であっても、自ら先決的判決手続を行うことは可能である」(50)、第二の論点について、「経営協定案に記された訴訟の目的―規制の客体―は、一括して捉えられる複合的問題（Fragenkomplex）と理解されるべきであり、中央経営協議会自身がその全てについて強制力のある共同規制能力を申し立てていることからも、この点に関する同協議会の主張はあたらない」、とし、要は、仲裁委員会の管轄権問題と、本来その前提となる経営協議会の共同決定権問題とで判断を分ける考え方を示し、上記の結論を導いたのである。

（2-2）　実質的判断

①　端末機器作業場の形成について

中央経営協議会は、経営協定案二条二項において、端末機器および同作業場を労働心理学的負担を配慮した高いレベルで形成するよう「一般的な規制（generelle Regelung）」を要求すると同時に、これを根拠に端末機器および同作業場を個別具体的に形成することを求める権利を要求したが、連邦労働裁判所は、以下のような経営組織法上の諸規定に照らし、結論的に経営協議会にはこのような一般的な規制請求権は帰属しないと判断している。

(1)　経営組織法九〇条および九一条

「法九〇条は、使用者に、作業場、作業手順および作業工程を、いついかなる場合にも確定的な労働科学的認識に沿うよう形成することまで義務づけるものではない。職場の安全および人間的形成に関して作業場、作業手順および作業工程に求められる要件は、既に他の法規に特定的に規定されており、経営協議会は、法九〇条によっても、それ以上の要件の充足を使用者に求める権限を与えられない」。また、「法九一条は、経営協議会にいわゆる『修正的共同決定権』を与えるものであるが、本条もまた、経営協議会に経営内における労働の人間的形成に関する規制の強制権限を根拠づけるものではない。確かに経営協議会は、作業場、作業工程などの計画段階において既に労働科学的認識違反およびそれによる労働者の特別な負担が予想される場合、本条に基づく特定の措置を要求することができる。しかしながら、経営協議会が本条に基づき予防的活動を行い得るという可能性は、経営協議会が、一般的予防として、労働科学的認識違反およびそれに伴う労働者への特別な負担の発生を当初から排除する、という職場形成および職場規制を要求しうる、ということを意味しない。」

さらに加えて裁判所は次のようにも述べている。

「可能な限り積極的で人間的な状態の経営内における一般的確立は、それがたとえ法規により要求されている場合であっても、また経営組織法九一条の構成要件が満たされている場合―個々の職場が確定的な労働科学的認識に明らかに反し、これによって労働者が特別な負担を受ける場合―であっても、同条に基づく経営協議会の共同決定の内容となることはない。本条は、経営協議会に確定的な労働科学的認識に違反した状態の修正のみを可能ならしめたにすぎないからである」、と。

(2) 経営組織法八七条一項七号

「本件における中央経営協議会の要求は、『労働者の被る負担が衛生危険に帰結しないか、または可能な限り帰結しないよう職場が形成されること』の規範化である。この基準は極めて曖昧であるが、同協議会が、端末機器作業場での作業の孕む衛生危険に関して『独自の安全基準』の獲得に努めていることにかわりはない。このような要求は、経営組織法八七条一項七号の意味する枠組み規定の具体化ならびに実現という範囲を超えている」。

② 端末機器における作業の時間的限界と中断

中央経営協議会は、経営協定案二条三項において、端末機器作業場での作業を一定時間ごとに有給休憩時間によって中断すべきこと、および一日ごとの作業時間に限界を設けるべきこと、につき規制の獲得を求めたが、結局本裁判所は、次のような経営組織法上の諸規定ならびにその関連法規に照らし、このような規制要求は認められ得ない、と判断した。

(1) 経営組織法八七条一項七号

裁判所は、「端末機器での、またはそれを伴う作業には、適用されるべき特別な衛生規定(※すなわち枠組み規定となるべきもの)は存しない」、として結論的にこれを否定している。たとえば、「職場に関する命令は、本質的に職場、すなわち職場周辺の空間および職場自体を射程とするものであり、端末機器での作業を視野に入れたものではないから、その三条一項も枠組み規定とはなり得ない。機械器具安全法三条などの検索機器の安全規制のための規定も同様である……」[51]。

しかし、この場合にも、旧営業法一二〇条(a)および労働時間法諸規定の枠組み規定該当性については議論の余地を認め、慎重な審議の末に結論を導いている。

〈(※旧）営業法一二〇条(a)の枠組み規定該当性〉

裁判所は、まず本条が経営組織法八七条一項七号の意味する枠組み規定に一般的に適当か否かの判断は留保するとした上、あくまで本件に即した判断として、次のように述べる。「本条の規定の目的および事業主の義務づけの内容は、さしあたり生命および健康に対する危険から労働者を保護することに限られるのであって、これを超えて労働条件の快適化（Erleichterung der Arbeitsbedingungen）または一般的に労働の人間化（Humanisierung der Arbeit）を目的とする規制は、もとよりここには含まれない（※裁判所引用文献（以下同じ）Ehmann, Horst, Arbeitsschutz und Mitbestimmung bei neuen Technologien (Berlin, 1981), S. 72)。さらに、この規定によれば、労働者が衛生危険から保護されるべき場合とは、それが作業空間、経営設備、機械、器具および経営の構成のあり方から直接に発生した場合に限られ、それも経営の性格が許す限りという限定がつく。本規定そのものは本質的に危険な作業を禁止するものではない。いわんや本来時間的に何ら制限されない作業が継続したとしても、またそこから負担が生じたとしても、もしくは労働者が脆弱体質であったとしても、このことを考慮した衛生危険防止を義務づけるものでもない。このような危険を考慮して、ある作業に特定の時間的限界を設けるか否か、あるいは主に女性、年少者など特定の者に対する禁止措置がとられるか否かという問題は、労働時間法、年少労働者保護法、もしくは母性保護法などの他の規定において定められるべき事柄である[52]。営業法一二〇条(a)は、事業主に対して、たとえそれが衛生的に危険であったとしても、許された作業を差し止めることを義務づけてはいないし、また、たとえそれによって衛生危険からの労働者保護が促進されるであろう場合にも、時間的制限までも義務づけるものではない」。

〈三八年労働時間法（Arbeitszeitordnung（RGBl. 1 S. 447）一二条二項およびこれに関連する三八年労働時間法施行令（Ausführungsverordnung zur Arbeitszeitordnung（RGBl. 1 S. 1799））、三八年労働時間法一二条二項に関する施行令一七号の枠組み規定該当性（条文については巻末参照）〉

ここで問題とされた両規定は次のような内容を持つものである。法一二条二項は、男子労働者の休憩時間について原則的定めを行っているが、その四文では、営業監督に対し、必要に応じてその定めを逸脱する規制を行う権限を与えている。これを受け、法一二条二項に関する施行令一七号は、次のような定めを置いている。「休憩時間につき本条を逸脱する定めを行う場合には、とりわけ作業の性格、作業空間のあり方、休憩場所の有無および労働者の性別などが考慮されなければならない。……その就業において多大な負担を被るか、または危険有害物の影響に晒される労働者については、休憩時間の延長が考慮される。流れ作業またはその他の特別な負担のかかる作業工程については、これに加えてより頻繁な作業の中断（短時間休息）が命じられ得、この時間は労働時間と見なされる」。

両規定についてのこのような内容理解を前提に、裁判所は次のように述べる。「端末機器での作業が（※施行令一七号にいう）流れ作業に比べて特に負担のかかる作業工程であるかどうかは疑わしいが、かりにそのことを前提としても、本規定は経営協議会に共同決定の余地を残すものではない。本規定は、より頻繁な有給の短時間休息の付与を、直接使用者に義務づけるものではないし、そのような義務づけはあくまで営業監督によりなされるべきであり、逆にそれがなされてしまえば使用者に裁量の余地はなくなるからである」、と。

(2)　経営組織法九一条

「たしかに、人間工学的見地から言えば、短時間休息を複数回設けることの保養としての意義は、それらを集中して与えた場合より圧倒的に大きいとされ、災害保険組合の策定した『事務所部門における端末機器作業場のための安全規定[53]（ZH 1/618 von 10. 1980）』の六・八節にも、同作業場においては、『その人間工学的形成に加え、そこでの活動の人間工学的側面も顧慮されるべきである』、との記述がある。しかしながら、法九一条にいう労働の人間的形成に関する確定的な労働科学的認識というためには、『この条件に満たない作業の形成はもはや人間的とは見なされ得ない』という最低基準の確定が必要である。また、端末機器作業場における作業の時間的制限の必要性に関する確定的な労働科学的認識も存しない」。そして、「法九一条から経営協議会に付与される共同決定権は、確定的な労働科学的認識に明らかに反した状態にある作業場および作業工程の形成により生じる特別な負担を回避、軽減もしくは補償する、という（いわゆる修正的共同決定権としての）内容を持つにすぎないのであるから、かりに確定的な労働科学的認識違反が確認される場合であっても、作業の時間的制限およびその中断を一般的に要求することはできない（括弧内筆者）」。

③　眼科検診

中央経営協議会は、経営協定案三条一項から五項までにおいて、端末機器作業場で就業する労働者の眼科検診を内容とする規制の獲得を求めたが、本裁判所は、次に掲げる経営組織法、災害予防規則（ここでは割愛[54]）、労働安全法の諸規定に照らし、結局このような規制要求は認められ得ないと判断した。

(1)　経営組織法八七条一項七号

裁判所は、この点に関する本条の適用可能性を探るため、旧営業法一二〇条(a)の枠組み規定該当性を審査している。いわく、過去の研究成果からは、このような推定はなりたたないが、「かりに端末機器での作業が、労働者の目に対する衛生危険を伴うものであり、使用者がこの危険の除去を（※旧）営業法一二〇条(a)に基づき義務づけられるということを前提としたとしても、彼は、この規定から眼科検診の実施まで義務づけられることにはならない。眼科検診の意味は、労働者の何らかの健康被害または非正視（近視・遠視・乱視の総称）を発見することにあるのであって、直接的な危険防止措置にはあたらないし、それが発見しようとする非正視は、作業以前から労働者自身に存在した可能性もあるからである。営業法一二〇条(a)から生じる使用者の義務は、労働者固有の非正視の有無に関わらず、当該経営での作業が眼の被害をもたらさないよう、端末機器その他の作業条件を整備することに限られる」。

(2)　経営組織法九〇条および九一条

裁判所は、まず大前提として、中央経営協議会の求めた眼科検診が、確定的な労働科学的認識（例えば前掲「事務所部門における端末機器作業場のための安全規定（ZH 1/618）」第五節補足部分）に叶うものであること自体は否定していない。しかしながら、第一に、「かりにそのような労働科学的認識が存する場合にも、本条を根拠として、そのような労働科学的認識に相当する作業工程の形成を一般的に要求することはできない」こと、そして第二に、パンナム社自身、一九七九年九月の時点で、本端末機器と一労働日当たり四時間を超えて接触する従業員に対して産業医療サービスによる眼科検診を受診させる旨指図していたところ、「この指図において既に確定的な労働科学的認識が要求する基準は充たされている」ことを述べ、結果的に本条に基づく中央経営協議会の要求の正当性を否定している。とりわけ第二の点に関し、裁判所は続けて次のようにいう。「経営組織法九〇条および九一条、とりわけ前者が求めているのは、使用者が、作業場および作業工程の計画段階において、自発的に確定的な労働科学的認識を顧慮することであり、既にこの職務が果たされていたにも関わらず、経営協議会がそうした認識の実現を別の方法で規制しようとする際にまで強制的な共同決定が及ぶわけではない」。

(3)　労働安全法九条三項

労働安全法九条三項は、事業所医（および労働安全専門職員）の任免、ならびにその職務の拡大および制限に際しては、経営協議会の同意（Zustimmung）を必要とするとする一方、非常勤活動を行う医師（および労働安全専門職員）の任免または産業保健サービスとの契約締結あるいは解除に際しては、その意見聴取をもって足るとの定めを置いている（詳細は、第五章第二節第二款参照）。そこで経営協議会側は、眼科検診は事業所医の職務の一つであり、これを彼に課すか否かは本条に基づき経営協議会の義務的共同決定に付されるものである、との主張を展開したが、裁判所は次のように述べてこれを否定している。「そもそも事業所医の職務の拡大に際して経営協議会に発議権（Initiativrecht）[55]が属するか否かは疑わしいが、かりにこれを前提としたとしても、経営協議会の共同決定権は事業所医の職務の有無の決定に対して生じるにすぎず、使用者の検診実施義務の有無の決定に対して生じるものではない[56]」。

(3)　リヒャルディーによる本決定の評価

本判決を掲載した Arbeitsrechtliche Praxis 誌（BAG AP Nr. 7 zu §87 BetrVG 1972 Überwachung Bl. 11）の後段では、ラインハルト・リヒャルディー博士により、本決定への評価が加えられている。氏は、本稿が注目した争点に関する連邦労働裁判所の判断は概ね妥当であるとしながら、その判断の正当性が疑われる点、ならびに本件で裁判所が触れなかった論点にも若干言及している。そこで以下では、彼の行った指摘の中から主要なものを取り上げ、項目ごとに判示との比較対照を行うこととする。

① 端末機器作業場の形成について

リヒャルディーは、「現行法に照らし、本作業場の形成について経営協議会に一般的な規制請求権は存しない」、とした本決定の見解を結論的に支持しながら、次のような趣旨を述べている。

(1) 裁判所は、「経営組織法九〇条は、使用者に、作業場、作業手順および作業工程を、いついかなる場合にも確定的な労働科学的認識に沿うよう形成することまで義務づけるものではない……」、と述べているが、使用者および経営協議会は、法九〇条二項により、「労働の人間的形成に関する労働科学的認識を顧慮す」べき義務を課されている以上、たとえ特定的要件を定める他の法規が存しなくとも、確定的な労働科学的認識さえ確認されれば、いついかなる場合においても、その考慮の対象とされるべきである。ただし、この点については、既に経営組織法九一条において経営協議会に対応手段が与えられているので、裁判所の結論に影響を与えるものではない。

(2) 裁判所は、この点には直接触れていないが、経営組織法八七条一項七号と同法九一条との関係についても触れる必要がある。すなわち、後者は前者に基づく共同決定権が存する限り意味をなさない。なぜならば後者は、たとえ前者の要求する枠組み規定が存しなくとも、確定的な労働科学的認識に反する状況に対応して経営協議会に修正的な共同決定権を保障するものにすぎないからである。したがって、八七条一項七号は九一条に優先してその適用性を審査されなければならないが、この点連邦労働裁判所は、全く逆の選択をしてしまっている。

② 端末機器における作業の時間的限界と中断

この点に関するリヒャルディーの批判的指摘は、主として連邦労働裁判所が行った旧営業法一二〇条(a)自体の制限的解釈に向けられている。彼によれば、商工業経営事業主に対し、「作業空間、経営設備、機械および器具を、その労働者が生命・健康に対する危険から保護されるよう、経営の性格の許す範囲で、整備、管理および規制すること」を義務づける旧法一二〇条(a)が、作業それ自体を労働者に禁じたり、時間的に制限したり、もしくは特定の労働者集団に限定してそれを許可することによって衛生を実現しようとする措置および規制を排除するものとはいえない、とされる。また、このことは、経営組織法九一条の要件が満たされるようなケースではなおさら当てはまる、という。しかしながら彼は、旧法一二〇条(a)を始めとして、使用者の配慮義務を定めているにすぎない一般規定を、そのまま経営組織法八七条一項七号の意味する枠組み規定と考えることは、経営組織法九一条の意義を減却するものであり、相当でないとも述べている。彼によれば、このような考え方をとる限り、八七条一項七号は、使用者の一般的な配慮義務の具体化を、共同決定手続の中で強制する根拠となってしまう、というのである。他方、経営組織法九一条の解釈と本件への適用については、裁判所の判断を基本的な部分で合理的と判断している。

③　眼科検診

連邦労働裁判所は、経営組織法八七条一項七号の適用可能性を探るため、旧営業法一二〇条(a)の枠組み規定該当性を実質的に審査しているが、リヒャルディーによれば、この規定を含めた一般条項は、使用者の一般的な配慮義務を定めたものにすぎず、そもそも経営組織法八七条一項七号の枠組み規定にはなり得ない、とされる。しかし、結果的にはこの争点に関しても裁判所の判断の妥当性を肯定している。

(4)　整　理

以上のように、連邦労働裁判所は、とりわけ経営組織法八七条一項七号に基づく義務的共同決定の範囲を極めて厳格に解釈し、結論的に、「強制的な規制によって『よりよい』衛生状態を確立することは、経営協議会の職務とはいえない」、と断じている。たしかに、現行のドイツ法の枠組みにおいても、このようにして義務的共同決定の対象から外れた領域は、同八八条の定める任意の協定か、同九一条による個別対応型の修正的義務的共同決定などに委ねられ得る。しかしながら、労働組合とは異なり、経営協議会に争議行為が禁止されている（経営組織法七五条二項一文）こともあり、このような解釈を基礎とする限り、「可能な限り効果的に労災および健康被害を防止するため、現行労働保護法規の欠陥を埋めると同時に、その解釈具体化に際して経営協議会の専門知識を活用する、という重要な規範目的」の達成はおよそ困難なものとなろう。先にも述べたように、ドイツ労働法学説の多くは、この判決の趣旨に批判的であり、中には、「経営の労働保護は、国家および災害保険組合による規制のみに委ねられるべきではなく、経営協議会と使用者間の協働に第三のルートを求めるべきである」[57]、との趣旨を明確に述べ、経営協議会に公法上の「衛生づくり」を超える「労働条件の快適化」のための包括的な共同決定権を付与しようとするものもある。また、労働者組織の見解として、ドイツ労働総同盟（ＤＧＢ）および金属産業労働組合（IG（Industriegewerkschaft）-Metall）が、次のような批判を加えていることについては、既にわが国でも紹介がなされている。すなわち、本決定は、「企業の決定の自由という祭壇に労働者保護を捧げたもので、このようなＢＡＧの傾向に対しては、新技術導入に対して被用者の不信や批判を増大する結果となろう」[58]、と。

しかしながら、本決定に対するかような批判的見解と、これに対するものとの対立点を整理、俯瞰すれば、その背景には、第一に、国家および災害保険組合といった経営外災害予防機関による規制にどれだけの信頼がなされ、またなされるべきか、第二に、経営組織法八七条一項七号および八八条等の根拠規定に基づき、現在どの範囲において、どの程度、実際の取り決めがなされているか、第三に、本節冒頭に掲げた経営協議会の労働保護問題への関与を根拠づけるその他の規定がどれだけ機能し、経営内予防規制を補充する役割を果たし得ているか、等に関する評価の相違が如実に反映していることが看取される。しかるに、このうち第一の論点については、既に前章までの検討において、少なくともその前提条件が示され、また第三の論点については、主として後述する第五章第三節がその検討の役割を負っている。そこで以下においては、特に第二の論点に関連して、甚だ不十分ではあるが、ドイツにおける労働保護関連経営協定の典型例を概観し、これによって、彼国における経営内安全衛生規制の水準、態様、ひいては八三年連邦労働裁判所決定のもたらす意義について、若干の検証を試みることとする。

第三款　経営協定の典型例

一九九七年に刊行されたFrey, Helmut/Pulte, Peter, Betriebsvereinbarungen in der Praxis, 2. Aufl. (München, 1997) には、労働者の安全衛生に関する経営協定の実例を集積して作成された雛形が示されており[59]、とりわけ「各経営における労働保護の改善措置」、「端末機器作業場」等、経営内への新技術導入に関わる項目では、義務的共同決定領域の内外にわたる、詳細かつユニークな規定が記されている。

まず、各経営における労働保護の改善措置について本書は、「使用者の義務」としてのみならず、「経営の経済的理由」からもその取り決めが推奨されるとし、以下のような高レベルの規定例を示している。

「〈経営における労働保護の改善措置〉
労働保護領域におけるこれまでの知識経験から、経営における災害および職業病の予防は、企業、経営協議会および従業員の三者間における統一的な協働が実現して初めて促進される、ということが明らかにされている。そこで労使間においては、次のような取り決めがなされるものとする。
①　労使ともに、利用可能なあらゆる手段を駆使して最高度の労働安全を実現し、維持することを義務づけられる。
②　使用者は、労働保護の効果的実施のための条件を形成し、それを維持することを義務づけられる。
③　全ての経営協議会は、その委員の中から一名を選出し、労働保護問題の管理を委ねるものとする。このような安全管理要員（Sicherheitsobmann）は、それが労働保護の範囲内での職務遂行に必要である限りにおいて、賃金を減額されることなくその労働を免除される。
複数の経営における職務の調整を図るため、（※各経営より選出された）安全管理要員は、その中から代表者を選出する。この者は、その活動範囲を考慮の上その労働を免除される。
④　選任された安全管理委員（Sicherheitsbeauftragte（※詳細は第五章第二節第一款を参照））は、それが労働保護の範囲内での職務遂行に必要である限りにおいて、賃金を減額されることなくその労働を免除される……。
⑤　……⑥……⑦⑧……。
⑨　全ての従業員総会(60)において、経営管理者および／もしくは経営協議会により、経営内における災害の発生に関する報告がなされなければならない。これに加え、労働保護、とりわけその決定および措置に関する継続的な通知がなされなければならない……」。

次に、本稿でも先にとりあげた端末機器作業場について、いかなる協定が典型例とされているかについて述べておく。この点につき本書は、労使が、まずは災害保険組合が策定した補完準則「事務所部門における端末機器作業場のための安全規定（ZH 1/618）」を遵守することを前提としており、経営協定はあくまでこれを更に補完する役割を負うものとして位置づけている。その上で、八三年連邦労働裁判所決定でも争点とされた、端末機器作業時間の限界設定および作業の中断に関し、次のような範例を示している。

「〈端末機器作業場〉

⑥　端末機器作業場へ投入される従業員の職務領域は、他の作業との組み合わせを行うことにより、組織的に、できる限り、もっぱら端末機器の凝視を求められる活動が一労働日につき五時間を超えることのないように編成されるべきである。

フルタイム労働者について、彼に委ねられた職務が、もっぱら端末機器の凝視を伴う五時間を超える関連作業を必要とする場合、その従業員には作業開始四時間目以降、作業の中断が設けられなければならない。その長さは、四時間目以降の各時間において、一時間につき計一〇分間とする。

例えば、作業時間の終了時における請求など、作業の中断の集中的な請求は許されない。他方、特に作業工程などの経営上の可能性が許す限り、一時間につき一〇分間の作業中断請求の時点は、個々の従業員に委ねられる。

例外的な場合には、四時間目以降の作業中断の時間的条件は、各経営ごとに取り決めが可能である。端末機器作業場における活動について、既に協約あるいは経営における規制の中で作業の中断が取り決められている場合、この時間はここで述べた作業の中断に含めて計算される。この取り決めに基づいて与えられる作業の中断は、これに算入されるべきである……。」

さらに、その前に位置する二項および三項は、端末機器の設置に際しての経営協議会への通知およびそれとの協議について、以下のように定めを置いている。

「② 端末機器作業場の設置もしくは改修の計画がある場合、経営協議会は、適宜これについて通知されるのでなければならない。(61)

③ 端末機器作業場の設置に際しては、当該作業場が『事務所部門における端末機器作業場のための安全規定』の定める基準に符合するものか否かについて、経営協議会と協議がなされる。同安全規定に基づいてなされた従業員の異議および提案は、経営協議会との協議の対象とされなければならない」。

以上、ドイツの経営協定における安全衛生規定の典型例を若干取り上げてみたわけだが、経営協定は、彼国において、労使の交渉結果を表現する唯一の手段というわけではない。個々の労使関係を直接に規律する規範的効力を必要としないのであれば、両者に「規制の申し合わせ（Regelungsabrede）」が存するだけでも十分であり、実際にはこのような非形式的なルールが補充的に規律している領域も多いとされる。(62) また、経営協定、規制の申し合わせの両者にとって、経営協議会の共同決定は効力発生要件であるが、かりに経営協議会との合意が得られず、仲裁委員会などの決定機関の決定も行われなかったとしても、経営あるいは就業者の被害を防ぐため緊急の場合には使用者に一方的指図が認められることもあり得る。(63) したがって、以上の如き、僅かな経営協定例の掲示をもって、ドイツにおける経営内安全衛生規制の範囲、内容、効果、運用の実態までがつまびらかにされたとは到底いえないが、少なくとも、彼国における労働安全衛生規制の領域において、経営内規制としての経営協定が実体的規制の重要な役割を担い、そうであればこそ、八三年連邦労働裁判所決定が、その著しい展開に歯止めをかける配慮をなしたこと、また、こうした経営内安全衛生規制の展開の背後には、災害保険組合による積極的災害予防政策の展開があり、経営協定は、該機関の提示する多くの選択肢（災害予防規則及びその他の補完準則等）からの選択、吸収、修正の機会に恵まれていること、の二点については確認がなされたものと思われる。さらに、現在においてこそ、この領域における実質的意義を減じたとはいえ、産業横断的に締結される労働協約の存在も、経営内災害予防規制の最低限を規定するとともに、その矛先を呈示する役割を果たしていることに、留意されるべきであろう。[64]

【注】

（1）Westermann, Harm Peter (Redakteur), Schuldrecht, besonderer Teil, Münchener Kommentar Bürgerlichen Gesetzbuch Bd. 3, 1. Halbbd., 2. Aufl. (München, 1988), S. 1588 [Lorenz, Martin].

（2）協働権という文言は、一般的に共同決定権と同義に用いられる場合もあるが (Creifelds, Carl (Begründer)/Kaufmann, Hans (Hrsg.), Rechtswörterbuch 13. Aufl. (1996), S. 831)、野川忍「賃金共同決定の法的構造（上）―西ドイツ事業所組織法の一断面」日本労働協会雑誌（一九八四年）三〇七号二四頁以下によれば、本来この文言は以下のように分類される多様な権利の集成として理解されるという。⑴ 各措置の最終的な決定権限を使用者に留保するもの。① 情報権 (Informationsrecht) ―これが認められる事項に関連する使用者の措置は、経営協議会に包括的かつ具体的な情報が与えられない限り無効となる。② 聴聞権 (Anhörungsrecht) ―この権利が認められる事項に関連する措置に関しては、経営協議会への意見聴聞は勿論のこと、同協議会が異議を申し立てた場合、使用者は、その異議に関して検討することも義務づけられる。③ 協議権 (Beratungsrecht) ―使用者に質疑応答、議論の場の提供を義務づけるが、それ以上でもそれ以下でもない。④ 提案権 (Initiativrecht) ―本稿でいう発議権。⑵ 使用者が措置を行う権限そのものに制約を加えるもの。① 拒否権 (Vetorecht)。② 共同決定権 (Mitbestimmungsrecht/Mitentscheidungsrecht) ―最も強度の協働権であり、その対象となる事項については経営協議会との合意がない限り使用者の措置は法的効力を持たない。なお、同旨の記述として、例えば中島正雄「西ドイツにおける人事問題の共同決定」季刊労働法（一九八三年）一二八号一五八頁。

（3）Sinzheimer, Hugo, Der korporative Arbeitsnormenvertrag, Band I (Leipzig, 1907), S. 45-51.

（4）Kohte, Hans-Wolfhard, Arbeitnehmerhaftung und Arbeitgeberrisiko (Königstein, 1981), S. 164.

（5）Rehm, Hermann, Die verwaltungsrechtliche Bedeutung der Fabrikordnung, Annalen des Deutschen Reichs für Gesetzgebung, Verwaltung und Statistik (1894), S. 155. これについての詳細は、盛誠吾「懲戒処分法理の比較法的研究Ⅰ」一橋大学研究年報（一九八三年）一三号一八六頁以下において検討されている。

（6）Kohte, a. a. O. (Fn. 4), S. 164.

（7）詳しくは、野川・前掲（注2）論文二八頁以下を参照されたい。

（8）なお、同法七八条三項もまた、労働者代表協議会（Arbeiterrat）および職員代表協議会（Angestelltenrat）がある経営についてはこれらの協議会、これらが存しない経営については経営協議会が有する職務として、「一定の労働者集団を対象とする就業規則または職務規定を、法八〇条に基づき、現行協約規定の範囲内で、使用者との間で取り決めるべきこと」を定め、法八〇条は、法七八条三項に基づく取り決めがなされるべき場合にもなお法七五条が適用されることを定めていた。

（9）Kohte, a. a. O. (Fn. 4), S. 166.

（10）たとえば、Sachs, Robert, Betriebsrat und Unfallverhütung, RABl (1929) III, S. 41-43；Flatow, Georg/Kahn-Freund, Otto, Betriebsrätegesetz vom 4. Februar 1920 nebst Wahlordnung, Ausführungsverordnungen u. Ergänzungsgesetzen, 13. Aufl. (Berlin, 1931), § 75 Randziffer 4 III など。

（11）営業法上の就業規則に関する詳細は、盛・前掲（注5）論文一七八頁以下を参照されたい。

（12）この点つき、より詳細には、盛・前掲（注5）論文二一四頁以下を参照されたい。

（13）五二年経営組織法については、例えば網野誠『西ドイツ被用者経営参加法論』（風間書房、一九六九年）八七頁以下等に訳語があるが、本書では、他の訳語との整合性等の問題もあり、あえてこれらに直接依ってはいない。

(14)　五二年経営組織法五七条は次のように定めを置いていた（試訳）。
「とりわけ以下に定める事項は、法形式のいかんに関わらず、その法的効力が当該経営または企業に制限される、経営協定によって規制することができる。
a）　経営における災害及び健康被害の予防措置
b）　福利厚生設備の設置など」

(15)　BT-Drucksache, 6/1786, Vorblatt.

(16)　Fitting, Karl/Auffarth, Fritz/Kaiser, Heinrich/Heither, Friedrich/Engels, Gerd, Betriebsverfassungsgesetz, 18. Aufl. (München, 1996), vor §89 Randziffer 3.

(17)　Kohte, a. a. O. (Fn. 4), S. 167 ; Denck, Johannes, Arbeitsschutz und Mitbestimmung des Betriebsrats, ZfA (1976), S. 451ff.

(18)　本法の立法過程で提出された連邦政府草案によれば、ここでいう労働科学的認識とは、労働の人間的形成に関する産業医学、労働生理学、労働心理学をも含めた幅広い学問領域の確定的認識を指すとされる（Entwurf eines Betriebsverfassungsgesetzes (Entwurf der Bundesregierung), BT-Drucksache, 6/1786, S. 49)。

(19)　ここで「修正的共同決定権」とは、使用者のある原則（ここでは確定的な労働科学的認識）違反を前提として、経営協議会が個別的にその修正を要求することができる権利であり、法九一条ではこれが仲裁委員会による強制的決定によって保障されている。

(20)　Zu BT-Drucksache, 6/2729, S. 4, 5. さらに Zöllner, Wolfgang/Loritz, Karl-Georg, Arbeitsrecht, 4. neubearbeitete Aufl. (München, 1992), S. 309 も参照。

(21)　さらにコーテは、七二年法九〇条および九一条が労働の人間的形成に関する労働科学的認識を規範化したことを重視し、これが労使間の民事損害賠償請求の領域にも影響を与えると説示する。すなわち、かりに労働者が労働科学的認識に違反する過重な負担のかかる作業条件下での作業中に使用者の所有物を誤って毀損してしまったような場合、使用者の労働者に対する個別的な損害賠償請求権の行使は、かかる規定の評価として矛盾するものである、とする。なぜならば、これを認めてしまえば、かかる規定の目的とする労働科学的認識の実現は果たされ得なくなってしまうからである、というのである (Kohte, a. a. O. (Fn. 4), S. 168)。

(22) Bücker, Andreas/Feldhoff, Kerstin/Kohte, Wolfhard, Vom Arbeitsschutz zur Arbeitsumwelt : europäische Herausforderungen für das deutsche Arbeitsrecht (Neuwied, 1994), S. 28 ; Däubler, Wolfgang/Kittner, Michael/Klebe, Thomas/Schneider, Wolfgang (Hrsg.), Betriebsverfassungsgesetz, Kommentar für die Praxis, 4. Aufl. (Köln, 1994), § 87 Randziffer 167, u. s. w.

(23) 八七条１項七号の趣旨からは、ここでいう「労働保護を目的とする公法上の規定」は、必ずしも実体的保護規定でなければならないわけではなく、安全管理委員の選任に関するライヒ保険法七一九条以下（主として現行社会法典第七編二二条、詳細は第五章第二節第一款参照）のような安全衛生に関する組織規定であってもよいと解されている（Fabricius, Fritz/Kraft, Alfons/Wiese, Günter/Kreutz, Peter, Betriebsverfassungsgesetz, Gemeinschaftskommentar, 5. Aufl. (Neuwied, Kriftel, Berlin, 1995), § 87 Randziffer 503)。

(24) Fabricius/Kraft/Wiese/Kreutz, a. a. O. (Fn. 23), § 87 Randziffer 507 m. w. N.

(25) Ibid.

(26) とはいいつつも、規制の必要な法領域が拡大すると、必然的に法律の量は増大するが、対照的に法律の規制密度は低下し、法律の網が粗くなるという事情は行政法における問題状況と同様である（宮田三郎「行政裁量（国家権力と裁量）」公法研究（一九九三年）五五巻一四一頁〔同・行政裁量とその統制密度（一九九四年、信山社）三二二頁〕参照）。また、本論文での宮田教授の指摘によれば、「このような法律の規制力の弱さは、特に計画法的性格を有する法律、および技術的安全や環境保護に関する法律において顕著であ」る、とされる。

(27) Fabricius/Kraft/Wiese/Kreutz, a. a. O. (Fn. 23), § 87 Randziffer 527 m. w. N. によれば、このような強制規範から当然に導かれる解釈についても共同決定は及ばない。例えば、危険有害物質に関する命令一九条五項一号によれば、一定の条件が存する場合、「使用者は、危険防止に効果があり、本人にとって着用しやすい防護服をその利用に供し、これを使用可能で、衛生的にも問題のない状態に保たなければならない」、とされており、同旨の規定は八九年放射線保護に関する命令五三条二項一号、災害予防規則総覧第一編四条、四五条三項などにも存在する。判例学説は、このような規定により労働者への提供を義務づけられた用品の費用は、労働者が個人的に利用するなどの事情のない限り原則として使用者の負担となると解しており、この問題は規制領域に導く「争いのある法的問題」にはあたらないとされている（Ibid）。

(28)　ただし、少なくとも行政裁量についていえば、かりにこのような文言が法文上存在したとしても、行政機関はあくまで法の目的に鑑みて正しい、または最良と自ら判断する決定に常に到達するのでなければならないのであり、「自由な裁量領域」などというものは本来的に存在しない。したがって、伝統的な「羈束裁量」と「自由裁量」との違いは相対的なものでしかない、というのが一般的理解である（Badura, Peter/Ehlers, Dirk/Erichsen, Hans-Uwe/Ossenbühl, Fritz/Rudolf, Walter/Rüfner, Wolfgang/Salzwedel, Jürgen, Allgemeines Verwaltungsrecht, 10. neubearbeitete Auflage. (Berlin, New York, 1995), S. 24, 25)。

(29)　ただし裁量決定の合目的性およびより優れた決定の可能性はこれには含まれない（＝司法審査の対象とはならない）。

(30)　Creifelds, Carl. (Begründer)/ Kauffmann, Hans (Hrsg.), Rechtswörterbuch 13. Aufl. (1996), S. 394, 395、宮田・前掲注（26）論文一三六頁［同・前掲注（26）書三二七頁］以下。

(31)　LAG München, NZA (1988), S. 69；Bücker/Feldhoff/Kohte, a. a. O. (Fn. 22), S. 30；Hess, Harald/Schlochauer, Ursula/Glaubitz, Werner, Kommentar zum Betriebsverfassungsgesetz, 4. Aufl. (Neuwied, 1993), § 87 Randziffer 142.

(32)　Fabricius/Kraft/Wiese/Kreutz, a. a. O. (Fn. 23), § 87 Randziffer 511.

(33)　LAG Berlin (Beschluß) vom 31. 3. 1981（後掲する一九八三年連邦労働裁判所決定の原審）、DB (1981), S. 1519.

(34)　LAG Düsseldorf (Beschluß) vom 27. 5. 1980, DB (1981), S. 1781.

(35)　実態として、各経営当事者が国家労働保護法規および災害予防規則に依存して、みずから経営協定の作成を怠る傾向があったことも事実である。詳しくは、Kühn, Hagen, Betriebliche Arbeitsschutzpolitik und Interessenvertretung der Beschäftigten (Frankfurt am Main, New York, 1982), S. 128 ff., 137, 147 ff.; Pröll, Ulrich, Arbeitsschutz und neue Technologien (Opladen, 1991), S. 99 ff. 他を参照されたし。

(36) 例えば Denck, Johannes, Bildschirmarbeitsplätze und Mitbestimmungsrecht des Betriebsrats, RdA (1982), S. 279, 285; Klinkhammer, Heinz, Zur Mitbestimmung des Betriebsrats bei Bildschirmarbeitsplätzen, AuR (1983), S. 321, 324 など。

(37) Fabricius/Kraft/Wiese/Kreutz, a. a. O. (Fn. 23), § 87 Randziffer 513; Galperin, Hans/Löwisch, Manfred/Kröger, Bernd, Kommentar zum Betriebsverfassungsgesetz, Bd. II, 6. Aufl. (Heidelberg, 1982), § 87 Randziffer 156 a. しかし、後に述べるリヒャルディーの連邦労働裁判所決定に対する評釈は、このような考え方に反対している。

(38) Fabricius/Kraft/Wiese/Kreutz, a. a. O. (Fn. 23), § 87 Randziffer 514.

(39) 以下の叙述は、主として Fabricius/Kraft/Wiese/Kreutz, a. a. O. (Fn. 23), § 87 Randziffer 519, 520 による。

(40) Fabricius/Kraft/Wiese/Kreutz, a. a. O. (Fn. 23), § 87 Randziffer 516. これと同旨のものとして、Fitting/Auffarth/Kaiser/Heither/Engels, a. a. O. (Fn. 16), vor § 89 Randziffer 48; Däubler/Kittner/Klebe/Schneider (Hrsg.), a. a. O. (Fn. 22), § 87 Randziffer 176 などがある。

(41) Fabricius/Kraft/Wiese/Kreutz, a. a. O. (Fn. 23), § 87 Randziffer 519, 520 m. w. N.

(42) Fitting/Auffarth/Kaiser/Heither/Engels, a. a. O. (Fn. 16), vor § 89 Randziffer 55.

(43) さらに危険有害物質に関する命令二一条は、以下のような構成で自ら労働者個人および経営協議会に一定の協働権を付与している点も注目される。(第一項) 本命令に定める一定の措置を実施する、もしくはした場合の労働者個人、経営協議会などに対する使用者の意見聴取義務、通知義務、情報提供義務など、(第二項) 実務・学術上の先端認識基準違反が生じた場合の労働者個人、経営協議会などに対する使用者の伝達義務およびとるべき措置に関する意見聴取義務など、（第三項）一八条に定める測定結果の記録作成義務、ならびに経営協議会などに対する複写の引渡義務など、（第四項）経営協議会などによる追加的措置の提案権および本規定の適用範囲……（第五項以下省略）……。とりわけ経営協議会の提案権について定める第四項を原文通りに示せば以下のごとくになる。「経営協議会または職員代表委員会は、本命令一六条から二〇条までに規定された措置にとどまらず、健康被害の回避のため個別に追加的保護措置を使用者に提案すべき権利を有する。他の法規に基づく通知義務および参加義務はとくに影響を受けない」。

(44)　Fabricius/Kraft/Wiese/Kreutz, a. a. O. (Fn. 23), § 87 Randziffer 525. これと同旨のものとして、Fitting/Auffarth/Kaiser/Heither/Engels, a. a. O. (Fn. 16), vor § 89 Randziffer 47；Galperin/Löwisch, a. a. O., § 87 Randziffer 157 などがある。

(45)　これを若干詳しく述べると次のようになる。端末機器作業とは、端末機器を伴うあるいは同機器での作業をいい、端末機器（Visual Display Terminal；Visual Display Units）とは、文字あるいは画像情報の信号を扱う機器を意味する。マイクロフィルム読み取り機器、マイクロフィッシュ（シートにまとめたマイクロフィルム）およびこれらに相当する技術システムなどもこれに該当する（Frey, Helmut/Pulte, Peter, Betriebsvereinbarungen in der Praxis, 2. Aufl. (München, 1997), S. 365)。わが国では、本文で述べた八五年の労働省指針の発令前（八五年九月）に、日本産業衛生学会より提言がなされ、一日の作業時間は四時間以内を限度とし、連続作業時間は五〇分以内に抑えること、五〇分ごとに一〇分間の休みを設けることが望ましい旨が述べられており、労働省指針も、これを前提として、連続作業一時間について一〇〜五分程度の休止時間を設け、連続作業時間内に一〜二回程度の小休止を設けること等を掲げていたものの、これらの勧告や指針は、その後の一九八九年一〇月二三日の同省実態調査によって、殆ど守られていなかった、との実態が明らかにされたという（吉竹博『現代人の疲労とメンタルヘルス』（労働科学研究所、一九九〇年）二二頁）。

(46)　一般の成長段階にある母性にとっても端末機器作業はその有害性が疑われており、法的議論も活発である。ちなみに、個別的に特に有害性が疑われる場合には、母性保護法四条五項、または八九条一項に基づき、経営協議会より直接に、就業禁止措置等について監督機関の決定を求めることもできる。その他詳細については、例えば、Ehmann, Horst, Arbeitsschutz und Mitbestimmung bei neuen Technologien, (Berlin, 1981), S. 65. これに異論を唱えるものとして、例えば Kohte, Hans-Wolfhard, Ein Rahmen ohne Regelungsinhalt? Kritische Anmerkungen zur Auslegung des §87 Abs. 1 Ziff. 7 BetrVG, AuR (1984), S. 273 ff.

(47) 本判決の概要については、既に手塚教授による簡潔な紹介がなされている。手塚和彰「西ドイツ労働事情・判例展望（五）―ME機器導入と共同決定・その一―」判例時報（一九八五年）一一五九号一八、一九頁。

(48) この点の記述に際しては、和田肇『労働契約の法理』（有斐閣、一九九〇年）一〇八頁以下を参照した。なお、同書で挙げられている判例には、BAG (Urteil) vom 20. 4. 1956, 1 AZR 476/54, BAGE 3, S. 23；BAG (Urteil) vom 7. 2. 1956, 2 AZR 200/54, AP Nr. 18 zu §611 BGB Urlaubsrecht；BAG (Beschluß) vom 26. 10. 1955, BAGE 2, S. 342；BAG (Urteil) vom 6. 7. 1956, 1 AZR 276/54, AP Nr. 1 zu §1 Urlaubsgesetz Schleswich-Holstein などがある。このうち一九五六年四月二〇日の連邦労働裁判所判決は、次のような事案を審理したものである。原告は、家内制手工業労働者として織物工場で作業を継続していたところ、被告たる使用者より、二週間の期間を置いて解約告知された。そこで彼は、この解約告知期間内に有給休暇を申請したが、家内労働者であるとの理由から被告によってこれを拒否された。原告は、解約告知期間の九日間について、一日あたり六・四マルクの休暇補償を求めて訴訟を提起し、一審労働裁判所はこの地方の織物産業を対象とする労働協約の適用を認めて、その一部の補償を肯定した。しかし続く控訴審、上告審では、この休暇請求権の根拠が改めて問題となり、かりに法律・協約・契約などに明文上の規定がなくとも、休暇請求権が認められるか、という原則的問題が審議された。結論的に本連邦労働裁判所は、次のように述べてこれを肯定している。「本件休暇請求権は、使用者の労働契約上の配慮義務のよりどころたるBGB二四二条、六一八条、さらには基本法二〇条、二八条において確立されている社会法治国家原理、終局的には両社会当事者を含む国民の法的確信および法実行意思から生じるものである」。BGB六一八条に基づく保護義務には、「使用者がすべての労働者に対し、年に一度、一定の期間、賃金継続支払の下でその労働から解放させる義務もまた含まれる……」（傍線筆者）、と。

している。

(49) 中央経営協議会は「労働心理学的負担」との文言について何ら詳細な説明を行っていないが、連邦労働裁判所は、これを「適当な分量と時間を経ると健康被害を引き起こし得る、作業に起因する物理的、心理的負担」と理解している。

(50) その理由として裁判所は、① 同裁判所の先例により、係属中の先決的判決手続を理由に仲裁委員会の召集は妨げられないことが明らかにされていること、② 現実的には仲裁委員会による決定には時間がかかることが殆どであり、共同決定権の有無の問題を不必要に長期間未解決の状態に置かないことは、経営当事者の利益となること、などを挙げ、係属中の先決的判決手続と仲裁委員会による経営ごとの規制は別個独立し並行的になされるものであることを強調する。仲裁委員会は、その点に管轄権を有しないことが明らかでない限り（この点に関しては労働裁判所法九八条参照）、いついかなる場合でも経営協議会により請求された共同決定権を自らの判断で肯定し、それを前提に経営内規制を行うことができるのだから、先決的判決手続が仲裁委員会による決定前——審議中——になされてもなんら問題は生じないというのである。

(51) さらに裁判所は、中央商工業災害保険組合連合会が事務局レベルで策定した「端末機器作業場のための安全規定（Sicherheitsregeln für Bildschirmarbeitsplätze）」と呼ばれる実施規定（前節注53）にも触れ、これが枠組み規定に該当しないと述べている。再三述べるように、災害保険組合の策定する補完準則と災害予防規則とは法的性格を全く異にしていることから、この結論はある意味で当然ともいえ、災害予防規則総覧第一編二条一項一文、職場に関する命令三条一項などに定められた「一般に承認された技術規定（詳細は第三章第一節参照）」についても同様のことがいえる。

(52) 裁判所は、このことの裏付けとして次のように述べる。「労働時間法、母性保護法および年少労働者保護法などは、たしかに衛生づくりを指向する規範ではあるが、営業法一二〇条(e)（第二章第一節第一款参照）に基づき同一二〇条(a)を具体化する目的で発布されたものではなく、あくまで営業法から独立した法律として発布されたものである」、と。

(53) Verzeichnis von Sicherheitsregeln u. a., Schriften für Arbeitssicherheit und Arbeitsmedizin, Haupt-

verband der gewerblichen Berufsgenossenschaften, Sankt Augustin.

(54)　災害予防規則第一編一般規定第四条第一項は、事業主に対し、労働者の災害及び健康被害に対応するため、適当な個人的防護具の提供を課しており、その第二項第三号は、飛散する粒子、液体の噴出あるいは危険な光線により、眼もしくは視力の傷害が予想される場合、このような防護具として適当なのは、眼もしくは視力を保護する機器であるとしている。そこで経営協議会は、眼科検診は、この防護具の提供に必要であるから、その請求が可能であると主張したのだが、裁判所は、そもそも端末機器からは、ここでいう危険な光線は発生しないし、そこでの作業に際して眼の傷害は発生しない、としてこれを斥けている。

(55)　使用者の出した提案に消極的に異同を述べるのみでなく、自ら提案を行いそれについての共同決定を求める経営協議会の発議権は、経営組織法上義務的共同決定事項を定める複数の規定に関連して認められており、とりわけ法八七条については、そこに挙げられている全ての事項について認められる。経営協議会の発議権はあくまで共同決定権の一部であり、これなくしては労使間の対等な権利は実現されないからである。経営協議会の発議に対して労使が合意に達しない場合、案件は仲裁委員会の拘束力を伴う決定に付される。従って、経営協議会の発議権とは、結果的には自らの提案について仲裁委員会の決定を求める権利と考えることもできる（Fitting/Auffarth/Kaiser/Heither/Engels, a. a. O. (Fn. 16), § 87 Randziffer 393-397 を参照)。

(56)　さらに裁判所は、この結論について次のような論拠も示している。「かりに経営協議会にこのような義務的共同決定権を認めたとすると、九条三項の定めに照らし、正式に採用された事業所医のいる経営と非常勤の事業所医しかいない経営とで、格差が生じてしまうことにもなる。非常勤の事業所医しかいない経営では、経営協議会はその職務の拡大に関し聴聞権しか有しないからである」。

(57)　Denck, a. a. O. (Fn. 36), S. 285；Kinkhammer, a. a. O. (Fn. 36), S. 325.

(58)　手塚・前掲（注47）紹介一九頁。因みに手塚教授のこの記述は、Handelsblatt, 8. 12. 1983；ders, 9. 12. 1983 によっている。

(59)　なお、本書執筆の過程においては、残念ながら近年の主要企業における経営協定の実物を入手することはできなかった。また、かりにその入手が実現しても、産業および経営部署、規模等に偏りがあれば、実例としての意味をあまり持ち得ないこと等からも、本書では、特にその実物によることに拘泥しなかった。とはいいながら、本書に示されたひな形が実例を参照して作成されたものであることは、そのはしがきにおいて明示されている。

(60)　従業員総会は、現行経営組織法四二条以下に規定され、経営協議会の活動報告、使用者からの状況報告、労働者の利害に関わる経営内外の問題の討議、その他労働者同士の情報交換、周知などを目的として、経営協議会にその開催が義務づけられたものである。従業員総会には労働者全員の参加が許され、使用者、労働組合の受任者なども参加することができるが、決定機関としての性格は持っていない。法四五条には、本総会の会議事項となるべき複数の事項が定められており、労働安全衛生問題はこのうちの社会政策的事項に該当する。問題は、ここでの会議上、事業所医その他の専門家の招聘が可能か否か、加えてその費用は誰が負担するかであるが、連邦労働裁判所は前者について、たとえ使用者の同意のない場合にもこれを認めるとする一方（BAG (Beschluß) vom 13. 9. 1977, 1 ABR 67/75, AP Nr. 1 zu §42 BetrVG 1972)、後者については法八〇条三項の趣旨に従い、事前の協定のある場合に限り、これを使用者負担とする旨判示している（BAG (Beschluß) vom 19. 4. 1989, 7 ABR 87/87, AiB (1990), S. 36)。

(61)　なお、経営組織法八七条一項六号によれば、労働者の行為および労務給付の監視を予定された技術的設備（technische Einrichtung）の導入および利用は、そもそも経営協議会の義務的共同決定事項とされている。従って、同協議会は、同法八〇条二項にもとづき、そのような役割を兼ねた端末機器の設備に際しては、包括的な情報請求権を与えられている。また、法九〇条も、技術的装置（technische Anlage）を含めた作業条件に関する計画の通知義務を使用者に課していることから、これらの経営協定例はこうした国家規範を確認しただけではないかといえなくもない。しかしながら、経営組織法上の技術的設備あるいは装置が、より一般的な意味において、ここでいう端末機器に該当するか、には議論の余地があり、本規定例には、少なくともこれらの経営組織法上の文言を解釈具体化した、という点での意義が認められよう。

(62)　Fabricius/Kraft/Wiese/Kreutz, a. a. O. (Fn. 23), §87 Randziffer 535. これと同旨のものとして、Fitting-

/Auffarth/Kaiser/Heither/Engels, a. a. O. (Fn. 16), vor §89 Randziffer 41 ; Hess/Schlochauer/Glaubitz, a. a. O. (Fn. 31), §87 Randziffer 367 などがある。

(63) Fabricius/Kraft/Wiese/Kreutz, a. a. O. (Fn. 23), §87 Randziffer 145.

(64) 実例として、南バーデン金属産業の現業労働者及び職員のための基本協約：西谷敏／中島正雄／米津孝司／村中孝史訳『現代ドイツ労働法』（法律文化社、一九九五年）四九九頁以下、とりわけ五〇一、五〇二頁を参照されたし。なお、本書の原典は、Löwisch, Manfred, Arbeitsrecht, 3. Aufl., (Düsseldorf, 1991) である。その他、ドイツにおける労働協約の実例を挙げた書物は、労働協約に関する命令（一九一八年）制定及びヴァイマール憲法可決（一九一九年）直後の一九二〇〜三〇年代に集中しており、最近のものは、賃金に関するものを除き、数が少なくなっているが、例えば、建設業労働協約を整理統合した最近の文献として、Tarifverträge für das Baugewerbe : Bundesrahmentarifvertrag für das Baugewerbe nebst Anhängen und Zusatztarifverträgen : Tarifverträge für Fertigbaubetriebe sowie für Beton-und Mortelmischbetriebe, Sozialkassen-Tarifverträge, Tarifvertrag über die Vermögensbildung, Schlechtwetterregelung, Lohnregelung, Tarifvertrag über die Auslösungssätze, (Köln, 1972) 等を参照されたし。

第四節　小　括

以上の検討から明らかにされたように、とりわけ近年意識されている新たな健康障害因子への対応に当たり、ドイツ労働安全衛生法においては、第一に、「一般に承認された技術規定」、「技術規準」、「確定的な労働科学的認識」などの実務・学術上の先端認識基準の法規範化、第二に、労使自治的な経営外災害予防規制たる、災害保険組合による災害予防規則の制定、第三に、同じく経営内災害予防規制たる、各経営レベルでの経営協定の締結という手段が採用されている。

このうち第一の手段は、立法管轄、規制の画一性、規制のレベル等々において問題性を孕むものの、労働科学研究を積極的に支援し活用する労働者団体の取り組み、該研究の現実的な進展及びそれへの厚い信頼、労働の人間化を優先する基本権思想等を背景に、その活用領域の拡大化が図られている。

次に、第二の手段は、災害保険組合という労使自治制度に労災予防と労災補償の一元的管掌を委ね、なおかつ国家労働保護法と同様の一般的法規範性を有する労災予防規則の制定権限を付与する、というドイツ労安法に特有の制度であり(1)、彼国の労災予防政策において中心的位置を占める。その規制範囲は極めて広範に及び、しかも相当に迅速な対応がなされており、同機関が国家監督機関と二元的に構成されていることからも、その活動がひいては国家監督機関の活動にも影響を与えるという特筆すべき効果も生まれる。ただし、制度上の労使自治システムが実際に機能するか否かという点には、労使の実際的な力関係等を背景として未だ種々の問題点を孕んでおり、また、特に労災補償の領域において、経済的志向から十分な救済機能を果たしていないとの指摘があることは、十分に考慮される必要がある。

さらに、第三の手段は、各経営内特有の労働危険に対応して、迅速かつ詳細な規範設定を可能ならしめる制度であり、経営協議会に既存の公的枠組み規定の具体化を義務づける経営組織法八七条一項七号を基礎に、同協議会に労働科学的認識を基準とする修正的共同決定権を付与する同九〇条、同じく任意・補充的経営協定の締結を促す八九条など、種々の根拠規定をもって裏付けられている。本稿で取り上げた八三年連邦労働裁判所決定は、かような手段のうち、とりわけ八七条一項七号、九〇条、九一条、労働安全法九条等に基づく義務的共同決定の範囲を一定範囲に制限する趣旨を示したものであるが、彼国では、前述の災害予防規則をはじめその根拠となる枠組み規定自体が広範かつ高度の内容をもって存在しており、現実の任意・補充的経営協定の規制領域も広範に渡っている。こうした義務的共同決定の根拠規定は、ヴァイマール憲法可決後に制定された労働科学的立場を基調とする経営協議会法においてその骨格が形成されたものであり、もはや八〇年にもわたる歴史を経ることとなる。その間、経営協議会は、後述する経営内保健制度への関与を根拠づける労働安全法、使用者に対する経営組織法上の情報権規定、同じく経営外労働保護機関及び使用者との協働規定など、該制度を補強する種々の規定を獲得し、これらの規定は一体となって、労働の人間化を志向する高度の目的設定をなしている。

このように、ドイツ労安法制度は、本稿が検討の視点に据えた労使自治の枠組みを、規範設定の過程に多面的に位置づけている。そして、かような制度の背後には、その前提として労働科学研究の進展とそれへの厚い信頼があり、これら労使自治の枠組みは、いわば労働科学研究の法的吸収を側面から支える制度ということもできる。そしてこのような制度的枠組みは、現在にいたって、ソーシャル・ダイアログ及び欧州レベルでの労使協定の締結、ならびにＥＣ諸法の労働科学との連結という形で、ＥＣレベルでも積極的な採用がなされており、その規模を拡大しつつあることは、既に見た通りである。

別稿においてなしたアメリカ労働安全衛生法の検討(2)からも明らかにされたとおり、雇用の現場にあって、周囲からは気づきにくい労働危険を最も早く認識しうる主体の一には、労働者自身がおり、この極めて重要な当事者を立法の過程から排除することが、労働者保護の視点からも、また労働者意識の高揚の視点からもいかにマイナス作用を及ぼすかは、わが国におけるこれまでのとりわけ衛生危険への対処の遅れが示す通りである。

わが国の労災予防政策は、急速な産業の進展を果たすため、労使に十分な協議の暇を与えず、その立法においても労働者参加の視点を意図的に排除してきた。急いで産業を展開しつつ、なおかつ危険を最小限に食い止めるため、より産業「管理体制」を強め、あるいは画一的・統一的かつ経済的な上からの統制、すなわち安全衛生ヒエラルキーの構築によって、問題処理を図ってきたのである。「官民一体」と言ったところでその「民」が示すのはあくまで一部経営者およびその団体勢力にすぎず、労働者の意思は、極端に言えば、それが殖産興業に矛盾しない範囲で取り込まれてきたにすぎない。ドイツにおいても、労使による協働といいつつ、ともすれば使用者による一方的支配へと転回しかねない危険が存することは先に見たとおりであるが、経営内外における立法の諸段階において、制度上の担保が存するか否かは、依然少なからぬ意味を有するものと思われる。

【注】

(1) たとえばフランスでは、労災の塡補(労災補償)は、国からは法制度上独立した自治組織たる社会保障金庫が管掌しているが、労災予防領域の法令の制定及び合法性監督は、わが国同様に国が独占的に管掌している(岩村正彦「労災補償制度」社会保障研究所編『フランスの社会保障』(東京大学出版会、一九八九年)一五五頁)。

（2）　三柴丈典「アメリカにおける労災予防権の検討」季刊労働法（一九九七年）一八一号一三九頁以下。

第四章　労働者の権利

前章では、先端労働科学的認識の直接的な法規範化の手段に加え、災害保険組合による経営外災害予防規制及び経営協議会による経営内災害予防規制の手段を取り上げ、主に規範設定の主体としての労働者の役割を検討してきたが、本章以下においては、こうして設定された規定違反、または現実の労働危険（もしくはそれが予想される場合、それを防止する場合）に際して期待される、より積極的な災害予防活動の主体としての労働者の役割を根拠付ける権利を主な検討対象とする。(1) 但し、一口に「災害予防の主体としての労働者の役割を根拠付ける権利」といっても種々多様なものが存在することから、ここでは、主として使用者の配慮義務に関連付けて論じられ得る契約法上の権利を本章で、かかる配慮義務にも関連付けられ得るが、主として立法上の措置として創設された関与権等を次章で、各々分別して検討していくこととする。なお、彼国においては、前者の代表例として、第一に、職場危険情報権、第二に、危険有害業務に対する労務拒絶権、第三に、危険状態の積極的是正を求める履行請求権、第四に、同じく消極的是正を求める差止め請求権等が論じられているが、このうち第三と第四の権利の差異は相対的なものでしかないことから、ここでは第一ないし第三の権利を検討対象とする。また、後者の例としては、経営組織法上定められた経営内査察、監督の権利を始めとして、やはり多くの立法上の措置が存するが、ここでは、特に近来型労働危険への対処という観点から重要性を有する経営内保健制度への関与権、ならびにドイツ安全衛生法の根本的な理念を再確認する意味からも重要な、先述した営業監督、災害保険組合等の経営外災害予防機関との協働主体としての労働者の位置付け、行為権限等を主たる検討対象に据えることとする。

第一節　職場危険情報権

労働者が災害予防活動の主体として行動するには、彼自身、職場危険に関する包括的な情報を入手することが当然の前提となる。また、このような情報水準の高揚によって、危険の除去へ向けた労働者の積極姿勢を促進する、という相補的な効果も期待される。しかるに、ドイツにおいて、労働者がこのような情報を入手するにあたっては、経営協議会を通じるルートと、より直接的な個別的ルートのそれぞれが存在し、その両者ともが、経営組織法を中心とする様々な法分野に跨って法定されている。この両者は、労働者に職場危険情報を提供するという点でその効果にさほどの違いは生じないものの、これを裏付ける法規の性格、目的、他法規との関連性などには全く異質な要素が含まれているため、前者については第五章第三節で改めて詳述することとし、ここでは主として後者についての検討を試みることとする。

〈経営組織法八一条以下〉

ドイツでは、近隣諸国とは異なり、職場危険情報権を含め、個々の労働者がその健康利益に対応する直接的な関与権を法制度上明文化するという作業は長い間行われてこなかった。確かに、経営協議会などを通じた包括的な利益代表制度は機能していたものの、とりわけ大規模経営ではそうした利益代表機関と労働者個々人の間に距離が開き始め、職場をとりまく領域での労働者個々人の直接的関与権を求める声には抗しがたいものがあった。[2]
こうした流れの中、七二年になってようやく経営組織法に盛り込まれた八一条一項二文は次のように定めを置き、まずは労働者の安全衛生危険情報権を、以下のごとく明文化するに至った。

「使用者は、その労働者に対し、この者が就業に際して晒される災害衛生危険、ならびにこうした危険の回避のためにとられる措置および設備について、その就業開始時において教示すべき義務を負う。」(3)

八一条（巻末〔参照条文〕参照）には、このほか労働者の職務、責任、作業の種類、作業工程における位置づけ、技術的装置等の計画に基づき予定された措置およびその影響、作業領域における変更などに関する労働者個々人の情報権（Unterrichtungsrecht）（一項一文、二項一文、三項一文（九六年新労働保護法発効以後は四項一文））(4)、作業領域変更に際しての災害衛生危険情報権（二項二文）、作業自体の変更に伴い要求される職業上の知識・能力向上に関する討議権（Erörterungsrecht）（三項二文（新法発効以後は四項二文））が、さらに八二条（同前）には、労働者自身に関わる経営内事項についての聴聞権（Anhörungsrecht）（一項一文（※なお、聴聞権については、新法発効以後、八一条三項においても、経営協議会の存しない経営における安全衛生事項について、新たに定めが設けられた））のほか、特に重要な意味を持つものとして、作業場および作業工程の形成に関する提案権（Vorschlagsrecht）（一項二文）などが定められ、これら一連の規定（とりわけ八一条から八六条にかけて）の定める権利内容は、経営組織法上定められたものである以上、あくまで「経営に関連する性格（betriebsbezogener Charakter）」を持つものに限定されているものの(5)、本質的には七五条二項の定める労働者個々人の人格の自由な発展の保護、促進、ならびにここから連想される、その他の一般的な労働者の人格保護に関連して理解されるべき根源的なものと解されている(6)。これらの規定中、労働者の職場危険情報権を最も直接的に表現しているのは八一条一項二文およびこれに準拠する二項二文であるが、その他の規定が定める討議権、聴聞権なども広い意味での情報権と捉えることは可能であろう(7)。

次に、経営組織法が定めるこれらの権利が「経営に関連する性格」を有することに関連して、同法八二条三項三文、八二条二項二文、八三条一項二文、八四条一項二文などでは、その権利行使を補佐するため、経営協議会委員の招聘が許されていることに留意する必要がある。もっとも、八一条以下の定める労働者の権利規定は、八〇条一項一号にいう「労働者の保護を目的とする現行の法律」に該当すると解されており、(8)経営協議会はこれらの規定の実施を一般的に監督すべき義務を負っていることから、これらの規定はその趣旨を具体化したにすぎないといえなくもない。労働者の権利行使に対する経営協議会の関与を定めたその他の例としては、八四条一項一文および八五条一項、二項の定める苦情申立手続を挙げることができる。八四条一項により、労働者は、使用者もしくは他の労働者により不利益を受けたり、不当な取扱を受けたり、またはその他何らかの手段で被害を被った場合、経営内の適当な機関に苦情を申し立てる権利―この申立には様式・期限は定められていない―を与えられているが、この際経営協議会は、八五条一項により、この申立を自らも受領する権利義務を与えられている。そして経営協議会がこれを正当と判断した場合、やはり自ら使用者にその是正を求める義務を課されているのである。(9)

第三に、経営組織法自体が定めるこれらの権利規定違反の効果について述べることとする。経営組織法二三条三項によれば、使用者に本法に定める義務の重大な違反があった場合、経営協議会もしくは経営を代表する組合は、使用者による作為、不作為、もしくは一定の行為の黙認を、労働裁判所に訴求することができるとされる。使用者による不作為、一定の行為の黙認についての確定判決後、使用者がなお当該判決に従わない場合には、経営協議会または組合の求めに応じ、事前通告の後、労働裁判所により秩序罰たる秩序金（Ordnungsgeld）の決定が下される。また使用者の作為の確定判決については、強制賦課金（Zwangsgeld）による作為の間接強制につき決定が下される。[10] さらに、使用者の作為もしくは不作為が、経営協議会を始めとする労働者代表諸組織、仲裁委員会その他の紛争処理機関の正当な活動を妨害したと見なされた場合には、法一一九条一項二号により、一年以下の自由刑もしくは罰金刑に処せられ得るとされており、労働者の情報権は、行政罰と刑事制裁の双方からなる厚いガードでその実効性を確保されていることが分かる。[11]

第四に、経営組織法が定めるこれらの権利が労働関係にいかなる影響を与えるかに触れておきたい。今日の支配的見解によれば、経営組織法自体は私法の一部であるとされ、従って、例えば共同決定規範やこれに関連する選挙権規定など、労働契約上の取り決めの対象とはならない規定をどう考えるのかという問題は残るものの、[12] 少なくとも労働者個々人を対象とする権利規範については、労働保護法と同様、原則的に労働契約に強行的かつ直律的効力を及ぼすものと考えられている（労働保護法の私法的効力については第二章第二節および第四章第二節第二款参照）。[13] よって労働者は、こうした権利規定を根拠に契約上の履行請求権を獲得すると同時に、使用者がその権利行使を妨げた場合、次節で詳しく検討する労務拒絶権（留置権）を行使することができると解されるが、[14] とりわけ後者をめぐっては、純然たる経営組織法上の権利侵害に際してもその行使が認められるか否かが議論されている。[15]

〈民法二四二条――信義誠実の原則〉

七二年経営組織法の明文化した個別的労働者権は、同法によりその枠組みを具体化されたことは事実だが、かりにこの作業がなされなかったとしても、抽象的なレベルでは厳然と法秩序の中に存在している。ドイツ民法二四二条は、「債務者は、取引の慣習を顧慮し、信義誠実の要求に従って、給付をなす義務を負う」[16] と定めており

（なお、契約解釈の側面における信義則の要請についてはＢＧＢ一五七条にその定めがある）、これらの一般的な価値秩序に基づき労使双方が、それぞれ忠実義務（Treuepflicht）および配慮義務（Fürsorgepflicht）を負うと解されていることについては、わが国でもよく知られている。[17] 自律的でなく他律的作業領域で労働契約により決定された職務を遂行する労働者は、その職務に応じ、使用者の正当な利益を侵さず、また可能な限りこれを擁護する義務、いわゆる忠実義務を負うが、使用者の側もまたこれに対応して、単なる賃金支払義務にはとどまらない多様な義務、いわゆる配慮義務を負う。この義務には、大別して、労働者の生命健康を保護する義務（※ＢＧＢ六一七条、六一八条などはこれを私法レベルで具体化したものである）およびその実体的（経済的）利益を顧慮する義務、ならびに労働者の人格の他、労働関係における労働者の人間としての地位に関連する正当な概念上の利益（ideeles Interesse）を考慮し、避けうる不利益を可能な限り排除する義務などが含まれ、近年ではとりわけ後者の役割に大きな期待が寄せられているという。[18]

問題は、これら信義則上の諸義務と職場危険情報権との関連性如何であるが、ここではまず、経営組織法上定められた個別的労働者権との関連性に触れておきたい。通説によれば、前項でとりあげた経営組織法八一条一項二文および二項二文の定める安全衛生危険の教示義務は、使用者の配慮義務を構成する労働者の生命健康保護義務から導かれ、もう一方の実体的（経済的）利益の顧慮義務は、賃金の計算および内訳の説明を使用者に義務づける八二条二項などにおいて実現されているという。また、八一条、八二条がこれ以外に定める通知義務（情報権）、討議義務（討議権）、聴聞権、提案権は、全て労働者の概念上の利益を考慮する義務にその淵源を有し、[19] 八四条の苦情申立権、前項では触れなかった八三条の人事記録閲覧権などもこの類に属するとされる。[20] ここでの分類はあくまで相対的なものではあるが、少なくとも、このような個別的労働者権が、すべからく使用者の配慮義務から導かれ得るものであることは容易に理解される。すると、どのような結論が導かれるであろうか。第一に、たとえ経営組織法の適用対象から外れる労働者—公務員、経営協議会の設置義務の存しない経営の労働者、経営組織法に定める管理職員など—であっても、少なくとも同法に規定されたものに相当する請求権は認められてしかるべき、ということになる（このことは、その他の労働保護法規について特にあてはまる）。因みに本来当該経営の労働者ではない派遣労働者については、七二年労働者派遣法（Arbeitsnehmerüberlassungsgesetz）一四条二項により、経営組織法八一条、八二条一項、ならびに八四条ないし八六条の規定が派遣先経営においても派遣労働者に適用されることが明らかにされており、とくに問題とはならない。第二に、使用者の配慮義務は、先に挙げたような経営組織法上の規定を解釈する上での基準（Auslegungshilfe）となりうる。すなわち、経営組織法上の諸規定の解釈上何らかの疑義が生じた場合には、常に信義則の原点に立ち帰った判断が求められることになる。第三に、経営組織法上定められた個別的労働者権は、先に述べたように、あくまで「経営に関連する」領域に限定されているが、使用者の配慮義務はこれ以外の領域でも広範に存在することが認められなければならない。従って、たとえ経営以外の領域でも、それが信義則上求められる場合には、労働者の危険はすべからく使用者によって教示されなければならないし、またこれに対する対策が討議されなければならない。[21]

労働者の忠実義務を含め、配慮義務一般に関する考え方は、その前提となる労働関係のあり方の変容とともに修正を受け、なおかつ実定法による配慮思想の具体化の進展も手伝って、例えば債権法上の付随義務として、あるいは一九七七年一般労働契約法草案（Entwurf eines Arbeitsgesetzbuches—Allgemeines Arbeitsvertragsrecht）の示す労働者の「保護に値する利益の保証」義務として、今日その姿を変貌させようとしているという。[22]配慮義務、あるいはこれにかわるべき概念の法理論上の根拠をどこに求めるかという抽象的レベルでの論争は尽きないと思われるが、試みにこれを労働者の職場危険情報権との関連で捉えても、現在ある実質的な一般法理の枠組みが縮減、後退していくとは考え難い(23)。

〈危険有害物質に関する命令二一条一項、二項〉

前項及び前々項の検討から明らかにされたように、職場危険に関する労働者の（広義の）情報権は、労働者人格の保護を含む使用者の配慮義務、これを具体化した経営組織法上の諸規定により至極一般的にその枠組みを形成されているが、個々のケースにおいていかなる労働者がいかなる場面でいかなる情報を提供されるべきかといった点に関して、ここから必ずしも明らかになるわけではない(24)。そこでドイツでは、EC法の国内法化の要請もあって、とりわけ化学薬品や機械作業など、危険性が高く、かつその回避のために専門的な情報が不可欠な作業領域において、労働者の情報権のより詳細な具体化が図られることとなった。その代表と目されるのが、以下に掲げる危険有害物質に関する命令二一条である。やや長くなるが、ここに示された情報権の具体性、専門性の高さを明らかにするため、以下にその全文を掲載する。

「① 使用者は、該当する労働者ならびに、経営協議会もしくは職員代表委員会が存する場合にはこれに対して、以下の事柄をなす義務を負う。

一　一六条二項および四項一文に基づく調査および判定、ならびに一六条四項二文および一七条二項に基づく措置の規制に際して意見聴取すること

二　一八条に基づく測定を実施する場合には、MAK値、TRK値の測定結果、またはBAT値の測定結果のうち人名を伏したものについて通知すること、これらの結果を記録したものの閲覧を保障し、その意味

内容について情報を提供すること

三　一九条五項にもとづき使用者が身体防護具の供与義務を負う場合、適当な防護具の選択およびそれらが利用されるべき条件について意見聴取すること

第一文一号は、三六条一項および二項一文、二文に基づく調査、判定、ならびに三六条二項三文にもとづく措置の規制に際しても、同様に適用される。

② ＭＡＫ値、ＴＲＫ値、公的認定基準の超過があった場合、使用者は、このことを、その根拠を明示した上、該当する労働者、経営協議会もしくは職員代表委員会に遅滞なく伝えなければならない。労働者、ならびに経営協議会もしくは職員代表委員会は、これに対してとられる措置について意見聴取されなければならない。緊急の場合においては、使用者は、既になした措置につき、遅滞なく彼らに伝える義務を負う。本項二文は、本命令三三条による職場の検査後に措置がなされた場合にもまた適用される」。

このうち本文一項一号前段の意味する「調査および判定」とは、① 使用者が利用を計画する化学物質、化学生成物、生産物よりも危険性の少ないものの入手が可能か否かの審査（一六条二項一文）、② 労働者の安全衛生が他の手段によっては実現できない場合、製造過程および利用手続の変更などにより危険有害物質の抑制が可能か否かの審査（同三文）、③ 危険有害物質に接触する作業へ労働者を就業させる場合、これに伴う危険はいかなるものか、に関する調査、判定（一六条四項一文）をさし、後段の「措置」とは、① 危険有害物質との接触に際して生じ得る危険を回避するための措置（一六条四項二文）、② 危険有害物質に接触する労働者に直接的な危険が及ぶ場合、使用者に義務づけられる速やかな対処措置（一七条二項）をさす。次に、二号前段の意味する「測定」とは、作業場の空間内の危険有害物質が完全に払拭されない場合になされるＭＡＫ値、ＴＲＫ値、ＢＡＴ値

の測定（一八条一項）をさし、三号前段の意味する「身体防護具の供与義務」とは、本命令一九条諸項に定める一定の措置を行ってもＭＡＫ値あるいはＢＡＴ値の超過が改善されない場合に課されるものである（一九条五項）。

このように見てくると、本規定が労働者に保障する情報権の対象ないし要件基準には、ほぼ一貫してＭＡＫ値、ＴＲＫ値、ＢＡＴ値、公的認定基準といった実務上・学術上の先端認識基準が該当ないし利用されていることが分かる。これらの基準に関する詳細な検討は第三章第一節で試みたのでここでは改めて触れないが、二号の定めに明らかなように、ＢＡＴ値のような労働者個人の特殊条件を測る基準については、そのプライバシー保護の観点からその個人名を明らかにしないよう配慮もなされている。また、各規定において、それぞれ複数の基準に言及されているなど、各測定基準が持つ欠陥を補う工夫も凝らされている。条文自体の構造が複雑であることから、一般の労働者レベルでの実効性がどこまで図れるかという点には若干疑問が残るが、少なくとも、本規定の設定により、これを義務づけた一九八〇年ＥＣ指令の趣旨は相当程度実現されたと言って良いであろう。(25)

【注】

（１）このテーマ自体を取り上げたドイツでの研究には、実務家（弁護士）による次のようなものがある。Degen, Barbara, Arbeitsschutz, Individualrechte, AiB (1991), S. 309. 概括的な叙述ではあるが、項目立ては本稿のそれに近い。

（２）BT-Drucksache 6/1786, S. 47 ; zu BT-Drucksache 6/2729, S. 9. 七二年法案において、労働者個々人の直接的関与権を認める規定は、連立与党（キリスト教民主同盟（CDU）／キリスト教社会同盟（CSU））案と社会民主党（SPD）／自由民主党（FDP）の連立会派案の両者に盛り込まれていた。

（３）ここで使用者の負う義務が、災害危険を通知する（unterrichten）ことではなく、教示する（belehren）こととされていることは考慮に値する。ここでの情報伝達の内容は、労働者にふりかかる危険の性質、およびその本質的源泉を的確に指摘することとともに、これに対応する安全規定、および適当な対処措置を明らかにすることまで及び、しかもその方法は、たんなる書面の手交では足りず、労働者が理解できるよう—場合によってはデモンストレーションも含め—わかりやすくなされなければならない（Fabricius, Fritz/Kraft, Alfons/Wiese, Günter/Kreutz, Peter, Betriebsverfassungsgesetz, Gemeinschaftskommentar, 5. Aufl. (Neuwied, Kriftel, Berlin, 1995), §81 Randziffer 11, 12)。かりに相手が外国人労働者であれば、必要に応じてその母国語でなされる必要があるとも解されている（Bücker, Andreas/Feldhoff, Kerstin/Kohte, Wolfhard, Vom Arbeitsschutz zur Arbeitsumwelt : europäische Herausforderungen für das deutsche Arbeitsrecht (Neuwied, 1994), S. 24)。

（４）　このような権利は、とりわけ法九〇条が定める経営協議会への通知義務と比較されるべきである。作業工程、作業手順、技術的装置、作業場などの計画に際して、法九〇条は使用者から経営協議会への通知のみを定めるが、法八一条はあくまで労働者個人への通知を要求するものである。

（５）　Zu BT-Drucksache 6/2729, S. 9. 当初提出された連立与党案では、より広範な個別的権利の規範化が目されていたが、本法案の審議にあたった労働社会委員会により、これ以上の個別的権利の創設は、あくまで労働契約法などの労働関係法に委ねられるべきであり、こうした権利をやみくもに経営組織法に挿入すれば、これまで判例学説により展開されてきた他の労働者権には、それが同法に挿入されなかったことで却って否定的影響が及ぶ、と判断され、現在の形になった。

（６）　Fittung/Auffarth/Kaiser/Heither/Engels, a. a. O., §81 Randziffer 1. ここで示した法七五条二項は、そもそも二次大戦後に設けられたドイツ（ボン）基本法一条一項、二条一項において、各人に保障された人間の尊厳および一般的人格権を労働関係において展開したものと解されている。日独の比較において、労働者の人格保護が及ぼす多面的効果について包括的検討を行ってこられた角田教授によれば、このような問題は、ドイツにおいても七〇年代に至るまで労働法のテーマとして必ずしも意識されてこなかったものの（かといって問題自体が生じていなかったわけではない）、産業社会の変動や新しい科学技術の労働現場への導入を背景に、労働者の精神的価値の保護、労働の人間化などの視点からクローズアップされてきたものであるという（角田邦重「西ドイツにおける労働者人格の保障」横井編『現代労使関係と法の変容』（一九八八年）三七五頁以下）。「労働者の人格保護」といっても、それが具体的に何を意味するか、その守護範囲などについては学説上の議論があるが（同論文三七七頁参照）、労働関係においては、「労働者の精神的人格価値の保護」の一部を構成する「労働者の人格領域に対する侵害からの保護」、「人格の自由な発展の保護、促進」などが中心的なテーマとなる。では、労働者の人格保護を法的に実現する手段はどのように考えられるのであろうか。これを簡潔にまとめると、第一には、先に挙げた基本法上の基本権規定を、直接的に、もしくはBGBの諸規定などを媒体として間接的に労使関係に適用する方法が挙げられる（このような手段を採用した判例は多数に上る。詳細は同論文三八二頁から三八八頁参照）。第二には、市民相互間の関係を規律する私法上固有の主観的権利として、「一般的人格権（allgemeines Persönlichkeitsrecht）」なる概念を措定し、これが先の基本権規定の打ち立てた価値秩序と整合するように解釈、適用する手法が挙げられる。第一の手法とは、基本法を直接および間接の根拠とするか否かの点に違いがあるが、実質的な効果に殆ど変わりはない（詳細は同論文三八八頁から三九一頁参照）。第三には、七二年経営組織法、九〇年連邦データ保護法（Bundesdatenschutzgesetz）など、個別、集団の両領域にまたがる労働実定法においてこれを明文化する手法が挙げられる。とりわけ本文で述べた経営組織法七五条二項は、使用者と経営協議会双方に「人格の自由な発展の保護・促進」を直接義務づけているが、この規定は、ただ労働者の人格保護の一部を具体化したのみでなく、そのことを通じて労働者人格の保障が経営内に妥当することを一般的に確認したものと解されている（同論文三九二頁）。

なお、こうしたドイツの人格権法理を憲法学、民法学の立場から原理的に検討した研究は枚挙にいとまがないが、ここでは特に斉藤博『人格権法の研究』（一粒社、一九七九年）、また、憲法基本権規定の私人間効力に触れたものとして、芦部信喜『現代人権論』（有斐閣、一九七四年）第一部などを基本文献として挙げておきたい。加えて、これら諸研究を基礎に、この法理を日本の労働問題に関連づけて詳細に論じたものとして、角田邦重「労働関係における労働者の人格的権利の保障」季刊労働法（一九八七年）一四三号二五頁以下、同「企業社会における労働者人格の展開」日本労働法学会誌（一九九一年）七八号五頁以下などがある。

（７）　これらの権利を、独自の性格付けからより詳細に検討したものとして、角田・前掲（注６）論文（一九八八年）三九三頁以下の他、中島正雄「西ドイツにおける人事問題の共同決定」季刊労働法（一九八三年）一二八号一五七頁以下などがある。

（８）　Diets, Rolf/Richardi, Reinhard, Betriebsverfassungsgesetz, Kommentar, Bd. 1 und 2, 6. Aufl. (München, 1981/1982), § 81 Randziffer 13.

（９）　さらにその二項によれば、経営協議会と使用者間で労働者の異議申立の正当性につき意見の一致を見ない場合、仲裁委員会の判断が両者の合意に代えられる旨定めがある。

（10）　九九年一〇月現在、ここでの秩序金および強制賦課金の額は、二〇、〇〇〇ドイツマルクまでとされている。

（11）　逆に言えば、経営組織法上定められた個別的労働者権の最終的な実効性は、裁判所の決定手続上担保されるものであって、経営組織法が本来予定する共同決定手続上担保されるものではない、ということを意味する。

（12）　ヴィーゼは、これらを判断するにあたってとくに、「当該規定が労働者に権利を付与することにより、経営組織の範囲内における機能を割り当てようとしているにすぎないか否か」、を基準とすべきであるとしている (Fabricius/Kraft/Wiese/Kreutz, a. a. O. (Fn. 3), vor § 81 Randziffer 19)。

（13）　Fabricius/Kraft/Wiese/Kreutz, a. a. O. (Fn. 3), vor § 81 Randziffer 19, 31 m. w. N.

（14）　Fabricius/Kraft/Wiese/Kreutz, a. a. O. (Fn. 3), vor § 81 Randziffer 32, 34; Bücker/Feldhoff/Kohte, a. a. O. (Fn. 3), S. 24 もこれに賛成する。

（15）　例えばゼッカーは、経営協議会委員長の不当な解任の例（これは経営組織法二六条一項違反と解される）を引き合いに出し、これを労働者に不利益を与える労働条件の契約違反とみなすことにより、労働保護法規違反が存在する場合と同様、労働者の労務拒絶が正当化されるとしている (Säcker, Franz-Jürgen, Die Rechtsprechung des Bundesarbeitsgerichts im Jahre 1969, JurA (1970), S. 169)。しかしながら、ザイターは、経営協議会の組成に関する規定は労使間の法的関係を直接規律するものではなく、したがって、このような違法行為を差し止める労働者の契約上の権利は導かれない、と述べている (Seiter, Hugo, Die Entwicklung der Rechtsprechung des

Bundesarbeitsgerichts im Jahre 1969, ZfA (1970), S. 357)。

(16) この訳は、柚木馨『獨逸民法II（債務法）：現代外國法典叢書』（有斐閣、一九四〇年）二一頁によった。

(17) ドイツにおいて、「人格法的共同体関係（personenrechtliches Gemeinschaftsverhältnis）理論」が労働関係に対する理解として定着していた時期―民法典制定当初から一九六〇年代にかけて―には、労働者の忠実義務および使用者の配慮義務は、このような労働関係に内在した本質的な義務として、必ずしも民法上の信義則（BGB 二四二条）に引きつけた理解はなされてはいなかった（ただし、一九三一年の Hueck, Alfred/Nipperdey, Hans Carl, Lehrbuch des Arbeitsrechts, Band I (Mannheim, Berlin, Leipzig, 1931), §46 III 4 において既に、「信義誠実に従った契約義務の履行（BGB 二四二条）は、配慮義務にとって看過せざる意義を有する」との認識が示されていた）。しかしながら、一九七〇年代にいたって、諸学説はほぼ一様にこうした忠実義務及び配慮義務思想、ならびにその背後に存在した人格法的共同体関係理論の存在価値を否定し始め、こうした義務を労働関係に限定されず、全ての債権関係に認められている付随的義務として再構成するようになったのだという（和田肇『労働契約の法理』（有斐閣、一九九〇年）、とりわけその一一五頁から一一八頁、一四七頁から一五〇頁、また、土田道夫「労働保護法と労働契約との関係をめぐる一考察」法政大学大学院紀要（一九八二年）九号三〇五頁、とりわけ三〇六頁から三二四頁も参照されたし）。

(18) Fabricius/Kraft/Wiese/Kreutz, a. a. O. (Fn. 3), vor § 81 Randziffer 11ff. この点に関し、詳細は和田・前掲（注17）書九頁から九二頁等を参照されたし。

(19) 経営組織法八三条により、労働者は自己の人事記録を閲覧し、それに供述を添えることができる。本規定の定める人事記録閲覧権と連邦データ保護法二六条二項の定める情報開示請求権との関係について詳細な検討を行ったものとして、とりわけ横井芳裕「被用者の情報開示請求権と人事記録閲覧権―西ドイツ経営組織法と連邦データ保護法との交錯領域における一断面」『現代労使関係と法の変容』（一九八八年）四〇七頁を参照されたし。

(20) Fabricius/Kraft/Wiese/Kreutz, a. a. O. (Fn. 3), vor § 81 Randziffer 13-17.

(21) Fabricius/Kraft/Wiese/Kreutz, a. a. O. (Fn. 3), vor § 81 Randziffer 22-26.

(22)　和田・前掲（注17）書一一六頁、一一七頁を参照。

(23)　この際興味深いのは、基本法一条一項および二条一項を基準として展開してきた一般的人格権と使用者の配慮義務という抽象的な両一般原則の関係性如何であるが、この問題については既に角田教授が要を得た検討を行っている。これによれば、「労働の人間化」を始めとして、両者の目的とするところはその多くが重複しており、後者は憲法上の要請である前者を実現するための一つの手段であり努力であるといえなくもない（角田・前掲（注6（一九八八年））論文三七九頁）。しかしながら、先に本文で述べたとおり、配慮義務は「労働者の人格に関連する正当な概念上の利益の保護」など一般的人格権の守備範囲を包摂するばかりでなく、さらにそれよりも広い包括的性格を有している。また、その法的保護の内容についても、「一般的人格権が防衛的権利（Abwehrrecht）としての性格のゆえに、侵害の除去と不作為請求（Beseitigungs-und Unterlassungsanspruch）にとどまるのに対して、配慮義務は、使用者の作為ないし不作為義務を含む点で重要な差異を残すことになる（角田・前掲（注6（一九八八年））論文三九〇頁）」という。

(24)　職場危険に関する労働者の（狭義の）情報権は、年少労働者保護法二九条および災害予防規則総覧第一編七条二項などにも規定されているが、経営組織法八一条との相違点は、両者ともに、労働者の就業前のみでなく、その後一定の期間を置いて、危険その他を知らせるべき義務を負う旨定めている点と、前者（年少労働者保護法二九条）については、年少労働者が機械作業その他の危険作業に就く場合、これに伴う特殊な危険についても知らせなければならないとされている点である。しかしながら、いずれの規定もその要件効果には不明確な点が多く、あくまで一般規定にとどまる点では経営組織法八一条と大差ない。

(25)　ここでその八〇年EC指令の具体的内容について若干触れておく。

本指令は、欧州単一議定書の発効前にEC労働安全衛生規制が拠っていたローマ条約一〇〇条（ア条約九四条：域内共同市場の形成）を具体化するため欧州委員会からの提案に基づき発令されたものである。条約一〇〇条自体は域内共同市場の形成を直接の目的とするものであるが、本指令の発令を契機づけた七八年「労働安全衛生に関する第一次行動計画」は、いわゆる危険有害物質から労働者を保護するために各構成国がとる立法その他の措置を平準化し、この意味で各国の競争条件を均等に保つことによって条約の実現を図ろうとしたのである。

本指令の一条には次のような目的が掲げられている。「本指令の目的は、化学・物理学・生物学的に有害と考えられる物質から、作業において生じる可能性の高い危険の防止を含め、安全衛生に対する危険から労働者を保護することにある」。そして労働者がこのような危険有害物質へ晒されることを回避し、もしくは現実的に可能な限り低レベルに抑えるため（三条一項）、構成国は、職場における危険有害物質の使用を制限するなどの措置（四条一号）とともに、その物質への暴露に関連する潜在的危険、遵守されるべき技術的措置、使用者および労働者の行う予防措置、のそれぞれについての労働者（集団）への情報伝達（四条九号）、労働者が物質に曝露する前および定期的に行われる労働者の健康管理（五条一号）、職場における物質の測定結果およびこうした物質への暴露を測る集団検診結果（この場合匿名）への労働者（集団）およびその代表者のアクセスの保障（五条二号）、職場の有害物質が基準値を超えた場合、その原因および改善措置についての労働者（集団）およびその代表者に対する情報伝達（五条四号）など、様々な措置を法的に講じることを義務づけられている。

本指令は、その一一条においてこの指令の通知後三年以内にこれを国内法化すべきことを定めているが、現実に危険有害物質に関する命令が発令されたのは、実にその一三年後の一九九三年になってのことであった。

第二節　積極的危険回避権

前節の検討から明らかなように、労働者は、経営組織法、そしてより原理的には民法二四二条などの定める信義則上の配慮義務により、また、化学薬品や機械作業など、危険性が高くその回避のために専門的な情報が必要な作業領域においては、危険有害物質に関する命令などの法規命令により、職場危険に関する一定の情報権を付与されている。では、ここから得られた職場危険情報を基礎に、労働者はいかなる具体的行動をとる権利を認められているのであろうか。以下では、① 危険有害職場での労務を拒絶し、その職場からの退避を行う消極的権利としての労務拒絶権、② 使用者に対し危険状態の是正を求める積極的権利としての履行請求権、さらには、民間一般労働者が、その代表組織たる経営協議会を通じて、③ 七三年労働安全法が設置を義務づける経営内保健制度の組織形成および職務の決定に関与する権利、④ 行政他諸機関との連携のもとに経営内の災害予防活動へ参加する権利、のそれぞれについて逐次検討を加えていくこととする。

第一款　労務拒絶権

まずは、労働者の労務拒絶権（Arbeitsverweigerungsrecht）が問題となった以下の具体的事例（一九八九年ヴィースバーデン労働裁判所判決（AG Wiesbaden (Urteil) vom 1. 6. 1989, NZA (1990), S.275））を参照されたい。

〈事　案〉

本件原告は、被告の経営する精神病院でケース・ワーカーの職務に従事していたが、ここ三、四年の間、次のような様々な症状にさいなまれていた。頭痛、とりわけ顔および指を中心とする皮膚の発疹および腫脹、手、足、背中などのかゆみ、肝臓の痛み、リンパ腺の腫れ、鼻および口の粘膜の乾燥、しゃっくり、胸焼け……。数回にわたる医師の診察およびアレルギー検査を経て、医師からは、何らかの有害物質が作用している疑いがある、との診断が下されたため、原告はその原因が職場にあるものと確信した。職場の窓枠には一五年前にペンタクロロフェノールおよびリンデンといった防虫剤が塗られており、原告自身、その部屋に入った蠅が死ぬのを目撃していたからである。そこで、原告―被告双方当事者間で文書のやりとりがなされ、両者ともに専門家に鑑定を依頼。この専門家鑑定では、およそ次のような調査結果が出された。まず、原告の勤務する部屋の窓枠そのものから採取された木片の調査においては、両サイドの専門家鑑定において、多量のペンタクロロフェノールおよび少量のリンデンが検出された。しかしながら、室内空間における調査においては、両サイドともにこれら有害物質の検出ができなかったため、両当事者の見解は次のように分断された。まず、被告側は、このような調査結果を踏まえて述べられた連邦保健庁L博士の次のような見解を採用した。「滅多に検出されることのない、極めて少量のペンタクロロフェノール、リンデンおよびダイオキシンは、衛生上殆ど問題となることはないから、これ以上の検査は不要である」、と。対する原告側は、連邦保健庁付属研究所K博士の学術論文「家屋における木材防虫剤の作用について（Wirkstoffe von Holzschutzmitteln im häuslichen Bereich）」に記された次の一節を引用し、これに対抗した。「室内空間にあるペンタクロロフェノールを測定しても、これを人体の曝露の指標として捉えるのは相当ではない。このような物質は、それが塗装されてから三、四年を経ると、室内の塵や埃の中深くに沈殿してしまうからである」。そこで原告は、八八年一一月三〇日に期限を切って、改めて健康被害のない職場の提供を求めたが、やはり被告が応じなかったため、ＢＧＢ二七三条に定める留置権によることを表明してその労務を拒否した。対する被告は、一応の警告を行った上、彼に非常解約告知をなした。

本件は、原告がこの解約告知の無効を訴え、その効力を争ったものである。

〈判旨〉—原告側請求認容—

「たしかに、通常の場合であれば、使用者からの警告にも関わらず労働者が労働義務を履行しない場合、これを根拠としてなされた非常解約告知は正当化される(1)。しかしながら、たとえば使用者側に法規違反があった場合など、労働者に給付拒絶権（Leistungsverweigerungsrecht）が帰属する場合には、労働者は、非常解約告知を根拠づける労務給付の不履行を犯すことにはならない。そこで問題となるのが立証責任の所在であるが、非常解約告知の場合においては、解約告知者側が相手方の有責的な契約義務違反を立証する責任を負うのであり、この場合にはＢＧＢ二八三条の立証規定(2)も適用されない。したがって解約告知者は、被解約告知者が主張する行為の正当性を排除する事実の指摘、場合によっては立証も含め、自らなす非常解約告知を正当化する重大な事由を全面的に立証する責任を負う。……しかしながら、解約告知者が負担する立証責任は、被解約告知者を確証をもって解約告知事由に結びつけることをその内容とするものであるから、被解約告知者の側においても、ただ包括的に、および確認できる事由を提示せずに労務拒絶の正当性根拠を主張するのみでは足らず、あくまで確証をもった提示を行うことが要求される……。」

「原告は、自ら被告に対して行った労務拒絶を、ＢＧＢ二七三条に基づく給付拒絶権によって根拠づけている。医師の見解およびその他多くの鑑定に依拠し、彼は、被告の経営する病院内にあっては、そこで就労する者を危険に陥れる可能性があることを十分な根拠をもって提示している。これに対して被告側は、いかなる衛生危険も、被告の経営する病院内にある原告の職場には由来しないことの立証に成功していない。被告の提出した連邦保健庁その他の調査機関の調査報告も原告の職場の有害性を否定するには至っていない。」

「さらに、本件調査報告を吟味するに当たっては、次のような点が考慮されなければならない。たしかに、ペンタクロロフェノールに関しては、現在のところ、どのレベルから確実に人体に有害性を持ち得るか、という基準の設定はなされていない。しかしながら、この物質は、明らかに人体に有害な作用を及ぼし得る生態環境破壊物質（biozider Wirkstoff）であって、人間の集う場所での使用はもはや許されないのである……。ヘッセン市町村災害保険協会においても、被告に対しては、たとえ確定された危険有害物質の安全基準を下回ってはいても、職場の事情により健康被害が発生することのないように、独立した第三者による詳細な産業医学的鑑定を実施するよう勧告してきた。また、原告からも屋内の塵や埃の調査あるいは毒物学的な調査を実施するよう求めがなされたにもかかわらず、被告においてこれらを実施することはなかった。」

「また被告は、その非常解約告知の根拠を原告が自らなすべき予防措置をとらなかったことに求めることもできない。すなわち原告は、一定期日までに瑕疵のない職場を提供しなかった場合において、自らの労務を拒絶する旨を適宜文書をもって伝えていたからである。したがって被告は、原告の給付拒絶がなされる前に、彼に代わって適切な措置をとるべき地位にあったのである。」

このように、ドイツでは、労働者の生命・健康に被害をおよぼす危険有害業務に際しては、労働者自らがその労務を拒絶し、これによってなんら不利益を受けるべき地位に立たない権利、いわゆる労務拒絶権が確立されており、本裁判例はその枠組みの限界を探った興味深い一例といえる。ただしこの判例は、あくまで使用者がなした非常解約告知の正当性を重点に審査したものであり、労働者の労務拒絶権の法的性格を正面から論じたものではない。したがって、この例のみをもって、① 労働者が労務拒絶権を行使するにあたっては、具体的にいかなる要件を課されるか、② 本権はいかなる方法で行使されるべきか、③ 労働者が正当に本権を行使している期間中、彼に賃金請求権は保障されるか、④ 本権が集団的に行使された場合、これはストライキといかに区分されるべきか、などの諸点が直接明らかにされるわけではない。そこで以下では、まず、本権が原理的に導かれる市民法上の定め、続いて明文上本権の要件効果を特定した危険有害物質に関する命令二一条六項の定めを順次検討した上、本来法的性格を全く異にしながら、実際上その区分が困難なストライキとの関係について論述していくこととする。

〈債務法上の構成〉

今般、「債務法上の基本的観念を基礎として、使用者を含む労務権利者に義務違反が生じた場合には、労働者を含む労務義務者に給付拒絶権を認める」、とする考え方は、学説・判例双方により幅広く支持されている。[3] 労働者の給付拒絶権(というより、より一般的な意味での労務拒絶権)の法的構成・根拠については、これをBGB三二〇条一項一文の定める同時履行の抗弁権によらしめる見解[4]も存するが、この場合、相互債務関係に立つ給付義務はあくまで労働者の労務給付義務と使用者の報酬支払義務であるとする狭い解釈(つまりは労務給付に絶対債務的性格(Fixschuldcharakter)を認めようとする解釈)も可能であることから、使用者側の報酬支払義務という本来的な給付義務の履行に瑕疵が生じない限り給付拒絶権の行使は認められにくい。[5] そこで学説の多数説は、古くからBGB二七三条の定める債権としての留置権(Zurückbehaltungsrecht)へ言及してきた。[6] 労務拒絶権を留置権と構成すれば、使用者側の義務違反（Pflichtverletzung—ここでいう義務とは「債務者が自己の義務を負担したると同一の法律関係にもとづき債権者」が有する義務であればよく、使用者の報酬支払義務である必要はない）[7]を前提に、「労働者が自らの行為を留置権の行使であり、ストライキでないことを使用者に最低限識別させる義務を果たす限り」[8]、さらには労働者に直接的な衛生危険が発生したことの厳密な証明を経なくとも、権利行使が認められるからである。

では、留置権の認められる一般的要件とはいったいどのようなものであろうか。

その法文を見る限り、ここには①反対債権（Gegenanspruch）の存在（従って、留置権の帰属主体は使用者の違反に直接・間接に関わる者に限定される）[9]、②弁済期の到来（Fälligkeit）、③牽連性（Konnexität）といった三部の積極的要件の他に、「当事者間の取り決め（Parteivereinbarung）、補充法規（ergänzende Gesetzesnorm）、債務関係の性質（Natur des Schuldverhältnisses）上それが排除されていないこと」、という消極的要件が存することが理解される。[10]このうち最も判断の困難な要件は、「債務関係の性質上留置権が排除されていないこと」、という消極的要件であるが、そもそも留置権とは信義則の一般原則を具体化したものであることに鑑みると、詳細は、労使関係の特質を踏まえた上、この原則に照らして判断されることになる（※そこで、例えば信義則違反にあたるような些末な義務違反を理由とする留置権の行使が労働者側に許されない、との理解が一般化しているが[11]、ドイブラーは、「このような限界は、金銭債権について当てはまっても、衛生危険には当てはまらない」と述べ、これに対抗している[12]）。そこで以下に、学説が類型化した、この原則から導かれる留置権行使の前提条件を掲げる。このような前提条件を具備しない留置権の行使は、信義則違反として、少なくともそれが適法に行使された場合の法的効果を失うこととなる。

①使用者が危険を一掃する機会を得るため、留置権行使に際し彼に事前通知がなされること（ただし他の情報源から使用者が既にその旨知っているときはこの限りではない）。
②通知後、使用者により遅滞なく保護措置がとられる限り、労働者がその完了を待つこと。[13]
③労働者がなお一層の危険に陥ることなく自ら危険を除去することが可能であり、かつそれが禁止されていない場合、その手段を探ること。

次に問題となるのは、労働者が本権を適法に行使した場合に発生する法的効果である。これを大きく分ければ、およそ以下の二点に絞られる。その第一は、使用者が自らに課せられた義務を完全に履行するまで労働者がその給付義務の履行を停止される効果であり、[14]その第二は、このような場合の労働者の賃金請求権が保全される効果である。このうち二点目の法的構成について、判例学説はほぼ一様に次のように述べている。すなわち、「行為当時、彼はＢＧＢ二九五条の定めにより受領遅滞の状態にあったものと評価され、ＢＧＢ六一五条一文を根拠としてその賃金請求権を依然として失うことはない」、と。[15]なお、ここで適法な労務拒絶権行使という場合、これに複数の基本的要件が存することについては既に述べたが、危険状況からその履行さえ不可能な場合には、労働者の労務拒絶（※というより労働不能）は、労働契約の両当事者の責に帰すべからざる「経営上の危険（Betriebsrisiko）」と評価され、その負担は、やはり原則として使用者側に帰することとなる（一般に経営危険説と呼ばれる）。[16]また、現実にはこのような場合の「労働なき賃金」を明文化する労働協約も数多く存在する。[17]では、労務拒絶権行使を理由とする不利益取扱に対しては、いかなる法的枠組みが存するのであろうか。ＢＧＢ六一二条(a)によれば、「使用者は、その労働者が正当にその権利を行使したことをもって、その取り決めまたは措置に際し、彼を不利益に扱ってはならない」とされ、この原則は後述する危険有害物質に関する命令二一条六項三文[18]にも明文化されている。しかしながら、実際の不利益取扱がその原因となる行為（ここでは労務拒絶）のかなり後になされるなどした場合、その因果関係が明白であるとは限らず、この禁止規定にどれほどの実効性があるかには疑問も多いとされ[19]、使用者による有形無形の不利益取扱に対抗する法的手段が十分確立されているとは言い難い。

ここまで見てきたところから明らかなように、労働者の労務拒絶権は、留置権と構成されることによって、ごく一般的なレベルでその要件効果を画定されているものの、とりわけ以下のような具体的要件基準については、依然として明確性を欠いている。①「労働者側が、それが留置権の行使であることをどう使用者に認識させるか」に関する基準[20]、②「どのような条件があれば、労務提供の基本的前提を欠く場合、すなわち『債権者が債務者を満足せしめることなくして給付を要求することが衡平ならざる場合[21]』にあたるか」に関する基準。その結果、現実的には、労働者自身の無知、職場にたいする配慮、使用者による有形無形の不利益取扱（場合によっては解雇）へのおそれ、国家監督への過度の依存、労働者自身による業務の体得、受け入れなどの理由も加わり、このような手段は当事者の現実の行為に直接結びつくことがほとんどない、というのが実状であった。とりわけ九〇年にノルトライン・ヴェストファーレンで行われた営業監督による調査では、危険有害物質に関する命令二〇条（使用者に危険有害物質に関する各経営独自の指示を義務づける規定（第三章第三節第二款〈共同決定の範囲〉参照））の違反が、全査察先経営の実に約六割において発見されたにもかかわらず、これに対して労務拒絶権は全く行使されていなかった、との報告がなされている[22]。

〈危険有害物質に関する命令二一条六項〉

八六年危険有害物質に関する命令二一条六項は、前項に挙げた債権法上の救済が抱える問題点を受け、とりわけ近来型災害疾病への対策を目的とする危険物質防止法の領域で設けられたものである。まずはその全文を参照されたい。

「MAK値、TRK値もしくはBAT値を上回る危険有害物質が職場に存在するにもかかわらず、使用者が、これに対処し、またはこれを契機とする苦情に遅滞なく対応しない場合、労働者個人は、経営内でとりうる手段を講じた後、直接管轄機関によることができる。第一文に定める基準値の超過により、生命健康に対する直接的な危険（unmittelbare Gefahr für Leben oder Gesundheit）が発生した場合、労働者個々人は、その労務を拒絶する権利（das Recht, die Arbeit zu verweigern）を有する。労働者は、第一文及び第二文に規定した権利の行使により、何らの不利益をも受けることがあってはならない。」

本規定は、本来一般的な債権法の領域で認められてきた留置権を、前述した職場危険情報権の場合と同様に、特に危険性が高く、また高度の知識や技術の要求される作業領域において明文化したものであり、労働者がその労働を拒否する際の要件を明確化した点に大きな意義がある。本条の定める労務拒絶権は、使用者の義務違反の有無に関わらず一定の基準を逸脱する危険について排他的に与えられることから、あくまで留置権とは区別された新たな権利（—すなわち自力救済権（Selbsthilfrecht）の一種—たとえば「職場離脱権（Entfernungsrecht）」と呼称される。(23)この呼称の由来については後述）であると解する見解も存するが、(24)メックス、(25)ドイブラー、(26)カオフマン(27)などは、留置権との差異をあまり重視せず、本規定の解釈に、留置権においてなされた解釈を縷々適用している。いずれにしても、ここにおいて重要なのは、本規定の定める具体的要件基準のいかん、すなわち本規定が債権法上の留置権の要件をどれだけ具体化したのかであり、したがって以下では、とくに本規定のもつ危険の判断基準を本質的に示していると思われる部位を抽出し、各文言ごとに検討を加えることによってその特徴を探ることとする。いうまでもないが、留置権の場合と同様、本規定の定める労務拒絶権は、決して危険状況が突如発生した場合の緊急避難的ケースばかりを想定しているわけではない。そのような場合の労働者の職場退避は、「自衛手段（Selbstschutz）」としても「労働者保護の原則（Arbeitsnehmerschutzprinzip）」からも当然であり、あえて本規定に照らす必要はないからである。したがって、本規定が本来予定する規制対象とは、まさに「一定の危険有害物質に長期間曝露することにより健康被害の発生が予想される危険」であること、これが基本的前提となる。(28)

まず、本文で使用されている「危険（Gefahr）」という抽象的概念について学説はいかなる一般的定義を行っているのであろうか。労働法学のみならず、行政法学においても、この点については以下のようなほぼ共通の理解が存在する。すなわち、危険とは、「被害発生の差し迫った可能性を内包する状態（Sachlage, die die naheliegende Möglichkeit eines Schadenseintritts in sich birgt）であって、したがってたんなる不利益、不都合、負担などといった些末な条件はこれにはあたらない」、と。(29) より具体的には、第三章第一節で述べたＤＩＮ規定（ドイツ規格研究機構の作成した安全技術規定）およびＶＤＥ規格（ドイツ電気技師連盟の作成した規格）などが、その客観的判断基準を打ち立てる役割を担っており、たとえばあるＤＩＮ規定には次のような一般的定めが置かれている。「危険とは、ある災害リスクが、大多数の者が特定の技術条件の中でその正当性を認める限界値（Grenzrisiko）よりも高い状態をいい（DIN VDE 31000, Teil 2, Punkt 2.4）」、「ここでいう限界値とは、一般的に安全技術上の基準設定（sicherheitstechnische Festlegung）により表現される（Punkt 2.3）」。従って、本文にいう「危険が発生した場合」とは、そもそも一文および二文でいう「基準値の超過」という文言の繰り返しにしかなりえない。むしろ問題は、「『直接的な』危険」とはなにを意味するか、である。

「直接的な危険」につき、それが特に問題となるのは、爆発、窒息のような明白な危険状況が存しない場合の判断のあり方である。本命令以外の法領域、例えば行政法領域では、以下のような規定になぞらえて、これを「重大な危険」と捉えており、このような理解を参照する考え方も存するが[30]、このような考え方は、行政法領域において行政が私的自治への介入を行う上での要件として有効であり得ても、両者の立法趣旨の違いなどからみてこの場でとることは困難である、と反論されている[31]。集会法（Versammlungsgesetz（BGBl. I S. 1509））一五条一項―「命令の発令当時知りうる条件の下、集会、行進の実施に際し、公の安全、秩序が直接の危険（※傍線筆者）に晒される場合、管轄当局は、当該集会または行進を禁止するか、一定の制限下に置くことができる」。そこで次に俎上にのぼるのは、ベッチヒャーらの提唱する見解、すなわちＭＡＫ値などの「限界値の超過」と「直接的な危険」とをそのまま結びつける見解である[32]。これについては、危険有害物質に関する命令において、たとえ限界値を超過しても、本条に定める労務拒絶を導かない場合がある旨が明記されている、すなわち命令一九条五項二号では、同一項から三項に定める一定の措置を実施してなおＭＡＫ値およびＢＡＴ値の超過が改善されない場合には、作業手続上どうしても必要で、かつ衛生づくりと相矛盾しないことを条件に、労働者の就労継続が認められており、原則的にはやはり否定されざるを得ない。しかしながら学説の多くは、次のような論拠を挙げて、ベッチヒャーらの見解を強く支持している。すなわち、「ある危険が現実の被害に変化する時点を見極めることは、現実には極めて困難である事情に鑑みると、限界値の超過が前提にある以上、①当事者自身が身体に何らかの異常（症状）を感じている、②使用者がこれに何も、もしくは十分に対処していないなどの条件が整えば、身体及び健康に対する『直接的な危険』は当然に認められるのでなければならないし、さらにこのことは、限界値を設定する時点で既に『直接的な危険』を折り込んでいるＴＲＫ値等については一層当てはまる」、と[33]。

第三に取り上げられるべきは、その一文に定める「限界値の超過」と二文に定める「直接の危険」との因果関係の何如である。例えば法的損害賠償の領域においては、加害的事実と生じた損害との間の原因性ないし因果関係の存在が前提とされ、その理解がおよそ以下のように二分されることは周知の事実であろう。①「前者がなければ後者は生じなかった（condicio sine qua non）」であろう全ての条件関係を因果関係として認める条件説（Bedingungstheorie）、あるいは適当性説（Äquivalenztheorie）。②有責者を責めることが法的にもはや正当と評価され得ない関係の経過は問題とならず、従って、損害は予め予見できるものでなければならない、とする相当因果関係説（Ädaquanztheorie）。この際、法的損害賠償領域における一般的理解では、「条件説は、全ての条件が等価であることを前提とし、刑法上適用されるものであって、無過失責任をも内容に含む民法に適用することはできない（Creifelds, Carl (Begründer)/Kauffmann, Hans (Hrsg.), Rechtswörterbuch 13. Aufl. (1996), S. 1062, 1063）」、とされている。しかし、本命令における解釈では、既に生じてしまった損害の調整が問題となっているわけではなく、労働者の労務拒絶はあくまでより大きな被害の防止を目的とするものである。従って、相当因果関係論によってあえて条件説の範囲を制限する必要はない、と考えても使用者にとくに過大な負担を与えることにはならないと解されている(34)。

このように、本規定が有する労務拒絶権行使の判断枠組みは、決して難解なものではない。すなわちそれは、MAK値をはじめとする実務・学術上の先端認識基準を超過することを原則とするに他ならず、このような要件は、同じ条文の一角を構成しているだけあって、先に見た二一条一項、二項に基づく職場危険情報権の要件とも符合するものである。したがって労働者は、職場でこうした先端認識基準の超過が生じた場合、その超過の事実ならびに対処法について、使用者から包括的な情報を得る権利を獲得すると同時に、使用者による速やかな対処がなされない場合には、その労務を拒否し、職場を離脱する権利を与えられることとなる。なお、本規定にもとづく労務拒絶の場合にも、権利を行使する者がその旨使用者に認識させる義務を負うべきではあるが、このように明確な構成要件が存する以上、労使とも労務拒絶の法的根拠を確認することは極めて容易であるはずであり、またそれが不明確な場合には当事者に問いただせばよいのであるから、特に問題とはならないと解されている(35)。

〈集団的な留置権の行使とストライキとの限界〉

本節における検討は、主として個別多様な危険に対応する労働者個人の留置権をその対象に据えている。しかしながら、現実問題としては、いかにその要件が明確化されたとしても、先に挙げたごとく様々な要因が作用し、個々の労働者による個別的な権利行使に期待することは極めて困難である。そこで、現実には複数の労働者がそれぞれに属する留置権を共同的に行使する手段が求められてきており、この場合に常々問題とされてきたのが労働争議としてのストライキとの境界線である（※労働者の個別的な労務給付拒絶権の集団的行使について判例は、「ある者の個人的権利は、他者がそれに相当する権利を同時に行使したからといって失われるものではない」、とのべ、まずはその合法性を認めている(36)）。そもそもストライキの行使は、理論上は労働契約の基礎からの逸脱を意味し、従って「配慮義務や信義則上の義務とは断絶した法領域における活動である」との整理もなされている(37)。その法的効果についてみても、例えば、かりにそれがストライキと見なされれば、①協約上の平和義務条項によって排除され(38)、②その行使は最終手段（ultima ratio）としてしか許されず(39)、③使用者を受領遅滞の状態には置かない上、ロックアウトによって対抗されうることにもなるなど(40)、両者には大きな違いがある(41)。しかしながら問題は、これらが外観上、①個別になされた行為が偶然に一致しただけか、②当初から共同的になされたものか、

③　一応の申し合わせの上でなされたものか、などの点で必ずしも区別できない場合が多く、とりわけ現場の労働者において、瞬時の判断が極めて困難なことにある。

では、両者の区分に関して連邦労働裁判所はいかなる規準を形成しているのであろうか。これまで複数の事案において展開されてきた判示を整理すれば、およそ以下のようになる。すなわち、留置権の集団的行使とは、あくまで個別的労働関係を基礎とし、個別行為の形式を有する個別法上の一時的手段の行使であるにすぎないが、ストライキとは被請求者への法的請求権の有無を問わずなされる団体的な闘争手段である、ただし、混乱を避けるため、留置権の行使にあたっては労働者がその旨明示する必要があることを否定することはできない[42]、と。しかしながら、この場合、ストについての「団体的な」という基準が何を意味するかは明らかではないし、またスト自体をここでいうように広く捉えれば定義上両者間の境界線は意味を失ってしまうなど、問題は山積している。

そこで、学説はその他様々な手法を用いて両者の分別を図ってきた。第一に、双方の表現形式を基準に区別する方法が挙げられる。ここでは、原則的に「生産過程の計画的阻害によって使用者に経済的圧力をかけること」がストライキとみなされる他[43]、団結もしくは組合組織の利用などの外観も基準とされる、という[44]。しかしながら、前者については個別的権利の集団的行使もまた使用者に対する強制状態を導くこと、後者についてもほぼ同様の理由からその実際的判断が困難であること、などから、これらをもって絶対的判断基準とするわけにはいかない。そこで第二に、ある労働関係の中での労働義務の有無によってストか否かを判断しようとする方法も提起されてきた[45]。すなわち、労働者が留置権を行使する場合には、そもそもその労働義務は免除されており、彼は「当然に(berechtigterweise)」その労務給付を拒み得る立場に立つのであって、このような場合にこれをストと見なす余地はない、というのである。しかしながら、このような見解も、やはり理論上両者の区分を整理したのみで、現実的な判断基準をなんら提示しない、いわば結果の科学である。したがって、労働者が当該労務拒絶の法的性格を自ら明らかにしない限り、このような区別を行うことは困難を極める。にもかかわらず、一般的な債務法の領域において、債務者が留置権を条件つきであるいは無条件に行使できることは本来自明の理であり、もっぱら自ら留置権を主張するか否かに左右されるものではない。そこで登場した、第三の判断基準が、目的設定のあり方による区分である。この区分の中核をなすのは争議目的（Kampfziel）の有無であり、まずはこれによってストライキ概念の制限を図る。すなわち、社会政策および秩序政策がその歴史の上に求めたストライキ像とは、現存する法的立場の主張・実現ではなく、未だ存しない権利の獲得を目的とするいわば規制闘争（Regelungsstreit）であり、決して労働契約上の権利主張を目的とするものではない。ここで、ストライキを承認する根拠となるのは、あくまで「有効な協約自治制度の維持」という目的であって、(46) このことからストライキは、「協約により規制可能でありながら未だ規制されていない事項（基本法九条三項）を争議の目的とする限りにおいてその合法性を認められる」(47) こととなる。逆に、危険有害物質に関する命令を根拠とするものを含め、留置権の行使は既存の労働保護法規の遵守を使用者に強制する手段にすぎないことを考えれば、ここにおいて両者の性格はようやく一応の分別を見ることとなる。(48)

では、留置権の集団的行使が労働組合によって組織・実施された場合、これは必然的にストライキとみなされることとなるのであろうか。

組合が労働者に対してその権利について啓蒙し、その実施を支えたとすれば、これはたしかに基本法九条三項が定めるストライキの定義、すなわち「労働条件および経済条件の維持促進のための行為」に該当することとなる。しかしながら、次のような定めをおく労働裁判所法一一条は、労働組合に労働裁判所における訴訟代理権限を付与しており、これは訴訟外での代理行為にも及ぶと解されることから、組合による組織的行動は依然として留置権の行使と見なされる余地がある。(49) 労働裁判所法一一条一項──「当事者は、労働裁判所においてその訴訟を自ら遂行することのほか、これを代理させることができる。労働組合、使用者団体またはそのような組織の連合体の代理人による代理は、この者が規約もしくは委任状により権限を付与されている場合、およびその連合体、組織もしくはその構成員が当事者である場合に許される。このことは、社会、雇用政策的目的を有する自立的な労働者団体の代理人による訴訟代理についても当てはまる」。従って、このような場合においては、協約当事者間の平和義務との関係においても、使用者はその違反を問うことはできない。平和義務は、そもそも使用者に対して協約の有効期間その内容が問われる危険を回避することを目的とするものにすぎず、労働組合が労働者の有する権利を代行した場合にまでは及ばないからである。(50)

さらに、ここで述べてきた原則は、経営協議会（および職員代表委員会）についても同様に当てはまる。たとえば、経営組織法八〇条一項一号（およびその類似規定たる連邦職員代表委員会法六八条一項二号）が、同組織に対し、法律、命令、労働協約、経営協定、災害予防規則などの遵守について一般的な監督義務を与えていることについてはすでに述べた。また、経営組織法七五条一項（および連邦職員代表委員会法六七条一項）が、本組織に対し、経営および事務所で活動する者が「正義と衡平の原則（Grundsatz von Recht und Billigkeit）」にもとづいて取り扱われるよう一般的な監督義務を課していることも周知の事実である。これら両規定のいずれからみても、労働者に個別的な権利行使を促す従業員代表組織の権利が導かれ得ることは、その解釈として十分合理性を持ち得るし、またこの場合に経営組織法七四条二項（および連邦職員代表委員会法六六条二項）の定める争議行為禁止が該当しないことについても、これが個別労働者権の集団的行使を支えるものである以上当然と判断されるから

である。(51)

〈ドイツ法の枠組みと国際基準〉

労働者の労務拒絶権に関するここまでの検討を整理すれば、およそ以下のように述べることができる。

まずはその要件について。BGB二七三条、三二〇条、危険有害物質に関する命令二一条などに徴すれば、使用者が、営業法（現行新労働保護法）をはじめとする労働保護法規、災害予防規則、労働協約、経営協定、契約などに基づき自ら負う義務に違反するか、もしくは実務・学術上の先端認識基準を超過する危険が職場に存在するにもかかわらず、なお使用者がそれを是正しようとしないことがその要件となる。この際、労働者による拒否権の行使は、個別的にも共同的にもなされ得るし、労働組合や職員代表委員会が組織、先導することも可能であるが、信義則上の要請などから、それがなされる根拠については可能な限り使用者に伝達されるべきであり、またより手近な手段が存する場合にはこれを尽くして後になされるべき、と解されている。

次にその法的効果について。労働者が、以上の要件を充足して適法に労務を拒絶した場合、その間使用者は受領遅滞に陥っているものとみなされ、労働者は依然として賃金請求権を失うことはなく、また使用者から不利益取扱を受けることもない。なお、使用者に対する必要以上の影響を抑制する、という、やはり信義則上の配慮から、労働者が期限付きないしは細切れの権利行使を行うことは自由に認められなければならず、この場合には彼が最初の留置権行使の後に再度労働を継続したからといって将来の留置権行使が阻まれるわけではないと解されている。(52)

では、このようなドイツ法上の労務拒絶権の枠組みは、EC法、ILO条約の定める国際基準といかなる牽連性を有してきたのであろうか。前述したＥＣローマ条約一一八条(a)（ア条約一三七条）にもとづく一九八九年の基本指令（第二章第三節(2)参照）では、「重大かつ直接的で不可避な危険の存する場面において、その職場および危険領域を退避した労働者になんらの不利益も生じてはならないこと（八条四項）」とともに、「労働者がこのような職場離脱権を行使できることにつき使用者側が指示を与えなければならないこと（八条三項）」が定められ、これらの規定は本節で掲げた危険有害物質に関する命令二一条において実現されていると同時に、結局実現を見なかったものの、例えば先述したドイツの労働保護基本法草案（Arbeitsschutzrahmengesetzentwurf（第二章第一節第一款参照））九条四項にも受け継がれていた。他方、一九八一年に採択された労働保護および労働環境に関するＩＬＯ一五五号条約では、その一三条に、「労働者が生命健康に対する直接的かつ重大な危険が存することの十分な根拠を認めるべき場合」の職場離脱権が設定され、この権利については本条約の草案段階から既に大多数の加盟国政府の支持を受けていたという[53]。そして、労働者の主観的判断を基準とする、これと同様の職場離脱権はその後のＩＬＯ一六七号条約一二条においても規定され、この条約は既にドイツによっても批准されていることから、ドイツにおける立法の解釈において、労働者の主観的判断が重視されるべきことはいうまでもない[54]。

しかしながら、以上のように展開してきたドイツ法の枠組みをもって、これを十分なものと捉えるわけにはいかない。第一に、労働者に労務拒絶権を導く具体的要件基準は、主に化学薬品を取り扱う危険物質防止法の領域を除き、依然として明確とはなっていない。第二には、本権行使の前提とされる要件自体が厳格すぎる点も指摘されるべきであろう。たとえば、唯一立法による要件基準の明確化がなされた危険有害物質に関する命令においても、また労働保護基本法草案においても、本権が認められるためには、「生命健康に対する直接的（かつ重大）な危険」という厳しい要件が課せられており、これが災害予防の見地から大きな障害となってきたことはいうまでもない。(55) ＢＧＢ二七三条の定める留置権についても、使用者に「債務者が自己の義務を負担したると同一の法律関係にもとづき債権者が有する義務」違反のある場合に限って認められるものであり、原則として最低限度の労働保護措置を規定するにすぎない労働保護法規に違反が生じない限り、その行使は困難である。それだけに、労働者にとっては、より快適な空間を目的とする高レベルの安全衛生法規の出現が決定的意味を持つのであり、近年の立法に見られる、災害予防の前段階で積極的に使用者に義務を課す傾向、たとえば危険有害物質に関する命令一八条にもとづく調査測定義務（Ermittelungs-und Meßpflicht）およびその結果の伝達義務（Mitteilungs-pflicht）の法定（巻末参照）などは、労働者に留置権行使を認めるルートを大きく開くものとして注目されている。

【注】

（1）ドイツ民法六二六条は、「個別的なケースにおける総合事情を勘案し、双方の利益考量を行った上、解約告知期間の経過もしくは定められた雇用関係終了時まで当該雇用関係の継続が期待できない」重大な事由がある場合に限り、双方当事者により、当該雇用関係の非常解約告知が可能である旨、定めを置いている。ここで労働者の労働義務の不履行は、使用者が労働者に対してなす非常解約告知を正当化する「重大な事由」の筆頭に挙げられ、その他にも労働者の勤務が著しく劣悪な場合、労働者の遅刻、早退などが重なる場合など様々な場合がこれに該当する。

（2）ＢＧＢ二八三条は次のように定めをおく。「給付の不能が債務者の責に帰すべき事情の結果なりやいなやに付争あるとき、挙証責任は債務者に属す（柚木馨『獨逸民法Ⅱ（債務法）：現代外國典叢書』（有斐閣、一九四〇年）一二三頁）」。したがって、本来は労働義務の不能を立証する責任は労働者側に在することになる。

（3） Bücker, Andreas/Feldhoff, Kerstin/Kohte, Wolfhard ,Vom Arbeitsschutz zur Arbeitsumwelt : europäische Herausforderungen für das deutsche Arbeitsrecht (Neuwied, 1994), S.14. 本節冒頭に掲げたもの以外で労働者労務拒絶権に関わる判例のうち著名なものとしては、たとえば LAG München, BB (1952), S. 464 がある。本件は、使用者の一週間にわたる賃金不支給を理由に行われた、いわゆる座り込みスト（Sitzstreik）について、労働者がその労務給付につき特に先履行義務を負うのでない限り、「留置権」が認められる（といいながら判例は、BGB三二〇条「同時履行の抗弁権」をその根拠に挙げている）、としたものである。また、最近では、本文で後述する危険有害物質に関する命令二一条六項二文に関連して、幾つかの連邦労働裁判所判決が下されている。一例として本款注29を参照されたし。

（4） 例えば BAG (Urteil) vom 20. 12. 1963, 1 AZR 428/62, DB (1964), S. 371, AuR (1964), S. 219, BAGE 15, S. 174, AP Nr. 32 zu Art. 9 GG Arbeitskampf, NJW (1964), S. 883 や LAG Düsseldorf (Urteil) vom 16. 6. 1956, BB (1956), S. 925 など。

（5） さらに、労働者が使用者の報酬支払義務違反に対応して自らの労務給付を拒絶している場合にも、BGB六一四条は、労働者の報酬が労務の給付後に支払われるべき旨定めていることから、BGB三二〇条一項一文但書にいう「相手方に先んじて給付をなすべき」例外にあたり、かりに使用者の報酬支払義務違反が先に生じていたとしても、これを根拠に現在なすべき労務給付を拒絶することはできない、とする学説もある（Nipperdey, Hans Carl (Erläuterung (u. a.)), Recht der Schuldverhältnisse, in J. von Staudingers Kommentar zum Bürgerlichen Gesetzbuch, Band 2, 11. Aufl. (Berlin, 1957–1958)）。

（6） 判例として BAG (Urteil) vom 14. 2. 1978, 1 AZR 76/76, AuR (1979), S. 29, AP Nr. 58 zu Art. 9 GG Arbeitskampf など。学説としては、Nipperdey, Hans Carl, Die privatrechtliche Bedeutung des Arbeitsschutzrechts, in Die Reichsgerichtspraxis im deutschen Rechtsleben, Band 4 (Berlin, 1929), S. 213 ff.; Söllner, Alfred, Das Zurückbehaltungsrecht des Arbeitnehmers, ZfA (1973), S. 1 ff.; Herschel, Wilhelm, Zur Dogmatik des Arbeitsschutzrechtes, RdA (1978), S. 96 ff. など。これらに加え、最近のものとしては、Böttcher, Inge,

Gemeinsame Ausübung eines Zurückbehaltungsrechts, in Recht der Arbeit und der sozialen Sicherheits, Band 3(Franfurt am Main, 1986) などがある。

（7） 具体的にはＢＧＢ六一八条にもとづく安全配慮義務がこれに当たることとなろうが、先に述べたように、この義務は、結局使用者と国家監督機関の関係を規律する労働保護法ならびに災害予防規則などによって具体化されると解されていることを繰り返し述べておく（Däubler, Wolfgang, Arbeitseinstellung wegen Asbestemission, AiB (1989), S. 137；Schaub, Günter, Arbeitsrechtshandbuch, 6, Aufl. (München, 1987), § 152 Randziffer I 2 usw.)。

（8） BAG (Urteil), a. a. O. (Fn. 4); BAG (Urteil), a. a. O.(Fn. 6)；BAG（雑誌編集上判決・決定の区分不明）vom 25. 10. 1984, 2 AZR 417/83, AuR (1985), S. 130.

（9） Däubler, a. a. O. (Fn. 7), S. 139.

（10） 例えば Haase, Wilhelm, Abgrenzung der gemeinsamen Ausübung des Zurückbehaltungsrechts an der Arbeitsleistung vom Streik (Teil 1), DB (1968), S. 708.

（11） Haase, a. a. O. (Fn. 10), S. 709. ここでハーゼは、「同様に、例えば故意に業務に不当な打撃を加える目的を持って、労働力が最も必要な時機など使用者の不都合な時機に留置権を行使することもまた許されない」と述べているが、ドイブラーは、「そもそも労働者が労務給付を拒絶したからといって使用者に常に実体的損害が生じるとは限らず、また、非実体的損害も、特殊な場合を除きそれほど大きなものになるとは考えられない」、との趣旨を述べ、労働者に求められる信義則の範囲を極力制限しようと試みている（Däubler, a. a. O. (Fn. 7), S. 139)。

（12） Däubler, a. a. O. (Fn. 7), S. 139. ここで彼は、一見些末に見えても長期間継続する衛生危険に際して使用者の経済的利益を優先することは、「人間の健康の尊さ」を蔑ろにするものである、とも述べている。

（13） ドイブラーは、この条件についても一定の制約が必要であると説く。いわく、「賃金支払が遅延した場合と異なり、アスベスト等の危険有害物質への曝露はたとえそれがいかに短期間であろうとも、相当の被害を生ぜしめるものであり……（Däubler, a. a. O. (Fn. 7), S. 139.）」、と。

(14)　Däubler, a. a. O. (Fn. 7), S. 141.

(15)　BAG（雑誌編集上判決・決定の区分不明）vom 7. 6. 1973, 5 AZR 563/72, AuR (1973), S. 347；Böttcher, a. a. O. (Fn. 6), S. 89 ff.；Däubler, a. a. O. (Fn. 7), S. 141；Möx, Jochen, Das Zurückbehaltungsrechte an der Arbeitsleistung gem. § 21 Abs. 6 Satz 2 GefStoffVO, AuR (1992), S. 240 m. w. N.

(16)　経営危険説についての研究はわが国でも多々なされているが、ここではこれを生成発展させた基本的裁判例として以下のものを挙げておく。RG (Urteil) v. 6. 2. 1923, RGZ 106, S. 272；BAG（雑誌編集上判決・決定の区分不明）vom 7. 12. 1962, 1 AZR 134/61, AuR (1963), S. 222；BAG（雑誌編集上判決・決定の区分不明）vom 30. 5. 1963, 5 AZR 282/62, AuR (1963), S. 345；BAG（雑誌編集上判決・決定の区分不明）vom 10. 6. 80, 1 AZR 168/79, AuR (1980), S. 249.

(17)　Möx, a. a. O. (Fn. 15), S. 241.

(18)　本規定の定められた意義について Möx, a. a. O. (Fn. 15), S. 241 は次のように述べている。すなわち、「本規定は本来自明の事理を規範化したのみであり、ＢＧＢ六一二条(a)に比して何ら目新しいことを加えたわけではないが……、命令発令の趣旨が明確化され、これによって権利行使への畏怖が取り去られる可能性はあるのではないか」、と。

(19)　Ibid.

(20)　この点についてマンハイム・ラント労働裁判所は、「給付を拒絶しようとする債務者は、債権者に給付拒絶を回避する機会を与えるため、少なくとも、なぜそのような行為を行うかについて、事理に即した根拠を示さなければならない」と解しているが（LAG Mannheim (Urteil) vom 31. 5. 1952, RdA (1952), S. 356）、それがストライキか留置権の行使かという法的判断については、「今日法律家にさえ困難な問題であり、これを平均的労働者に、しかも瞬時に求めることなど現実にそぐわない……。したがって、労働者が自らの行為を法的に位置づけることまで要求されるわけではない」、とするのが一般的である（Moll, Wilhelm, Zum Verhältnis von Streik und kollektiv ausgeübten Zurückbehaltungsrechten, RdA (1976), S. 103；Haase, a. a. O. (Fn. 10), S. 710）。

（21）　柚木・前掲（注２）書九三頁。

（22）　Bücker/Feldhoff/Kohte, a. a. O. (Fn. 3), S. 15；Jahresbericht Gewerbeaufsicht Nordrhein-Westfalen 1990.

（23）　例えばBücker/Feldhoff/Kohte, a. a. O. (Fn. 3), S. 204は、ＢＧＢ二七三条にもとづく留置権の目的は、衛生状態の確保ではなく、むしろ契約上の権利義務関係の維持にある、とし、例えば後述する労働保護基本法草案一八条三項が、労働者の給付拒絶権は、「使用者の義務違反『および』生命健康に対する危険の発生に際してのみ行使され得る」、との一文を挿入していたことは、両者を混同するものである、とのべている（成案としての九六年新労働保護法は、その九条において、使用者の義務として、労働者「自らもしくは他者の安全に対する直接的かつ重大な危険に際して」の、就業者自身の「危険回避および障害軽減の」措置を可能ならしめるよう定めているが、草案一八条三項におけるが如き文言は存しない）。

（24）　Bücker/Feldhoff/Kohte, a. a. O. (Fn. 3), S. 203.

（25）　例えばMöx, a. a. O. (Fn. 15), S. 239は、本規定における労務拒絶権を「危険有害物に関する命令が定める特殊な留置権（spezielles Zurückbehaltungsrecht der GefStoffVO）」と呼称している。

（26）　Däubler, a. a. O. (Fn. 7), S. 139.

（27）　Kaufmann, Bernd, Die neue Gefahrstoffverordnung, DB (1986), S. 2229.

（28）　Möx, a. a. O. (Fn. 15), S. 236.

（29）　Ibid.；Badura, Peter/Friauf, Karl Heinrich/Kunig, Phillip/Salzwedel, Jürgen/Breuer, Rüdiger/Krebs, Walter/Ruland, Franz/Schmidt-Aßmann, Eberhard (Hrsg.), Besonderes Verwaltungsrecht, 10. Aufl. (Berlin, New York, 1995), S. 124, 531. なお、この点に関連する判例としては、近年、一九九六年五月八日に下された連邦労働裁判所判決（BAG (Urteil) vom 8. 5. 1996, 5 AZR 315/95, DB (1996), S. 2446）がある。本件事案は以下の如くである。すなわち、児童・年少者精神病院の指導員たる原告より申立てられていた作業部屋の危険有害物被害につき、使用者側（病院側）が、彼独自の種々の専門調査の結果特に異常が認められなかったため、これに応じなかったところ、原告自身、独自の専門家鑑定結果に基づき、期限を切って労務拒絶権を行使する旨を通告、他病院への配転を断り、実際に労務を拒絶した結果その間の賃金支払いを受けられなかった、と。

これについて判決は、およそ次のような趣旨を述べて、少なくとも本件における危険有害物質に関する命令二一条六項の適用を否定している。

本件においては、「命令二一条六項二文に基づく留置権は、原告の行為の根拠付けとはならない。……先に本法廷より下された九四年二月二日の判決（BAG (Urteil) vom 2. 2. 1994, 5 AZR 273/93, BAGE 75, S. 332, DB (1994), S. 1087, AP Nr. 4 zu § 273 BGB）は、作業が行われる建物内に危険有害物が存する場合には、そのまま本規定が適用され得る旨判示していたが、……本法廷はもはやこのような解釈を維持しない。危険物質防止法及び……危険有害物質に関する命令によれば、二一条も属する命令第五章には、危険有害物質への接触に関する一般規定が置かれており、……命令三条二項によれば、……命令第五章は、危険領域における活動を含め、危険有害物との接触に対して適用されるものである。ここで『接触』とは、命令三条二項により、危険物質防止法三条一〇号に定める抽出もしくは利用を含め、製造と解されており、……さらにこの『利用』とは、使用、費消、貯蔵、保管、加工処理……と定義されている。

上記規定の文言からすると、確かに、労働者が有害物質の負担に晒される空間で作業する条件があれば、本条の適用が可能であるとの解釈も成り立ち得る。しかしながら、本命令の趣旨及び目的、その立法過程に徴すると、事情が異なってくる。すなわち、本命令は、労働者を作業に特有の危険から保護することを意図したものであって、一般的に人間に存する危険からの保護を意図したものではない。本来的な意味での接触の他にも、確かに定義上の接触には当たらないが、接触の危険がある領域においてなされる活動もこれに含まれるべきである。従って、本命令……第五章は、自ら危険有害物に接触する者のそばで就業する労働者の保護も図るものであるが、ただ危険有害物の負担に晒される建物で就業するというだけの労働者までをも保護するものではない。

かかる解釈は、本命令の立法過程からも裏付けられる。……すなわち、本命令の発令者は、危険有害物の負担に晒される空間での作業ないし居留そのものを危険有害物との接触と見なしてはいない。そしてかような解釈は、連邦労働社会省の諮問機関たる危険有害物質検討委員会が作成した危険有害物質編技術規定における同委員会の見解とも一致するものである。すなわち、同委員会の決定により九五年五月一八日及び一九日に編纂された危険有害物質編技術規定第一〇一編〔概念規定〕においては、一般的な空気汚染を越える曝露が存する場合においてのみ、危険有害物質に関する命令一五条(a)及び一五条(b)の意味する危険有害物質への就業者の曝露が認められる旨述べられている。

従って、危険有害物質に関する命令……第五章は、自ら危険有害物に接触するか、もしくはその者のそばにいる者がそれに接触することにより、間接的に危険物に曝露する者についてのみ適用されるものである。……従って、原告の本件作業部屋における活動は、危険有害物質に関する命令第五章の適用を受けるものではない。原告自身は直接危険有害物に接触していたわけではなく、その危険のある領域において就業していたわけでもない」、と。

さらに本判決は、ＢＧＢ二七三条一項及び六一八条一項に基づく留置権の認定についても、以下の如き理由からこれを否定している。

「ＢＧＢ六一八条一項によれば、労働者は、『労務給付の性質が許す限り』、生命及び健康に対する危険に対抗する措置の実施を請求する権利を有するとされている。……かかる規定からは、作業場を可能な限り衛生危険のある化学物質その他の危険有害物の存しない状態に維持すべき使用者の義務が導かれる。しかしながら、かかる義務は、かような物質が周囲に一般的に存在するということにより、制限を受ける。

……労働保護法は、労働者を労働によって晒される通常より高い危険から保護するべきものであって、全ての人間に存する一般的な生活危険からの保護を目するものではない。

……たしかに、かかる法規に基づく留置権は、特定の認識基準の超過による生命健康上の危険が存することを要件とするものである。しかしながら、かかる基準の超過と衛生危険との因果関係は、その危険有害物による負担が日常的な環境にある負担の範囲内にある場合には、否定されるべきである（傍線筆者）」、と。

但し、本判決の以上の如き判示は、本件における以下のような事情を背景に置いていることに留意しなければならない。

①　本件原審では、証拠調べの結果、原告の作業場が、ＰＣＰを含有する木材保護剤についても、殺虫剤につい

ても、ホルムアルデヒドやガラス繊維についても、衛生危険をもたらすほどに汚染されてはいないとの認定を行っている。PCP、リンデン、ダイオキシン、フランへの曝露も証明され得ないか、もしくは一般的な負担の範囲内にあるとされ、また、殺虫剤、ホルムアルデヒドやガラス繊維による作業場の汚染も考えられないとされていたこと。

② そして何よりも、原告自身の証言に矛盾があったこと。即ち、本件原告は、本件作業場を離れて以降、症状が解消し、別の場所で新たに就業を開始して以降は、二度と発症しなかった旨を述べていたが、その後訪れた病院の診療機会に同様の症状を訴えていたこと。

③ 原告が罹患したと主張する疾病誘発症（Sick-Building-Syndrome）は、そもそも温度、湿度、換気割合、照明等の物理的条件、タバコ煙のような浮遊塵、無機質性ガス、清掃剤等の化学物質、バクテリア等の生物学的生成物等が協働して発症するものであり、どれが有力原因かは俄かに決定できなかったこと。

④ 本件事業所で就業する者のうち、それが異常と認定されるのに必要な標準的割合（約一五パーセント）の発症者が認定されていなかったこと。

(30) 例えば、Böttcher, Inge, Zurückbehaltungsrecht nach der Gefahrstoffverordnung, Schein oder Wirklichkeit?, AiB (1987), S. 34.

(31) Vgl. Möx, a. a. O. (Fn. 15), S. 237 (Fn. 25). さらにメックスは、これを「直接危険有害物質に曝露する者のみが労働拒絶権の行使を許される」との趣旨を解釈する可能性に触れているが（Möx, a. a. O.(Fn. 15), S. 237)、自ら以下のような根拠を挙げ、これを打ち消している。① 本条項では、既に「労働者個々人においてのみ労務拒絶権が認められる」趣旨が明確に述べられている、② 留置権の一般原則によった場合、留置権は双務的な権利義務関係において初めて現実化するものであることから、それが認められるのは一方の義務が遂行されなかった相手方のみであることは、本来自明である。

(32) Böttcher, a. a. O. (Fn. 30), S. 35.

(33) Möx, a. a. O. (Fn. 15), S. 238, m. w. N.

(34) Ibid.

(35) Ibid.

(36) BAG (Urteil), a. a. O. Fn. 4). これに同意する学説としては、Brox, Hans/Rüthers, Bernd, Arbeitskampfrecht, 2. Aufl. (Stuttgart, 1982), Randziffer 594 ; Däubler, a. a. O. (Fn. 7), S. 140などがある。

(37) Küchenhoff, Anm. zu BAG (Urteil) vom 1. 2. 1957, 1 AZR 521/54, AP Nr. 4 zu § 56 BetrVG.

(38) Siehe LAG Mannheim, a. a. O. (Fn. 20), S. 356 usw. 本件は、使用者が労働に必要な条件（安全な労働空間、機械器具、化学物質など）を備えていないことを理由に協約の平和義務条項に違反してストに突入した労働者に対して下された即時解雇の効力が争われたものである。労働者側は、訴訟の途中になって初めて、本件ストはストではなく労務給付拒絶権の行使である旨主張したが、裁判所は自己背反行為禁止原則（venire contra factum proproum）から結局これを認めず、本件解雇を有効と判断している。いわく、「本件のような理由から労働者が給付拒絶権を行使しようとする場合には、労働者自身労働の障害となる根拠をできる限り早急に使用者に伝える義務を負い、これに反する場合その解雇は正当とみなされる」、と。

(39) Capodistrias, Joannis, Streik und Zurückbehaltung der Arbeit, in Festschrift für Hans Carl Nipperdey, Band II (1965), S. 123, 124. 既に述べたように、留置権の行使といえどもその他の権利行使と同様にＢＧＢ二四二条の定める信義則の留保の下にあるので、むやみにその権利を行使することは許されない。しかしながら、労働者による危険判断には、その除去のあり方に関して常に一定の不確実性―リスク―が伴うであろうから、この権利の行使が考え得る全ての危険防止手段を尽くした上でなければなされ得ない、すなわちそれを法制度上の最終手段とする解釈もまた取り得ない、というのが一般的な見解である（Möx, a. a. O. (Fn. 15), S. 240, m.w.N.）。なお、労働者の信義則上の義務を広く捉え、使用者に少なからぬ打撃を与える労務拒絶はやはり最終手段としてしか認められ得ない、とする見解もあるが（Haase, a. a. O. (Fn. 10), S. 709 ; Capodistrias, a. a. O., S. 124）、これらが挙げる権利行使の前提条件も結局賛成側のそれとほぼ同様であることから、両者に実質的差異はないと考えられる。

(40)　Capodistrias, a. a. O. (Fn. 39), S. 124.

(41)　この点、初期の学説には、労働争議の概念を特別視せず、ＢＧＢ二七三条一項にもとづく契約上の行為としてのみ評価する考え方（individualrechtliche Arbeitskampfkonzeption）が存したが（たとえば Nikisch, Arthur, Arbeitsrecht Band II, 2. Aufl.（Tübingen, 1959), S. 156 ff.)、団体の示威を背景とする労働争議が特殊な法的評価基準を有する独自の法制度に発展した現在、もはやこのような視点はとりえない、とするのが一般的見解である（Moll, a. a. O. (Fn. 20), S. 101, m. w. N.)。

(42)　たとえばＢＡＧ（Urteil) a. a. O. (Fn. 4). 本件は、違法な山猫ストに参加してその間職務を放棄した本件被告ら（上告人ら）たる労働者に対して提起された損害賠償請求事件の上告審判決である。本件被告らは、その職務離脱がストライキではなく、単なる留置権の行使にすぎない、との主張をなしていたが、原審ラント労働裁判所は、端的に、本件被告らの職務離脱は違法なストライキそのものであり、それについて、本件原告（被上告人）に対して連帯債務責任を負う、として、原告側の寄与過失すら認めなかった。かかる経緯を踏まえ、連邦労働裁判所は次のように述べている。「確かに、労働者もまたＢＧＢ二七三条一項、三二〇条一項一文に基づく権利を有している。よって彼は、使用者が一定の時間及び労働に対し賃金を支払うとする約束、または労働契約上課せられた配慮義務を履行しない場合、かかる権利を行使することができる。そしてこの配慮義務には、使用者がその労働者を人間らしく取り扱う義務も含まれている。

しかしながら、その発現形態において、留置権の行使と争議行為としての職務離脱は重なり合い、双方の見分けが容易にはつき難い。とはいいつつも、この両者には本質的な相違がある。留置権の行使は、個別契約に基礎を置く個別的行為である。これに対し、ストライキは、れっきとした労働争議の手段である。しかしながらやはり、原審と見解は異なるが、かりに意識的、意図的に協同がなされた場合、すなわち計画的にそれが企図された場合においてもなお、多種多様な、例えばそれぞれ独立した、労働者による留置権の行使（※との境界線）が問題となろう」。

「被告らは、控訴段階において……少なくともそのうちの二八名については留置権を行使し得べき立場にあったことを主張していたが、……原審ラント労働裁判所はこの点を審査しなかった。というのも、本件事案に即してみれば、この点に関する審査はもはや必要とはされない。……なぜならば、かりにここで挙げられた二八名について留置権を承認するならば、彼らのみではなく、その他……の労働者がその職務を放棄したことについても考慮が払われねばならないからである。

その点、本件被告は自ら、これら職務放棄をなした全労働者が……留置権を行使すべき個別的かつ現存する根拠を有していた旨を主張していない。……ここでその根拠というのは重要な意味を持つ。なぜならば、留置権というのは、その契約相手方の行為に対して一定の要件が備わることによって形成される、……個別的権利に他ならないからである。従って、『職場の雰囲気が悪い』とか、『上司が気に入らない』……といったような一般的な避難では、四五四名もの労働者の一斉労務停止のような団体行動（Massenhandlung）を債務法上の留置権の行使とみなすことはできない。何よりも、被告側自らが、彼らに留置権が帰属することを主張もしていないのに、その者達によって職場離脱がなされたということをもって、この問題が争議行為に関するものであって、個別労働者による留置権の行使に関するものではない、というラント労働裁判所の判断が指示されよう。すなわち、集団的な労働者の行為は統一的に捉えられなければならないのであって、これは二八名の被告らにおける留置権行使とも言い得るが、ストライキともいえる、というような視点から捉えられるべきものではない」、と。

しかしながら、本判決は、両者の判断が微妙なケースにおいては、特に有効な判断基準は存しない、とも述べている。

(43)　Moll, a. a. O. (Fn. 20), S. 102.

(44)　Haase, Wilhelm, Das Zurückbehaltungsrecht des Arbeitnehmers an Leistungen aus dem Arbeitsverhältnis, Dissertation Köln (1967), S. 94, 99.

(45)　Neumann-Duesberg, Streikbegriff, Streikarten und Zulässigkeitskriterien des wilden Streiks, BB (1963), S. 1443.

(46)　協約ないし争議法との関連については、次のものを参照されたし。BAG (Beschluß) vom 21. 4. 1971, GS

1/68, AP Nr. 43 zu Art. 9 GG Arbeitskampf (Bl. 6R)；Biedenkopf, Kurt H., Grenzen der Tarifautonomie, (Kahlsruhe, 1964), S. 214; Brox, Hans, Zur Wirkung der rechtmäßigen Aussperrung für den Arbeitsvertrag, in Festschrift Hans Carl Nipperdey, Band II (1965), S. 57 usw.

(47) Möx, a. a. O. (Fn. 15), S. 240；Moll, a. a. O. (Fn. 20), S. 103.

(48) 現に、前掲六三年連邦労働裁判所判決（BAG (Urteil) a. a. O. (Fn. 4)）もまた、かような見解を示しているものと解釈できなくもない。いわく、「留置権の行使は、既存の個別法上の地位を、かかる個別的権利を貫徹する目的を持って主張することに他ならない」、と（NJW (1964), S. 884)。但し、本判決は、先に注42において示したように、その実質的判断に際しては、集団的職務離脱という形式に重点を置いて判断を加えており、また、より普遍的な判断基準については、これを明らかにはしていない。

(49) Däubler, a. a. O. (Fn. 7), S. 141.

(50) Ibid.

(51) Ibid.

(52) Ibid.

(53) International Labour Conference 66th Session 1980, Safety and Health and the Working Environment, Report VII (a) (2), 1980, S. 77 ff.

(54) なお、このような場合に労働者の行為当時の主観的判断が尊重されるべきことについてドイツでは、事務管理における費用賠償請求に関するBGB六八三条（および六七〇条）をもってその説明がなされている。すなわち、本条に基づく管理者の費用賠償請求は、彼が「管理の引受すなわち救助の当時」これを必要と判断した場合、「たとえ事後的にそう判断されなかったとしても、本人に対して認められる」と規定されており、このような原則は労働者による留置権の行使に際しても類推適用されると解されているのである（Ulmer, Peter (Redakteur), Schuldrecht, besonderer Teil, Münchener Kommentar zum Bürgerlichen Gesetzbuch Bd. 3, 2. Halbbd., 2. Aufl. (München, 1986), S. 304 [Seiler, Hans Hermann]）。

(55) 場合によっては、新法にこのような要件が設定されることによって、却って債権法上の給付拒絶権よりも要件が厳しくなるという本末転倒が生じかねない。

第二款 履行請求権

前款では、職場危険に接した労働者の積極的危険回避権のなかでも第一次的権利となる労務拒絶権を検討対象としたが、先に述べたとおり、ドイツでは、これより更に進んで、労働者が一般的な配慮義務及びその内容を構成する現行の公的諸規範に違反した使用者を相手方として、これに当該法規の遵守を求める履行請求権(Erfüllungsanspruch)を有することが認められている(1)。とりわけ一九七〇年代に至るまでは、法規違反を犯した使用者に対しては、管轄官庁や災害保険組合への申告、経営協議会への付託などにより問題処理が図られており、(経営組織法八九条(第五章第三節)参照)このような履行請求権の貫徹を求めて訴訟が提起されることは極めて稀であったという(2)。しかしながら、先にも述べたとおり、このような権利が認められることにより、個別的な労働保護法規に使用者の行為義務が定められたにすぎない場合にも、労働者はその履行を契約上の権利として求めることが可能となるのであって、これはドイツにおける国家労働保護法規(ないし災害予防規則等々)の性格を論じる上でも非常に大きな意味を持つ。更に彼国においては、わが国に若干先んじて、一九七〇年代辺りから、職場における喫煙禁止措置請求訴訟が提起されるようになり、こうした事案において、労働者の安全衛生法上の履行請求可能性が盛んに議論されるようになってきている。かような事情を背景に、近年に至って、わが国においても、特に安全配慮義務の債務構成のあり方に関する議論の展開に着目しつつ、彼国における労働者の履行請求可能性の規範的根拠を探った本格的検討が、労働法学者の手によりなされることとなった(鎌田耕一「ドイツにおける使用者の安全配慮義務と履行請求」社会科学研究（一九九四年）六号三五頁以下）[3]。先にも述べたように、本論考は、ドイツにおける安全配慮義務が、人格法的共同体理論に裏打ちされた配慮義務に基づくものから、民法の一般理論に沿革を有する保護義務に基づくものへと変貌していったにもかかわらず、なおかつその履行請求可能性が認められ続けてきた理論的道程を、学説史、判例の系譜に即して詳細に跡づけたものであり、かかる論点に関する民事法、労働法両領域に跨る比較法研究としては先駆的意味を有している。かかる論考の後を受け、しかしながら、特に労使自治・労働者権の視点をもって最先端に属する労働科学研究の法的吸収の過程を探るという、本来それとは全く異なる研究視角を有する本稿においては、当該論考との重複を避け、またその検討を跡づける意味からも、先ずは、労働保護法規との関連における本権利の法的理論構成の如何について、至極基本的な範囲においてのみこれを論じた後、近年特に係争件数が多く、本稿の目的とする近来型労働危険対策の検討に際して頗る有益な、前述の、職場における喫煙禁止措置請求訴訟裁判例について検討を加え、もって彼国において承認された履行請求権の枠組みを明らかにしていくこととする。

〈法的理論構成〉

ここではまず、従属労働論を前提とする伝統的労働契約・労働関係論の基礎を造り上げたジンツハイマーの一九二七年の研究（履行請求権否定説）[4]およびフーク／ニッパーダイの一九三一及び三二年における研究（同肯定説）[5]を参照してみたい。

まず、ジンツハイマーは、労働関係を原則として労使間の使用契約（Anstellungsvertrag）[6]に基づく債務法的関係として捉えると同時に使用者が労働者に対して事実上権力を行使することから生じる権力的関係として理解する。そしてとりわけ後者の側面に関し、これを一つの法律関係と認めた上で、つぎのようにいう。使用者は、このような関係を基礎に労働者の支配権を獲得するとともにこれに対応する支配義務、すなわち労働者保護義務(Schutzpflicht)[7]を負う。ここで、このような義務の内容を規律する私法的規制（BGB六一七条および六一八条、商法典六二条など）と公法的規制（営業法一二〇条(a)ないし一二〇条(e)、鉱業法、海員法など）とは、相互に本質的な関連性をもつ一体的な規制（Gesamtregelung）を構成するものである（土田教授はかかる見解を「複合規範説」と呼称している）[8]。したがって、このうちの公法的規制は、使用者と国家との行政法的関係にとどまらず、同時に労働関係を規制する規定でもある、と[9]。しかしながら彼は、私法的規制と公法的規制のいずれの場合にも、その履行を訴求する権利を労働者に認めてはいない。その理由を彼はつぎのように説明する。すなわち、さきに述べたとおり、ここにいう私法的規制や公法的規制は使用者の支配義務を規律・具体化するものであるが、この支配義務は使用者による支配が実施されて初めて存在するものである。しかるに使用者には、労働者を就業させる義務（Pflicht zur Beschäftigung des Arbeitnehmers）は存しないことから、その支配権を行使すべき義務もまた存しない。したがって、労働者から支配義務の履行請求がなされた場合、使用者はその支配を中止すればよいのであって、これに伴いその支配義務も消滅することになる、と[10]。

これに対してフーク／ニッパーダイは、次のような所説を提示してジンツハイマーとは異なった結論に達している。

彼(ら)によれば、労働者が様々な根拠から特別な保護を必要とする客体であることは明らかであるが、使用者が契約上労働者に有利な規定を排除することを目的としてその優越的な地位を行使することを阻止するため、立法者はBGB六一八条を始めとする労働契約法（Arbeitsvertragsrecht）[11]に加え、これよりも強力な実効性を有する公法上の労働者保護規定を作成したのだという。それというのも、公法上の労働者保護規定は、その実効が労使双方からの契約上の請求を待ってはじめて図られる労働契約法とは異なり、国家による罰則の裏付けをもって行政的・刑事的手段によりその履行を確保されうるからである。しかしながら、彼の指摘によれば、その趣旨が同一である以上、公法上の労働者保護法規はその限りにおいて純粋な私法上の規定としても有効であり、したがってこれに反する契約規定はBGB一三四条に基づき無効となるという。この際、このような公法上の規定が契約全体の無効を導くか、それともこれに反する一部の契約規定のみについてのみ無効を導くかは事情により異なる。

そこで次に問題となるのが、こうした公法上の規定が、より積極的に契約内容に対する直律効を有するか否かである。彼によれば、こうした公法上の規定は、原則的にはあくまで国家に対する公法上の義務を定めたものにすぎないことから、これを否定的に解さざるを得ず、したがってこのような規定を直接の根拠に履行請求を行うことはできない。しかしながら、一般的な定めしか置かないBGB六一八条のような労働契約法の内容を特定的な労働者保護法によって具体化する手段、ならびに契約当事者が自ら特約によって労働者保護法の専門的内容を労働契約に取り込む手段は十分考えられるとされる[12]。そして、BGB六一八条を始めとする労働契約法は、いうまでもなく労働協約などと同じく労働契約の内容を直接規律する強行法規であり、したがって労使双方はこの内容の履行を求める訴求可能な請求権を得ることとなる[13]、というのである（かかる見解は、要するに、公法上の労働保護法規が、人格法的共同体理論に基づき（※後に一般債権関係に基づくとされる）、契約上の義務として継受される配慮義務を具体化するものである、との趣旨を示すものであり、土田教授により具体化説と称されているものである[14]）。

以上から明らかなように、その法的構成が異なるとはいえ、両説は公法として位置づけられる労働者保護法規が結果として労働契約の内容を直接規律するとする点では一致している。またこのことは、第三章第三節第二款において詳述した一九七六年連邦労働裁判所判決において後になって確認されている。にもかかわらず、その内容の実現を求める履行請求権について真っ向から見解が対立したのは、これを否定したジンツハイマーが、使用者に労働者を就労させる義務、いわゆる労務受領義務が存しないことを重視したことによる。しかしながら今日の理解では、論者によってその法的根拠および射程の広狭に若干の異同が見られるものの、使用者の一般的な労務受領義務およびこれに対応する労働者の一般的な就労請求権を認める点では判例学説双方の同意を得ており[15]、その請求の対象に災害予防規則を含めた労働保護法規の維持が含まれることは自明のことと説明されている[16]。したがって、労働者が労働保護法上定められた使用者の行為義務につきその履行を訴求しうる、との解釈が成り立つことについては、今日判例学説上ほとんど異論を見ない[17]。そもそも契約上の義務と評価される債務者の義務についてその履行を訴求する権利が債権者に存するか、という民法学上の本質的問題については、わが国においても椿教授による体系的な研究がなされているのでここでは論じないが[18]、少なくともドイツ民法の下では「債権者は債権関係にもとづき債務者に対して給付を請求する権利を有する」と定めた二四一条が存すること、これに基づき請負契約、賃貸借契約など様々な債権関係で瑕疵の除去、瑕疵修補など様々な履行内容が請求の対象として認められていることを指摘しておきたい[19]。

〈裁判例の検討〉

先にも述べたように、ドイツにおいても、労働保護法規の遵守または現実の危険有害状況の除去のための積極的措置を求める労働者の履行請求権の有無が正面から争われたケースは殆ど存せず、とりわけ労働保護法規に規定された義務の履行を労働者が訴訟上申し立てる、という前者のケースは極めて限られていた。しかしながら、わが国に若干先んじて、およそ四半世紀前の一九七〇年代以降の嫌煙運動の活性化を背景に、労働者の従属性から導かれる使用者の一般的配慮義務、関連労働保護法規等を根拠とする職場における喫煙禁止措置請求訴訟がほぼ毎年提起され、今日に至って一定の判例法理の枠組みが形成されるに至っている。そしてかかる訴訟では、これまで受動喫煙の健康被害が科学的に鋭い議論の対立に晒されてきたという経緯、また、この問題を直接カバーする立法が存しなかったという事情を反映し、過労（死）その他の衛生上の問題に通じる極めて示唆的な法的救済の論理が闘わされてきた。そこで以下では、その射程は極めて限定的なものではあるが、かかる問題についてのリーディングケースともいえる連邦労働裁判所・連邦行政裁判所の三判決（一部和解提案）、ならびに近年下された否定例たる一九九六年連邦労働裁判所判決、一連の裁判例の到達点を示す肯定例たる九八年判決を取り上げ、かかる裁判例の示す労働者健康被害防止措置請求権の枠組みにつき、若干の検討を加えることとする。

(1)　一九八〇年連邦労働裁判所和解提案[20]

（事実の概要）

本件原告（控訴人、上告人）は、一九五五年以来被告会社（控訴人（双方当事者が控訴）、被上告人）において設計技師として就業し、一九七六年には原告を含め一七名が共に働く設計室へと配属された。本設計室では、就業する同僚被用者のうち五、六名は常時喫煙をなしていたが、部屋の広さは縦一二メートル、横一一メートル、高さ三・二五メートルと極めて狭く、室内には高さ二メートル、横一・三メートルの窓が一七個設置されていたが、定期的な換気はなされていなかった。原告はそのタバコ煙に耐えかねて、目の炎症、咳、頭部・心臓の苦しさを訴え、喫煙者との間でも度々悶着が起こったため、使用者及び経営協議会に申立を行ったが功を奏さなかった。そこで彼は、独自に訴えを提起し、①被告は、原告に対し、タバコ煙のない作業空間を利用せしめること（予備的に、被告が適当な措置によって、彼の主張する健康被害から彼を保護すべきこと）、②原告は、被告が①の請求を履行しない限りにおいて、その労務を留置する権利を行使すること、につき確認判決を求めた。

（下級審の判断）――一審原告請求①認容、その余の請求を棄却[21]、二審原判決取消[22]――

一審は、まず、原告が本件請求根拠としたBGB六一八条及び職場に関する命令五条について、これを使用者の負う一般的配慮義務を具体化したものとしつつも、該配慮義務を、被用者の使用者に対する人格的従属性を基礎として被用者の福祉に配慮すべき義務と把握し、したがって、該義務は、前記の労働保護法規よりもより広範な内容を有するものとしている。そして、被用者は、労働関係の締結とともに、使用者の人格的従属関係下に入り、経営における労務給付場所の決定は使用者に委ねられる。すると、私的領域にあっては避け得る喫煙による負荷も、経営内においては避け得ない事態が生じることとなり、それも室内空間が狭まれば狭まるだけ、また該空間に存する就業者数が増加するほどにその度合いが増すこととなる。したがって、本件被告は、本件原告にタバコ煙の存しない空気を提供するため、何らかの措置を講じる義務を有することとなる、という。しかしながら一審は、かかる措置の選択については、被告の事業上の組織統制の範囲内に委ねられるとし、具体的には、①原告専用の作業空間の割り当て、②技術的措置、③共同決定義務の履行を前提とする禁煙措置、などの例を挙げている。そして、このうちの禁煙措置の実施に際しては、喫煙者の基本法二条一項に基づく人格の自由な発展の権利を侵さないよう配慮すべきことを強調して、その判決を締めくくっている。

対する二審は、まず、一審が原告の本件喫煙禁止請求の根拠をBGB及び職場に関する命令の諸規定に求めなかったことにつき、逐次検討を加えた上で正当と判断しつつも、一審が使用者の一般的配慮義務から本件被告の措置義務を導くにあたりなした、原告—被告間の利益衡量の具体的判断について、これを支持することはできない、としている。その理由は以下の通りである。すなわち、第一に、前記③の措置については、経営協議会との共同決定義務を前提とするものである以上、労働裁判所としてこれに代替することはできないこと、第二に、前記②の措置については、多分のコストがかかり、また完全空調についても反対者が多いこと、第三に、前記①の措置については、原告を本来協働を行うべき該部門の統括責任者から孤立化させることとなること、第四に、間接喫煙の被害が医学上証明されてはいないこと、ならびに喫煙は未だ一般的な習慣であること、等々。かような理由から二審は、かかる利益衡量をなすにあたっては、原告の側の「負担」を前提に判断しなければならず、唯一の例外は、既存の換気手段を駆使しても依然として健康被害が引き起こされ、しかもそれが改善不可能である場合に限られる（本件はこれに当たらない）と結論づけている。

（上告審の判断）—和解提案—

かかる原審の判断を受け、上告審連邦労働裁判所第五法廷は、以下のごとき趣旨の和解提案を行い、これは両当事者の受け入れるところとなった。本和解提案では、当然のことながら裁判所の実体的判断がなされていないので、その確定的効果を述べることはできないが、裁判所の基本的な判断枠組みは一定範囲で示されている。

「かりに本法廷が、無煙作業場の割当て請求を過ぎたるものとして斥けたとしても、なお本件は本質的解決を見ないであろう。原告はその請求の中で、所与の条件下で使用者に労務給付請求権が存するか否かを争い、一審段階において既にタバコ煙の刺激的効果について指摘をしているが、かかる刺激的効果が営業法一二〇条(a)の意味する健康被害を導くことが立証される場合には—原審はこの点を認識してはいないが—、原告の請求が根拠づけられる可能性は否定できない。

そこで本法廷としては、被告が経営協議会との間で、一審においては確認されているかかる刺激的効果を回避する手段を協議することを提案する。」

「本法廷は、被告が、健康被害（タバコ煙による刺激的効果）から原告を保護するための適当かつ実効的な措置を執るべき義務を負うことを大前提と考えている。しかしながら、当該設計室における作業のあり方の特殊性—チームを組んでの協働—の故に、原告を孤立的作業空間に配置する手段は執り得ない。そこで残された手段としては、喫煙者—非喫煙者間の利益調整を図る方策が存する。したがって本法廷としては、非喫煙者区域の設定、定期的換気の実施、ならびに禁煙時間の設定をそれぞれ提案する。」

（若干の整理）

本件裁判例は、上告審が和解提案によって解決を図ったこともあり、必ずしも明確な法理を示したものとは言い得ないが、とりわけ下級審が行った実体的判断が上告審により否定されなかったこと、ならびに上告審自身が示した基本的判断枠組みからして、少なくとも以下のごとき原則が明らかにされたものと考えられる。

① 使用者の負う一般的配慮義務は、被用者の彼に対する人格的従属性に関連して導かれるものであり、被用者の行動、労務給付場所が経営内において制限されることからして、本来的に既存の労働保護法規に比べてもよ

り広範な内容を有する。また、該労働保護法規は、かかる使用者の配慮義務を具体化したものに他ならないことから、該配慮義務の一内容を形成するものと解される。

②被用者が職場での禁煙措置請求をなすにあたっては、使用者―経営協議会間の義務的共同決定が前提となり、その決定について労働裁判所はこれに代替することはできない。

③禁煙措置以外の措置、たとえば技術的措置及び特別な作業空間の割り当てなどは、使用者の前記配慮義務から考慮はなされ得るが、その選択は原則として使用者の事業上の組織統制の範囲内に委ねられ、その実施の可否の具体的判断は、労使間の利益衡量による。因みに本件においては、後者の手段については当該作業の性質上控訴審、上告審両者によって実施不可能と判断されたが、前者の手段については控訴審が実施不可能と考えたのに対し、上告審は一定の手段が考え得るとの立場をとっている（但し、完全空調については、その提案内容から外されている）。

④労働保護法規の一つであり、ＢＧＢ六一八条の源泉でもある営業法一二〇条(a)（現行、削除―新労働保護法三条等に統合、以下同様）の意味する健康被害を導く労働危険が存する場合には、被用者はその労務給付の留置権を行使し得る可能性を排除されない。

(2)　一九八四年連邦行政裁判所第一判決(23)

(事実の概要)

一九三五年生まれの原告（控訴人、上告人）は、被告市においてケースワーカーとして勤務している。一九五八年から一九六九年までは郡の調整局に勤務していたが、六九年、被告（被控訴人、被上告人）は彼を市の管理官として市庁舎に引き入れ、まずは調整局における勤務を予定していたが、結局公安局への配置を通知した。この際考慮されたのは、公安局における切迫した人事上の要請であるが、特に調整局での就業には拘らない、という原告自身の意見も勘案されたという。その後一九七八年に至るまで、原告は非喫煙者である同僚と共に二人部屋、もしくは個室に配置されていたが、七八年には市当局の新庁舎への移動に伴い、大部屋に移動され、そこでは喫煙者を含むその他約四〇名の同僚とともに就業することとなった。この空間では、換気・空調設備による換気・排気がなされていたが、窓での換気はなされていなかったため、タバコ煙への耐性がなかった原告は、彼の周囲の者の喫煙により偏頭痛をきたすなどの健康被害を被っていると主張し、七七年及び七八年の二回にわたり、書簡を以て完全無煙な作業場の割り当て、もしくは大部屋での禁煙措置の実施を求め、被告への申立を行った。しかしながら被告は、市庁舎の大部屋ではあまねく空調がなされており、室内の空気は一時間に八度にわたり入れ替えられている、また全ての者に個室を割り当てることも非現実的である、としてかかる申立を受け入れなかった。そこで原告は、独自に訴訟を提起し、被告を相手方として以下のごとき申立を行った。

① 原告に対し、彼が就業する全ての作業場において、タバコ煙の存しない空気を提供すること。

②　予備的に、原告が就業する全ての作業空間にある全従業員及びそこを訪れる訪問者に対し、拘束力ある禁煙措置を発令すること。

③　予備的に、原告に対し、当該作業空間内において、タバコ煙の存しない空気の保証された別個の作業場を割り当てること。

これに対し一審行政裁判所及び二審上級行政裁判所はいずれもかかる請求を棄却し、原告は連邦行政裁判所に上告することとなった。なお、かかる下級審の判決の理由には、被告から原告に対してなされた他のポストへの配転の申し出が原告の同意を得られなかったことが挙げられている。

（判旨）―原判決破棄・差戻―

まず、本件被告が原告に対して負うべき配慮義務について、裁判所は次のような趣旨を述べる。

「原告の本件訴訟上の請求は、ノルトライン・ヴェストファーレン・ラント官吏法八五条に定める配慮義務に基づいている。したがって、かりに原告が、今現在その作業場においてタバコ煙により健康被害を受けているならば、被告には、その配慮義務に基づき、自身に可能な範囲内で除去措置を講ずべき義務が課される。私法上の雇用契約について適用されるBGB六一八条は、たしかに官吏に対しては適用されないが、いずれにせよ、官吏法上の一般的な配慮義務が雇用主に設定する要件は、これに比して幾分なりとも制限されるものではない。また、作業場における喫煙者の権利、とりわけ基本法二条二項に基づく権利は、他者の健康を侵害する権利を導くものではない。」

次に、原審がその判決の根拠とした被告の配転申し出及び原告の不同意については、次のように述べられている。

「本件被告に課される前記配慮義務は、被告がそこで原告を使用する限りにおいて今現在の原告の作業場にも適用されるところ、被告が原告に対して他ポストへの配転を許可したか否かは、現実にそれが行われていない以上、ここにおいて何等の重要性も持たない。また、原告が提示された他ポストへの配転に同意しなかったこと、及び法的救済措置をとるべき意向を示したことも、かかる事情に何等の変更を加えるものではない。その理由は以下のように説明される。すなわち、雇用主は、自ら雇用する官吏に対し、自らが違法と評価する配転からの法的保護を放棄するか、さもなくば作業場において自らの健康被害を甘受するかの選択を迫ることは許されないからである。」

しかしながら裁判所は、結論的に本件について最終的な決定を下すことはできないと判示している。その理由は、これまでの審議において、原告が作業場内の換気・空調設備の存在にもかかわらず、実際にタバコ煙の影響を受けたか否か、及びその程度、ならびに原告の健康被害の状況等について、十分な事実認定がなされていないということにある。その上で、本裁判所は、差戻審の実体的判断について、次のような基本的示唆を与えている。

「かりに作業場におけるタバコ煙の影響による原告の健康被害が確認されれば、被告は、彼自身に可能な範囲においてこれを阻止すべき義務を負い、このことは、かかる健康被害の疑いが拭えない場合にも妥当する。他方官吏は、雇用主のかかる配慮義務を根拠として、作業場におけるタバコ煙の影響による健康被害が確実な場合のみではなく、その蓋然性が高い場合にも、保護に対する請求権を有することになる。作業場における喫煙者の権利もまた、原告の衛生の障害となるものではない。」

ただし、「複数の除去手段の中からの選択可能性が存する場合には、かかる選択は雇用主の合理的な裁量の下に委ねられる。被告が一定の除去方策についての決定を以てその裁量を瑕疵なく実施しているか否かは、……終局的に裁判所の判断に服する」。

(3)　一九八七年連邦行政裁判所第二判決[24]

（事実の概要）

本判決は、前掲一九八四年連邦行政裁判所第一判決が下された後、被告が一九八五年をもって原告を調整局（第五五局）へと配転を行うに及び、改めて当該配転の無効確認及び前掲(2)事件におけると同様の健康被害防止措置の履行が求められたケースの上告審判決である。先にも示したように、八四年判決は上級行政裁判所へと差し戻されたが、本判決の掲載誌の記述から判断する限りでは、本判決は該差戻審とは別個の裁判におけるものと考えられる[25]。というのも、本件については、改めて第一審から審理がなされ、結果として該審級及び控訴審は、かかる原告の請求を再度棄却したことが明らかにされているからである。因みにこの際、本件各下級審判決が本件配転の有効性を認めた根拠は、以下のように示されていた。すなわち、「当該配転は、一方においては第五五局における人事上の要請、他方においてはタバコ煙の存しない作業場の割り当てを求める原告の希望について考慮された被告の熟慮の結果である」、と。察するに、これは前記連邦行政裁判所第一判決が就業者に対する衛生危険の具体的除去手段の選択は、雇用主の合理的裁量に委ねられると判示したことを受け、その裁量に瑕疵が存しないことを明確にする趣旨も含むものであったと考えられる。しかし、該判決をもって、配転に関する独自の法的判断と雇用主の配慮義務の履行に関するそれとの関係が明確化されたわけではなく、本判決においても、この点の解明及び説示に相当苦心した痕跡が伺える。

(判旨) ―原判決破棄・差戻―

まず、本件配転の有効性について裁判所は、結論的に、それが法的に瑕疵のないものか否かの判断は、これまでになされてきた事実認定からでは十分になし得ないとしつつ、次のごとき基本的立場を明らかにしている。

まずは大前提として、本件「原告たる官吏は、その具体的職務の遂行にあたり、あるポストについて常に不変の位置づけを求める権利を有するものではなく、むしろ、財政法上の意味において、その官職に応じ、職務領域の変更を甘受しなければならない。かりにかかる配転に際して、職員代表法なり重度障害者法なりといった関連法規が考慮されるにしても、その合法性は、裁量の瑕疵についてのみ審査対象とされ得るにすぎない」。

しかしながら裁判所は、以下のような理由から、結論的に本件配転に裁量の瑕疵があるか否かは判断がつかない、としている。すなわち、一方において、「本法廷が先に言明した原則に拠れば、労使間の合意もしくは取り決め、又は過去の職務委任に際して双方からなされたか、これに相当する官吏からの意思表示は、雇用主の裁量領域を限定する。しかし、本法廷は、既に確定された事実関係から、かかる事情の存在を示すいかなる根拠も見いだすことはできない。とりわけ、控訴審の確認した本件原告の公安局への異動の際の根拠、すなわち同局における切迫した人事上の要請及び原告自身の意見は、本件配転措置を裁量の瑕疵あるものとするに十分ではなく、また原審が確認し得なかったその他の事情も、原則として同様に考えられる」。しかしながら他方において、「被告の主張する調整局における官吏増員の必要性もまた、原則的に、かかる信頼保護の喪失には帰結し得ない。なぜならば、あるポストの空席による一時的な人員の要請、もしくは新たなポストの設置については、事前に予測が可能だからである」。したがって、かかる必要性についての被告の言明は、いずれも意味を持つものとは認められない。そして、なんらの必要性を伴わずに、そこにおいて原告を使用することには理由がない、と。

その上で裁判所は、本来配転についての裁量の行使が、被告に対して非常に広範に認められること、したがって、かりに被告が原告の非喫煙者保護の要請を無視して組織上の要請から配転措置を講じたとしても、原則として法的問題の発生する余地はないことを再度強調しつつ、次のように述べている。すなわち、「ただし場合によっては、当該配転の事実上の根拠が被告の主張に適合しているか、またそれがその他の動機による決定を正当化するために、口実として持ち出されたものであるか否かについては、事後的な審査に服する」。

「しかるに、ここでなされた配転は、前述の組織的根拠のみではなく、タバコ煙の存しない作業場の割り当てを求める原告の要求への考慮にも拠っていたというのであるから、その合法性は、被告の配転措置が、現実に両考慮に基づいていたか、及びその程度の何如によることとなる。そこで、かりに本件配転が被告の組織的要請を実質的根拠としており、したがってかりに原告からの要請がなくともなされていたという事情があれば、その決定に瑕疵のないことが、本件配転の合法性を裏付けるものとなる。他方、双方の動機が共同して当該配転に帰結したという意味で、双方ともに決定的意味を持っていた場合には、その合法性は、双方の動機の合理性をもって裏付けられることとなる。しかしながら、本件がこのいずれにあたるものかの判断には、さらなる事実審査を必要とする。」

「さらに、本件配転の決定的動機がタバコ煙からの保護を求める原告の要請にあるとした場合の合理性判断も、これまでの認定事実からではなされ得ない。

すなわち一方において、本法廷が先の八四年判決において示唆したタバコ煙保護措置からは、……配転可能性に関する制限は導かれ得ない。

また他方において、本法廷が前記判決において認めているように、被告が、その時々の原告の健康被害もしくは衛生危険をいかように除去するかについての複数の選択肢に対する裁量の瑕疵のない決定は、個々の可能性に対応する事情の合理的な考慮を前提としている。これについて行政裁判所は、一九八五年の仮処分手続における決定において、かりに被告が、タバコ煙から『ある特定の』官吏を保護するためのみに、その問題がこの者の他局への配転により解決され得るにもかかわらず、費用のかかる組織的措置（＝たとえば該部局全体の禁煙措置等（筆者注））を課せられるというのであれば、正当化され得ないと判示しており、かかる判示はその後の控訴審段階においても支持されている。しかしながら本法廷は、一般的な形式上、かかる判示に従うことはできない。むしろ、―その存否は未だ確認されてはいないが―一定の健康被害もしくは衛生危険が存する場合においては、一方においては被害を被る官吏の、他方においては雇用主ならびに喫煙者の利益が相互に比較衡量されなければならない。この際とりわけ重要視さるべきは、健康被害の性質及び原因である。同僚被用者及び／もしくは訪問者の喫煙により、作業場の空気が、空調設備の稼働にもかかわらず未だ平均的健康状態にある就業者がその健康を害され、もしくは重大な危険に晒される、すなわち健康被害の蓋然性が未だ拭われ得ない状態にある場合には、かかる侵害からの保護を求める官吏の要求は、原則として、その意思に反して彼を他の作業領域へと配転する合理的根拠とはみなされ得ない。むしろ、このような場合には、通常、作業室内で就業する者のうち一人でも同意に達しない場合、喫煙を禁止する措置がなされることこそ説得的であろう。これに対し、空調設備によって、タバコ煙が、平均的健康状態にある者にとって健康被害もしくは重大な衛生危険をもたらさない程度にまで除去されているが、官吏の個人的特質から健康被害もしくは衛生危険が導かれ得る場合には、たしかに実施可能な範囲内ではこれらの要素が取り除かれるべきではあるが、かかる場合においては、通常、その官吏本人に対して配転による特別な衛生管理が図られることも期待され得るところである。本件がこのうちどちらかのケースに該当するか、またそのうちのどちらに該当するかの判断には、更なる認定を必要とする（※傍線筆者）」。

そして裁判所は、本判決の終結部において、被告の本件配転が瑕疵ある裁量の行使にあたる場合には、原告に対し従前のポストを割り当てることにより原状回復さるべきこと、また本件訴訟のごとく、原告が従前のポストへの配置とともにタバコ煙からの保護を求めることにより、まずは配転に対抗する申立をなし、その結果が出た時点でタバコ煙からの保護を求める新たな手続を開始する手段を許容する旨を述べている。そして、いずれにしても、前記論点に関する実体的判断に必要な事実認定を欠く現時点においては、かかる訴訟上の請求根拠の判断はなし得ないことを明らかにし、その論述を閉じている。

（若干の整理）

とりわけ雇用主の提案（第一事件）、実施（第二事件）した配転措置との関わりで、就業者のタバコ煙からの衛生措置請求の有効性が問われた本件において、連邦行政裁判所の下した以上の二判決から明らかとされた原則は、以下のように整理され得るであろう。

① ラント官吏法に基づき雇用主に課される配慮義務は、ＢＧＢ六一八条に基づく配慮義務に劣位するものではない。

② とりわけ基本法二条二項に基づく喫煙者の権利は、タバコ煙から就業者の衛生を確保すべき雇用主の配慮義務の履行の障害となるべきものではない。

③　就業者が、それが違法であると評価したことにより、配転の提案を拒否したからといって、前記雇用主の配慮義務が免除されるわけではない。

④　雇用主が既にタバコ煙対策としての物的設備を整備しているにもかかわらず、就業者がタバコ煙の影響により健康被害を被っているか、その疑いが拭えない場合には、雇用主は、その配慮義務に基づき、彼自身に可能な範囲においてこれを阻止すべき義務を負い、就業者はこれに対応する履行請求権を得ることになる。

⑤　衛生危険の除去手段が複数存する場合、その選択は雇用主の合理的裁量の下に委ねられるが、彼がその裁量を瑕疵なく実施しているか否かは最終的に裁判所の判断に委ねられる。

⑥　就業者は、その職務の実施にあたり、原則として、雇用主が財政法上の必要性から命ずる職務領域の変更を受け入れなければならず、該措置の合法性は、裁量に瑕疵があるか否かのレベルで判断され得るにすぎない。ただし、労使間の合意もしくは取り決め、又は過去の職務委任に際して双方からなされたか、これに相当する官吏からの意思表示は、雇用主の裁量領域を限定する。

⑦　ただし、雇用主の裁量行使の瑕疵に関わる問題として、場合によっては、雇用主のなした配転措置の根拠が、しっかりとした合理的根拠に基づいているか、他の動機によるものを正当化するために単なる口実として持ち出されたものではないかが事後審査に服することがある。

⑧　他方、雇用主の前記配慮義務の履行という観点からみた場合、その履行を配転措置の実施によるという可能性が排除されるわけではない。しかしながら、職場に一定の衛生危険及び健康被害が存する場合には、その除去手段の選択にあたっては、被害を被る官吏と雇用主及び喫煙者双方の利益が比較衡量されねばならず、この際重要視さるべきは、健康被害の性質及び原因である。具体的には、同僚被用者等の喫煙により、平均的健康状態

にある者の健康が害され、もしくはその蓋然性が拭われない場合には、その意思に反して彼を配転することには合理的根拠を欠き、むしろ禁煙措置の実施にこそ説得力がある。他方、職場の空調設備により平均的健康状態にある者の健康は害されない程度にタバコ煙が除去されているが、本人の個人的特質から衛生危険及び健康被害が導かれる場合には、実施可能な限り、まずは同職場内で除去措置が講じられるべきではあるが、配転による措置も期待可能なものとなる。

ここから明らかにされたように、本件二判決は、原則として就業者のタバコ煙からの衛生の確保を求める履行請求権を、雇用主の配慮義務を根拠として認めつつ、雇用主の該義務の履行にあたっては、就業者の「健康被害の性質及び原因」に着目して、瑕疵なき裁量を行使すべきことを原則として掲げているのである。すなわち、前記八〇年連邦労働裁判所判決では、職場での禁煙措置請求には使用者―経営協議会間の義務的共同決定が前提となると判示していたのに対し、本件二判決は、事案が官吏に関するものであること、また、とりわけ八七年判決は、既に配転が実施された後の問題を扱うものであったこともあり、特に雇用主―職員代表委員会間の共同決定を前提とせずに、まさに「健康被害の性質及び原因」に徴して、これが正当と評価される場合があり得ることを明言しているのである。

(4)　一九九六年[26]、九八年[27]連邦労働裁判所判決

ここで最後に取り上げる二判決は、近年下された、やはり労働者健康被害防止措置請求訴訟についての連邦労働裁判所判決であり、その結論がそれぞれ下級審も含めて真っ向から対立する形になった点で興味深い。とりわ

け九八年判決は、先述したように、その直前に、職場における受動喫煙が、ＤＩＮの設置した「危険有害物質調査研究機構評議委員会」の認定を受け、九八年版ＭＡＫ・ＢＡＴリストにおいて発癌性要素第一分類に格付けされたこともあり、長年係争されてきた職場における喫煙禁止措置に関する法的判断をなした裁判例の到達点を示すものと評されている。(28) そこで本項では、かかる二判決の概要について、特にその事実関係に着目しつつ、そこで示された一般原則について、前記(1)(2)(3)判決との対応関係に留意しながら検討を行うこととする。

（あ）　九六年判決

（事実の概要）

非喫煙者である原告（控訴人、上告人）は、一九八〇年以降被告航空会社（被控訴人、被上告人）に雇用され、スチュワーデスとして専ら長距離フライトに乗務していた。被告は、フライトにおいて完全な禁煙措置を講じたことはないが、乗客用には喫煙者区画と非喫煙者区画を設け、また通路及びトイレ、ならびに離陸及びランディングの際には一般に喫煙を禁じている。また、機内には換気システムが装備され、航空機内の空気の循環が図られている。さらにゲート（搭乗口）で顧客サービスにあたる要員についても、そのサービス活動中には禁煙を徹底させている。

しかるに原告は、以下のような主張をなし、被告が原告の乗務する航空機について、その乗客及び乗組員に対して無制限の禁煙命令を発し、その実施を図ることを求め、訴訟を提起した。「航空機内に喫煙者区画が存する限り、タバコ煙との接触は避けられ得ず、このことが再三繰り返されることにより、ひいては健康被害へと帰結する。間接喫煙は、長期的に健康被害を引き起こすものである。」「またこのことは、科学的にも実証済みであり、他社においても既に禁煙措置は講じられているのであるから、被告においてもこれを実施すべきである」、と。

これに対し被告は、以下のような主張を述べ、本件訴訟の棄却を請求した。「間接喫煙の被害は未だ確認されたものではない。航空機内において喫煙者区画を設けることは、被告の事業の自由に属する問題である。またこのことは、法的に禁止されているわけではない。禁煙措置は、喫煙者顧客のライバル社への流出、ひいては多大な競争上の不利益を招き得る。加うるに、原告は、その採用の際に、航空機内において喫煙がなされることについては了解済みである。被告は、地上での非喫煙空間での就業（すなわち地上勤務への配転）を提案したが、これも受け入れられなかった」、と。

本件下級審は、いずれも該訴訟を棄却。事件は連邦労働裁判所へと上告された。

（判旨）――上告棄却――

連邦労働裁判所は、まずは大前提として、間接喫煙が健康被害をもたらすものであることを明確に肯定した上で、原告が請求根拠としたＢＧＢ六一八条の解釈につき、およそ次のような趣旨を述べている。

「ＢＧＢ六一八条一項によれば、使用者は、被用者が生命及び健康に対する危険から保護されるよう配慮しなければならないとされている。しかしながらこのことは、あくまで『労務給付の性質上』許される限りにおいて妥当するものであり、したがって被用者は、衛生措置が企業活動に制限を加えるであろう場合には、通常、営業法その他の法規上許された活動について、かかる措置を求めることはできない。

そして、以上のことは本件においても妥当する。被告は、その航空機について喫煙者区画を設けているが、その限りにおいて、喫煙を行わない乗客及び被用者の保護のための法規は存しない。今現在の時点では、航空機内の喫煙者区画で就業することもまた、なおスチュワーデスの職業の一環に含まれる。かりに被告が完全な禁煙措置をなすこととなれば、それにより被告は今後喫煙者区画を設けることが不可能となるであろうが、これにより、被告には合法的な企業活動が許されなくなることとなってしまう。原告は、禁煙措置の導入が被告会社の売り上げの減少に導かないであろうとする主張をしても、これを聞き届けられることはない。なぜならば、労働裁判所は、企業の事業上の決定についてその合目的性及び必要性を審査する権限を有してはいないからである」。

（い）　九八年判決

（事実の概要）

原告（女性(29)—被控訴人、被上告人）は、被告レンタカー会社（控訴人、上告人）において、ケースワーカーとして本社で就業していたところ、九三年に至って、被告により仕切りのない大部屋に配属された。この部屋は、窓を通じて完全に換気がなされ得る状態にあり、原告の作業場は、窓から二〜三メートル離れた場所にあった。その作業場の二・五メートル〜五メートルの範囲には、作業時間中日常的に、一日約一〇〜二〇本のタバコを吸う、最低一二名の被用者が就業していた。かかる条件下において慢性的な呼吸器障害に悩まされていた原告は、かかりつけ医及び専門医より、タバコ煙の存しない作業場での就業が指示されたことから、被告に対しその旨を求めるとともに、その根拠付けのため該医師の診断書を呈示したが、この要求が果たされなかったことから本件提訴に踏み切った。

ここで重要なこととして、原告の請求は、必ずしも彼女の配属先における絶対的かつ一般的な禁煙措置の実施を対象とするものではなく、あくまで「一般的理解に照らして」、即ち「平均的人間が、原告の職場において、通常の感覚器官をもって、タバコ煙を見ることも味わうことも嗅ぐこともない」というレベルの「タバコ煙の存しない作業場」(30)を求めたものにすぎない。原告の訴えは、下級審によって認容されたが、被告は上告、事件は連邦労働裁判所第九法廷に係属することとなった。

（判旨）―上告棄却―

「本件原告は、ＢＧＢ六一八条一項に基づき、タバコ煙の存しない作業場を対象とする請求権を有する。

(1)　（※ＢＧＢ六一八条一項の定めを受け、）労働条件によって労働者の健康が危険に晒されている場合、使用者は、通常、その危険の除去に配慮すべきことを義務付けられる。使用者への義務付けは、作業空間において喫煙がなされている場合には、その空気の状態管理にも及ぶ。ここで労働者の負担が使用者によるものかその他の従業員によるものかは問題ではない。使用者は、経営の行為を規律・指導する者である。従って彼は、タバコ煙が作業場の空気に染み込まないよう、また労働者がいわゆる受動喫煙によってその健康を害することのないよう、労働を規律する責任を負うのである。よって使用者は、タバコ煙による原告の負担が、衛生上の危険が排除される限度において軽減されることを目して努力する義務を負う。

ここで使用者には、当該衛生危険を回避するに当たり、いかなる保護措置を執るべきかの決定が委ねられる。通常、タバコ煙による空気汚染の負担がそれが存しない場合の日常的な負担を超えない場合には、使用者の義務は果たされたものとされる。そしてその達成の有無は、職場に関する命令五条のような公法のみではなく、個々のケースにおけるその都度の事情に照らして判断される。公法上の規定は、使用者の形成する作業場が適合しなければならない最低限の要請を定めたものにすぎない。タバコ煙に対して相対的に特に敏感な労働者の個別的事情は、そのような法規によっては直接カバーされない、すなわち、かかる法規は、使用者がＢＧＢ六一八条一項により義務づけられた配慮を制限するものではない。使用者の契約上の保護義務の内容は、あくまで個々の労働事情によって具体化されるものである。

従って、個人的な体質により、特定の有害物質に対して特に敏感な労働者は、個別的に特別な保護措置を要求することができる。タバコ煙による負担という点での危険が存する場合、使用者は、自らに期待可能な範囲において、衛生上の危険が存しないよう適切な措置によって作業場を整備する義務を負う」。

(2)　原告は、作業場のタバコ煙により衛生上の危険に晒されていた。

ａ）原告の作業場における空気は、明らかにタバコ煙により汚染されている。すなわち、その職場は『タバコ煙の存しない状態』にはない。これは、大部屋にある原告の事務机の位置を基準にしたものである。

ｂ）本件原告は、その個人的な体質により、タバコ煙に対して特に敏感である。被告も認めているように、彼女は慢性呼吸器疾患に罹患している。

ｃ）原告にとって、タバコ煙の存しない作業場は不可欠である。原審たるラント労働裁判所は、原告の作業場の事情及び彼女の健康障害履歴に基づき、健康被害の回避のため、原告にはタバコ煙の存しない作業場が欠かせない、との認定をなしている。そして同裁判所は、その根拠として、原告自身の事実の陳述に加え、原告が健康上の理由からタバコ煙の存しない作業場を必要とする拠り所ともなった、『明確な』医師の診断書を挙げている。……対する被告は、その内容の正当性を揺るがすだけの事実を挙示してはいない。

（若干の整理）

以上二判決につき、前記リーディングケースとの対比を試みれば、少なくとも次のような整理を行うことが可能であろう。

第一に、九六年判決は、間接喫煙による健康被害可能性を一応認定しつつも、ＢＧＢ六一八条が規定する「労務給付の性質が許す限り」との制限を殊更に重視し、結局原告の請求する完全禁煙措置がこの制限を侵すものであるとの判断から、これを斥けている。したがって、かかる判示は、これを額面通り捉える限りにおいて、前記諸判決の示した原則との間で鋭い対立関係に立つもののように考えられなくもない。なぜならば、前記諸判決の示したところによれば、雇用主たる使用者が配慮義務を履行するにあたっては、就業者の「健康被害の性質及び原因」が重視され、これに基づく労使間の利益衡量を経た後でなければ、瑕疵なき裁量が行使されたとはいえないとされているからである。しかしながら、ここにおいては、前記諸判決においても、使用者の負うべき配慮義務は、あくまで彼に「可能な範囲内で」健康被害を阻止すべき義務にとどまることが前提とされており、また本件においては、航空機内での職場という特殊性もあって、原告が求め、また被告にとっても可能な措置は、事実上禁煙措置の実施に制限されてしまうという事情が作用していることに応分の考慮が払われなければならない。したがって、本判決を掲示したプレス発表の記載に徴する限り、本判決が、前記諸判決の示した原則を変更したと即断することは、困難であると言わざるを得ない。しかしながら、ここにおいてなお疑問として残るのは、まず、本件において原告の求めた禁煙措置が、被告にとって真に実施不可能なものであるのか否か、そして、禁煙措置以外にも、原告の衛生を確保するための措置が講じられ得る可能性は存しないのか否か、さらに、このこととの関連で、航空機内でのタバコ煙との接触が原告にもたらす影響、被害について、より精密な審査がなされなくとも良いのか否か、といった本質的問題である。そして、営業法一二〇条(a)に関する解説部分で既に述べたように、営業法一二〇条(a)ならびにこれに基づき設定されたＢＧＢ六一八条の規定する「経営の性格の許す範囲で」、ならびに「労務給付の性質が許す限り」、との制限は、それ自体が労働者の生命・健康を事業上の要請に劣位されるものとして、ＥＣ指令の趣旨に反するとの批判に晒されている。かような条件下にあってなお、あえて特異体質との認定もなされていない（であろう）本件原告の健康被害を、喫煙者顧客の流出―被告会社の売り上げの減少―の恐れを根拠として、事業上の要請に劣後させる判断が適当であったのか否かという疑問は、依然として払拭されてはおらず、この点は、今後の彼国における学説の評価を待つこととなろう。

第二に、九八年判決については、前記諸判決との対比で以下のような諸原則を、読み取ることができる。

①使用者がＢＧＢ六一八条一項に基づき負担する、タバコ煙による衛生上の危険回避についての配慮義務は、その危険源が使用者によるか、それとも被害者本人以外の従業員によるかには左右されない。

②使用者によるかかる配慮義務の履行は、通常、「タバコ煙による空気汚染の負担がそれが存しない場合の日常的な負担を超えない」限り、果たされたものとみなされる。

③ＢＧＢ六一八条に基づき使用者が負担する配慮義務は、個別的な公法規定によって制限されるものではなく、個人的な体質により、特定の有害物質に対して特に敏感な労働者は、これに基づいて個別的な保護措置を要求することができる。

このうち①は、主に労災補償の領域での使用者責任法理の発展段階において一九世紀的遺産として位置付けられる共同雇用の法理[31]の労災予防領域における排除の宣言であり、また②は、前掲（第四章第二節第一款注29）一九九六年連邦労働裁判所判決（AZR 315/95, DB (1996), S. 2446）を踏襲したものと解されるため、特に議論を呼ぶものとは考えられない。問題は③である。この判示のうち前段部分は、既に一九八〇年連邦労働裁判所和解提案が宣言していたところであるが、後段部分は、特に前掲九六年判決との対比において、重要な意義を有するものと思われる。先述した通り、九六年判決は、原告の労務拒絶権の行使が問題となったケースであるが、履行請求権についても根拠規定となるＢＧＢ六一八条一項の解釈について、以下のように述べていた。すなわち、「ＢＧＢ六一八条一項……からは、作業場を可能な限り衛生危険のある化学物質その他の危険有害物の存しない状態に維持すべき使用者の義務が導かれる。しかしながら、かかる義務は、かような物質が周囲に一般的に存在するということにより、制限を受ける。……たしかに、かかる法規に基づく留置権は、特定の認識基準の超過による生命健康上の危険が存することを要件とするものである。しかしながら、かかる基準の超過と衛生危険との因果関係は、その危険有害物による負担が日常的な環境にある負担の範囲内にある場合には、否定されるべきである（※傍線筆者）」、と。この判示を見る限り、九六年判決（ないし、これを継受する前記原則②）は、たとえ労働者がその個人的体質により、使用者に衛生危険対抗措置を求めたとしても、その負担が一般的なものである限りにおいて、労働保護法の保護範囲を外れ、従って認容されざる結果を導くもののように捉えられる。その限りにおいて、本判決の示した原則③は、この点に関する従来の判例、ないし自らが述べる原則②に対しても、矛盾するもののように解される。しかしながら、その九六年判決の事案を詳細に見ると、実は、その原告について、原告なりの個人的な負担に晒されていたか否か自体が不明とされ、何より原告の証言の信憑性が疑われていた（即ち、健康上の負担はともかくとしても、「健康被害の存在」については、それ自体が認められていなかった）ことから、そもそもＢＧＢ六一八条の要件審査にも及び得なかった事情が看取されるのである。そうであれば、少なくとも原告がタバコ煙に特に敏感な体質を持ち、慢性的な呼吸器障害に罹患し、更にその職場が「タバコ煙の存しない状態にはない」との事実が明確に認められていた本判決と九六年判決とでは、そもそもその前提が異なっており、本判決の如き事実の認められる事案においては、むしろ③の方が判決の趣旨として重視されるべき、ということができるであろう。なお、本判決においては、本件請求が職場に関する命令等の公法規定からも直接に根拠づけられるか否かがあえて明確にされなかった点にも留意する必要がある。

【注】

（1）　これに対し、労働者側に労働保護法規違反があった場合、使用者から当該労働者に対してその遵守を求める履行請求権が認められるか、という問題が理論上考えられるが、使用者は本来懲戒によってこれを強制することが可能であることから、これを論じることには殆ど実益がない。使用者の履行請求権については、むしろ労働者がなんら正当な根拠なくその労働を拒否した場合における同権利の行使が問題とされるが、労働者の人格権への配慮から、一九五〇年民事訴訟法八八八条二項は労働者の労務給付を命じる判決は執行され得ないと定めている。

（2）　Westermann, Harm Peter (Redakteur), Schuldrecht, besonderer Teil, Münchener Kommentar zum Bürgerlichen Gesetzbuch Bd. 3, 1. Halbbd., 2. Aufl. (München, 1988), S. 1605 [Lorenz, Martin]. なお、このような履行請求権の有無を問題とする訴訟は、労働関係から生じる請求権を扱うものであることから、労働裁判所の管轄に委ねられることを繰り返し述べておく。

（3）　本論考以前にも、この点の検討の前提ともいえる、労働保護法と労働契約との関係をめぐる彼国の学説判例の状況を体系的に整理した基礎的研究として、土田道夫「労働保護法と労働契約との関係をめぐる一考察」法政大学大学院紀要（一九八二年）九号三〇五頁が存在した。土田氏の本論考における基礎的考察は、特に労務指揮権に焦点を当てた大作、土田道夫「労働契約における労働指揮権の意義と構造(1)～(8)」法学協会雑誌（一九八八年～一九九四年）(1)一〇五巻六号六八三頁～七七八頁、(2)一〇号一三三一頁～一四三四頁、(3)一二号一六八八頁～一八一〇頁、(4)一〇七巻七号一〇七一頁～一一六〇頁、(5)一〇九巻一号八八頁～一六五頁、(6)一〇九巻一二号一八三一頁～一九二五頁、(7)一一一巻九号一二九五頁～一三四二頁、(8)一一一巻一〇号一四四五頁～一五三一頁において結実しているが（かかる一連の論考は九九年一〇月発刊の著書、土田道夫『労務指揮権の現代的展開』（信山社、一九九九九年）において大幅な加筆修正をみている）、八二年論文において既に、労務指揮権に関する問題意識の片鱗が垣間見られる。

（4）　Sinzheimer, Hugo, Grundzüge des Arbeitsrechts, 2. Aufl. (Jena, 1927). 訳書としては、楢崎二郎／蓼沼謙一訳『ジンツハイマー労働法原理』（東京大学出版会、一九五五年）が刊行されており、訳出にあたって参照した。

（5）　Hueck, Alfred/Nipperdey, Hans Carl, Lehrbuch des Arbeitsrechts, Band I II, 3. bis 5. neue bearb. Aufl (Mannheim, Berlin, Leipzig, 1931/1932).

（6）　ジンツハイマーによれば、使用契約とは、労働契約に等しく、他人の処分権のもとで給付される従属労働の対価として報酬を受領することを約する雇用契約であって、あくまで請負契約などとは区別さるべきものであるとされる。

（7）　彼によれば、ここで使用者が義務づけられる労働者保護の目的は、「労働者人格の発展可能性の確保、すなわち労働力の維持に関する社会的利益に鑑みて労働者の労働力についての使用者の利用権を制限すること」にあるという。

（8）　土田・前掲（注3（一九八二年））論文三〇八頁。

（9）　Sinzheimer, a. a. O. (Fn. 4), S. 157, 158, 161, 162.

（10）　Sinzheimer, a. a. O. (Fn. 4), S. 158.

（11）　和田肇『労働契約の法理』（有斐閣、一九九〇年）一九九頁は、労働契約法の定義について、これが「労働契約に関する法規（労基法を中心とした個別的労働関係法）、理論（解雇権濫用の法理、安全配慮義務の法理等）の体系」であるとの前提に立った上、これは要するに「従属労働者の労働契約に関する法」であると位置づけている。ただし、労基法は一面で監督官による取締り法規としての性格も有することから、その限りにおいて、ここでいう労働契約法にはあたらないことは留意する必要がある。

（12）　Hueck/Nipperdey, a. a. O. (Fn. 5), I, § 23 I, II.

（13）　Hueck/Nipperdey, a. a. O. (Fn. 5), II, § 9 I, 5.

(14)　土田・前掲（注３（一九八二年））論文三〇七頁。
(15)　この点については和田・前掲（注11）書九八頁以下、下井隆史『労働契約法の理論』（神戸大学研究双書刊行会、一九八六年）六五頁以下などに議論の歴史的経緯まで詳述されている。
(16)　Bücker, Andreas/Feldhoff, Kerstin/Kohte, Wolfhard, Vom Arbeitsschutz zur Arbeitsumwelt : europäische Herausforderungen für das deutsche Arbeitsrecht (Neuwied, 1994), S. 15 m. w. N.
(17)　Bücker/Feldhoff/Kohte, a. a. O. (Fn. 16), S. 15 ; Lorenz, a. a. O. (Fn. 2), S. 1605 ; Medicus, Dieter, Bürgerliches Recht : eine nach Anspruchsgrundlagen geordnete Darstellung zur Examensvorbereitung, 16. Aufl. (Köln, 1993), Randziffer 208.
(18)　ドイツ法における履行請求権に関する議論については、さしあたり、椿寿夫「履行請求権（上）」法律時報（一九九七年）六九巻一号一〇〇頁以下およびここに記された諸文献、高橋眞『安全配慮義務の研究』（成文堂、一九九二年）一三頁、一一六頁、一二六頁以下およびここに記された諸文献などを参照。一方、わが国の民法学における議論については椿寿夫「履行請求権（中）」法律時報（一九九七年）六九巻二号三七頁以下に詳しい。いずれにおいても、わが国の民法学がドイツの履行請求権に関する議論をそのまま継受するわけにはいかないことが前提として指摘されている。
(19)　なお、ここでは労働者に認められる履行請求権の目的及び射程についても若干を述べておく。この点の判断に際しては、他に先んじて、かりに使用者に災害予防規則を含めた労働保護法規違反、すなわち配慮義務違反が生じた場合、彼の履行義務が逸脱を許さないほど厳格な法適合性用件に裏付けられていたか、それともその履行に際して彼に一定の裁量が委ねられていたか、を区別する必要が生じる。前者を前提にすれば、労働者の履行請求権は使用者による当該法適合性要件の充足を対象とすることとなるが、後者を前提とすれば、その対象は「使用者により誤りのない裁量の行使」にとどめられるからである（Lorenz, a. a. O. (Fn. 2), S. 1605)。しかしながら、後者を前提とする場合にも、使用者の裁量がこうした労働保護法規の遵守に関わる場合には、先に見たごとく、その具体的決定はあくまで経営組織法八七条一項七号に基づく経営協議会の義務的共同決定に付されることから、必ずしも使用者の自由な決定が許されるわけではない。さらに彼は、かかる場合においても、公法上・私法上課されたその配慮義務を履行するため、積極的に紛争解決のイニシアティブをとらねばならないのであって、経営協議会との合意が得られるまで長期にわたってその履行を放置することは許されず、場合によっては自ら仲裁委員会を招集する、あるいは監督機関によるなどの手段を講じて義務の履行を図る必要があるとも解されている（Ibid）。とりわけ労働者の生命・健康に対する具体的危険が存する場合には、「労働保護法規の持つ公法的性格が私法的性格しか持ち得ない経営協議会の共同決定のそれに優先し」、たとえ共同決定がなされなくとも事理に即した適切な措置がとられなければならないという（Ibid）。

(20) BAG (Vergleichvorschlag) vom 8. 1. 1980, 5 AZR 79/78, DB (1980), S. 264.

(21) AG Mannheim (Urteil) vom 30. 6. 1977, DB (1977), S. 2238.

(22) LAG Baden-Württemberg, Kammer Mannheim (Urteil) vom 9. 12. 1977, DB (1978), S. 213.

(23) BverwG (Urteil) vom 13. 9. 1984, 2 C 33/82, DB (1984), S. 2308.

(24) BverwG (Urteil) vom 26. 11. 1987, 2 C 53/86 (Müünster), NJW (1988), S. 783.

(25) この点、鎌田／前掲（本文）論文六五頁は、本判決を八四年判決の差戻上告審判決と記載しており、疑問の残るところである。

(26) BAG (Urteil) vom 8. 5. 1996, 5 AZR 971/94, DB (1996), S. 2446.

(27) BAG (Urteil) vom 17. 2. 1998, 9 AZR 84/97, DB (1998), S. 2068（Vorinstanz：LAG Hessen（Urteil）vom 24. 11. 1994, 5 AZR 220/95, AuR（1995), S. 283).

(28) Cosack, Tilman, Verpflichtung des Arbeitsgebers bzw. Dienstherrn zum Erlaß eines generellen Rauchverbots am Arbeitsplatz, DB (1999), S. 1451.

(29) Cosack, a. a. O. (Fn. 28), S. 1451, Fn. 11は、本件判決が特にタバコ煙に対して個人的に敏感な体質を持つ女性労働者に対するものであったことに留意すべきとの指摘をなしている。

(30) ここで「作業場」については、本判決において以下のような認定がなされている。すなわち、「被告（使用者）が原告（労働者）に対して作業の場所としてその利用に供し、原告が、義務付けられた労務給付の遂行のため、通常そこに居ることを義務付けられている領域。本件においては、『原告の事務机のある場所及びその周辺』を指す」、と。

(31)　使用者は、労働者がその共同雇用者の過失によって被った災害について責任を負わない、とするもの。この原則は、共同雇用者は使用者の代理行為を行うことから、本来その効果が使用者自身に帰属すべき、とする代理人原則（agency rule）、ならびに使用者はその雇用領域内で職務に従事する労働者の過失によって第三者に生じた災害に責任を負う、とする一般原則に対する例外をなすものと説明される（Hood, Jack B., Worker's Compensation and Employee Protection Laws (West Publishing Co., 1990), S. 2, 3)。

第三節　小　括

本章では、主として使用者の配慮義務に関連付けて論じられ得る労働者の契約法上の権利として、特に職場危険情報権、労務拒絶権、履行請求権の三者を検討対象に据えてきた。その結果明らかとなった事項を整理すれば、以下のように述べることができるであろう。

まず第一に、労働者が災害予防の主体として行動する上での前提となる、職場危険情報権については、経営協議会を通じるルート及び直接的な個別的ルートの両者ともに、その基本的枠組みが経営組織法に規定されている。このうち後者の枠組みは、主として経営組織法八一、八二条に一体的に規定され、これらは本質的には基本法一条一項、二条一項の趣旨を労働関係において展開する経営組織法七五条二項を根源とするものと理解されている。かかる権利は、労働者個々人の個別的権利として規定されたものではあるが、経営組織法上の規定である以上、経営協議会の関与を予定されており、同協議会は、彼らの権利行使を補佐するために招聘され、また苦情申立の際には、自らも該申立書を受領し、使用者に是正を求める義務を課されている。また、かかる職場危険情報権は、かりにそれが経営組織法上明文化されていなかったとしても、原理的には、使用者が信義則上負担する配慮義務の一内容として厳然と法秩序の中に存在しており、したがって、労働者には、経営組織法上の限界を超え、ほんらい経営組織法の適用対象から外れる労働者であっても情報権が認められ、またその解釈は信義則の原理に立ち返った本質的な基準に拠ることとなり、さらに経営組織法が本来予定する「経営に関連する」領域以外にもその射程が拡大する可能性が認められることとなる。加うるに、かかる情報権は、近年に至って、八〇年ＥＣ指令等のＥＣ法の国内法化の要請を受け、危険有害物質に関する命令二一条等の個別的法規において、より詳細な要件効果の具体化が図られている。そしてそこでは、主要な要件基準の一として、ＭＡＫ値、ＴＲＫ値、ＢＡＴ値、公的認定基準等の労働科学的先端認識基準が用いられており、したがって労働者には、自らにふりかかる労働危険を労働科学の先端領域において常に認識する高度の情報権が確保されることとなる。

第二に、危険有害職場での労務を拒絶し、その職場からの退避を行う消極的権利としての労務拒絶権については、これを原理的に導くＢＧＢの諸規定に加え、明文上その要件効果を特定する危険有害物質に関する命令二一条六項の定めが、その法的根拠として挙げられる。

このうち前者については、第一に、同時履行の抗弁権について定めるＢＧＢ三二〇条一項一文が根拠規定として議論された経緯があるが、現在では、本文に挙げた種々の限界性からもその説得性を失いつつあり、むしろ、信義則に淵源を有し、わが国とは異なり債権として性格づけられる留置権を定めるＢＧＢ二七三条がその正当化根拠として言及されている。それは、労務拒絶権を留置権と構成すれば、「債務者が自己の義務を負担したると同一の法律関係にもとづき債権者」が有する義務違反を前提に、労働者が自らの行為を留置権の行使であることを使用者に最低限識別させる義務を果たす限り、比較的容易にその行使が認められることによる。また、かかる権利行使の効果としての労働者の賃金債権の保全は、ＢＧＢ二九五条、六一五条等を根拠に認められ、さらに不利益取扱の禁止がＢＧＢ六一二条(a)等を根拠に保障されることについても、判例学説上の支持を得るに至っている。

しかしながら、留置権としての労務拒絶権の要件効果には、依然として非常に曖昧な要素があり、その行使は実態として殆ど行われることがなかったこと等から、八六年危険有害物質に関する命令二一条六項においては、とりわけ近来型労働危険対策を目的とする危険物質防止法の領域において、その具体化が図られることとなった。そしてここでは、結論的に、その要件基準として、職場危険情報権の場合と同様に、ＭＡＫ値を始めとする種々の先端認識基準が用いられることが明記され、したがって労働者は、かかる先端認識基準の超過に際しては、使用者側からその超過の事実及びそれに基づく危険の存在等々を教示された上、緊急の必要が存しない場合に限り、使用者側への予告を行った後、かかる職場を離脱する権利を付与されることとなる。

なお、かかる労務拒絶権の行使とストライキとの境界線の何如について判例は、留置権の集団的行使について、それがあくまで「個別的労働関係を基礎とし個別行為の形式を有する個別法上の一時的手段の行使」と位置づけるものの、これをもって十分な判断基準とするには足らず、多様な視角からの学説上の議論を招来することとなった。そして結論的には、目的設定のあり方による区分、すなわち未だ存しない権利の獲得を目的とするいわば権利闘争をストライキとし、他方、既存の労働保護法規の遵守を求めるなど、単なる労働契約上の権利行使の強制手段を留置権行使と位置づける考え方が、現在のところその到達点を示すに至っている。また、留置権の集団的行使が労働組合によって組織、先導された場合にも、労働裁判所法一一条等々を根拠に、必然的にストライキとみなされることにはならない、というのが支配的見解である。

第三に、労働者が使用者の公的諸法規の違反ならびに現実の労働危険に対応して、より積極的に使用者にその是正措置を求める履行請求権については、彼国における公的労働保護法規と労働契約との関係、ならびに配慮義務概念に関する判例学説上の展開から、一般的にその存在が認められている。

このうち、とりわけ職場における喫煙禁止請求訴訟において形成されてきた、この論点に関する判例法理の到達点を示せば、以下のように整理することができる。すなわち、彼国においては、原則として使用者の配慮義務に対応して、労働者にまずは抽象的な履行請求権が認められるものの、ここでとられる具体的措置の決定は、原則として使用者の合理的裁量に委ねられる。しかしながら、かかる裁量の行使が瑕疵の存しないものと認められるためには、労使間の利益衡量がなされ、とりわけ職場における健康被害の性質及び原因の何如が精査される必要がある。そして、禁煙措置の実施については、原則として経営協議会との義務的共同決定に委ねられるべきではあるが、かかる健康被害の性質及び原因によっては、これを選択することが説得的と考えられる場合もあり得る、と。

このようにして、ドイツにおいては、本質的には人格法的共同体理論に淵源を有する配慮義務思想に裏付けられてか、少なくとも契約法上抽象的に、またそれを補完する種々の立法措置によりヨリ具体的に、自らの安全衛生を確保するため「当然に要求される行為」をなすべき法的根拠を付与されていることが分かる。むろん、この点の判断に際しては、単なる法の宣言のみではなく、それに影響され、また影響する実態の調査を欠かすことができないが、労働者を職場の安全衛生確保のための積極的法主体として捉えるドイツ法の傾向は、次章における具体的立法施策を中心とした検討からも十分に裏付けられるものと思われる。

第五章　経営内保健制度と労働者の参加権

第一節　労働安全法上の経営内保健制度

第二章第一節第一款において既述したように、一九七三年労働安全法は、法二条がその選任について定めを置く事業所医、法五条において一括して労働安全専門職員と呼称される安全技師（Sicherheitsingenieur）、安全技術者（Sicherheitstechniker）および安全主任者（Sicherheitsmeister）、後述する労働保護委員会（Arbeitsschutz-ausschuß）について定め、労働法規の各経営レベルでの実施、実現、ならびに各経営の個別的事情の把握、共有を促進し、ひいては「労働の人間化」に一定の役割を果たそうとするものであり（すなわち安全衛生における高水準の「目標」とともに、その実現ための「手段」を定めるものであり）、かかる点において、必要な設備の供給および措置の実施を使用者に行わしめることによって自己完結的に労災予防の責任を全うしようとする営業法（現新労働保護法）、ドイツ商法典（ＨＧＢ）、ドイツ民法典（ＢＧＢ）の一般規定などとは異なる。

しかし、ドイツの労働安全法においても、こうした高いレベルの目的を法規範化し、その実現を図るには相当の困難が存在したことが伺える。既述のごとくその規定は一般条項形式に止まるうえ、例えば事業所医や労働安全専門職員に対しては、わずかに勧告的機能（Beratungsfunktion）が与えられているにすぎない。加えて、本法には運用面における問題もある。とりわけ専門的知識を持った医師数の絶対的不足の問題は日独に共通した根本的問題であり、なかなか解決が難しい。本法発効後約一五年を経て中央商工業災害保険組合連合会が集中的に行った調査（八八年一二月三一日付の集計）によれば、当時実際に経営において事業所医として勤務していた医師の総数は七、四四二人にすぎなかった、とされ[1]、試みにこれをその時点で存在していた労働者数二、六〇〇万人と対比すると、事業所医一人が年間一、六四〇時間フルに勤務したとしても労働者一人当たりの担当時間は二八分にしかならない。

とはいいながら、労働保護および災害予防の観点からドイツの労働安全法が経営内労働安全衛生組織にかけた期待は大きく、このことは本法が三条および六条で各産業保健スタッフに課した広範な職務内容からも、あるいは八条において保障するその独立性からも十分に看取することができる。また、七四年の発効後は、災害保険組合も本法の効果的実施へ向けて積極的かつ迅速な対応を行っている。本法の発効は七四年の一二月一日という年末であったが、同年内には事業所医および労働安全専門職員の選任に関する具体的基準（とりわけ法二条および五条を補完する基準）が災害予防規則に定められたばかりか、七五年までには全ての災害保険組合が自ら事業所医および労働安全専門職員を保有していたという[2]。

第一款　事業所医

労働安全法上、労働者の健康管理・促進についての義務を負う事業所医が、予防医学（prophylaktische Medizin）の見地から経営内で果たすべき役割は、今日にいたって一層拡大している。そこで同法は、その選任を「使用者の義務」と定め、一定条件を満たす経営における産業保健活動を保障しているが、その雇用のあり方について見る限り、時間的にはフルタイムでも、パートタイムでも、また雇入形式については正規雇入形式（企業組織への組込）でも非常勤形式（企業組織からは自由）でもよいとされるほか、財政の苦しい中小企業への配慮から、法一九条により、法形式上「権利能力を有する社団（rechtsfähiger Verein）」として組織化された産業保健サービス（überbetrieblicher Dienst）との業務委託契約も許されている。(3)しかるに、労働安全法の施行直前、一九六六年から一九六九年三年間に行われた調査において、この間三三〇の経営で新たに事業所医が選任されたものの、正規雇入形式は一八経営にすぎず、非常勤形式でも一一七経営にすぎなかったことが明らかにされており、(4)使用者は、法制定の機運が高まる中、その多くが産業保健サービスを利用してコスト負担を避けようとしたことが理解される。しかしながら、産業保健サービスのような経営外の保健制度は、災害保険組合及び公的機関による一元的管理に付されるのでない限り、企業との契約獲得のため労働者の医療情報を漏洩するなどの問題も発生しかねず、かかる問題を放置すれば、法制度上の経営内保健制度が存せず、従って労働者の健康管理が使用者の任意の契約先に委ねられているアメリカ法制度がもたらした実態(5)を招致する事態を招きかねない。

事業所医は、労働安全専門職員と同様、労働保護および災害予防に際して使用者を補佐することをその基本的職務としていることから（法三条一項）、その活動全般にわたり使用者による支援を受ける（法二条二項）と同時に、現場の支配人（Betriebsleiter）の直接の監督下にある（法八条一項、二項）。しかしながら、彼の労安法上の位置づけは、あくまで助言者（Berater）にすぎず、産業医学の専門知識を駆使するに当たっては、医師としての良心のみに従い、なんら他者の指示を受けることはない(6)（と同時に、通常は—特約を設けない限り—自らもなんらの決定権限も指図権限も有しない）。(7)さらに、その活動の範囲で守秘義務を負うことについても明文化され（法八条一項）、支配人に対してもこれに反する情報提供義務を負うことはない。なお、日本の労安法一三条によれば、産業医は労働者の健康管理その他の事項をみずから「行う」役割を担っている。さらに、現行労安則一五条二項によれば、産業医は、一四条一項に規定する事項をなし得る権限を事業者によって与えられることとされている。これを、使用者を「補佐」し、彼に「勧告」する権限を付与されるにとどまるドイツの事業所医と比べると、一見日本の産業医の方が職務遂行上の独立性が高いように思われるが、わが国の労安法においても、彼ら産業医を選任しその業務を行わせる最終責任は事業者にあることから、またドイツ労安法では、その三条一項が一定類型の職務をなすべきものとして列挙しているうえ、八条において事業所医他スタッフの独立性が保障されていることなどから、若干の表現形式の相違によって実質的差異を計ることは適当ではないように思われる。

他方、事業所医は、その職務の遂行にあたり、現場の支配人を始め、労働保護を担当する職員および部局、労働安全専門職員、安全管理委員、環境委員ならびにとりわけ経営協議会との協働をなすべき義務を有しており（法九条、一〇条など）、とくに職場の監視に際して欠陥および現行法規違反を確認した場合には、彼らと共同して改善にあたるべき行為義務を負うこととなるという。[8]また彼は、その職務遂行上現場の支配人との意見の一致を見ない場合、法人を代表する会社経営者に直接意見を質すことができる、という特殊な権利（Recht auf oberste Anhörung）を有しており、この際経営側は、事業所医の提案を詳細に検討し、それを拒む際には、理由を添えて事業所医本人に通知すると同時に経営協議会にもその謄本を引き渡さなければならない（労働安全法八条三項、九条二項）。加えて事業所医は、労働安全法諸規定の定め（九条一項および二項、一〇条、一一条）により、経営協議会および経営外監督機関（営業監督及び災害保険者）の関与の下で問題解決を図る機会も有しており、通常は意見聴取権の行使よりもこの手続が前に置かれるべきであるとされる。[9]いずれにしても、事業所医が正当な手続きを踏んでなお使用者がその意見を拒否し、それが原因で災害が生じた場合、その責任は使用者負担となるのであるから（この場合にも災害保険組合による保険給付はなされるが、使用者は同組合から求償を求められる（ライヒ保険法六四〇条（現行社会法典第七編一一〇条）以下）他、被災者からの慰謝料請求からも免れ得ない）、その限りで事業所医には、自由かつ広範な活動領域が担保されているものということができる。

〈職　務〉

事業所医の職務に関する詳細は法三条に列挙されており、これを試みに倉田助教授の分類[10]に従えば、以下のように大別することができる。第一号―労働保護や災害予防に関する使用者への助言とそれに伴う「作業環境管理」、第二号―健康診断の実施を含む労働者の「健康管理」、第三号―事業場の巡視や身体保護具の点検などの「作業管理」、第四号―労働者に対する労働衛生教育や災害発生時を想定した緊急避難「訓練」の実施。かかる基本的職務内容を確認した上で、ここでは更に、以下の諸点につき指摘しておきたい。

①　本職務事項はあくまで例示列挙（Mindestkatalog）にすぎず、事業所医は、ほんらい「心身に対する危険回避のためのあらゆる措置（これについて第二章第一節第一款〈労働安全法〉及びその脚注を参照されたし）」をとることを求められ、したがって事業所医の活動は、ほんらい労働時間規制ならびに児童及び少年、女性及び母性労働保護の領域にも拡大されるべきものである。[11]

②　とはいえ、彼に委ねられるべき職務は、常に三条に列挙された全てでなければならないわけではなく、法二条一項各号に照らしてその都度必要なものに限られる。[12]なお、後に述べるように、労働安全法九条三項は、事業所医の任免に関して経営協議会の同意を有効性要件としていることから、その選任と職務委任が一体として処理されるケース―現実には殆どがそうである―では、事実上職務委任についても経営協議会の同意を求めざるを得ない。しかしながら、①②のように解する限り、事業所医に対する職務委任に関する使用者の裁量範囲はごく

制限されることから、この点について経営協議会の同意が必要とされる領域は殆どあり得なくなるとされる。[13]

③　事業所医による予防検診（Vorsorgeuntersuchung）については法三条一項二号にその定めがあるが（検診の実施、結果の個別的判断及び助言、総合的分析など）、特に災害衛生危険が高い領域については、後述する「認定医（ermächtigter Arzt）」向けに、災害保険組合によって、一定の現象、危険源などに対応する特殊な検診の方法からその他のアドバイスまでが記載された基本要綱が策定され、その具体化が図られている。

なお、ここで災害予防規則上の予防検診とは、およそ以下のようなものを意味する（災害予防規則総覧第一〇〇編二条）。(1) 就業前の採用時検診、(2) 就労期間中の再検診、(3) 就労期間後の事後検診、(4) 被保険者自身の要求にもとづく予防検診。因みに、このような検診について事業所医は、たとえ災害予防規則などの労働保護法規に基づきその職務を割り当てられたとしても、その受診を労働者に義務づけることはできず、これを拒否した労働者をそのことを理由に解雇することも許されないと解されている。[14] かかる行為は、健康診断に不快感を感じる労働者の人格を侵すものであり、労働保護法規はこのような権利を使用者にも事業所医にも与えてはいないからである。[15] また、労働者が検診を受診する場合、その検診にあたる医師が認定医としての資格を有する限りにおいて、医師選択の自由が存することについても確認されなければならない。[16]

次に、ここで「認定医」とは、労働保護法規および災害予防規則に基づく予防検診の実施に際し、特にそれを行う資格を認められた医師をいい、当該認定は、以下の事項を要件として、国家の労働保護機関（例えば営業監督局）と災害保険組合による意見調整の上でなされる旨規定がなされている（災害予防規則総覧第一〇〇編八条一項、二項）。(1) 医師としての職務を行う資格を有し、(2) 必要とされる特殊な専門知識を有し、(3) 必要な設備や装置を自由に駆使できる者。因みに、事業所医はそのまま認定医として活動することを許されている（同三項）。

④　とりわけ法三条一項三号(c)にもとづき事業所医が義務づけられている作業関連疾患の原因調査は、「職業病に関する命令（第三章第二節第一款〈職務―損害塡補〉参照）」に記載された疾病に制限されない広範囲に及ぶ。

⑤　事業所医は、法律上直接治療行為を行うことを認められていないため、法三条一項二号に基づき、必要に応じて治療行為を行う医師へ患者の紹介を行うべき義務が課されている。

⑥　事業所医は、労働者各人がその教示および助言を受ける権利を有していることに対応し、彼に衛生危険あるいは疾病について伝達すべき義務を負う。したがって、予防検診後に事業所医が労働者の情報を使用者に伝える義務は、事業所医が医師として有する守秘義務と対立関係に立つ一方、労働者は、自らの診察にあたった事業所医に対する包括的な情報権を有することになる。例えば、危険有害物質に関する命令三一条三項二号は、労働者が書面により医学的勧告を受ける権利を有することにつき明文規定を置いている。

なお、事業所医の法的義務違反の効果について若干述べておくに、経営内において労働保護を実施する責任はあくまで使用者に存するのが原則ではあるが[17]、事業所医が、かりに彼に委ねられた職務の不履行などによりその法的義務に違反したとすれば、解約告知、損害賠償および償還請求などの労働法、民事法（および場合によっては刑事法[18]）上の効果が生じる[19]。この際特筆すべきは、彼が職務上労働者に与えた人的損害に際しては、ライヒ保険法六三六条（主として現行社会法典第七編一〇四条）、六三七条（主として現行社会法典第七編一〇五条、一〇六条）によりその責任が排除され、代わりに災害保険組合が給付義務を負うことである（詳細は第三章第二節第一款〈職務―損害塡補〉参照）。これは、彼がほんらい使用者によって行われるべき義務を代行していることから導かれる原則であり、この点では個別の契約により経営内で活動する純然たる非常勤医師についても変わりはない。ただし、産業保健サービスの事業所医については、その法的関係が当該機関と使用者間にしか存しない（※つまり、当該医師と使用者間には何らの契約関係も存しない）ことから、なんらの責任の排除もなされないことに留意する必要がある。[20]

〈資　格〉

先に述べたとおり、その制定以来九六年改正に至るまで実に二〇有余年に渡り、日本の労働安全衛生法では、産業医は医師のうちから選任されればよい（法一三条）とされ、とくに労働安全衛生に関する専門性は要求されていなかった。他方ドイツでは、労働安全法の制定以来、その四条にもとづき、事業所医としての選任を許されるのは、一般的に「医療的な職務を遂行するとともに産業医学上の専門知識を駆使する資格と能力を認められた者」とされており、その詳細は一九七四年の災害予防規則総覧第一二三編〈事業所医〉三条（一九八五年一月一日改正）二項以下に具体化されてきた。以下にその本文を掲げる（以下本文の図式化を計った彼国の研究者による試みとして、特に、Spinnarke, Jürgen, Sicherheitstechnik, Arbeitsmedizin und Arbeitsplatzgestaltung, 2. Aufl. (München, 1990), S. 86 を参照されたし）。

「三条　専門知識

①　事業主は、必要な産業医学上の専門知識を駆使できる医師のみを、事業所医として選任することができる。

②　事業主は、自ら次の領域における活動をなす資格を有することを示す医師をもって、必要な専門知識を有する者とみなすことができる。

一　『産業医学』の領域[21]

二　『事業所医学』の専門領域

③　事業主は、事業所医学の職務遂行資格を得るための継続研修活動中であって、これに必要とされる最低二年間の継続的かつ定期的な活動に従事する医師については、管轄する医師会の証明により既に以下の項目の履修を認められた場合、必要な専門知識を有するものと見なすことができる。

一　八七年改正継続研修規程（vom 90. Deutschen Ärztetag 1987 neugefaßte Muster-Weiterbildungsordnung）に規定された臨床もしくは診療活動への従事、および

二　少なくとも産業医学に関する三ヶ月間の学科コースのうちの最低三分の一

ただし、このことが当てはまるのは、二号に定める学科コースの修了が保証される場合に限られる。

④　―八五年改正に伴う経過措置[22]―」

このうち、最も基本的な要件は二項の定める二つの専門的職務遂行資格であるが、一方の「産業医学」領域の職務遂行資格とは、(1) 内科および産業医学領域での二年間の活動、および、(2) その活動期間中に行われる産業医学を対象とする三ヶ月間の学科コースの履修[23]、を前提に与えられるものであり、ここで「産業医学」とは、「労働保護の本質的部分を構成する衛生づくりの最も重要な領域に関わるものであり、その目的は、労働者の身体的、精神的、社会的健康状態を、あらゆる職務および職務領域で可能な限り維持促進するとともに、労働者がその労働条件に起因する健康障害に晒されることを妨げることにある」、とされ[24]、当該領域での専門家によれば、臨床医学に重点が置かれ、ともすると軽視されがちな日本の産業医学とは異なり、ドイツにおけるそれは非常に重視されており、すべての医科大学で学部段階の必修科目とされているという[25]。他方の「事業所医学」領域の職務遂行資格とは、(1) 継続研修規程に規定された内科領域における一二ヶ月間の臨床もしくは診療活動に加え、(2) 産業医学領域での実務、または適当な経営におけるか、もしくは例えば社内診療医（Gewerbearzt）としての

九ヶ月間の継続的かつ定期的な活動、(3) さらに産業医学を対象とする三ヶ月間の学科コースの履修、をあわせ最低二年間にわたる臨床研修を前提に与えられるものである。(26) これらの資格はいずれも彼らを管轄する医師会によって付与されることから、(27) 三項、四項も含め、ドイツにおける事業所医の（専門知識の）認定は実質的に医師会に委ねられていることが分かる。ただし、事業所医の資格認定および選任に関する権限が各経営レベルにおいて全く排除されているかといえば、そうとも言い切れない。まず、経営組織法八〇条一項一号ないし八二条にもとづき、事業所医が必要な教育訓練を経ているか否かの監督は経営協議会（あるいは職員代表委員会）に委ねられている。次に、労働安全法一八条にもとづき、使用者は、相当期間内に必要な専門知識を習得することを前提に、四条（ならびに災害予防規則第一二三編およびこれらに関する行政命令など）に定める要件を満たす者でなくとも事業所医として医師を選任できることとされている（ただしこれには、営業監督、管轄災害保険者および労働者の代表それぞれの承諾が要件とされると解されている(28)）。

第二款　労働安全専門職員

わが国の労安法上、専門知識をもって安全衛生管理にあたるべき産業医以外のスタッフには、統括安全衛生管理者（労安法一〇条）、安全管理者（労安法一一条）、衛生管理者（同一二条）、安全衛生推進者（同一二条の二）、衛生推進者（同一二条の二）などが、特に危険有害な作業の監督については作業主任者（同一四条）などが存するが、ドイツにおいて事業所医に対峙する経営内保健制度のもう一方の担い手は、安全技師、安全技術者および安全主任者のそれぞれからなる労働安全専門職員である（労働安全法七条）。

ドイツの労働安全専門職員の基本的職務および経営内での位置づけ、許される契約形態、勧告の実効手段、職務解怠の法的効果などは事業所医のそれとほぼ（というより全く）等しいが、たとえば三者の専門職員のうちどの資格者を経営内に投入するかは、労働安全法五条一項一号から三号（巻末参照）に定められた法的基準を遵守する限りにおいて使用者の裁量に任されているなど、[29]若干の相違点もある。そこで以下では、はじめに専門職員三者の資格要件などについて若干触れた後、事業所医とこれら専門職員との法文上の扱いの相違点を、とりわけその職務について抽出してみたい。この際、専門職員の資格要件についての詳細は、災害予防規則総覧第一二二編三条に定められており、従って災害保険組合の審査にかかるが、[30]個別的なケースにおける資格決定は経営の技術、事業種別その他の状況を総合判断した上使用者が行うべきこと、その限りにおいて経営協議会の共同決定権が及ぶこと、[31]については、三者に共通している。

①　安全技師（Sicherheitsingenieur）　災害予防規則総覧第一二二編三条二項によれば、安全技師[32]としての専門性を認められるための要件は、まず「技師（Ingenieur）」としての職務を遂行しうる適格性を有し、最低二年間の実務と公式に認定された養成講座―国家および災害保険組合の行う講座およびそのいずれかが認定した講座、以下同じ―の修了に裏付けられた十分な安全技術上の専門知識を有していることである、とされる。

②　安全技術者（Sicherheitstechniker）　同三項によれば、安全技術者としての専門性を認められるための要件は、「認定技術者（anerkannter Techniker）」の国家試験に合格し、その後最低二年間の実務と公式に認定を受けた養成講座を修了することである、とされる。

③　安全主任者（Sicherheitsmeister）　同四項によれば、安全主任者としての専門性を認められるための要件は、「主任者（Meister）」資格試験に合格し、その後最低二年間の実務と公式に認定を受けた養成講座を修了することである、とされる。但し、かりに主任者資格を有しなくとも、最低四年間主任者として、あるいはそれと

同等の職務を果たしてきた者がその後前記の養成を経た場合、この者についてもその称号が認められる。

次にその職務についてであるが、これを一般的に規定する法六条（巻末参照）に掲げられたリストが例示列挙にすぎず、したがって労働安全専門職員は、経営内交通路、電気装置、危険有害物質などの物的監理の他、児童及び少年、女性及び母性労働など災害危険に晒されやすい労働者の人的監視にも専心しなければならないこと[33]、彼の労安法上の位置づけが助言者にとどまり、その職務遂行にあたりなんら他者の指示を受けることはない（労働安全法八条一項）が、従って自らもまたなんらの決定権限も指図権限も有しないこと[34]、などの基本原則については事業所医と同様である。しかしながらその一項本文においては、事業所医の職務（法三条）領域を画定する「あらゆる衛生問題」との文言が「労働の人間的形成を含むあらゆる労働安全上の問題」に代えられ、これに伴い一号(d)においては、「労働生理学的、労働心理学的」ならびに「労働衛生学的」諸問題の管掌が省かれ、加えて一号(e)および(f)に存在した経営内緊急活動組織の形成および障害者の配置の管掌も省かれている。次に二号では、事業所医の行うべき健康診断と事後措置の代わりに、「経営施設および技術的労働手段」ならびに「作業工程」の「安全技術的検査[35]」が定められ、三号(c)では、事業所医のなすべき「原因調査、調査結果の解釈分析」および「予防措置」の提案の対象が「作業関連疾患」から「労働災害」へと代えられている。最後に四号では、協力すべき項目が「緊急活動における救助者、医療行為上の補助要員の出動計画および研修」から「安全管理委員の研修」へと代えられている。これらを総合すると、一方では事業所医の主たる役割を衛生づくりにおき、対して労働安全専門職員のそれを安全づくりにおく法的趣旨を一応看取できる。しかしながら、ドイツの労働安全専門職員の行うべき職務は、例えばわが国の安全管理者および衛生管理者が担当する職務の双方と対応はしないままでも深く関連しており、結局安全と衛生の両領域にまたがること、従って衛生づくりと安全づくりの職分は明確に分断し得ないこともまた事実であり、このことは、法一〇条において両者がその職務の遂行（とりわけ職場巡視）に際して協働をなすよう定められていることによっても象徴されている。

第三款　投入時間の概念と計算

次に、事業所医および労働安全専門職員の経営内における勤務時間について検討する。ドイツの労働安全法二条および五条の定める選任義務は、わが国の労働安全衛生法令とは異なり、災害予防規則が定める所定の時間だけ彼らを当該経営における産業保険活動に「投入（Einsatz）」することを内容としている。労働安全法はこのような経営内保健制度の「投入時間（Einsatzzeit）」について何ら定めを置いていないが、実際には全ての法的災害保険者が各自これを災害予防規則に規定しており、事業所医については同規則総覧第一二三編、安全技術者およびその他の労働安全専門職員については同規則総覧第一二二編にそれぞれまとめられている。(36) その規定内容は各保険者ごとに著しく異なっているが、通常は労働者一人当たりの年間ベースで定められており、以下のような計算によって各経営ごとの総投入時間が算出される。① 労働者数を経営内の事業部門（職場単位）ごとに分ける。(37) ② 各事業部門の『災害危険度一覧表（第三章第二節第一款参照）』から割り出された『位置付け（Gefahrtarifstelle）』」を確認し、ここから労働者一人当たりの必要投入時間（年間ベース）を割り出す。③「各事業部門の労働者数」×「労働者一人当たりの必要投入時間（年間ベース）」を計算する（※この際、労働者数の計算にはパートタイム要員も含まれる）。④ 各事業部門の投入時間を合計する（なお、労働安全法三条および六条の職務リストに列挙されていない職務に要する時間を総投入時間に含めることは許されないが、事業所医の行う予防検診に要する時間が投入時間に含まれることはいうまでもない）。以下では、具体的な投入時間算定の一例を示してみたい。

※投入時間算定事例（南ドイツ金属災害保険組合の例[38]）

ある鉄鋼鋳造業を営む経営では、総計一、一二七名の従業員が以下のような職務に従事しており、当該経営は南ドイツ金属災害保険組合（Süddeutsche Metall-Berufsgenossenschaft）に所属している。

(1)　前記①に従い労働者数を事業部門ごとに分ける

①　鋳造工程部門—五三五名、②　工場第I部（機械工作）—八一名、③　工場第I部の管理—一一名、④　工場第II部（鋳造工程の下地作り）—一〇一名、⑤　工場第II部の管理—三一名、⑥　総合管理部門—一二八名、⑦　研修・養成所／技能教育部門—二八名、⑧　工場保安部門—一五名、⑨　経営内輸送部門—二六名、⑩　倉庫および倉庫管理—五〇名、⑪　鉄道積込基地—二一名。

(2)　前記②に従い労働者一人当たりの必要投入時間数を割り出す。そのため各事業部門を「災害危険グループ(Gefahrengruppe)」[39]ごとに分類する。

〈グループA〉　溶鉱炉作業、コークス製造工程、製鋼作業、鉄鋼鋳造工程などが所属。前記①④⑤⑨⑩⑪（計七六四名）がこのグループに含まれる。

・労働安全専門職員の必要投入時間数（労働者数）三一名以上五〇〇名以下の部分について（以下同じ）—三時間、五〇一名～五、〇〇〇名—二・五時間、五、〇〇一名～—二・一時間（労働者一人当たり、年間ベース）。

・事業所医の必要投入時間数（労働者数）三一名以上—〇・六時間。

〈グループB〉　グループAおよびCに含まれない全ての作業工程が所属。前記②③⑦⑧（計一三五名）がこのグループに含まれる。

・労働安全専門職員の必要投入時間数（労働者数）三一名～五〇〇名—二・一時間、五〇一名～五、〇〇〇名一一・六時間、五、〇〇一名～一一・二時間。

・事業所医の必要投入時間数（労働者数）三一名以上一〇・五時間。

〈グループC〉　営業部門および経営の管理部門が所属。前記⑥（計二二八名）がこのグループに含まれる。

・労働安全専門職員の必要投入時間数（労働者数）三一名～一〇・二時間。

・事業所医の必要投入時間数（労働者数）三一名～一〇・二時間。

(3)　前記③④に従い各グループごとの投入時間および本経営の総投入時間を計算する。

・労働安全専門職員の投入時間

〈グループA〉　五〇〇名×三時間＋二六四名×二・五時間＝一、五〇〇＋六六〇＝二、一六〇時間

〈グループB〉　一三五名×二・一時間＝二八三・五時間

〈グループC〉　二二八名×〇・二時間＝四五・六時間

・産業医の投入時間

〈グループA〉　七六四名×〇・六時間＝四五八・四時間

〈グループB〉　一三五名×〇・五時間＝六七・五時間

〈グループC〉　二二八名×〇・二時間＝四五・六時間

結果、本経営においては、年間二、四八九・一時間の労働安全専門職員の総投入時間と同五七一・五時間の事業所医の総投入時間が最低限要求されることとなる。(40)この投入時間は、その性格上事業所医および労働安全専門職員が自由に活動に従事できる「労働時間」でなければならないことから（従って、通勤時間などは原則として含まれない）(41)、彼らをフルタイムで雇用する場合の必要人数を計算する場合には、一人当たりの労働時間の上限を

考慮する必要がある。

第四款　労働保護委員会

前項の計算により、たとえ一名であれ、事業所医ないしは労働安全専門職員の選任が―その契約形態を問わず―義務づけられる経営においては、労働安全法一一条の定めにより、労働保護委員会（Arbeitsschutzausschuß）の設置が義務づけられている。労働安全法がこの委員会の設置を義務づけたそもそもの目的は、経営内の労働保護を担当する者全ての協力作業体制を築き上げるとともに[42]、各スタッフ間の作業の調整を行い、その重複を避けることなどにある[43]。従って、本委員会の職務は、労働保護および災害予防に関わる事柄について勧告を行うことにとどまり、なんらの決定権限も帰属しないばかりか、その開催も最低四年に一度とされているにすぎない（かような趣旨の違いから、経営協議会や職員代表委員会の開催をもって本委員会のそれに代えることはできない[44]）。しかしながら、その参加メンバーは広く規定され、使用者またはその受任者一名[45]、ならびに経営協議会の指名した同協議会委員二名のほか、事業所医、労働安全専門職員および安全管理委員までが含まれる（法一一条）。このうち事業所医をはじめとする専門家の参加者数[46]および選出手続[47]については明確に法定されておらず、従って経営協議会（ないしは職員代表委員会）の共同決定に付される他、専門的事柄を諮るためさらに参加者を増員する（例えば人間工学、経営心理学、放射線保護の各管理委員など）ことも可能である[48]。とはいえ、近年の大規模経営においては、メンバーのうちの安全管理委員が増えすぎ、各々が自分の見解に固執するあまり必ずしも迅速な対応が期待できない傾向にある、との指摘もなされ[49]、参加メンバーの無制限な増加が必ずしもプラスに作用しない場合もあることが理解される。なお、本委員会の開催は通常は労働時間内になされるが、かりにそれが叶わなくとも、メンバーが本委員会への参加に要した時間は労働時間と見なされ、各産業保健スタッフの投入時間として算定されることには留意する必要がある。[50]

【注】

（1） Nitschki, Jürgen/Bramer, Monika/Meyer, Peter Heinrich/Müller, Werner（Arbeitskammer des Saarlandes（Hrsg.)), Arbeitssicherheitsgesetz, 8. Aufl.（Saarbrücken, 1992), S. 16 ; Rundschreiben ZHB 70/89 des Hauptverbandes der Gewerblichen Berufsgenossenschaften.

（2） Däubler Wolfgang, Das Arbeitsrecht 2, 10. Aufl.（Hamburg, 1995), S. 241, 242 ; vgl. BT-Drucksache 7/4668, S. 116.

（3） Spinnarke, Jürgen, Arbeitssicherheitsrecht von A-Z, 2. Aufl.（München, 1992), S. 68 ; 保原喜志夫編『産業医制度の研究』（北海道大学図書刊行会、一九九八年）一七二、一七三頁（倉田聡執筆部分（初出：倉田聡「ドイツの産業保健・産業医制度」日本労働法学会誌（一九九五年）八六号八三、八四頁))。

（4） BT-Drucksache 7/260, S. 10.

（5） 例えば保原・前掲（注3）書二五五、二五六頁、二六九頁脚注二〇他（品田充儀執筆部分（初出：「アメリカにおける産業保健・産業医制度」日本労働法学会誌（一九九五年）八六号九四、九五頁、九九頁脚注一〇他))参照。

（6） 事業所医の経営内での位置づけは「管理職員（leitender Angestellte)」である、とする学説もある（Spinnarke, a. a. O.（Fn. 3), S. 69)。

（7） Spinnarke, a. a. O.（Fn. 3), S. 70.

（8） Ibid.

（9） Spinnarke, a. a. O.（Fn. 3), S. 207.

（10） 保原・前掲（注3）書一七〇頁（倉田執筆部分（初出：倉田・前掲（注3）論文八一頁))。

(11) Spinnarke, a. a. O. (Fn. 3), S. 45, 69.
(12) Spinnarke, a. a. O. (Fn. 3), S. 45.
(13) Ibid.
(14) Nitschki, a. a. O. (Fn. 1), S. 25. この点についての詳細は、特に保原・前掲（注3）書一七四頁、一八四頁脚注三七及び三八（倉田執筆部分（初出：倉田・前掲（注3）論文八二頁、八五頁脚注二四及び八六頁脚注二五））を参照されたし。
(15) Ibid.
(16) Nitschki, a. a. O. (Fn. 1), S. 25, 26.
(17) Fitting, Karl/Auffarth, Fritz/Kaiser, Heinrich/Heither, Friedrich/Engels, Gerd, Betriebsverfassungsgesetz, 18. Aufl. (München, 1996), § 87 Randziffer 209.
(18) 刑法上の責任が事業所医に生じ得るのは、その義務違反を原因として実際に労働災害が発生した場合であり、なおかつ、例えば誤った事業所医の勧告が職業病の原因となったことなどが証明される必要があるとされている (Spinnarke, Jürgen/Schork, Gerhard, Arbeitssicherheitsrecht (ASiR); Kommentar zum Arbeitssicherheitsgesetz (ASiG) (Loseblatt-Ausgabe), IB (Heidelberg, 1993), § 8 Randziffer 1. 3, 1. 3. 3)。
(19) Spinnarke, a. a. O. (Fn. 3), S. 71.
(20) Ibid.
(21) これについては、四年間の継続研修期間を経た「産業医学専門医 (Arzt für Arbeitsmedizin)」の資格でもよいとされる。
(22) 以下に四項本文を記す。

「事業主は、二項および三項の定めにもかかわらず、医師が以下の要件を満たす限り、彼が必要な専門知識を駆使し得る者であるとの前提に立つことができる。

一　一九八五年一月一日より前に一年間にわたり臨床もしくは診療活動を行い、加えて産業医学の入門講座を受

講していたことにつき、管轄する医師会の証明を得ること、および、

二　a）一九八五年一二月三一日までに年間最低五〇〇時間、事業所医としての活動を行っていたか、または、

b）一九八七年一二月三一日までに産業医学に関する三ヶ月間の学科研修を終了していること、

および、二号a）もしくはb）の定める要件につき管轄する医師会の証明を添えること」。

この経過規定は、旧三条三項三号に基づく事業所医資格（四週間の学科研修のみで取得が可能）を認められ、過去において既に事業所医として十分な活動に従事してきた医師に加え、旧規定にもとづきその資格は認められているものの、実際の活動には十分従事してこなかった医師の双方に対し、一定の期限を設け、救済を図るものである。

(23)　このような理論研修は、通常同国の産業医学アカデミーと呼ばれる機関でなされている。この機関についての詳細は、特に森英良「西独の産業医制度を見て」産業医学レビュー（一九九〇年）二巻四号一五頁以下を参照されたい。

(24)　Spinnarke, a. a. O. (Fn. 3), S. 15.

(25)　森・前掲（注23）論文六、七頁。

(26)　Spinnarke, a. a. O. (Fn. 3), S. 110 ; Nitschki, a. a. O. (Fn. 1), S. 15.

(27)　Durchführungsanweisung zu § 3 Abs. 1 und 2 : in Nipperdey, Hans Carl, Arbeitssicherheit (Losenblatt-Ausgabe), Band II (1995), 111, S. 2a.

(28)　Nitschki, a. a. O. (Fn. 1), S. 16.

(29)　これは、経営ごとに事情に応じて必要とされる資格者が異なることによる (Spinnarke, a. a. O. (Fn. 3), S. 206)。ただし、災害保険組合がそれを必要と判断した場合には、営業監督局と協議の上、特定資格者の選任を求めることができるほか（災害予防規則総覧第一二二編二条二項）、営業監督独自にそれを命じることもできる旨規定がなされている（労働安全法一二条）。

(30)　ただし、先に事業所医について見た労働安全法一八条の定める例外措置（管轄当局の許可を得て、資格外の専門職員の選任を許容する措置）はこの場合にも認められる。

(31) Spinnarke, a. a. O. (Fn. 3), S. 208.

(32) Duden : das große Wörterbuch der deutschen Sprache : in acht Bänden, herausgegeben und bearbeitet vom Wissenschaftlichen Rat und den Mitarbeitern der Dudenredaktion unter der Leitung von Gunther Drosdowski, 2. Aufl. (Mannheim, c1993-c1995) によれば、技術者（Techniker）については、「技術領域に関する専門家」あるいは「特定領域において技術を了知する者」であっても十分にそれと位置づけうる、とされているのに対し、他方技師（Ingenieur）とは、「大学ないしは専門学校で養成を受けた技術者」のことを指す、とされているが、災害予防規則における定義を見る限り、両者の資格要件に学歴的な差異が存するのか否かは明らかではない。

(33) Spinnarke, a. a. O. (Fn. 3), S. 207.

(34) Spinnarke, a. a. O. (Fn. 3), S. 208.

(35) この職務の中には、営業法二四条に定められた要監視施設（第二章第一節第一款注14参照）の検査（各種法規および災害予防規則に法定）への関与も含まれている。

(36) その他、連邦およびラント機関の策定する産業医学・安全技術サービスに関する基準（Richtlinien über den arbeitsmedizinischen und sicherheitstechnischen Dienst）ならびにZDと呼ばれる連邦国防軍宛の特殊指令にもこの点に関する規定がある。

(37) ここでの振り分けは、あくまで経営の事業部門単位で判断されるものであり、労働者が行う個々の活動ごとに判断されるわけではない。

(38) Nitschki, a. a. O. (Fn. 1), S. 55-64.

(39) 既に述べたように、殆どの災害保険組合は、被保険者の賃金総額と労災・職業病の補償給付額との対比から各事業部門の産業ごとの「災害危険率（Gefahrklasse）」を算出している。「災害危険グループ」とは、この「災害危険率」を「災害危険度一覧表」に当てはめ、そこから割り出された「位置づけ―通常は整理番号で表示される―」を数パターンに分類したものである。例えば、本文②の機械工作部門の場合、本保険組合下での一般的な「災害危険率」は二・四%であった（※ここで事業部門の各産業単位での一般的な災害危険率を問題にするということは、投入時間の計算上、個々の事業部門の努力は、直接には結果に結びつかない、ということになる）。これを災害危険度一覧表の中に位置づけると、一五という整理番号がふられ、これは〈災害危険グループB〉に分類されることとなる。因みに南ドイツ金属災害保険組合では、災害危険グループと前記整理番号との対比は次のようになっている。グループA—整理番号一〜一一及び二七、グループB—一四〜二六及び二八、グループC—二九。

(40) ただし、労働安全専門職員および事業所医の職務が拡大された場合（採用時検診、災害・職業病報告書の作成など）などには、労働者ごとの投入時間にもとづき算出された総投入時間にそれに要する分が加算される。

(41) Fabricius, Fritz/Kraft, Alfons/Wiese, Günter/Kreutz, Peter, Betriebsverfassungsgesetz, Gemeinschaftskommentar, 5. Aufl. (Neuwied, Kriftel, Berlin, 1995), §87 Randziffer 540.

(42) Fabricius/Kraft/Wiese/Kreutz, a. a. O. (Fn. 41), §87 Randziffer 564.

(43) Däubler, a. a. O. (Fn. 2), S. 247.

(44) Nitschki, a. a. O. (Fn. 1), S. 89.

(45) 労働安全法の法の趣旨からの当然の帰結として、事業所医や労働安全専門職員を使用者の受任者とすることはできない（Nitschki, a. a. O. (Fn. 1), S. 91）。また、かかる受任者は、さしたる理由がなくとも、また共同決定を経なくとも使用者により解任され得るが、恣意的な解任は許されないとする説もある（LAG Düsseldorf (Urteil) vom 25. 3. 1977, 4 Sa 171-177；Ibid.）。

(46) これについて、Fabricius/Kraft/Wiese/Kreutz, a. a. O. (Fn. 41), § 87 Randziffer 565；Diets, Rolf/Richardi, Reinhard, Betriebsverfassungsgesetz, Kommentar, Bd. 1 und 2, 6. Aufl. (München, 1981/1982), §87 Randziffer 376 は共同決定に付される旨述べるが、これに異論を述べるものとして、以下のようなものもある。Hess, Harald/Schlochauer, Ursula/Glaubitz, Werner, Kommentar zum Betriebsverfassungsgesetz, 4. Aufl. (Neuwied, 1993), §87 Randziffer 386；Stege, Dieter/Weinspach, Friedrich Karl, Betriebsverfassungsgesetz, Handkommentar für die betriebliche Praxis, 7. Aufl. (Köln, 1994), §87 Randziffer 131, usw.

(47)　これが共同決定に付される旨述べるものとして、Nitschki, a. a. O. (Fn. 1), S. 91；Fabricius/Kraft/Wiese/Kreutz, a. a. O. (Fn. 41), §87 Randziffer 565；Galperin, Hans/Löwisch, Manfred/Kröger, Bernd, Kommentar zum Betriebsverfassungsgesetz, Bd. II, 6. Aufl. (Heidelberg, 1982), §87 Randziffer 166 等がある。理由は必ずしも定かではないが、専門家の参加者数におけるよりも、概して賛成説が多いようにも感じられる。

(48)　Fabricius/Kraft/Wiese/Kreutz, a. a. O. (Fn. 41), S. 779 m. w. N. その他、例えばザールラントの行政庁では、重度障害者の代表者を常任メンバーに加えている (Nitschki, a. a. O. (Fn. 1), S. 195)。

(49)　Nitschki, a. a. O. (Fn. 1), S. 89.

(50)　Nitschki, a. a. O. (Fn. 1), S. 93.

第二節　参加権

第一款　安全管理委員を通じた参加権

一九六三年、ライヒ保険法七一九条（主として現行社会法典第七編二二条）に定められた安全管理委員（Sicherheitsbeauftragte）は、一方で経営内の安全問題に関する従業員代表の役割を、他方で災害保護の実施の際の使用者の補佐人としての役割を担い(1)（従って、管理監督者、主任者およびその他部下を指揮する立場にある者（Vorgesetzte）をこれにあてることは許されず、また事業主によって秩序違反法（OWiG）九条二項二号（本来経営所有者の果たすべき職責を自らの責任において遂行するよう委任された者についても、処罰法規の適用があるとする規定）に定める義務を委任された者も、その義務の範囲では事業主と同様に活動しなければならないことから、安全管理委員には選任され得ない）(2)、二〇名を超える従業員を擁する全ての企業について、経営協議会もしくは職員代表委員会との協働の下に、最低一名の選任が義務づけられている(3)。

例えば九二年の連邦災害予防報告によれば、調査の対象となった二六万三二六七企業において四三万五四九六名の安全管理委員が選任されており、この数値は連邦共和国全土に存する経営協議会委員の合計数（若干古いが、八七年の統計で一八万九二九二名(4)）をはるかに凌ぐものであった。また、ほぼ同時期に、二〇名を超える従業員を擁する全企業の八〇％以上が最低一名の委員を選任していた、とのデータからも(5)、その一般的な普及の度合いが看取される。しかしながら、安全管理委員制度がこれほど普及した背景に、使用者側から見た場合の「扱い安さ

(Harmlosigkeit)」があったことは否定できない。先に述べたように、経営内での安全管理委員の役割はあくまで使用者を補佐する情報提供者（Gewährsmann）であり、経営協議会もその選任に際して協働を行うことは可能でも、共同決定権を有するわけではない。(6)使用者に対しても労働者に対しても拘束力を有する指図を行う権限はなく、その任務はあくまで提案のレベルにとどめられている。しかもその提案が幾度にもわたり、使用者によって「しつこい」と見なされた場合、しゃくに障った使用者が取る手段に対抗する術は、ライヒ保険法七一九条三項（現行社会法典第七編二二条三項）の定める不利益取扱禁止によるより他にないが、(7)その現実的な実効性は極めて薄弱であると言わざるを得ない。ＤＧＢは以前より解約告知制限法一五条以下に定めのある経営協議会委員の解約告知保護を労働安全管理委員にも適用するよう求めてきているが、(8)現在に至るまで実現されていない。

ところで安全管理委員は、一九七三年のライヒ保険法改正（BGBl. 1 S .237）以前には、旧法七一九条四項に基づき独自の安全管理委員会（Sicherheitsausschuß）を組織し、経営協議会の関与の下で使用者と定期的に会合を開く任務を独占的に与えられていた。因みに、ここでいう経営協議会の関与については、経営組織法八九条三項において具体化されており、これによって経営協議会は、自ら指名する協議会委員をこの会合に参加させる権利および義務を負い、さらにその四項により、ここでなされた会合の内容は記録として残され、経営協議会の下に保管されることとされている。しかしながら七三年の改正により、この規定は修正を受け、安全管理委員会の組織規定自体は現在も残されているものの、その役割は事業所医および労働安全専門職員（※同職員は安全管理委員には選任され得ないことに留意する必要がある）などを中心メンバーとする労働保護委員会が代行することが可能となった。こうした流れの中で、個人レベルでも彼ら専門家にその職務を奪われてきているのが現状とされている。(9)

このように、その普及の程度に比べ、実質的な活動領域を大幅に制限されているかに見える安全管理委員ではあるが、この制度に全く利用価値が消滅したかといえば、そうとは言い切れない。例えば災害予防規則総覧第一編九条によれば、安全管理委員は、―たとえその労働時間中であっても―とりわけ技術監督官による経営査察および災害調査に参加するなど、自らの職務を遂行する機会を保障されるばかりでなく、さらにその結果を知る権利も有している。ドイブラーも指摘するように、彼がこのような権利を行使しつつ積極的に経営協議会をリードしていけば、画期的な社会的進歩が果たされるであろうし[(10)]、少なくとも職場における安全衛生知識の獲得と積極的安全衛生施策が促進されることは疑いがない。

第二款　経営協議会を通じた参加権

七二年経営組織法とわずか一年違いで発布された七三年労働安全法は、その運用上様々な形で経営協議会の関与を予定しており、専門家を中心に形成される経営内保健制度は、その選任、構成、職務に至るまで、経営協議会を通じて労働者の管理が及ぶよう配慮されている。その関与の形態は多岐にわたり、例えば労働安全法一二条は、その一項において「本法その他の法令により使用者に義務づけられる職務」を行政機関が個別的指図によって具体化する権限を定めているが、その二項一号では当該行政機関がその具体化作業に際して予め使用者および経営協議会に意見聴取するとともに論議を行うべき義務を定めている。さらにその四項では、使用者に対して当該行政機関によりなされた指図について書面により経営協議会に知らされなければならないことも定められている。また労働安全法一四条は、その一項において本法により使用者に義務づけられる職務を連邦労働社会相が法規命令によって具体化する権限を定めているが、この際彼には経営協議会の同意を得ることがその権限行使の条件とされている。[11]

しかしながら、何といっても経営協議会による直接的な関与および経営協議会と経営内労働安全衛生組織との関係を明確に定める規定はその九条に存する。労働安全法九条は次のように定めを置く。

「① 事業所医および労働安全専門職員は、その職務の遂行に際して経営協議会と協働をなす義務を負う。

② 事業所医および労働安全専門職員は、労働保護および災害予防の重要な事柄に関して経営協議会に通知しなければならない。また両専門家は、本法八条三項に基づき使用者に行う提案の内容について経営協議会に伝達しなければならない。両専門家は、その要求に応じ、労働保護および災害予防の事項について経営協議会と協議しなければならない。[12]

③ 事業所医および労働安全専門職員は、経営協議会の同意を得て選任および解任される。このことは、その職務が拡大もしくは制限されるべき場合にも当てはまる；さらに経営組織法七六条の関連規定である八七条が適用される。非常勤の医師、労働安全専門職員もしくは産業保健サービスとの契約の締結もしくは解除に際しては、経営協議会に意見聴取がなされる。」

この中でも、専任事業所医および労働安全専門職員の任免について経営協議会の同意を要求する第三項は、極めて重要な意味を持つ。例えば、同規定の定める非常勤事業所医および労働安全専門職員もしくは産業保健サービスとの契約締結および解除については、その定めにより、三項一文に定めるものは勿論、経営組織法八七条一項七号による共同決定も及ばない。八七条一項は、「法的規定または労働協約規定の存しない限り」特定の事項について経営協議会による共同決定が及ぶと定めており、労働安全法九条三項は、この法的規定に該当すると解されているからである。[13] また、ライヒ保険法七一九条(a)（現行社会法典第七編二四条一項、二項（とりわけ下記の加入強制は二項)）は以下のように定めを置いているが、前記と同様の理由から、この規定に基づいて使用者が産業保健サービスの利用を義務づけられる場合にも経営協議会による共同決定はなされ得ない。(14)「(抄) 災害保険組合は単独で、または他機関と協力して、産業保健・安全技術サービスを設置することができる。その詳細は規約に定める。その規約では、各事業主と産業保健・安全技術サービスへの加入強制が定められ得る……」。したがって以下においては、特に断りのない限り、専任スタッフについてその論述を進めていくこととする。

労働安全法の立法経緯からは、本規定に経営組織法八七条一項七号とは別個に経営協議会の関与権を定めることにより、① 就業者およびその代表組織たる経営協議会と各専門家との信頼関係を強化すること、② 彼らの使用者に対する独立性を強固なものとすること、③ 経営内の問題に精通した者—経営協議会—による迅速な対応を実施すること、などが目指され、最終的には「作業の行われる労働条件を人間的なものにする」、という本法の基本目的の実現が図られていたことが看取される。(15)「同意 (Zustimmung)」という文言については、当初の連立与党（ドイツキリスト教民主同盟 (CDU)／キリスト教社会同盟 (CSU)）案では、経営協議会との「意見の一致 (Einvernehmen)」が求められるとされていたにすぎなかったものが、これでは労使が自発的に経営協定に手続規定を置かない限り見解の相違が生じた場合の同協議会の関与のあり方が不明確である、とするドイツ社会民主党 (SPD) および自由民主党 (FDP) の連立会派の主張が委員会（第一一労働社会委員会）の全会一致で採用されて、現在の形になったものである。この文言の採用にあたって委員会は、各専任専門家の任免等について、仲裁委員会による紛争処理を予定した強制的な関与権を経営協議会に与えることを前提と考えていたようである。(16)

問題は、三項本文中の「選任 (Bestellung)」および「解任 (Abberufung)」という文言が持つ意味内容である。このうち前者は事業所医または労働安全専門職員としての「職務に就くこと」と理解されなければならず、当該経営への「採用（Einstellung）」と同視されるべきではない。同様に、後者はその職務の担当を終了させる意味を持つにすぎず、彼ら専門家に継続する「労働関係の終焉」まで意味するものではない[17]。このような理解を前提に、以下では、これら専門家の採用および選任、解任および解約告知のそれぞれの段階における経営協議会の関与について、若干整理してみたい。

〈採用および選任〉

ドイツの経営組織法上、各専門家の経営への「採用」は、労働安全法九条三項に基づく共同決定義務に服するものではなく、経営組織法九九条に基づく（制限的な）共同決定義務もしくは同一〇五条に基づく通知義務に服すべき事項である。かかる点に関し、経営組織法は次のような定めを置いている。

（経営組織法九九条[18]）

「① 通常二〇名を超える選挙権のある労働者を擁する経営では、使用者は、個々の採用、格付け、格付け変更および配転（※以下ではこれらを包括して人事計画と呼ぶ）に際し、経営協議会に事前通知し、必要な応募書類を提出し、利害関係者たる個々人に関する情報を提供しなければならない；また使用者は、必要書類を提示した上で、計画された措置が及ぼす影響に関する情報を経営協議会に伝え、これに対する同意を得なければならない。採用および配転に際して使用者は、とりわけ予定された職場および格付けを通知しなければならない。経営協議会委員は、人事上の措置の範囲で一文および二文に基づき伝えられた労働者の個人的事情および事柄につき、その重要性または内容から機密の取扱が要求されるものについて、守秘義務を負う；七九条一項二文から四文まではここでも適用される。

②経営協議会が同意を拒むことができる場合とは、以下の場合を指す。

一　人事上の措置が、法律、命令、災害予防規則、労働協約または経営協定の諸規定、裁判所の判決もしくは決定、行政命令に違反するであろう場合

二　人事上の措置が九五条に定める選考指針に違反するであろう場合

三　人事上の措置を講じた結果、経営内で就業する労働者が、経営上もしくは個人的な根拠から正当化されることなく解約告知されるかその他の不利益を被る、との事実に基づく懸念が存する場合

四　措置の対象となる労働者がその措置によって、経営上もしくは労働者個人に存する根拠により正当化されることなく不利益を被る場合、[19]

五　九三条[20]によって経営協議会から要求のあった欠員募集が放置されている場合、もしくは

六　人事上の措置に関連して、措置が予定されている応募者または労働者が法律に違反する行為により、または七五条一項に含まれる諸原則（巻末参照）を著しく侵害することにより、経営の平穏を害するであろう、という事実にもとづく懸念が存する場合

③経営協議会がその同意を拒む場合、同協議会は、使用者による通知の後一週間以内にその根拠を提示した上でこのことを書面で通知しなければならない。経営協議会がその同意の拒否を期限内に書面で通知しない場合、同意が有効になされたものと見なされる。

④経営協議会がその同意を拒む場合、使用者は労働裁判所に対してその同意に代わる決定を申し立てることができる。」

（同一〇五条）

「五条三項に定められた管理職員の採用もしくは人事上の変動の予定は、適宜経営協議会に伝えられなければならない。」

なお、ここで規定本文の文言について若干を述べれば、次のようにいうことができる。

第一に、九九条にいう「格付け（Eingruppierung）」とは、通常、労働者（保険義務を負わない少額稼得者を含む）への賃金支払の基準となる賃金・俸給等級（労働協約が存する場合にはそこに規定された等級区分により、経営協定その他においては当該経営における賃金規程による。いずれにしても格付けには賃金・俸給規定が存在することが前提となる）の最初の段階での確定を指す。これを法的に捉えた場合、協約もしくは各経営ごとの賃金規程における格付けは、実際に実施されたかまたは契約上実施されるべき労働に応じ、強制的かつ自動的に定まる法の適用行為（Beurteilungsakt）でしかない。したがって、ここでの経営協議会の共同決定もまた共同的法形成行為（Mitgestaltungsakt）ではなく、共同的法適用行為（Mitbeurteilungsakt）にすぎない。そしてこの共同的法適用行為は、予定された格付けの適正さ、すなわち賃金・俸給規定の均衡的な適用を保障することへ向けられるものである、と解されている。(21)

第二に、同じく「配転（Versetzung）」とは、経営組織法九五条三項によれば、「その期間が一ヶ月を超えることが見込まれるか、作業を実施する環境の重大な変化を伴うような職場の変更である」とされ、同一企業内における他の経営への配置換え、同一経営内における部門の変更、他の職務の割当などもこれに含まれる。(22)

第三に、九九条二項一号にいう「法律、命令、災害予防規則……」等の諸規範とは、まさに同規定にいう人事上の個別的措置に対立するものをさすものであって、例えば就労許可を持たない外国人の就業禁止を定める雇用促進法一九条(23)や、特殊な専門的技能を持たない者との労働契約の締結禁止を定める印刷産業協約の人員配置規制

などがこれに該当する。(24)

第四に、同じく二項二号にいう「選考指針（Auswahlrichtlinie）」については、経営組織法九五条一項および二項に定めがあり、これによれば、人事計画に関する選考指針には経営協議会の「同意」が必要とされ（※この場合同協議会の発議権は前提とされていない）、とりわけ労働者数一〇〇〇名を超える経営においては、経営協議会が予定される専門的条件、個人的条件およびその他の社会的観点に関する選考指針の作成を自ら要求（発議）することができるとされている。

そこで、以上の如き理解を前提に、本旨を述べれば以下のようになろう。

先ず、九九条の「採用」という文言は、労働者が経営内での作業を引き受けることに関する労使間の合意による労働関係の構築（労働契約の締結）と理解されうるとともに、これに関連する労働者の経営内での事実上の就業（tatsächliche Beschäftigung im Betrieb）、すなわち特定の職場における作業の引き受けという理解も可能である。(25)このうち労働契約の締結については、これを採用の概念には含まないとする見解もあり、(26)判例にはこれを支持するものもあるが（z. B., BAG (Beschluß) vom 28. 4. 1992, 1 ABR 73/91, AP Nr. 98 zu § 99 BetrVG 1972）、いずれにしても、労働契約締結の有効性そのものは、九九条に基づく経営協議会の同意の有無に関わらず維持されることから、(27)実質的な差異は認められない。しかるに、かりに採用の概念に労働契約締結を含めない、との有力説に従った場合、使用者が自らの判断によりある者と労働契約を締結した場合、経営協議会はこの行為自体について何ら共同決定権を行使することはできないが、九九条二項に定める事由が存する場合には、その者の「就業」に対する同意を拒むことができることとなる。たとえば、経営内での欠員募集に際して九三条に基づき経営協議会が同経営内での募集を要求したにも関わらず使用者がこれを無視したというような場合、同協議会はたとえその者に専門家としての適格性が備わっており、彼を選任するに問題がなかったとしても、九九条二項五号により彼の「就業」に対する同意を拒否することができる。使用者がこれに対抗する場合には、九九条四項に基づき労働裁判所に同意に代わる決定を訴求することとなる。次に、九九条二項に定める事由が存在せず、したがって経営協議会が契約締結者の採用に対する同意拒否権を有しない場合はどうか。同協議会は、この場合にも、労働安全法九条三項に基づき当該職務に対する彼の選任を拒むことができる。ここで注意しなければならないのは、経営組織法九九条の場合と異なり、労働安全法九条三項に基づく同意拒否に要件とされる法定事由は存しないということである。したがって経営協議会は、各専門家にその資格や適格性が欠けている場合のみでなく、順調な協働をなすうえで必要とされる「信頼の基礎（Vertrauensbasis）」が欠けている場合にも、その選任を拒否することができるとされる。(28) 使用者がこれに対抗する場合には、九条三項により必要とされる同意に代わる決定を得るため、仲裁委員会を招集しなければならない。(29) さらに、ここで要求される協議会の同意は、各専門家の任免に際しての有効性要件と解されているため、(30) 委員会の決定が下るまでの期間、各専門家は使用者の指示に従う必要はない。しかしながら、こうした一連の手続の中で、かりに経営協議会が各専門家の「就業」に賛成したとすれば、それは経営組織法九九条にもとづく（「採用」に関する）同意であると同時に、労働安全法九条三項にもとづく（「選任」に関する）同意としても解釈されることとなる。(31)

〈解任および解約告知〉

先に述べたとおり、解任とはその者の従事している職務を終焉させることを意味するにすぎず、彼に継続する労働関係の終結を意味するものではない。(32) このことは、この者がその職を解かれても他に彼に割り当てるべき職務が存する場合にはとくに当てはまる。労働者の通常解約告知（ordentliche Kündigung）および非常解約告知（außerordentliche Kündigung）は、本来、解約告知制限法（Kündigungsschutzgesetz vom 10. 8. 1951（BGBl. 1 S. 499））[33]および民法六二六条[34]により制限され、これらを補完する経営組織法一〇二条の定める経営協議会の（やはり制限的な）共同決定に服する。このうち経営組織法一〇二条は、解約告知の通知前に経営協議会からの意見聴取を要求し、経営協議会に一定要件下で解約告知に対する異議申立権を付与し、そして、このような異議申立がなされた場合には、解約告知制限訴訟が確定的に終了するまでの間、一時的な継続就労請求権を予定する、というように経営協議会の関与の下での一連の解約告知手続を定めた規定である。[35]問題は、かりに経営協議会が労働安全法九条三項に基づき各専門家の「解任」に同意せず、仲裁委員会によっても同意に代わる決定がなされなかったにも関わらず、経営組織法一〇二条に照らせば有効な「解約告知」がなされた場合の解釈であり、このような場合にこそ、両規定の関係が鋭く問われることとなる。この点について学説判例はほぼ一様に、なされた解約告知が当該各専門家の職務と「現実的に密接不可分の関係にある事実（sachlich untrennbarem Zusammenhang stehende Grund）」をその根拠としていたか否か、を判断基準としており、これが認められる場合にはその解約告知はいかなる場合にも無効である、とする。[36]逆に、例えば経営に緊急の必要性が生じ、これによって当該各専門家の解約告知がなされた場合など、その活動とは関わりのない事由による有効な解約告知は、当該各専門家の活動の法的根拠を奪うこととなるから、必然的にその職務からの解任を導くことになる。[37]このことを突き詰めて考えると、労働安全法九条三項を根拠とする経営協議会の同意拒否が他の法規との関係でも絶対的有効性を保つのは、それが当該各専門家の職務に関連する事由を有している場合に限られ、その他の事由による同意拒否は相対的有効性を持つにすぎないということになるであろう。そこで次に問題となるのは、経営協議会が労働安全法に基づきその解任に同意拒否を行う場合、一般的に有効な何らかの具体的根拠が求められるか、という点である。経営組織法に基づく異議申立については、その一〇二条三項(38)に、一号―社会的観点の欠如、二号―九五条にいう選考指針違反、三号―同一経営および同一企業内の他のポストでの就労継続の可能性、など要件とされる異議申立事由が列挙されているが、労働安全法九条において、各専門家の任免に対する同意を拒否するための具体的根拠が何ら挙げられていないことについては既に述べた。したがって、経営協議会は、経営および解任の対象とされた者の利益を考慮した上で基礎づけられるあらゆる根拠を主張することができると解されている(39)。

〈職務の割り当て、拡大、制限〉

事業所医および労働安全専門職員が書面をもって使用者より委任され、自ら実施すべき一般的な職務範囲については、労働安全法二条一項および五条一項の掲げる条件に応じて三条一項および六条により確定され、その具体化は主に災害予防規則、行政命令などを通じてなされている（本章第一節第一、二款）。したがって、あくまでその限りにおいては、使用者が彼らに職務を委任する法的義務を負うのであって、これを共同決定に服すべき法的問題ということはできない。しかしながら、彼ら専門家の職務の拡大および制限に際して経営協議会に共同決定権を付与する労働安全法九条三項二文の趣旨に鑑み、各専門家が経営内に複数存する場合に法定された職務を個別的にいかに割り当てるか、という問題については共同決定に付すべきである、というのが学説の考え方である(40)。九条三項は、たしかに「割り当て（Zuweisung）」という文言を直接用いてはいないが、「割り当て」とはつまり「最初の時点での職務委任（erstmalige Aufgabenübertragung）」に他ならず、個々の専門家の「選任」と「職務委任」とは法文上相互に密接な関係にあることから（例えば法二条一項、五条一項）、立法者があえてその明文化の必要はないと考えたのではないか、というのがその理由である。[41] いずれにしても、実際上、経営協議会は、労働安全法九条三項一文に基づき各専門家の選任に必要とされる同意を拒否することによって、同時に彼らへの職務の「割り当て」に対する異議を申し立てることもできる。

以上の如く、経営協議会は、経営組織法の他労働安全法によっても様々な局面で経営内保健制度に関与する権限を付与されている。[42] 問題は、労働安全法九条三項に基づく事業所医および労働安全専門職員の任免、職務の拡大及び制限、すなわち職務の割り当てに際し、経営協議会に同意拒否権のみでなく自ら率先して発議を行う権利—発議権（Initiativrecht）—が存するか否かであるが、判例学説上は、① 一般的にこれを認める立場[43]と、② 選任の場合を除き認める立場[44]、③ 一般的に否定する立場[45]、がそれぞれ対立している。先に挙げた一九八三年連邦労働裁判所決定はこの点についての明確な判断を避けている。このうち本法の制定過程で審議にあたった第一一労働社会委員会の見解[46]に沿い、現在学説上の通説を構成していると思われるのは②であり、ヴィーゼはこれを支持する論拠をおよそ次のように述べている。「そもそも労働安全法九条三項は、労働安全法一条三項[47]に掲げられた法の目的を可能な限り実現するため、各専門家間に加え、従業員と経営の利益代表者間の信頼に満ちた協働の前提条件を形成しようとするものである。……このような規定の趣旨を実現するため、経営協議会は、使用者の行う措置に異同を述べるのみでなく、自ら積極的に措置を実施する権限を与えられるのでなければ、その目的は達成され得ない。しかしながら、選任の場合に限っては、各専門家に対する同意がなければ何者も選任され得ないという点で、経営協議会は既に十分な保護を受けている。従って、信頼関係の醸成のためとはいえ、自ら適当な人物を見つけだし、その選任を求めて積極的行為に出る必要は認められない[48]」。ドイブラーもヴィーゼとほぼ同旨であるが、これに加えて、① 本規定の立法経緯において、選任についての発議権が望まれていなかったこと、②使用者の望まない者の強制的選任は、経営組織上好ましくないこと、などを指摘している。[49]

次に議論の集中した論点は、各専門家の選任形態の選択に関する共同決定の可否である。労働安全法上この点に関する具体的定めは存しないが、実際には災害予防規則により確定される投入時間数および事業所医の供給者数などにより、その形態が決定されることが多い。[50] しかしながら、既に述べたように、使用者としては、労働安全専門職員はともかくも事業所医につき現実の供給者数が少ないことに加え、比較的費用がかからないことからも、各非常勤専門家あるいは産業保健サービスとの契約締結を選択する傾向に流れがちで、これに対しては経営協議会による共同決定によって歯止めをかける必要がある。以下に概要を示す一九七九年連邦労働裁判所決定（BAG（Beschluß）vom 10. 4. 1979, 1 ABR 34/77, DB（1979）, S. 1995）は、事業所医の選任形態の選択に限られた事案についてではあるが、[51] 経営協議会の義務的共同決定権の存在を認めたリーディング・ケースである。本件の原審にあたるハム・ラント労働裁判所決定（LAG Hamm（Beschluß）vom 16. 6. 1978, DB（1978）, S. 2494, EzA Nr. 1 zu § 87 BetrVG 1972 Arbeitssicherheit）を始め、過去の判例・学説の中には、各専門家の選任形態の選択について経営協議会の共同決定権を認めないものも複数存在したが、[52] 七九年決定は、経営組織法八七条一項七号を根拠とすることにより、これらの見解に真っ向から異議を唱えたのである。

〈事　案〉

約一九〇名の労働者を擁する使用者たる本件被申立人は、彼が運営する経営の経営協議会たる申立人の同意を得ずに、労働安全法二条に定める職務の履行のため、ある産業保健サービスへ加入した。申立人の主張によれば、このサービス機関は、その人的・物的サービスという点で加盟企業の労働者の産業保健を十分保障し得ないものであったという。そこで申立人は、「被申立人が、労働安全法上課された職務をいかに充足するか、は経営組織法八七条一項七号に基づく共同決定に付され、その同意なくしてなされた本件産業保健サービスへの加入は無効である」、との確認を求めて労働裁判所へ申立を行った。対する被申立人は、「求められた共同決定権は、経営協議会には存しない。なぜならば、労働安全法九条三項は、経営組織法八七条一項七号の定める法的規定に他ならず、その九条三項は、この点に関し、経営協議会への共同決定までをも要求してはいないからである」、との抗弁を展開した。一審労働裁判所および二審ラント労働裁判所は、申立人の確認請求を却下、申立人は抗告を提出した。

〈決　定〉

一部は破棄、その余については以下の通り確認する。「経営協議会は、労働安全法二条一項の履行のための選択可能性からの選択決定に際し、経営組織法八七条一項七号に基づき共同決定義務を負う」。

理　由（抄）

(1)　たしかに、経営組織法八七条一項七号は集団的事項（＝「規制」）のみを対象とするものであり、個別的な措置には関わらない、と認めることができる[53]。しかしながら、労働安全法にはこのような選択に際して何ら一般的な基準は規定されていないばかりか、個々の経営にとって――したがって当然そこで労務に従事する労働者にとっても――、経営内保健制度の形態如何は大きな意味を持つ「規制」事項である[54]。さらに、その形態如何が及ぼす効果は、その経営の形成のあり方によって全く異なりうることからも、このような選択決定が経営組織法八七条、八八条の対象とする「社会的事項」に該当しない、との批判[55]もまた当たらない。

(2)　原審ラント労働裁判所は、「労働安全法により与えられた経営内保健制度の選択決定は、あくまで内部的過程（innerer Vorgang）にすぎず、経営協議会の関与はその選択が具体化された後に初めて導かれるものである」、との趣旨を述べるが、当法廷はこれに賛成することはできない。たしかに労働安全法自体から選択決定の際の経営協議会の関与を導くことはできないが、その前段階においても、経営組織法八七条一項七号による広範な共同決定権が介入する事実に変わりはない。また、使用者が利用可能なモデルは、個々の経営に密接に関連しており、どのモデルを選択してもその経営にとって等価値というわけではない。労働安全法は、その一条三項において、労働保護および災害予防の問題について「可能な限り（bestmöglich）」使用者を補佐することこそ各専門家の職務と定めており、この目的を実現するためにも、選択決定に際して経営協議会の義務的共同決定を認めることが首尾一貫する。[56]

(3)　さらに、これまでに唱えられてきた傾聴すべき反論として次のようなものがある。「実際上、経営内保健制度の選択決定は、一般的抽象的レベルではなく、具体的個人や特定の保健機関による人的・物的サービスに関連して初めてなされるものである。従って、ここに経営組織法八七条一項七号に基づく義務的共同決定を介在させたとすると、事業所医の選任の際には、同規定にもとづく共同決定がなされた後、改めて労働安全法九条三項に基づく経営協議会の同意が求められ、非常勤医師あるいは産業保健サービスとの締約の際には、そうした共同決定の後、やはり経営協議会の意見聴取が求められることになってしまう。」

たしかに、特定のケースにおいてどのモデルが最適かを抽象的に決定することが可能か否かは不明である。[57] しかしながら、例えば当該経営の規模またはそれに特有の危険を理由として、こうした問題を担当するだけの適格性を有する事業所医の採用を求めることなど、少なくともそうした選択に際しての一般的な基準を立てることは十分可能である。当法廷の見解では、労働安全法九条三項は三つの選任形態間での抽象的選択、すなわち「先行問題（Vorfrage）」の決定の後、具体的個人あるいは保健機関の選定を行う過程を規制するものであると考えられるが、立法者が本規定の定めによってその「先行問題」を使用者の一方的決定に委ねようとした、との結論を導く資料はなんら存しない。労働社会法委員会報告（vgl. z. B. BT-Drucksache, 7/1085）でも繰り返し述べられているように、労働安全法九条三項の規制は、労働安全法上の個別的な義務の履行に関連する、経営組織法八七条一項七号に基づく経営協議会のその他の権利になんら影響を与えるものではない。[58]

【注】

（1）法七一九条二項（現行社会法典第七編二二条二項）では、とりわけ法定された保護設備の設置および正しい利用について使用者を継続的に説得していく役割が重要視されている。

（2）Durchführungsanweisung zu §9 Abs. 1 VBG1 : in Nipperdey, Hans Carl, Arbeitssicherheit (Losenblatt-Ausgabe), Band II (1995), 705, S. 8.

（3）ただし災害保険組合は、その規約（災害予防規則）において、とくに災害危険の少ない経営について、就業者二〇名を超える、との条件を変更し、要件を緩和することも可能である（法七一九条一項（現行社会法典第七編二二条一項））。現行社会法典第七編二二条一項では、逆に、特に災害危険の多い経営について、災害保険組合に対し、その裁量によって人数要件を厳格化する権限を明確化している。

（4）AuR (1988), S. 212 に設けられた項目 Information, Ergebnisse der Betriebsratswahlen による。これによれば、都合三万四八〇七の経営において、一八万九二九二名の経営協議会委員が選出された、とされている。ちなみにこの年はＤＧＢが勢力を拡大した年にあたり、被選出者のうち実に八割近い一四万五、〇〇三名がＤＧＢに組織化されていたという。

(5) Däubler Wolfgang, Das Arbeitsrecht 2, 10. Aufl. (Hamburg, 1995), S. 240 ; BT-Drucksache 12/6429, S. 41 ; BT-Drucksache 7/4668, S. 61.

(6) Däubler, a. a. O. (Fn. 5), S. 241.

(7) ここでこの法律は、経営協議会その他労働者代表組織の委員の解約告知が、重大な事由の存する場合、経営協議会その他の同意があった場合、裁判所の判決を得た場合など例外的なケースを除き、一般的に許されないことを明らかにしている。

(8) Däubler, a. a. O. (Fn. 5), S. 241.

(9) Bücker, Andreas/Feldhoff, Kerstin/Kohte, Wolfhard, Vom Arbeitsschutz zur Arbeitsumwelt : europäische Herausforderungen für das deutsche Arbeitsrecht (Neuwied, 1994), S. 26 ; Rosenbrock, Rolf, Arbeitsmediziner und Sicherheitsexperten im Betrieb, (Frankfurt am Main, 1982), S. 82ff.

(10) Däubler, a. a. O. (Fn. 5), S. 240, 241.

(11) 連邦労働社会相は、法的災害保険者が使用者の法的義務をより詳細に具体化する権限を付与されたにも関わらず、法定権限内に十分な作業を行わない場合にもこの権限を行使することを許されているが、この場合にも経営協議会の同意を要するという条件は変わらない。

(12) 本規定は、本法および経営組織法に基づき経営協議会に課された職務の実施のため、各専門家と経営協議会との密接な協働を目的とするものであり、その二文は、ドイツ社会民主党（SPD）および自由民主党（FDP）の提案に基づき、八条三項三文に定めのある経営協議会の情報権を強化充実させたものである (BT-Drucksache, 7/1085, S. 7)。

(13) LAG Berlin (Beschluß) vom 10. 2. 1977, BB (1977), S. 1399 ; Fabricius, Fritz/Kraft, Alfons/Wiese, Günter/Kreutz, Peter, Betriebsverfassungsgesetz, Gemeinschaftskommentar, 5. Aufl. (Neuwied, Kriftel, Berlin, 1995), § 87 Randziffer 553 usw.

(14) Fabricius/Kraft/Wiese/Kreutz, a. a. O. (Fn. 13), § 87 Randziffer 553, m. w. N.

（15）BT-Drucksache, 7/260, S. 14, 19 ; BT-Drucksache, 7/1085, S. 7.

（16）BT-Drucksache, 7/1085, S. 7. これと同旨のものとして、LAG Berlin (Beschluß) vom 31. 3. 1981, DB (1981), S. 1520.

（17）例えば Aufhauser, Rudolf/Brünhober, Hannelore/Igl, Peter, Arbeitssicherheitsgesetz (Kommentar), 1. Aufl. (Baden-Baden, 1992), § 9 Randziffer 5.

（18）この訳出の作成にあたっては、西谷敏＝中島正雄＝米津孝司＝村中孝史訳『現代ドイツ労働法』（法律文化社、一九九五年）(Löwisch, Manfred, Arbeitsrecht, 3. Aufl. (Düsseldorf, 1991)) 二一三頁〜二一八頁（中島担当部分）を参照した。

（19）この規定については、現実的には配転と格付け変更のみが考慮されるという（西谷＝中島＝米津＝村中・前掲（注18）訳書二一七頁（中島担当部分））。

（20）経営組織法九三条は、補充されるべき職場がある場合、それが一般的な職務であれ特定の技能を要求される職務であれ、先ずはその経営内で募集を行うよう経営協議会が要求できる旨を定めている。この規定は、九四年法改正により、空きポストのパートタイム職場としての募集についてもその適用が及ぶ旨定められるに至った。

（21）Fitting, Karl/Auffarth, Fritz/Kaiser, Heinrich/Heither, Friedrich/Engels, Gerd, Betriebsverfassungsgesetz, 18. Aufl. (München, 1996), § 99 Randziffer 14, 14a, 14b, m. w. N.

（22）西谷＝中島＝米津＝村中・前掲（注18）訳書二一四頁（中島担当部分）。

（23）雇用促進法一九条一項は、二国間協定等の特段の定めのない限り、外国人が就労を行なう際に連邦行政機関の許可を要すること、その許可の発令要件、許可の有効期間等について定めを置いている。

（24）西谷＝中島＝米津＝村中・前掲（注18）訳書四四、二一六頁（西谷、中島担当部分）。

（25）Fitting/Auffarth/Kaiser/Heither/Engels, a. a. O. (Fn. 21), § 99 Randziffer 10.

（26）例えばレービッシュ氏の訳書、西谷＝中島＝米津＝村中・前掲（注18）二一三頁（中島担当部分）。

（27）その結果、判例学説によれば、労使間で労働契約が締結されながら経営協議会の同意を得られないために労働者が就業できないという場合、当該使用者は、民法六一五条の定める受領遅滞に陥ったものとみなされ、当該契約の継続期間中は賃金請求権を失わないと解されている（西谷＝中島＝米津＝村中・前掲（注18）訳書二一三頁（中島担当部分）参照）。

(28)　Fabricius/Kraft/Wiese/Kreutz, a. a. O. (Fn. 13), § 87 Randziffer 552 m. w. N.

(29)　Ibid. ; Hess, Harald/Schlochauer, Ursula/Glaubitz, Werner, Kommentar zum Betriebsverfassungsgesetz, 4. Aufl. (Neuwied, 1993), § 87 Randziffer 377.

(30)　BAG (Urteil) vom 24. 3. 1988, 2 AZR 369/87, AP Nr. 1 zu § 9 ASiG Bl. 3R, 4Rff. Fabricius/Kraft/Wiese/Kreutz, a. a. O. (Fn. 13), § 87 Rndziffer 551. 他方、非常勤職員との契約締結および解除に際しての意見聴取は、経営協議会と使用者との「信頼に満ちた協働」の保障を目的とするものにすぎないことから、契約締結および解除の効力に何ら影響を与えないと解されている（Fabricius/Kraft/Wiese/Kreutz, a. a. O. (Fn. 13), § 87 Randziffer 554, m. w. N.）。

(31)　Fabricius/Kraft/Wiese/Kreutz, a. a. O. (Fn. 13), § 87 Randziffer 549.

(32)　なお、ドイツにおいて解雇（Entlassung）と解約告知（Kündigung）は同義ではなく、一般には使用者の解約告知によって生じる労働関係の終了が解雇と呼ばれている。

(33)　解約告知制限法一条は、その第一項で、当該経営または企業において六ヶ月間を超えて雇用関係を継続した労働者の社会的に正当化されない解約告知を禁止し、第二項で、社会的正当性を欠く解約告知の類型を列挙している。基本的には、「個人もしくは労働者の行為に存する事由、または当該経営における労働者の雇用を不可能ならしめるような経営における緊急の必要性を欠く」解約告知がこれに該当するとされる。第三項は、第二項でいう「経営における緊急の必要性」による解約告知が社会的に正当化されない場合を絞り込み、その他の事由による解約告知よりその要件を緩和している。

(34)　これについては第四章第二節第一款注（1）を参照されたし。

(35)　この点については、さしあたり西谷＝中島＝米津＝村中・前掲（注18）訳書二一九〜二二七（中島担当部分）

頁の他、より詳しくは、例えば藤原稔弘「解約告知に対する経営協議会の関与の実状とその問題点」横井編『現代労使関係と法の変容』（一九八八年）四九頁以下（その他の研究についてもここで触れられている）を参照されたし。

（36） BAG, a. a. O. (Fn. 30), Bl. 3ff.; Fabricius/Kraft/Wiese/Kreutz, a. a. O. (Fn. 13), § 87 Randziffer 550; Däubler, Wolfgang/Kittner, Michael/Klebe, Thomas/Schneider, Wolfgang (Hrsg.), Betriebsverfassungsgesetz, Kommentar für die Praxis, 4. Aufl. (Köln, 1994), § 87 Randziffer 190. 異論としては、例えば Hess/Schlochauer/Glaubitz, a. a. O. (Fn. 29), § 87 Randziffer 379.

（37） この点について連邦労働裁判所（BAG, a. a. O. (Fn. 30), Bl. 6R）は態度を保留しており、学説の中でも、各専門家の解任について、労働安全法上経営協議会及び仲裁委員会両者の同意を得られない場合、その職務に関連する事由については経営組織法上の解約告知も認められない、との前提に立ちながら、この点には必ずしも賛同しないものもある（例えば、Kliesch, Georg/Nöthlichs, Matthias/Wagner, Rolff, Arbeitssicherheitsgesetz (Berlin, 1978), § 9 Randziffer 7. 4）。

（38） 経営組織法一〇二条三項の全訳は、例えば西谷＝中島＝米津＝村中・前掲（注18）訳書二二三頁（中島担当部分）参照。

（39） Fabricius/Kraft/Wiese/Kreutz, a. a. O. (Fn. 13), § 87 Randziffer 552 m. w. N.

（40） 例えば Fabricius/Kraft/Wiese/Kreutz, a. a. O. (Fn. 13), § 87 Randziffer 556.

（41） Ibid.

（42） 通説によれば、このような共同決定権は、先に挙げた労働保護委員会の構成委員数、選出手続などにも及ぶものの、労働保護委員会は本来的には使用者の勧告機関にすぎないことから、法定されている経営協議会からの派遣者二名を除き、そのメンバーの任免は、それが権利濫用にあたらない限り使用者の自由に委ねられ、この点に経営協議会の共同決定は及ばないと解されている（Fabricius/Kraft/Wiese/Kreutz, a. a. O. (Fn. 13), § 87 Randziffer 565, m. w. N.）。

(43)　たとえば Fitting/Auffarth/Kaiser/Heither/Engels, a. a. O. (Fn. 21), vor §89 Randziffer 218. ここでは、僅かに立法趣旨への言及がなされている他、特にその論拠は挙げられていない。なお、各専門家の選任に際しても経営協議会に発議権を認めるという立場をとる場合にも、まずは労働安全法四条、七条、一八条ほか災害予防規則を含む関係法規に規定されている適格性要件（本章第一節第一款〈資格〉および第二款参照）を充足する者の選任を要求すべきことはいうまでもない。経営協議会の関与が予定されるのは、それ以上のレベルでの適任性の決定について、ということになるであろう。

(44)　本文で挙げるものの他、たとえば Graeff, Günter, Gesetz über Betriebsärzte, Sicherheitsingenieure und andere Fachkräfte für Arbeitssicherheit, 2. Aufl. (Köln, Berlin, Bonn, München, 1979), §9 Randziffer 5. 1.

(45)　たとえば LAG Berlin, a. a. O. (Fn. 16), S. 1520 ; Hess/Schlochauer/Glaubitz, a. a. O. (Fn. 29), §87 Randziffer 350, 374. このうちベルリン・ラント労働裁判所は、九条三項に基づき経営協議会の同意が求められる各専門家の職務の拡大について、たとえ九条三項二文に基づき経営組織法八七条一項七号が適用される場合であっても、ここではまず、まさにその同意のみを規定する九条三項（二文）の要件の存在が問題となることから、経営組織法上の共同決定に際しては認められる経営協議会の発議権を前提に考えることはできない、との趣旨を述べている。

(46)　委員会は、九条三項が経営組織法八七条に言及していることを重視し、このことからまず使用者に対して経営協議会の同意権に対応する発議権が帰属する、と述べた後、これに応じて経営協議会にも各専門家の選任の場合を除き、発議権が帰属するのでなければならない、と述べている (BT-Drucksache, 7/1085, S. 7)。

(47)　労働安全法一条は、まずは使用者による各専門家の選任義務、各専門家による使用者の補助義務を定めた後、これらの手段によって達成されるべき目的の一つとして、「労働保護及び災害予防を目的とする措置が可能な限り高い効率性を挙げること」を、その第三項に掲げている。

(48)　Fabricius/Kraft/Wiese/Kreutz, a. a. O. (Fn. 13), §87 Randziffer 569.

(49)　Däubler, a. a. O. (Fn. 5), S. 245, 246.

(50) Siehe, Däubler, a. a. O. (Fn. 5), S. 245.

(51) 申立人である経営協議会は、労働安全専門職員の選任形態の選択決定についても、その共同決定権の対象となる旨確認を求めたが、裁判所はこの点に関して本件における当事者間の争いの存在、したがって法的保護の必要性を認めず、その申立を却下した原審の判断を支持した。

(52) 例えば、Glaubitz, Werner, Mitbestimmung des Betriebsrats gemäß § 87 Abs. 1 Nr. 7 BetrVG bei Regelungen über den Arbeitsschutz, BB (1977), S. 1405, m. w. N.

(53) Denck, Johannes, Arbeitsschutz und Mitbestimmung des Betriebsrats, ZfA (1976), S. 453. これ以下は、裁判所引用文献である。

(54) LAG Hamm (Beschluß) vom 16. 6. 1978, DB (1978), S. 2494, EzA Nr. 1 zu § 87 BetrVG 1972 Arbeitssicherheit ; Sund, Olaf, Arbeitssicherheitsgesetz, Mitbestimmung des Betriebsrats, ArbSch. (1977), S. 66 ; Spinnarke, Jurgen, Mitbestimmungsrechte des Betriebsrats nach dem Arbeitssicherheitsgesetz, BB (1976), S. 798.

(55) Rudolf, Ekkehard, Die Mitwirkungsrechte des Betriebsrats nach § 9 Abs. 3 des Gesetzes über Betriebsärzte, Sicherheitsingenieure und andere Fachkräfte für Arbeitssicherheit, BB (1976), S. 370.

(56) Kliesch/Nöthlichs/Wagner, a. a. O. (Fn. 37), § 19 Randziffer 5.

(57) ここで裁判所は、Kliesch/Nöthlichs/Wagner, a. a. O. (Fn. 37), § 19 Randziffer 5 が、経営内保健制度の選択決定に次のような一般的な優先順位をつけていることを指摘している。①医師の労働者としての採用、②産業保健サービスとの締結、③非常勤医師との締約。

(58) さらに本件において裁判所は、被申立人のおよそ次のような主張にも応えている。「経営協議会はこのような共同決定によって使用者に重大な経済的支出を強制することになる。このような経済的支出は、経営における養老手当と同様、使用者の任意にかかるものであり、その形態に関しては共同決定を免れる (vgl. AP Nr. 1 bis Nr. 4 zu § 87 BetrVG 1972 Alterversorgung)」。これに対して裁判所は次のようにいう。「このような解釈は、養老手当のような任意性のあるものに限って成り立つのであって、任意性の原則は労働安全法の枠内には存しない」、と。

第三節　経営内災害予防活動への参加権

本章前節において検討対象としてきた経営協議会を通じて実現される労働者の権利は、労働保護措置を行う第一次的な主体を使用者、もしくはそれを補佐する専門家としての各産業保健スタッフと見立て、彼らの行うべき措置を共同決定する権利、いわば他者の行為を目的とするものであった。また、前章において検討対象とした諸権利も、基本的には労働者に職場退避という消極的行為の根拠づけ、あるいは使用者の積極的・消極的措置の請求根拠に他ならず、必ずしも労働者自身のより総合的な経営内災害予防活動を促したり根拠づけたりするものではない。むろん、経営内における一次的な安全衛生管理責任者は使用者であり、かかる法体系はそうした法の趣旨を反映したものといえなくもないが、しかしながら、再三述べるように、複雑多様化した危険への対処にあたり、労働者自身が「他人任せ」の対応に終始してなお実効を挙げ得るはずはなく、このことは、近年発効した新労働保護法（詳細は第二章第一節第一款〈新労働保護法〉を参照されたい）第三章において、就業者たる労働者が、従来の単なる法令遵守義務の枠を超え、使用者の義務遂行を包括的に補佐する義務を設定されていることによっても象徴されている。そして、これまでにおいても、例えば七二年経営組織法八九条は、経営協議会と使用者間ならびに経営協議会と管轄行政他諸機関間の協働を強化することを目的として以下のような定めを置き、労働者代表組織たる経営協議会の積極的行為を義務づけ、また権利づけることにより、いわば労働者自身の積極的行為の促進を図ってきた。

「① 経営協議会は、災害衛生危険の一掃に際し、提案、勧告、情報提供を行うことによって、労働保護を管轄する行政機関、法的災害保険者およびその他関係機関を補佐するとともに、また経営内において労働保護および災害予防に関する規定の実施に努めなければならない。

②使用者および第一項に挙げられた諸機関は、労働保護もしくは災害予防に関連してなされる全ての査察、質疑、災害調査の機会に、経営協議会もしくはその指名を受けた協議会委員を招聘する義務を負う。使用者は、第一項に定める諸機関の発令した労働保護および災害予防に関する指図および指示を、経営協議会に遅滞なく伝えなければならない。(1)

③使用者とライヒ保険法七一九条四項に基づく安全管理委員もしくは安全管理委員会（第五章第二節第一款参照）との協議には、経営協議会によって指名された協議会委員が参加するものとする。(2)

④経営協議会は、第二項及び第三項により自らが招聘されるべき災害調査、査察及び協議に関する記録を受領するものとする。

⑤使用者は、ライヒ保険法一五五二条(3)により経営協議会の署名が義務づけられている災害申告書の複写を経営協議会に引き渡さなければならない」。

第三章第三節第一款で述べたように、本規定の本質的な枠組みは既に一九二〇年経営協議会法六六条八号および法七七条に存在しており、ここでは経営協議会の経営内災害予防のための監督的・補助的機能ならびに経営内災害調査への参加権が明記されていた。その後ナチ時代の経営協議会解体を経て、以下の如く五二年法五八条として復活、若干の修正を経て七二年法八九条へと至った。

「①経営協議会は、災害衛生危険の一掃に配慮し、この作業に際しては、提案、勧告、情報提供を行うことによって、営業監督およびその他関係機関を補佐し、労働保護関連法規の実施に努めなければならない。

② 経営協議会は、労働保護設備の導入および検査、(4) ならびに使用者、営業監督もしくはその他関係機関により予定された災害調査に際し、招聘されなければならない」。

〈協働の主体〉

七二年法の立法趣意書によれば、八九条本文のうち一項および二項は、本質的に五二年法五八条の定めを受け継いだものであるが、二項一文の義務づけの対象者には、使用者に加えて行政他諸機関がその文頭に明文化され、五二年法の下では直接の名宛人は使用者のみと解されていた内容が一新されており、また二項二文は、本規定の目的とする経営協議会と使用者間、経営協議会とこれら諸機関との間の密接な協働を効果的に形成するため、労働社会委員会の決議に基づいてあえて挿入されたものであるとされている。(5) そこで問題となるのが、法的災害保険者（これについては第二章第一節第三款を参照）を除き、ここでいう行政他諸機関、すなわち「労働保護を管轄する行政機関」および「その他関係機関」が何を意味するか、である。このうち前者は、原則的には正規の「一般警察当局（ordentliche Polizeibehörde）」を指し、これは行政警察（Verwaltungspolizei）とならんで、制度上、火災防止のための建築制限など、緊急的な活動を必ずしも必要としない危険防止を管轄する秩序機関（Ordnungsbehörde）を意味する。伝統的かつ実体的な概念区分において、「警察（Polizei）」という用語は「公共の安全と秩序に対する危険の防止ならびに既に生じた障害の除去のための公的な統治活動の全て」と理解されていたことから、一般警察当局を始めとする秩序機関は広義の「警察」に該当することとなるが、後になって登場した制度上の概念区分によれば、「警察」とは、犯罪予防などの危険防止ならびに切迫した状況下における障害の除去を職務とする「特別警察組織（Polizeivollzugsdienst）」に制限され、従って秩序機関と「警察」とは一応の分離がなされることとなった。[6] 本規定にいう「労働保護を管轄する行政機関」とは、原則的には「警察」とは異なる一般警察当局を意味するものであるが、法の定めに従い、本来その概念からは外れる営業監督局（営業法一三九条(b)）、鉱業監督局（営業法一五四条(a)を通じて適用される一三九条(b)および一九八〇年連邦鉱業法（Bundesberggesetz (BGBl. 1 S. 1310)）六九条以下、一四二条）、公衆衛生局（例えば一九三五年公衆衛生制度の統合に関する法律施行令（DVO zum Gesetz über die Vereinheitlichung des Gesundheitswesen (RMBl. S. 327)）四五条、四六条）、社内診療医（一九七六年職業病に関する命令（Berufskrankheiten-Verordnungen (BGBl. 1 S. 3329)）五条一項（現行社会法典第七編二〇二条）、七条（現行職業病に関する命令（BGBl. 1 S. 2623）四条））[7] 等の諸機関に加え、緊急の必要性が認められる場合には、特別警察組織をも含めて考えられることもある。[8] 他方、後者―「その他関係機関」―にあたるものには、自ら安全技術の専門家を擁する登録社団技術監査協会（Technischer Überwachungsverein）[9] の他、労働者の予防検診などを行う認定医（第五章第一節第一款〈職務〉参照）、事業所医および労働安全専門職員（第五章第一節第一款および第五章第一節第二款参照）、労働保護委員会（第五章第一節第四款参照）、安全管理委員および安全管理委員会（第五章第二節第一款参照）、環境法上の経営内委員（第二章第一節第二款参照）などの経営内保健制度、さらには使用者までもが含まれるとされる。[10]

〈一般的行政規則ならびに職務指令〉

本規定―七二年経営組織法八九条―の志向する経営協議会と使用者および行政他諸機関との間の共同関係の構築は、旧ライヒ保険法（現行社会法典第七編）の諸規定等に基づき連邦労働社会相により制定されている一般的行政規則（allgemeine Verwaltungsvorschrift）により、より詳細に具体化がなされている。[11]

まず、ライヒ保険法七一二条四項（巻末参照、現行社会法典第七編二〇条諸項）[12]などに基づき一九六八年に制定された「災害保険者の技術監督官と経営組織代表機関（Betriebsvertretung：経営協議会、船員代表委員会、海員代表委員会、職員代表委員会）との協同に関する一般的行政規則（Allgemeine Verwaltungsvorschrift über das Zusammenwirken der technischen Aufsichtsbeamten der Träger der Unfallversicherung mit den Betriebsvertretungen vom 21. 6. 1968 (Bundesanzeiger Nr. 116), geändert durch Allgemeine Verwaltungsvorschrift vom 28. 11. 1977 (Bundesanzeiger Nr. 225))」は、その二条において次のような一般原則を掲げる。「技術監督官は、災害予防および緊急活動の領域において、経営組織代表機関（経営協議会、船員代表委員会、……）と密接な協同を行わなければならない。しかしながら、この規定により、災害予防および緊急活動を目的とするあらゆる適当な措置を講ずべき事業主および災害保険組合の義務は、なんら影響を受けることはない」。そしてその三条以下は、この一般原則を実現するための種々の具体的手段について、以下のような定めを置いている。① 教育研修の過程、経営の査察など適当な機会を捉えての技術監督官と経営組織代表機関との間での意見交換の勧奨（三条）。② 種々の災害予防および緊急活動に際しての技術監督官による経営組織代表機関への通知およびその招聘義務（四条一項）。③ 災害予防および緊急活動の重要な基礎資料となる事業主の災害申告につき、その複写の送付により、経営組織代表機関にその作成への関与（例えば前掲ライヒ保険法一五五二条（現行社会法典第七編一九三条五項）を参照）を促す義務（五条）。④ 経営の査察を行う技術監督官に対する経営組織代表機関による瑕疵の申告権、その対処手段の提案権（六条一項）、⑤ 災害予防および緊急活動に関する経営組織代表機関の技術監督官との協議権（六条）。こうした規定群は、それぞれ各経営ごとの災害予防および緊急活動に際して経営組織代表機関と技術監督官との協同を予定したものであるが、この行政規則には、これらとはやや性格を異にする（もしくはその趣旨を更に推し進めた）以下のような興味深い規定が含まれている。

（八条）「災害保険者において、安全技術規定（① 災害予防規則の実施規定、② 災害予防規則により未だ規制されていない事項に関する準則、③ その他の手引き（これらについての詳細は第三章第二節第一款注53参照））が作成され、それに際して特定の経営組織代表機関の知識経験の活用が可能な場合、技術監督官はこうした機関の見解を求めるべきものとする。」

（九条）「災害予防および緊急活動の領域において、災害保険者により教育研修課程が開設される場合、技術監督官は経営組織代表機関から事業主に参加者を提案できるよう、適宜その場所、時間、開講テーマ、講座名を通知しなければならない。」

これらの規定において、経営組織代表機関は、災害予防および緊急活動への場当たり的な関与のみでなく、間接的ではあるが、事実上の拘束力（Quasiverbindlichkeit）を有する規定の立法者の一員として、また教育研修行事のコーディネーターおよび宣伝役として、より一般的な関与を予定されている。本行政規則が技術監督官と経営組織代表機関との本質的協同を志向していることの説得的な証左ということができるであろう。

次に、ライヒ保険法七一七条（巻末〔参照条文〕参照、現行社会法典第七編二〇条諸項）等に基づきやはり一九六八年に制定された「災害保険者と営業監督との協同に関する一般的行政規則（Allgemeine Verwaltungsvorschrift über das Zusammenwirken der Träger der Unfallversicherung und der Gewerbeaufsichtsbehörden vom 26. 7. 1968 (Bundesanzeiger Nr. 142), geändert durch Allgemeine Verwaltungsvorschrift vom 28. 11. 1977 (Bundesanzeiger Nr. 225)）」の内容を一瞥することとする。本規則は前規則と同様、その二条において次のような一般的宣言を行っている。「災害保険者および営業監督は、災害予防および緊急活動の領域において、かかる領域を規律する法規が有効に実施され得るよう、密接に協同しなければならない。この目的を達するため、本規則三条から九条の定めに関わらず、あらゆる適当な手段が講じられなければならない」。そしてその三条以下では、以下のような規定が置かれ、やはりその内容が具体化されている。営業監督官と技術監督官との間での意見交換の促進（三条）、特定の条件が存する場合の共同的経営査察の実施（四条）、特定の災害発生時における共同的経営災害調査の実施（五条）、一方が相手方機関の担当領域にかかる職務を行う場合における他方に対する意見聴取義務（六条）、相手方担当領域にかかる事項に関する双方の通知義務（七条）。そして、これらに続く八条および九条には、やはり前規則と同様、立法および教育研修課程の領域にまで及ぶより積極的な協同規定が置かれているが、前規則と比較して、その内容には一定の修正が見られる。例えばその八条は、災害予防規則の実施規定、準則などの安全規定の作成に際し、営業監督の関与を求めた規定であるが、ここでは営業監督の側においても法規命令の発令に際して災害保険者を関与させるべし、とする双方向的な配慮が求められている。さらに九条においては、災害保険者に対し、とりわけ労働安全専門職員あるいは安全管理委員を対象とする教育研修課程の開設にかぎり、営業監督を含むラントの労働保護管轄機関にその期日、場所、講座手順などを通知すべきことが義務づけられている。労働安全専門職員と安全管理委員は、その法的性格も経営内での位置づけも異なるが（詳しくは、第五章第一節第二款および第五章第二節第一款参照）、両者ともに経営内での安全技術的問題を管掌する専門家であり、その意味では経営内で生じる災害疾病危険に対して事前事後を問わず最も迅速に対応しうる存在である。本規則は、経営組織代表機関のメンバー以外に教育研修の対象者を明らかにしなかった前規則とは異なり、まさにこのような重責を担う専門家の養成過程を特定して災害保険者と営業監督の協同関係を確立し、両者の知識経験を余すところなく彼らに伝えることを予定しているのである。

第三に、営業監督と経営協議会との協同に関する補完規定が問題となるが、現在のところ、このような規定は前二者にほぼ同様の内容をもって複数のラント法に存在している。例えばノルトライン・ヴェストファーレンで一九六四年の制定以来数回に渡って改定されている「営業監督に対する職務指令（Dienstanweisung für die Staatlichen Gewerbeaufsichtsämter)」では、このような事項に関する定めが、前二者の制定にほぼ時期をあわせて設けられた五条(a)に統一的に置かれている。その全体的な規範構造や規制内容はとりわけ災害保険者と技術監督官との協働を定めた一般的行政規則に非常に似通っており、少なくとも経営協議会との関係において災害保険者と営業監督がほぼ同様の位置づけに置かれていることは容易に理解される。

〈経営協議会による職場危険知識情報の獲得〉

本規定、すなわち七二年経営組織法八九条のうち第一項は、そもそも法八〇条一項一号によって経営協議会に委ねられた労働保護法、労働契約法などの経営における一般的な合法性監督の職務をより具体化することを意図して設けられたものであり(13)、例えばヴィーゼは、これら両規定の趣旨に鑑みて、経営協議会の行うべき主な作業を次のように整理している(14)。

① 危険原因およびその他労働保護における瑕疵の指摘
② こうした瑕疵の除去および災害予防の改善のための提案
③ 労働者からの適当な提案を汲み上げ、あるいはその申立を調査するよう使用者と協議すること
④ 使用者が労働保護法規違反を犯した場合の対応（管轄機関への取締請求など）

なお、このうち①については、連邦労働裁判所により、かかる職務を効果的に実施するため、経営協議会が、

使用者に法規違反の具体的疑いのある場合において、経営査察を行うべき権利を有すると判示されており（BAG vom 21. 1. 1982, AP Nr. 1 zu § 70 BetrVG 1972）、さらに同協議会は、当該経営内において許可なく立ち入りを禁止された区域にも、これを管理する者への申し出を前提に立ち入る権利を認められている（Ibid）。因みに、かかる場合において、経営協議会が職場において証拠収集のための写真およびビデオ撮影を行うことは自由だが、これが労働者の作業、行為の監視に及ぶ場合には、経営組織法八七条一項六号の定めに基づき義務的共同決定に付されることとなる(15)。

また、④における管轄機関への取締請求については、経営組織法八九条はそれ自身、その二条一項ないしは七四条一項二文の定める「信頼に満ちた協働」を強化する目的を持ったものであることから、管轄機関へよる手段は、あくまで使用者による瑕疵の修正を待った後でなされるべきとの考え方が学説上は通説となっていることに(16)も触れておく必要が有ろう。

以上の如く、経営組織法の適用を受ける個々の労働者は、経営内代表組織たる経営協議会を通じ、その他の主体と共に積極的な経営内災害予防活動に参加する権利義務を規定されていることが確認されたわけだが、いずれにせよ、経営協議会がこうした一連の作業を行うにあたっては、労働安全衛生問題に関する一般的知識とより個別的な職場危険情報の双方が必要となる。実際問題として、多くの経営協議会は、法八九条二項一文の趣旨に対応し、この問題を専門に扱う複数の委員を指名しておく、また大規模経営にあってはより大きな単位での専門委員会を設置するなどの手段を講じているようだが(17)、再三述べるように、労働安全衛生という領域は、安全技術から産業心理に至るまで幅広い専門性を要求される極めて複雑な領域であり、それに対処するためには、かかる人員上の体制づくりに加え、そうした人員に対する学習研究環境の整備、とりわけ個別労働者が特定の機会に特定の対象について得られる職場危険情報（第四章第一節〈経営組織法八一条以下〉参照）に比べてより一般的な情報、さらにはかかる一般知識をもって理解されるべき個々の経営に潜む個別具体的な災害疾病危険に関する情報、の両者を獲得する道程が法的に保障されなければ、その成果は殆ど期待できない。そこで彼国の経営組織法は、七二年法改正に際し、前者の実現を目的とする経営組織法三七条諸項に加え、後者の実現を目的とする八九条四項を定めることとなった。以下、若干ながら両規定の定めを検討することとする。

(1)　学習研究環境の整備

まず、経営組織法三七条二項本文の定めを一瞥されたい。

「経営協議会委員は、経営の規模及び性格に応じ、自らに課された任務の合法的な遂行に必要な場合、またその限りにおいて、従前と同額の賃金を支払われたままその就業を免除されるものとする。」

経営組織法三七条はその第一項で、経営協議会委員が名誉職として無給でその任務を行うべきことを定めているが、本規定はこれに対応して、あくまで合法的な任務の遂行について通常賃金の保障を定めたものである。この点経営協議会は、経営組織法を始めとする諸法規により、労働保護法規の補充、合法性監督を始め、各経営の労働保護に関連する様々な任務を負っていることについては既に述べてきた通りであり、したがって彼は、その労働時間の一部を、例えば労働保護法規や災害予防規則の他、関連する専門書、専門雑誌など基礎資料の学習・研究にあてることが可能となる。(18)さらに法四〇条は、経営協議会の適正な任務の遂行から生じる費用の使用者負担、ならびに使用者の支配下にある空間、物的手段および事務部員を経営協議会の利用に供すべきことを定めていることから、こうした基礎資料は使用者の負担で経営に備えられるべきものと解されている。(19)

次に、法三七条二項に関連する第六項の規定を一瞥されたい。

「本条第二項は、これが経営協議会の作業に必要な知識を伝えるものである限りにおいて、教育研修行事への参加についても適用される。経営協議会は、こうした行事への参加スケジュールの決定に際して、各経営ごとに存する必要性を考慮しなければならない。また、同協議会は、こうした行事への参加者および参加スケジュールを適宜使用者に告知しなければならない。使用者が各経営に存する必要性を不十分と見なした場合には、仲裁委員会を招集することができる。仲裁委員会の決定は、労使間の同意に代えられる。」

この規定により、経営協議会委員は、教育研修セミナーなどの知識伝達機会を労働時間内に開催するとともに、使用者に対してその開催に要した費用ならびにその間の賃金継続支給を要求することができることとなる。その開催期間については、ほんらい本項二文の定めに従い、当該経営に存する必要性に応じて決定されるが[20]、つづく第七項の定めるところによれば、当該教育研修行事が、労働組合の上部団体および使用者団体との協議の後、ラントの上級労働官庁によって適当と認められたものである場合、経営協議会委員は、三週間にわたり賃金継続支給のままこれに参加する権利を認められることとなる。では、ここでいう必要性の判断は、具体的にはいかになされるのであろうか。この点の解釈については、その立法以来喧々囂々の議論が展開されてきたが、一九八六年連邦労働裁判所決定[21]は、申立人の所属する経営の製造工程の変更後、使用者の同意もあって一日安全衛生セミナーへ参加したが（彼は、製造工程変更前にも五日間の安全管理委員セミナーに参加している）、その後彼の所属する経営協議会により、改めてIG-Metallの主催する約一〇日間のセミナーへの参加が決議されたものの、被申立人において、彼には既に十分な研修がなされている、としたうえ、災害保険組合主催の各五日間二回完成の無料研修への参加を示唆し、九四五マルクにのぼるその費用負担を拒んだ、という事案において、およそ次のような趣旨を述べている。「経営協議会は、常に経営における現実的な対応を求められており、職場危険に関する知識の伝達は、事故の発生が明らかに予見可能か既に生じてしまった場合にようやくなされる、という性格のものではないから、必要性の判断をそれほど厳格に判断する必要はない。そのような知識の伝達は、当該経営および経営協議会における具体的事情に鑑みて必要とされる限り、認められるものである」、と。そして、そこで必要性を認められる教育研修行事の内容のうち至極基本的なものについては、既にこれまでの判例の中で一定の判断枠組みが与えられてきている。例えば、経営組織法およびとりわけ労働保護法を中心とする労働法の基礎知識の伝達は常にその必要性を認められ、したがって賃金継続支給下での教育研修行事の請求を正当化するとされている。[22] さらに経営組織法九〇条の意味する「労働の人間的形成に関する労働科学的認識」の伝達について連邦労働裁判所判決は、[23] その認識自体の伝達の必要性を認定するとともに、これに従って実際になされた経営内の修正および打ち立てられた計画が具体的に示されなければならない、との判断を下している。

(2)　職場危険情報の獲得

経営協議会による積極的な災害予防活動を期待するにあたり、同協議会による一般的な専門知識の習得と同様に重要なのが、当該経営に固有の職場危険情報である。そしてかかる情報は、先述したとおり、経営組織法八一条以下、危険有害物質に関する命令二一条等に基づき、個別労働者が特定の機会に特定の対象について得られる職場危険情報とは異なり、経営協議会独自の集団的データとして検知されるものでなければ、この点に関する労働者代表組織としての経営協議会の意義を欠くことにもなりかねない。

そこで経営組織法は、前記規定とは別個に、その八九条四項および五項において、経営協議会ならではともいえる、行政他諸機関と拮抗する職場危険情報権を彼に付与している。例えばその四項は、経営協議会は、自らが本条二項及び三項に基づき行う職務に必要な「全ての記録」を、使用者のみでなく行政他諸機関から手交されるべきことを定めたものであり[24]、本規定は、経営組織法以外の法令においても若干見られるように[25]、経営組織法に定める職務の実施に際して必要とされる情報および資料の提供について、一般的に定めた経営組織法八〇条二項をより具体化する意図で設けられたものである[26]。使用者及び行政他管轄諸機関は、本規定を根拠にそうした記録の作成義務まで負うものではないが、他の諸法規[27]に基づきあるいは任意に作成した記録がある場合、経営協議会からの要求の有無に関わらず、自ら直接その記録を引き渡さなければならない[28]。この際、使用者以外の諸機関が当該経営に関わる記録を引き渡すとなると、経営組織法七九条一項、刑法二〇三、二〇四条、不正競争防止法（Gesetz gegen den unlauteren Wettbewerb vom 7. 6. 1909（RGBl. 1 S. 499））一七条（巻末参照）その他の法理により保護されている経営機密（Betriebsgeheimnis）[29]および営業機密（Geschäftsgeheimnis）が[30][31]、これらの機関もしくは経営協議会を通じて漏洩しかねないとの指摘もなされているが、現実的には、使用者側が予め諸機関に対して保護すべき機密を特定、指示し、諸機関側がこれを忠実に経営協議会に伝えることによって解決され得ることから、さして問題視されていないようである[32]。

それでは、他方の八九条五項の定めはこれといかなる関係に立つのであろうか。本規定の言及するライヒ保険法一五五二条（現行社会法典第七編一九三条）は、一九六三年の災害保険改正新法（Gesetz zur Neuregelung des Rechts der gesetzlichen Unfallversicherung vom 30. 4. 1963（BGBl. 1 S. 241））二条一八号によってはじめて挿入されたものであり、経営事業主から特定機関に対して提出される災害申告書に経営協議会の共同署名がなされるべきことを定めた規定である（※この点は、ライヒ保険法の殆どの規定が社会法典第七編に吸収統合された現行法上も変わりはない)。これは、経営に重大な災害が発生した際、これに関する総合的な知識を経営協議会に得させることにより、同協議会による協働を促進するため設けられたものであり[33]、第五項には、このようなライヒ保険法(現行社会法典第七編)の趣旨をさらに徹底する使命が与えられている[34]。災害申告書の記載内容については、一九七三年に連邦労働社会相により制定された「災害申告書の書式変更に関する一般的行政規則(Allgemeine Verwaltungsvorschrift über die Neufassung des Musters für Unfallanzeigen(Bundesanzeiger vom 3. 8. 1973, Nr. 143))」がこれを詳細に定めており、ここにはおよそ次のような項目が設けられている。①被災者の氏名、住所、保険番号、性別、子供の数、事業主との血縁関係、勤続年数、通常の勤務場所、派遣労働者か否か、などの被災者個人に関する情報、②被災時期、被災の部位、様態、被災後最初に治療を行った医師および現在治療を行っている医師、被災者の生死などの被害のあり方に関する情報、③被災者の作業開始・終了時刻、事故現場、災害を生ぜしめた機械およびその製造者、事故当時に実施されていた技術的な保護設備および措置、被害者が着用していた装備、同様の事故を防ぐため事故後にとられた措置、事故の目撃者および最初に事故を認識した者、事故後の経過などの災害自体に関する情報。これらの規定により、経営協議会は、生じてしまった災害に対する使用者の認識のあり方および今後に予定される対策を含め、かなり詳細な災害情報を獲得する機会を、使用者による災害報告の前後双方で得ることとなる。これによって同協議会には、使用者による労災隠しおよび災害事実の誤謬を指摘する[35]とともに、自ら行う災害防止活動についての指針を得る可能性が開かれることとなる。

〈違反の効果と救済手続〉

以上のように、七二年経営組織法八九条は、これに関連する種々の法規と併せ、経営協議会が使用者の他様々な機関との密接な連携の下で積極的な災害予防活動に従事することを予定するものである。本規定を含め経営組織法違反を巡る争いは、労働裁判所法二条(a)一項一号その他の定めにより、原則として労働裁判所の決定手続（Beschlußverfahren）に委ねられることになっており、このことは、経営協議会と労働保護を管轄する経営外の機関との協働関係をめぐる争いについても、また経営組織法四〇条に基づき経営協議会委員がその職務上生じた費用の補償を使用者に請求する場合においても、これらが八九条に基づくものである限りにおいて、同様にあてはまるとされている[36]。これに対し、労働裁判所法二条一項三号の定めにより、労働関係から生じた労使間の個別的な権利紛争は、労働裁判所の判決手続（Urteilsverfahren）に付託されることになっているため、法三七条二項及び六項、七項にもとづく通常賃金の継続支給の請求については、その額に関するものを含めてこの手続の中で決定されることとなる[37]。

では、かかる手続の中で労働裁判所が下しうる救済の内容はいかなるものであろうか。まず、経営協議会の行う正当な活動を妨害した者に対しては、経営組織法一一九条一項により、一年に至る自由刑あるいは罰金刑が科されることとなる。これに加え、使用者が彼に課された経営組織法上の義務に対して重大な違反を犯した場合には、経営組織法二三条三項により、経営協議会あるいは当該経営を代表する労働組合からの申立を待って、不作為、行為の受忍、作為が命ぜられることになる。使用者がこれに反した場合には、やはり彼らからの申立を待って、その命令が裁判所の決定（Entscheidung）として下されていた場合に限り、事前予告の後、秩序金の判決がなされる。それでもなお使用者が命ぜられた行為を行わない場合には、最終的に強制賦課金の課徴が認められる。この秩序金と強制賦課金は、最大二〇、〇〇〇マルクまでとされている。一一九条一項と二三条三項との関係については必ずしも明らかではないが、使用者による経営組織法上の義務違反がそれ自体経営協議会の活動を阻害すると見なされる場合もあることから、[38]このような場合には両者は競合関係に立つこととなるものと思われる。

【注】

(1)　ここで指図（Anordnung）とは、使用者に対して個別的に労働保護および災害予防の措置を命じるあらゆる行政処分（Verfügung）を意味し、ここで指示（Auflage）とは、指図に関連して当事者に求められる作為、不作為などの具体的要求をさす。各機関がこのような指図や指示を発する法的根拠については、第二章第一節において既に述べている。

(2)　本条は、現行社会法典第七編の発効にあわせた改正（Gesetz vom 19. 12. 1998（BGBl. I S. 3843））により以下のような表現に変更された。「社会法典第七編二二条二項に定める範囲における使用者と安全管理委員との協議には、経営協議会により指名された協議会委員が参加するものとする」。

(3)　前掲（注2）法改正以後は、社会法典第七編一九三条五項に変更されている。なお、両条文については巻末参考条文欄を参照されたし。

(4)　具体的には機械の安全装置、防護具などを意味する「『労働保護設備』の導入および検査」との文言は現行七二年法八九条二項には存しないが、現行法規の解釈上このような場合にも依然として経営協議会が招聘されるべきことは当然の前提と解されている（Fabricius, Fritz/Kraft, Alfons/Wiese, Günter/Kreutz, Peter, Betriebsverfassungsgesetz, Gemeinschaftskommentar, 5. Aufl. (Neuwied, Kriftel, Berlin, 1995), § 89 Randziffer 27)。

(5)　BT-Drucksache, 6/1786, S. 49, 65；BT-Drucksache, 6/2729, S. 40；zu BT-Drucksachen, 6/2729.

(6)　Creifelds, Carl (Begründer)/Kaufmann, Hans (Hrsg.), Rechtswörterbuch 13. Aufl. (1996), S. 945.

(7)　一九九七年改正以前の旧職業病に関する命令の諸規定によれば、社内診療医は、被保険者に職業病の合理的な疑いがある場合、災害保険者もしくは医学的労働保護管轄機関にこのことを報告する義務を負う（五条一項（現行社会法典第七編二〇二条））。そしてこの報告書は、前記いずれの機関になされた場合でも、他方の機関に送付されなければならない（七条一項（現行職業病に関する命令四条））、とされており、現在もかかる法規の枠組みは維持されている。したがって、職業病の予防管理の職務において社内診療医は行政他諸機関の一翼を担っていることになる。

（8） Fabricius/Kraft/Wiese/Kreutz, a. a. O. (Fn. 4), § 89 Randziffer 9.

（9） 登録社団技術監査協会は、機械器具安全法一四条一項に定める要監視装置の検査を行う安全技術の有資格者（公務員および公的認定を受けた者）を束ねる機関として設立されたものである。この機関の行う検査は極めて公的性格の強いものであるが、この機関自体に高権的権限は帰属せず、従って命令の発令権限などは存しない（Spinnarke, Jürgen, Arbeitssicherheitsrecht von A-Z, 2. Aufl. (München, 1992), S. 220)。

（10） ここに示した個人および組織が全てその他関係機関に含まれるとの解釈には個別的に若干異論も存するが、ヴィーゼによれば、労働保護に関わる全ての者と経営協議会との共同関係を築くためには、このような広い解釈がぜひとも必要であるという（Fabricius/Kraft/Wiese/Kreutz, a. a. O. (Fn. 4), § 89 Randziffer 11)。

（11） かかる規則の趣旨に関する制定初期の一般的な解説として、特にWolber, K., Die Zusammenarbeit zwischen Technischem Aufsichtsdienst der Unfallversicherungsträger und den Betriebsvertretungen, BlStSozArbR (1980), S. 1を参照されたし。

（12） 現行社会法典第七編二〇条は次のように定めを置き、従来のライヒ保険法七一二条一項及び四項、七一七条の定めを統合するとともに、これまでかかる規定に基づく一般的行政規則に定められていた内容を一部吸収し、正式な法規としてこれらを採用している。

「① 災害保険者およびラントの労働保護管轄機関は、企業の監督に際して協同し、その知識経験の交換を促進するものとする。両者は、相互に実施された経営査察およびその結果について通知し合うものとする。災害保険者とラントの労働保護管轄機関での意見調整がいかなる場合に、またどのように実施されるかについては、本条三項一文二号に基づく一般的行政規則により規定される。

② 災害保険者は、一項に定める協働の促進のため、各ラントについて一つずつ、特定の災害保険者もしくはラン

ト災害保険者連合（ラントの付属機関）を指定し、これを通じて、各ラントにおける監督活動のため、ラントの上級労働保護管轄機関に対して情報を提供し、彼らと共同の監督活動および行事開催ならびに意見交換を計画し、意見調整をなすものとする。

③　連邦参議院の同意を得て制定される一般的行政規則において、以下の各号に掲げる協同が規定されるものとする。

一　災害保険者と経営協議会もしくは職員代表委員会との間の協同

二　本条二項に定めるラント付属機関を含めた災害保険者とラントの労働保護管轄機関との間の協同

三　災害保険者と鉱業監督管轄機関との間の協同

本項一文一号および二号に基づく行政規則は、連邦労働社会省により、……連邦内務省との同意を得たうえ、本項一文三号に基づく行政規則は、連邦労働社会省および連邦経済省により共同的に、発令されるものとする」。

(13)　Fabricius/Kraft/Wiese/Kreutz, a. a. O. (Fn. 4), § 89 Randziffer 5.

(14)　Ibid. このほか連邦労働安全衛生研究機構（Bundesarbeitsgemeinschaft für Arbeitssicherheit）では、経営協議会が行う安全衛生分野における日常的職務のマスタープランが経営の規模別に作成され、頒布されている。

(15)　この点の詳細については、前掲一九八三年連邦労働裁判所決定（BAG (Beschluß) vom 6. 12. 1983, 1 ABR 43/81, AP Nr. 7 zu § 87 BetrVG 1972）及び手塚和彰「西ドイツ労働事情・判例展望（五）―ME機器導入と共同決定・その一」判例時報（一九八五年）一一五九号一八頁以下を参照されたい。

(16)　Fabricius/Kraft/Wiese/Kreutz, a. a. O. (Fn. 4), § 89, Randziffer 6, m. w. N.

(17)　経営組織法二七条に基づき、九名以上の委員を擁する経営協議会については、その任務遂行を軽減するために主に日常的な業務を遂行する経営小委員会（Betriebsausschuß）の設置を予定されているが、その二八条に基づき、人事、賃金、安全衛生など特に専門的な事項についてはこれとは別個に専門委員会を設置することも可能である。この点の実態については、Herbst, Jens, Betriebsrat und Arbeitsschutz, AiB (1993), S. 145を参照した。

(18)　Herbst, a. a. O. (Fn. 17), S. 144, m. w. N. なお、第三章第三節第三款（注60）において既に述べたように、

経営協議会は、経営組織法八〇条三項の定めにより、その活動に必要な知識を得るために専門家を招聘する権利を有しており、彼らとの協議に要する時間についても通常賃金を保障されることになる（Herbst, a. a. O., S. 146, 147）。

(19) Herbst, a. a. O. (Fn. 17), S. 144, m. w. N. 因みに筆者自身の聞き取り調査によれば、わが国では、労働組合がかかる活動に従事する場合においても、このような費用はあくまで組合費からの拠出で賄われているのが実態と察せられる。

(20) このことは、第二項にいう任務によって彼らが労働を免除される時間、使用者から彼らに供給されるべき文献の量、第六項にいう教育研修行事によって目指される資質向上の程度などについてもあてはまるとされる（Herbst, a. a. O. (Fn. 17), S. 145）。

(21) BAG (Beschluß) vom 15. 5. 1986, 6 ABR 74/83, AP Nr. 54 zu § 37 BetrVG 1972.

(22) 例えばBAG (Beschluß) vom 6. 11. 1973, 1 ABR 8/73, AP Nr. 5 zu § 37 BetrVG 1972；BAG (Beschluß) vom 16. 10. 1986, 6 ABR 14/84, AP Nr. 58 zu § 37 BetrVG 1972など。

(23) BAG (Beschluß) vom 14. 6. 1977, 1 ABR 92/74, AP Nr. 30 zu § 37 BetrVG 1972.

(24) Fitting, Karl/Auffarth, Fritz/Kaiser, Heinrich/Heither, Friedrich/Engels, Gerd, Betriebsverfassungsgesetz, 18. Aufl. (München, 1996), § 89 Randziffer 17.

(25) 例えば事故対策に関する命令（Störfall-Verordnung）一一条は、その一項および二項において、法の定める危険設備の保有者に対し、事故の発生、現実的な被害を及ぼす特定経営内の障害につき管轄機関へ通知すること、ならびに書面での確認を義務づける一方、その四項において「経営協議会もこの通知について知らされ、その要求に応じて確認書面の複写が手交されるべき」との定めを置いている。

(26) Fabricius/Kraft/Wiese/Kreutz, a. a. O. (Fn. 4), § 89 Randziffer 29.

(27) 例えば、海員災害保険に関連して特に定められたライヒ保険法一七四六条（現行社会法典第七編一九三条九項）は、船舶の就業者が航海中に被った重大な災害を航海日誌に記録するよう、かりにそのような日誌をつけていない場合にも、別途に記録を作成するよう船長に義務づけている。

(28) Vgl. Fabricius/Kraft/Wiese/Kreutz, a. a. O. (Fn. 4), § 89 Randziffer 29, 30.

(29) 一般には製品モデル、秘密の生産工程、特許または実用新案申請前の発明品など主に工業・技術的な性格のものと解されている。

(30) 一般には未公開の顧客リスト、外交員名簿、商品のひな形、価格算定表、年次決算書など主に販売に関わる経営的な性格のものと解されている（前注とあわせ以下を参照されたし。BAG (Beschluß) vom 26. 2. 1987, 6 ABR 46/84, DB (1987), S. 2526, BB (1987), S. 2448, NZA (1988), S. 63, EzA § 79 BetrVG 1972 Nr. 1)。

(31) 佐久間修「企業秘密尾侵害と刑事責任—とくに、西ドイツ不正競業防止法の規定に関連して—」判例タイムズ（一九八五年）五六六号一三頁が指摘するように、経営機密と営業機密とは法律上常に併記されており、とくに区別する必要はないとも考えられる。両機密を含む用語としての営業上の機密の要素については、学説上、(1) 非公開性、(2) 秘密保持の意思、(3) 秘密保持の経済的利益の存在などがいわれているが、ドイツの不正競争防止法を始めとする諸法には、両機密の概念規定が設けられていない。その理由については必ずしも定かではないが、この点に関しては、法の柔軟性を確保するため、あえて判例学説の解釈に委ねる意図があった、とする佐久間前掲論文一四頁に引用されている Schwarz, Walter, Industriespionage : Geschichte, Rechtsnatur und Systematik des strafrechtlichen Schutzes der Geschäfts-und Betriebsgeheimnisse (Strafrechtliche Abh. Heft 377), (Frankfurt am Main, 1937), S. 60-63 の見解に説得力があるように思われる。

(32) Fabricius/Kraft/Wiese/Kreutz, a. a. O. (Fn. 4), § 89 Randziffer 29, m. w. N.

(33) BT-Drucksache, 6/938, S. 30 ff ; Fabricius/Kraft/Wiese/Kreutz, a. a. O. (Fn. 4), § 89 Randziffer 41.

(34) BT-Drucksache, 6/1786, S. 49.

(35) ヘルプストは、このためにも経営協議会が自ら独自の災害報告書を作成しておく必要があると指摘している (Herbst, a. a. O. (Fn. 17), S. 146)。

(36) Fabricius/Kraft/Wiese/Kreutz, a. a. O. (Fn. 4), § 89 Randziffer 44 ; Fitting/Auffarth/Kaiser/Heither/

Engels, a. a. O. (Fn. 24), §89 Randziffer 31.

(37)　この争いは、雇用契約が、約束された労務給付と予め取り決められた賃金額の支払との交換関係である旨を定めたＢＧＢ六一一条の適用をめぐるものとなる。

(38)　Herbst, a. a. O. (Fn. 17), S. 176.

第四節　小　括

本章では、第一に、主として立法上の措置として創設された労働者の関与権、とりわけ近来型労働危険への対処という観点から重要性を有する経営内保健制度への関与権、第二に、本稿ドイツ法検討部分の総括としての意味合いも込め、彼国の労働安全衛生法を貫く理念を体現するものとして、経営外災害予防機関たる営業監督、災害保険組合に拮抗する労働者代表組織たる経営協議会の位置づけおよびその権利義務、さらには経営外災害予防機関同士の協同、これらの体制の前提条件整備についても取り上げ、逐次検討を加えてきた。その結果明らかとなった事項を改めて整理すれば、次のように述べることができるであろう。

第一に、七三年労働安全法が設置を義務づける経営内保健制度の組織形成及び職務の決定に経営協議会が関与する権利については、労働安全法九条他の諸規定ならびにこれに関連する経営組織法上の諸規定によって根拠付けがなされている。

その経営内保健制度自体について若干を顧みれば、これは、第一に、使用者の助言者として医師たる良心にのみ従い、その他の経営内保健スタッフ及び経営協議会と共同し、彼らと対等かつ独立した立場において、労働安全法三条に例示列挙された衛生づくりを中心とする職務をなすべき事業所医、第二に、その基本的職務、経営内での位置づけ、許される契約形態、勧告の実効手段、職務懈怠の法的効果等々の点で事業所医とほぼ同様の法的性格を与えられているが、基本的に労働安全法六条に例示列挙された安全づくりを中心とする職務をなすべき労働安全専門職員、第三に、わが国の安全・衛生委員会に相当する協議機関として、経営内の労働保護を担当する者全ての協力作業体制を構築するとともに、各スタッフ間の作業の調整を行いその重複を避けることを目的に設置された労働保護委員会等の陣容から成る。

このうち、とりわけ事業所医および労働安全専門職員の選任、構成、職務等々に関しては、七二年経営組織法、ならびにその翌年発布された七三年労働安全法によって、経営協議会を通じた労働者の関与が及ぶよう配慮がなされており、中でも専任事業所医および同労働安全専門職員の任免について経営協議会の同意を要求する労働安全法九条三項は重要な意味を持つ。すなわちここでは、ほんらい経営組織法九九条もしくは一〇五条によって規律さるべき各専任スタッフの「採用」、ならびに本来解約告知制限法及び民法六二六条、これらを補完する経営組織法一〇二条により規律さるべき「解約告知」とは異なる各専任専門家の「選任」および「解任」について、仲裁委員会による紛争処理を予定した強制的な関与権が経営協議会に付与されているのである。問題は、これらの諸法規、とりわけ経営組織法の規律と労働安全法のそれとの関係性如何であるが、まず、「採用」と「選任」の場面においては、前者が経営組織法九九条の、後者が労働安全法九条三項の規律を各々受け、後者においては、経営協議会の同意拒否に際して特に要件とされる法定事由が存しない。次に、「解約告知」と「解任」の場面においては、前者が経営組織法一〇二条の、後者が労働安全法九条三項の規律を各々受けるが、かりに経営協議会が法九条三項に基づき各専門家の「解任」に同意せず、仲裁委員会もこれを支持したにもかかわらず、経営組織法一〇二条に照らせば有効な「解約告知」がなされた場合について通説判例は、なされた解約告知が当該各専門家の職務と「現実的に密接不可分の関係にある事実」に基づいていたか否かをその判断基準とし、これが肯定される場合には、当該解約告知は無効なものとなると解している。因みに、「選任」段階での同意拒否と同様に、「解任」段階での同意拒否に際しても、なんらの法定事由も要求されない。

次に、① 各専任スタッフの職務の拡大、制限に関する経営協議会の共同決定権、② これに前記任免を加えた事項に関する経営協議会の発議権、さらには、③ 各専門家の選任形態の選択に関する経営協議会の共同決定権についても多くの議論が喚起されたが、このうち①については、複数の専門家が存する場合に、これらの者にいかに職務を割り当てるか、というレベルでの共同決定権は認められるというのが有力説の考え方であり、②については、選任の場合を除き、これを認めるのが労働社会委員会での立法経緯を踏まえた通説の考え方であり、③については、学説判例の考え方に分断状況が見られるが、一九七九年連邦労働裁判所決定は、事業所医の選任形態の選択について、これは当該経営で労務に従事する労働者にとっても大きな影響を及ぼす社会的事項であるから、経営協議会の義務的共同決定と認めるのが適当である、と結論づけている。

そして第二に、労働者が経営協議会を通じ、行政他諸機関との連携の下に経営内の災害予防活動へ積極的に参加する権利義務については、経営組織法八九条の趣旨を実現するため、旧ライヒ保険法（現行社会法典第七編）に基づき連邦労働社会相により制定されている一般的行政規則において、その具体化が図られている。さらに、経営協議会がかかる権利義務を履行するに際し、必然的前提となる職場危険知識情報の獲得については、経営組織法三七条二項、六項、七項、四〇条及び八九条四項、五項の定めにより、また一九七三年発令一般的行政規則による具体化等により、その保障がなされている。

このうち特に注目されるべきものとしては、旧ライヒ保険法（現行社会法典第七編）に基づく一般的行政規則があるが（現在では、その内容の一部は現行社会法典第七編（とりわけその二〇条）に吸収統合されている）、本規則では、第一に、経営協議会のみならず、船員代表委員会、海員代表委員会、職員代表委員会を含めた経営組織代表機関と災害保険者の技術監督官との協同（第一規則）、第二に、かかる災害保険者と営業監督との協同（第二規則）が定められている。このうち第一規則においては、災害保険組合の技術監督官と経営組織代表機関間の共同的災害予防体制構築のための種々の規定が設けられているが、それとともに、経営組織代表機関が、災害保険者が発令する安全技術規定の立法段階に関わるべきこと、また災害保険者が主催する教育研修行事のコーディネーター及び宣伝役として、より一般的な関与をなすべきことまでもが予定されている。そして第二規則においては、やはり災害保険者と営業監督間の共同的災害予防体制構築のための種々の規定とともに、災害保険者の安全技術規定作成段階及び営業監督の法規命令発令段階における双方向的な関与の実施が規定され、また災害保険者の教育・研修機会に際しては、これが労働安全専門職員もしくは安全管理委員といった経営内の専門的安全衛生事項を担う専門家を対象とする限りにおいて、両者の知識経験を活用すべく、災害保険者から営業監督への通知義務が規定されている。また、これらの体制の前提条件整備として重要な、経営協議会による職場危険知識情報の獲得についても、経営組織法の諸規定により、第一に、経営協議会委員が使用者の負担によって用意された安全衛生関連資料を以て、労働時間の一部をそれらの学習研究にあて得ること、第二に、使用者により費用負担される教育研修セミナーの労働時間内の開催、ならびにその間の賃金継続支給がなされること、第三に、経営協議会が、災害予防活動を含めた合法的職務に必要な全ての記録を使用者及び行政他諸機関から手交さるべきこと、第四に、経営事業主から特定機関に対して提出される災害申告書に経営協議会の共同署名がなされるべきことを定めたライヒ保険法（現行社会法典第七編）の規定の趣旨を徹底するため、該申告書の複写が経営協議会に引き渡されるべきこと、がそれぞれ担保されている。

以上の検討から明らかにされたように、ドイツの労働者は、少なくとも法制度上、組織的にも個別的にも自ら積極的な災害予防措置をとり得る主体として認識され、様々な権利を保障されている。ここで彼が保障されている権利は、職場危険情報権、危険有害業務に対する労務拒絶権のように、原理的には基本法及びＢＧＢを中心とする市民法の解釈から導かれ得るものの、個別法規においても別途その要件効果を特定されているもの、危険状態の積極的是正を求める履行請求権のように、ドイツ労働保護法規の根本的な法的性格及び労働者の就労請求権に関する学説および判例法理の形成から導かれたもの、経営内保健制度の組織形成、職務に関する協働権のように、経営組織法と労働安全法の両面からそれぞれ異なった趣旨で根拠づけられているもの、経営内災害予防活動への参加権のように、経営組織法によってその基本的枠組みを与えられつつも、連邦労働社会相の制定する一般的行政規則によって詳細な具体化が図られているものなど、決して一様ではないが、これらを総体として眺める限り、少なくともドイツ労働安全衛生法が、労働者、そしてその集団を、種々の労働者保護機関、ならびに使用者、さらには高度に知的、技術的な労働保護の責務を担う産業保健スタッフに並ぶ枢要な法主体と位置づけていることは明らかであると思われる。

先にも述べたように、労働安全衛生法の法体系、法的性格が全く異なるアメリカ法においても、新たな健康障害因子への対応に際しては、労働者に安全衛生分野における知識の獲得と積極参加を求める制度作り、労働者を単なる保護対象として捉えるのではなく、これに規制の運用責任の一端を委ねる制度作りを進めつつあり、この点ではドイツ法の採用するアプローチとも一貫する。かつて、外傷性災害の予防を主たる目的とする安全対策においては、保護設備の導入、保護具の装着など、画一的な手段によって実効性を挙げることが可能であった。しかしながら、目に見えにくい内発的疾患の予防を主たる目的とする衛生対策においては、あくまで各経営ごと、各個人ごとに、それも高度の総合科学的対応が不可欠となる。とはいいつつも、安全衛生とはすなわちコストであり、国家及び事業者は、従来の画一的災害予防対策においてさえ、法規の完全遵守を目指す限りにおいて、高額の費用負担を求められてきた。むろん、実際に事故が生じてしまった場合にかかる費用負担が予防にかかるそれをはるかに凌駕するものであることは、従来の安全の現場においても、近年の産業保健学の領域においても繰り返し喚起されている事理ではあるが、個別的な疾病予防対策、はたまたそれを超越する積極的保健対策においては、それが持つ個別性、緻密性、専門性、さらには事業への本質的な影響可能性など様々な性格から、従来にも増して高コストの人的、物的負担を背負わされることとなり、とりわけ、資金力、安全衛生知識に乏しく、しかも行政の手が行き届きにくい中小企業においては、一層深刻な問題となる。もっとも、作業関連疾患、とりわけ虚血性心疾患、高血圧、また狭心症や心筋梗塞のような冠状動脈性心臓病（Coronary Heart Disease）[1]等の労働者の私生活、精神領域にも起因する衛生対策においては、企業人の無理解、生産効率中心主義的常識等が要因になっている場合も多く、そういった意味では企業規模はさほどの問題ではない。こうした条件下においては、事業者の特別な開明的理解のない限り、否、かりにそれが存したとしても、政府、事業者ないしは専門家主導のアプローチのみで対応することはほぼ不可能といってもよく、そうした中でなおもかかる方針を強行することは、わが国における現状が語るように、結果的には重要な保健対策を労働者個人の問題へと帰せしめ、ただ無理な体力づくりを強要するという事態を招きかねず、最悪のケースでは過労死者の増産へと至る。

ドイツ法の示唆する、政府、使用者、産業保健の専門家、労働者における四者間の密接な連携、協同の理念は、前三者ばかりではなく、労働者の主体性を前提にはじめて成り立つものであり、だからこそ同法は、労働者を、最先端の労働科学研究を促進するとともに、そこから得られた先端認識を、立法及びその運用の場において積極活用すべき主体として認識し、そのための前提条件整備をなしているのである。しかしながらここでは、ドイツ法がその運用上直面した問題点についても触れておく必要がある。例えば、やはりというべきではあろうが、せっかく積極的法主体としての地位を付与された（というより獲得してきた）労働者自身が、その一部においてではあるものの、依然として国家労働保護機関や災害保険者に監督的役割を期待し、自らは必ずしも積極的活動に従事しない消極姿勢が見られる旨の指摘がなされている。(2) これに並行して、本稿が基本的問題関心の一つに掲げた、総合的な労務管理施策という視点での労働安全衛生対策が、未だ十分に機能していない事実も指摘されている。(3) とりわけ近年多発している心臓病、循環器系疾患、消化器系疾患などのストレス性疾患は、労働時間管理、メンタルヘルス管理を含め、まさに総合的労務管理の実施によりはじめて防止さるべきものであるにもかかわらず、職務との因果関係の不明確さからも必ずしも職業病として認知されにくく、各事業主はこれへの対策に及び腰になっているのである。

このように、ドイツ法の施行上生じている多くの問題は、かりにわが国で制度的改善が行われたとしてもなお生じうる本質的問題点に他ならず、その制度比較に際しては、労働者に法的主体性を付与する前提条件の有り様を含め、十分な検討が必要とされよう。

【注】

（1）　この疾患は、特に仕事に熱心、凝り性、徹底的、正直、几帳面、強い正義感や義務責任感、ごまかしやずぼらができない、等の執着性格、いわゆるタイプＡ型人間に比較相対的に多発するとの分析もある（吉竹博『現代人の疲労とメンタルヘルス』（一九九〇年、労働科学研究所）八頁以下）。

（2）　Bücker, Andreas/Feldhoff, Kerstin/Kohte, Wolfhard, Vom Arbeitsschutz zur Arbeitsumwelt : europäische Herausforderungen für das deutsche Arbeitsrecht (Neuwied, 1994), S. 40 ; Rosenbrock, Rolf, Arbeitsmediziner und Sicherheitsexperten im Betrieb (Frankfurt am Main, 1982), S. 51 ff., 178.

（3） Bücker/Feldhoff/Kohte, a. a. O.（Fn. 2）, S. 42.

総　括——比較法的示唆の考察——

その施行後四半世紀を経るに至ったわが国の労安法制度が、それを取り巻く環境変化[1]との関係においていよいよ露呈し始めた本質的不備を指摘した上で、第一に、従来型の労働危険に加え、近年の産業構造の大幅な変容に伴い発生してきた新たな労働危険（あるいは労働を一因とするにすぎない危険）に対応する法制度はいかにあるべきか、第二に、そうした法制度の中で労働者はいかなる位置づけに置かれるべきか、という問題意識を掲げ、とくに労使自治・労働者権の視点を基軸として、ドイツ労安法制度を対象とする検討を進めてきた。検討に際しては、それが彼国独自の社会歴史的背景を基礎とする体系的構造をなしていることから、あえて個々分別的にわが国法制度との連続性、断続性を指摘する手法はとらず、第一にその制度全体の包括的概要を、第二にそれが採用する労働科学的認識の法的吸収手段を、第三にかかる法制度を基礎とした労働者労災予防権の法的枠組みを、それぞれの関係性に留意しつつ、体系的に検討を加えてきた。総括としての本章の役割は、かかる検討をもって明らかにされた事柄を踏まえ、わが国で新たに構築さるべき法制度、なされるべき法解釈、法理論構成への比較法的示唆を個別的に考察していくことにある。とはいいつつも、未だわが国における労働安全衛生法政策の適合性を、その実態ないし労働文化、労働心理等を含めた幅広い視点から捉える作業、またドイツにおけるそれについても、とりわけ比較労働文化的考察という点において、十分に完了し得てはいない[2]。労働安全衛生の領域においては、確かに、注目される事故の形態として、伝統的労働災害から職業病へ、職業病から作業関連疾患へのシフト、というマクロ的な傾向が見られ、また労働安全衛生法制度を基底から支える労働科学の領域において国際的規格化が進行していること等、比較法制度的検討の前提条件が既に整っている部分もある。しかしながら、この分野における最終的な目的、すなわち「労働の人間化」の実現に際しては、とりわけ労働文化、労働心理面も含め、「人は安全衛生のためにどう動き、またどう動くのが適当か」、という人間に関する研究をも取り込んだ幅広い検討が必要とされる。その意味においても、以下に掲げる論述は、あくまで数ある選択肢の中での一つの、しかも視点の提起にとどまることについて、予め留保しておかなければならない。このことを前提としたうえで、先ずは各論を論じる前提としての基本的視座を改めて確認すれば、次のように述べることができる。

第一部の検討からも明らかにされたとおり、わが国の労安法制度は、有史以来、ほぼ一貫して労働者を保護の対象として、国家労働保護法政策の庇護下に置いてきた。しかしながら、近年のストレス、脳・心臓疾患を初めとする新たな労働危険の顕在化に伴い、かかる行政——事業者（専門家）——労働者という指導順位体制は行き詰まりを迎え、いよいよ労働者自身のかかる法政策への積極的関与なくして実効性を挙げることは困難になりつつある。しかるに、職場の労働危険の変化という点で背景的にほぼ同様の事情を抱えるアメリカ、ドイツをはじめとする先進諸外国では、労働科学研究の積極的進展を図るとともに、労働者のかかる法政策への積極的関与を求める法制度を形成し、問題解決を図る姿勢をほぼ一貫させてきている。ここで労働者は、こうした労働科学の研究成果を積極的に立法に反映させ、また個々の職場に連結させる主体として、国家労働保護機関、法的災害保険者、事業者、高度の知識技能を持つ保健専門家等との連携を深めつつ、災害予防活動に従事する役割を、法制度上与えられているのである。とはいいつつも、昨今わが国で見られる実態が示すがごとく、労働者にこのような役割を任ずるにあたっては、彼に包括的な職場危険知識情報が伝達され、また彼自身、高レベルの安全衛生意識を保持する、さらにその他積極的災害予防活動に従事すべき種々の前提条件が整わなければ、却って、彼らに複雑多様化した労働危険への個別的かつ自主的な対処が求められ、無理な体力づくりの強要が行われるのみという結果を招いてしまう（このことは、特に危険作業に従事する中高齢・障害労働者等について懸念されるが、執着、潔癖気質の若年労働者、雇用調整の危機や歩合賃金等に煽られる労働者等についても同様に当てはまる）。したがって、わが国においてこれまでになされてきた国家労働保護機関による立法及び監督・指導行政の展開はそれはそれとして評価し、また今後の展開にも十分な期待を抱きつつも、なお国家労働保護機関「主導」の労働安全衛生法政策には一定の改変の方向付けを示すという考え方こそが、比較法制度的示唆として説得性を有するものと考えられる。既にわが国の労働科学者からの指摘も存するように、「健康で安全な高生産性職場づくりにはやはり、……トップダウンとボトムアップの両方向からの協調が不可欠となるのである」。[3] かかる基本的視座を前提に、これを法的に具体化するうえで特に着目すべき論点を整理すれば、おおよそ以下の五点に絞られよう。

(1) 労安法令の規範目的の高度化および法的性格の明確化、(2) 事業場内外における労使自治的労災予防（規制）制度の確立、(3) 労働者労災予防権の確立—① 職場危険情報権、② 労務拒絶権、③ 履行請求権、(4) 法的事業場内保健制度の拡充および同制度への労働者参加権の確立、(5) 災害予防当事者間の密接な協同の制度化。

かかる論点ごとに、より具体的な改善の視点を以下において考察していくこととする。

〈労安法令の規範目的の高度化および法的性格の明確化〉

かかる課題に触れては、まず第一に、「職場環境」の快適化を謳う労働安全衛生法七一条の二などの規定に、労働心理（いわゆるメンタルヘルス）、人間工学、労働組織、労働テンポ、労働密度、労働時間、作業達成基準（いわゆるノルマ）、作業関連疾患などの用語も加え、高水準の配慮義務規定として整備充実化させると同時に、努力義務形式を「～すべし」との強行法規形式に修正する方向での検討が必要とされよう。それは、既に日鉄鉱業松尾採石所事件における各審級段階での判決が明らかにしている通り、かかる高水準の配慮義務規定の存在こそが、最先端の労働科学的認識を直接的に職場へと連結させるうえでの基本的前提となるからに他ならない。ただし、かような高水準の規範目的は、あくまで産業ごと、事業場ごとの特殊性に応じて段階的に達成さるべきものであることから、かつてのドイツ営業法ないしは現行新労働保護法に倣い、一般的義務条項自体に直接的な罰則規定を設けるのではなく、これを具体化する個別法規ならびに命令等について、罰則の裏付けを与える方策こそが適当ではないかと思われる。(4)

第二に、かかる規定を含む労働安全衛生法令自体の労働契約法としての性格を明らかにするため、労働基準法一三条に相当する規定を新たに挿入し、また民法典の中にも労働安全衛生法令の労働契約法的性格を確認すべく、安全配慮義務規定を挿入する方向での検討が必要とされよう。この点については、既存の労働安全衛生法の第一条にも、「労働基準法とあいまって」との文言が存在し、また立法時の行政解釈も同法があくまで労基法と姉妹関係に立つことを明言していること、そしてその私法的効果については、判例法理としての安全配慮義務が同法の規律を実質的に私法領域に拡大する方向で展開を見せていることから、あえて確認規定を設ける意味が存するか否かについては、依然として議論の余地が残るであろうが、そもそも労働安全衛生法令の規制内容は極めて行政法的、すなわち国家監督法的色彩の濃いものであり、しかも事業者に対する直接的な作為・不作為義務規定とそれ以外の規定、すなわち国家に対する責務規定なり組織法的規定なりが渾然一体としていることから、法令全体としての法的性格を確定することが困難であり、今日においてなお、その契約直律効についても疑義が挟まれる事態を生じている。(5) また、私法上の判例法理としての安全配慮義務も、明文上の根拠を欠いていることから、その性格、射程には根本的に不明確な要素を残しており、たとえばドイツのＢＧＢ六一八条が営業法一二〇条(a)（現行、削除―新労働保護法三条等に統合―）の統合する公法規範を私法的に汎用化させる役割をもって規定され、したがって個別的な公法規範に私法的効果を付与する媒体として機能していることに徴すると、少なくとも国家を名宛人とする責務規定、組織規定等例外的なものを除いては、わが国においても、原則規定として、これらに相当する契約法上の明文規定の必要性が検討されるべきではないかと思われる。

第三に、労働安全衛生という領域は、それ自体非常に複合的で多面的保護を必要とする領域であることから、たとえばドイツの経営内環境委員制度が示唆するような、総合的環境対策のより広範な視点が必要ではないか、との指摘もなされ得よう。わが国では、そもそも労働安全衛生法自体が、公害対策を含む総合的環境保護の視点を有したものであり、かかる領域での民間活力導入の一環として、公的資格を前提とする労働安全・衛生コンサルタント制度も設置されているが、その制定以後四半世紀を経過して、その間建設業労災対策や職業ガン対策等、その時々の重点項目への対応に追われてきたためか、それ本来が有していた総合的環境保護対策の視点は、未だ十分に制度的具体化を見ているとは言い得ない。既述の如く、例えばドイツなどでは、チェルノブイリ原発事故等経営外の要因による環境悪化などに対応するため、やや場当たり的ではあるが環境法整備が開始され、同じく職場環境悪化への対応として、環境法上の経営内環境委員制度の法制度化、労働安全衛生法上の産業保健スタッフ等との連携等が図られきた。そして、このような図式は、例えばこれを「チェルノブイリ原子力発電所という経営」という視点から捉え直せば明らかなように、彼らの対応する事故が、一方においてかかる経営における広義の労働災害であると同時に、他方では、それが一旦経営外の大気汚染を引き起こした後再び帰還してくる場面においては、環境事故でもある、ということを意味する。(6) いずれにしても、一方で職場においては作業関連疾患が注目され、他方で環境問題がダイオキシン被害等に見られるように空間的、時間的拡がりを見せている現在、安全―衛生―環境は、相互に連続性をもって捉えられなければならなくなってきている。(7) その意味でも、例えば、元来は「物資やサービスの国際的流通を保障する国際規格」の作成を目的としつつ、現在では環境マネジメントシステム、環境監査、環境ラベル等の国際規格化をも企図するに至ったＩＳＯ（国際標準化機構（一九四七年発足））、とりわけかかる分野を専門的に管掌するその一四、〇〇〇シリーズの近年における進捗、そして本来は生産者―消費者間での品質保証規格であるＩＳＯ九、〇〇〇シリーズと一四、〇〇〇シリーズとの連携、両立性の確認といった非政府系国際機関の取り組みには今後も注目すべきであり、(8) またかかる成果としての規格（とりわけデジュール標準（de jure standard）(9)）については、迅速な国内化が図られるよう制度設計がなされるべきであると思われるが、それ以前においても、例えば先述した労働安全・衛生コンサルタントの職務及び教育研修範囲の拡大、労働保護機関としての労働基準監督署、その上部組織としての都道府県労働基準局及びその関連部局、同じく労働省労働基準局及びその関連部局と現環境庁企画調整局他各局との連絡、調整、情報交換等の日常業務レベルでの連携、ならびに共通規格の承認、開発、運用等、国内レベルでなすべき課題も数多く存するものと思われる。

第四に、例えばドイツ労安法がＥＣ法の国内法化の影響を受け、純粋な技術面においても、それより幅広い、例えば産業組織構成のあり方等も含む制度面においても絶え間ざる変革を迫られていること、すなわちＥＣ／ＥＵレベルでの労働科学研究が推進され、かかる研究の成果が前述の両面について（やや技術面が先行する傾向はあるものの）国内への吸収の道程が明確化されていること等に照らし、わが国における労働安全衛生法政策の国際的連携のあり方を、わが国独自の情勢判断を前提としつつも、再度顧みる必要があるように思われる。この点、わが国の現状は、試みに労働者参加の視点を明確に打ち出す一九八一年ＩＬＯ一五五号条約、一六四号勧告をとってみても、はたまたこれに連なる一九八五年一六一号条約、一七一号勧告等の基本条約・勧告をとってみても、未だこれらを批准するには至っておらず[10]、現在のところ、例えばわが国が批准している労働安全衛生関係の条約について見れば、一一五号（放射線保護に関する条約（七六年六月一〇日発効、七七年七月二六日批准））、一三九号（職業ガンに関する条約（六二年六月一七日発効、七三年七月三一日批准））等の極めて技術的色彩の濃い基準にとどまっている[11]。他方、近年においては、先述したＩＳＯ（国際標準化機構）が、本来的には国際事業主団体としての性格を有しつつも、各国政府の参加を得てデジュール標準の作成に従事している。そして、例えばＣＥＮとＩＳＯ間のウィーン協定が物語るように、ＥＵにおける環境及び安全衛生法規への国際規格の吸収の一般化等にも刺激されて、九五年六月には、本質的には職場の環境問題でもある労働安全衛生について、そのマネジメントシステムの規格化へ向けた検討を開始し、一度はその活動を停止したものの[12]、九八年六月には、ＩＳＯの基本戦略を起草し、主に規格の起案作成を司る専門委員会の管理を行う技術管理評議会（Technical Management Board（TMB））によって、再びその一般原則に関する検討開始が決定されている。これに対し労働省は、例えば既述の労働安全衛生マネジメントシステム導入を「促進（※強制ではない）」するための指針（平成一一年労働省告示第五三号）を策定実施する、その他の機械等構造規格の改訂を図る等の手段により、相応の対応を見せてはいる。しかしながら、既述の如く、わが国における国際規格の導入は、あくまで行政のフィルターを通した上でのものであり、国際比較的に見ても、特に社会的領域において国際的基準の要請する水準に遠く達していないという現状がある。例えば労働安全衛生マネジメントシステムにしても、これはあくまで行政の指針として行政独自の裁量的判断によって発令されたものであり、それ故にこそ、「これまでの労働安全衛生法を中心とした体系及び内容を変更しない」性格に留められていることは先に述べた通りである。なお、このＩＳＯについては、そもそもその本質的問題として、かつてのＥＣと同様、その本来の目的があくまで「貿易の技術的障壁」の撤廃にあり、現在のところ健康医療及び環境といった社会的領域での業務ウェイトがさほど大きくないこと、またそうした過程を既に踏んでいる欧州主導的傾向に流れやすいこと[13]、次に手続的問題として、規格の最終承認までに相当の段階を通過する必要があるため時間がかかり過ぎること[14]、ＩＳＯが一国一代表主義を採用しているため、日本での窓口がＪＩＳＣ（日本工業標準調査会）に絞られており（※これは閣議の了解を経て決定されたものである）[15]、その規格類自体は公開、販売もなされ、万人が入手可能な状態となってはいるものの、新企画案の提案等の場面におけるＩＳＯとのアクセスという点では未だに不十分な点が見られること等、種々の問題を抱えていることもまた事実である。とはいいつつも、かような認識に立脚しつつなお将来的展望を案ずれば、国際的意思決定機関に対しては、わが国も積極的関与を果たしつつ、また社会的領域における規格化も推進しつつ、その成果については直接に吸収していく方向での（法）制度改変が求められよう。

第五に、第四の論点とも関連するより国内的な問題として、先ずはわが国で解明されつつある実務・学術上の先端認識を、より直接かつ迅速に法規範に吸収する手段を確立すべき必要性が指摘さるべきであろう。先述したとおり、わが国では国立機関たる産業安全研究所、産業医学総合研究所、私設機関たる労働科学研究所等々の研究機関において、それぞれ国家財政上の予算及び援助を受けて先端労働科学研究がなされているが[16]、かかる研究成果が直接的に法規に実現されるルートは依然として十分な確立を見ていない。また、かような研究成果が各産別労組、企業別組合へ向けて発信されるルートも制度化されてはいない。ドイツ法上の制度からも示唆されるように、労働安全衛生法においては、ＪＩＳ規格以外にも、かかる先端認識基準を直接吸収すべく積極的な制度改正がなされるべきであろうし、また各工場ないし事業場レベルにおいても、こうした基準を基にした詳細な労働協約作成の道程が開かれるべきであり、さらにかかるルートならびに先端科学研究自体に、逐次労働者の管理ならびに関与が及ぶよう制度的枠組みが設定される必要があろう。むろん、そもそも労働科学研究の本質は現場に密着した、まさに「歩（ポ）」「見（ケ）」「聞（モン）」の科学的管理法なのであって、このような科学の振興そのものが、本来的には労働者と科学との距離を縮めるものであるはずである。[17] しかしながら従来は、科学の側からのアプローチも、労働者側からのアプローチも、はたまた労働者組織の一つたる労働組合からのアプローチも、全くもって不十分であったと言わざるを得ない。今後のあるべき方向性としては、先ずは、既存の研究組織による積極的な労働科学研究の振興、それによる労働者との接近により、労働者個々人のプライヴァシーを侵すことなく、なお個々人の体質の多様性に応じた基準設定が図られるべきであろうが、場合によっては、ナショナルセンターたる組合上部機関が独自に労働科学研究機関を設置する、もしくは独自の研究支援プログラムを設定するなどの取り組みも検討さるべきではないかと思われる。

〈事業場内外における労使自治的労災予防（規制）制度の確立〉

この点の実現に当たっては、先ず前提として、わが国の法的労災防止団体、すなわち中央労働災害防止協会（中災防）及び労働災害防止協会（協会）がその制度立案当時、フランスの社会保障金庫に並び、ドイツの災害保険組合をモデルとしていたこと、にも関わらず、同組合が委託された予防と補償の複合的職務および付与された労使自治的性格がわが国の団体においては欠落していることについて、再確認しておく必要があろう。その上で、前掲の基本的視座に則って今後の改変の方向を模索するとすれば、先ず第一に、かかる法的労災防止団体の運営に労働者の関与を徹底すべく、労災防止団体法の本質的改変を図る方向性が求められよう。かかる機関の運営に労働者の代表が制度的関与を果たすことにより、これまでのところ実質的に立法面でも運用面でも十分な展開を見なかった労災防止規程が、現実の労働危険に対する詳細かつ高度な基準を迅速に提供すること、さらにかかる基準が該団体の加盟者以外の第三者にまで適用される一般法規性を認められる可能性も期待される。そして、かかる改変を促すためにも、わが国の法的労災防止団体は、ドイツの法制度に倣い、国家行政機関とは分離した形で予防と補償の職務を一挙に担う方向での検討がなされる必要も存するのではなかろうか。ただしこの際には、ドイツの災害保険組合が、法制度上労使自治を謳われながら、実質的に事業主主導の運営に流れる傾向を生じた点、また補償の職務においても、予算制限の観点から、とりわけ職業病補償について十分な機能を果たし得ていない、との指摘が存する点などにつき、十分な考慮が払われなければならない。

第二に、経営内における労使自治的労災予防（規制）制度については、第一部において若干触れたとおり、わが国では、各事業場内での自主的安全衛生活動の取り組みとして、一部大規模事業場を中心にZD・QC運動が展開され、また労働協約レベルでは、職場の安全衛生事項が組合の義務的団交事項として認識されるとともに、就業規則の相対的記載事項として位置づけられてきた経緯がある。しかしながら、ZD・QC運動は、あくまで事業者側の労務管理の一環として、第一義的には職場の生産性向上のために、労働者の自発的意欲を掲揚することを目的として推進されてきたものにすぎず、また労働協約や就業規則は、安全衛生に関する問題が極めて高度な技術的事項に関わるためか、はたまた賃金・労働時間等々の労働条件に比較して副次的位置づけを与えられてきたためか、十分な事業場内規制を司るには至っていない。さらにいえば、例えばドイツにおいて、経営協議会の義務的共同決定が有効な経営内災害予防規制を導き得た理由の一つには、前記災害保険組合による積極的な経営外災害予防規制の展開が、各経営に対して採用すべき規制内容を種々提示してきた事実があるが、わが国においては、かかる前提条件は、もっぱら行政の示す指針に委ねられ、例えば一部の事業者の任意に加盟する中災防ないし協会の労災防止規程等は、必ずしもかような役割を果たし得てはいない。他方、ドイツ法においては、各経営内において経営協議会の協働権を根拠づける経営組織法の諸規定、とりわけ安全衛生に関する義務的共同決定を規定する同法八七条一項七号、作業工程、作業手順、作業場などの計画段階における経営協議会への通知義務及び同協議会の関与、ならびに労使双方の確定的な労働科学的認識の顧慮義務を規定する法九〇条一、二項、作業条件に関する確定的な労働科学的認識違反が労働者に特別な負担を導く場合の経営協議会の修正的義務的共同決定権を規定する法九一条などが、一体として各経営ごとに多様な職場危険に対応すべく、高度な労働保護の実現に資する役割を担ってきた経緯がある。現実の経営内災害予防規制が、前述の経営外災害予防機関の示す基準ないし選択肢を前提に比較的高水準かつ広範囲にわたっていることについても既に概観した通りである。かような現実に対応し、今後はわが国においても、一方においては、労働組合の組織率の著しい低下傾向に歯止めをかけ、安全衛生事項についても積極的な協約規制の展開に期待しつつ、他方においては、各事業場内における従業員代表制の実質化を図り、ドイツ型の共同決定モデルを参照する方策も模索さるべきではなかろうか。

〈労働者労災予防権の確立① 職場危険情報権〉

前項までにおいては、労働者が積極的な災害予防活動に従事する前提としての災害予防規制のあり方及びここで採用さるべき労使自治制度の枠組みについて、主に立法論ないしは制度論の立場から論述を加えてきたところであるが、本項においては、かかる災害予防規制の成立を前提としたうえでの、まさに本論考の核ともいうべき労働者労災予防権のあるべき枠組みについて、解釈論および立法論の両面から、両者の関係性に留意しつつ比較法的示唆を論じていくこととする。

先ず第一に、かかる予防的権利の中でも前提的、基本的位置を占める職場危険情報権について、現在わが国の労働安全衛生法令は、作業環境測定法、作業環境測定基準などにより、使用者の自主的作業環境管理の枠組みを定めてはいるが、依然として、職場危険情報に関する労働者の個別的・集団的アクセス権を明文化するには至っていない。職場危険情報へのアクセスが保障されないことは、これを大前提とする労働者の災害予防活動を事実上不可能ならしめることを意味し、したがって、以上に述べてきた経営内外での立法活動への関与も、以下に論じる労務拒絶権、履行請求権の行使も、また安全衛生委員会での発議も、行政他諸機関との積極的連携も、全てはその前提を欠くこととなる。これに対して諸外国においては、たとえばドイツでは、契約法上の信義則、ひいては基本法上の人格権を原理的根拠として、まずは一般的な情報権を措定した上で、特に災害確率の高い化学薬品取扱作業なり機械作業について、個別法規の定めを置いて、かかる権利の要件基準を明確化している。また別稿において論じたアメリカでは、第一に、危険業務を行う労働者個人の基本的生活決定、第二に、危険軽減効率の増加等を基本的理由として、その労働安全衛生法令において、職場自身が内包する危険とそうした危険への労働者の曝露の両面について、労働者に対する詳細な職場危険伝達基準を発展させてきた(18)。わが国においては、私法上の判例法理として、安全配慮義務なる概念が展開を見せているので、かかる義務を原理的根拠として、労働者のかかる権利を導き出す解釈も成り立つ余地があろうが、かような諸外国の動向に鑑みても、包括的かつ具体的な要件効果の確定には相応の時間を要する司法的解決を志向するよりは、労働安全衛生法令の中で、また安全配慮義務の契約法上の明文化に併せ民法典の中で、かかる権利の明文化を図り、その要件基準を明確化するという立法的解決に拠る方が、より実効性を挙げられるように思われる。ただし、本編における検討からも明らかにされたように、職場における危険有害因子の伝達という目的は、単に個別権規定を設け、これを明文化したからといって果たされるべきものではなく、とりわけ近年における危険有害因子の複雑化、多様化は、労働者側への形式的な職場危険情報の提供のみによっては、到底その目的を達し得ない状況を創出している。すなわち、ここではドイツ法が示唆するごとく、労働者に理解可能な形式での解説が最低限の条件となり、また後述するように、労働者自身にも、より一般的な意味における専門知識の学習研究環境が整備されなければならず、更にこれらの方策を補完するためにも、安全・衛生委員会の労使自治機関としての実質化を図る過程において、同委員会においても有機的に情報伝達が行われるよう法的根拠が明確化される必要があろう。いずれにしても、かかる情報伝達の水準は、現行法五七条の二、五七条の三等に対応して、行政機関に対すると同等程度には保障されるべきものであり、当然のことながら、各企業の営業機密、経営機密が労働者保護に優先する事態は回避されなければならない。

〈労働者労災予防権の確立② 労務拒絶権〉

第二に、危険有害業務に対しての労務拒絶権については、わが国においても、これを根拠づける立法こそ存しないものの、安全配慮義務の債務構成の解釈からそれを導くことは可能であり、とりわけ近年に至ってかような解釈は多数の学説に支持されている。また下級審判例の中には、至極例外的ケースではあるが、使用者の配慮義務違反をもって労働者の履行不能を認め、民法五三六条二項を根拠にその間の賃金支払請求を肯認するものも現れている。しかしながら、安全配慮義務法理形成におけるリーディングケースたる昭和五〇年最高裁判決が、該義務を信義則に基づく付随義務と明言してしまっていること、また学説の有力説の中にも、極めて形而的な債務構成理論に立脚して、該義務から労務拒絶権を導く理論構成に疑問を呈する見解が存すること等からも、かかる権利を正面から労働者権としての視角から認めた判例は未だに存しない。これに対して諸外国においては、まずはこれを明確に規定する前述のＩＬＯ一五五号（八一年議決八三年八月一一日発効、一般労働安全衛生条約）、ならびに一六七号（八八年議決九一年一月一一日発効、建設業労働安全衛生条約）条約、ＥＣ一九八九年基本指令等の国際基準を前提に、例えばドイツでは、民法典二七三条、三二〇条、二九五条、六一五条といった市民法の解釈から、さらには危険有害物質に関する命令二一条の立法およびその解釈法理の形成からそれが労働者権として認められ、またアメリカでは、同国労働安全衛生法（ＯＳＨＡ）五条(a)(1)及びその解釈令たる七三年労働省令において、さらには全国労働関係法（別称ワグナー法）七条、タフト・ハートレー法五〇二条等の労使関係法を根拠にこれが認められている。そして、これら国際基準および諸外国の法規、法理の形成する労務拒絶権とは、先ずは原則として労働者のその時点での主体的かつ客観的判断を前提とし、退避期間中の職場離脱を正当化するとともに、使用者による不利益取扱を排除し、かつ労務拒絶期間中の賃金を保障するものである点においてほぼ共通している（但しアメリカ労使関係法は本来的に労働者ないしはその集団の共同行為、争議行為等を扱うものであり、かかる労務拒絶権の範疇に直接的には含まれない）。

かような事情を前提に、今後のわが国法制の有り様を論ずるとすれば、やはり現行の事業者対象の規制形態を改め、先ずは労働者自身を危険判断ならびに（この場合消極的）危険回避措置の主人公に据える労務拒絶権規定が、労働安全衛生法令に明文化さるべきものと思われるが、先にも述べたごとく、それが可能である以上は従前の法令解釈の手法から広義の労務拒絶権を導く努力は失われてはならないであろう。

第一に、先述したごとく、例えばドイツ民法典において留置権は債権と性格づけられており、わが国において彼国における解釈論をそのまま継受することは困難と思われるが、やはり、労働契約の一方当事者たる労働者の生命健康を危険から保護すべき安全配慮義務は、契約関係の外枠を形成するものというよりは、これが果たされなければ本来的給付義務たる労務給付義務自体が果たされないという意味からも、少なくとも「従たる給付義務」として、従って黙示かつ当然に契約内容を規律するものと解されてしかるべきではないか、と考えられる。そしてこれが果たされず、労働者が労務拒絶権、というより労務給付拒絶権を行使するにあたっては、例えばドイツにおいて事務管理費用償還請求根拠規定たるＢＧＢ六八三条（及び六七〇条）が類推適用されたと同様に、日本民法六九八条の緊急事務管理規定の趣旨を類推適用し、労働者自身が「悪意または重大なる過失なくして、急迫の危害があると判断したときは、……その危害が、時間的にも場所的にもさしせまっていると判断したならば」[19]、彼の権利行使は正当化される、と考えることも可能であろう。たしかに、わが国の民法六九八条は、ＢＧＢ六八三条のように、積極的な事務管理費用の償還請求権を根拠づけるものではなく、消極的な責任軽減ないし免除を導くにすぎないものであること、また急迫の危害のおそれが存する場合の事務管理者の時機的判断を事後的に審査し得ない旨明言するものではないこと等から、ドイツ民法学及び労働法学におけると同様の解釈をなすことには反対論もあり得よう。しかしながら、かりに、本来の事務管理費用償還請求根拠規定たるわが国の民法七〇二条を見ても、それは、管理者の支出が「本人の為めに有益なる費用」であることを償還請求の要件として定め、さらに本条の通説的理解は、「本人の為めに有益」であるか否かは、管理行為当時の状況に従って決定され、管理者の過失によらず、初期の利益が実現せずまたはその後の事情により利益が減少・消滅しても、支出額の償還を請求できる旨を述べている(20)。また、かりにかかる方面からの解釈学的アプローチが叶わないとしても、契約解釈上の信義則の原理から、あるいはＩＬＯ一六七号条約等々の定める国際基準を解釈上の指針となす道程を探る手法からも、同様の結論を導く可能性は否定され得ない。したがって、かりに事後的に労働者の判断が杞憂にすぎなかったものとみなされたとしても、その正当性評価の基準は、あくまで行為当時の労働者自身の主体的かつ客観的判断(21)の合理性に求められ、これを覆す事後的審査は意味をなさないものと考えられよう。

第二に、ここでは労働者の労務給付義務と対価関係に立つ使用者の安全配慮義務の内容が問題となるが、先にも述べたとおり、わが国では、これが判例法理上手段債務と理解されていることもあり、少なくとも司法実務においては、労働安全衛生法規の規定する内容以上に広範な領域を包摂するものとしては取り扱われ難い傾向があるように思われる。その意味でも、労働安全衛生法規、とりわけ衛生法規の整備充実化、労働科学的認識の迅速な法的吸収、規格化、ならびにかかる立法段階への労働者の積極的関与は喫緊の課題ということができようが、かりにかかる法規化が十分な進展を果たさざる間にも、安全配慮義務の内容自体が狭い範囲に押し込められていて良いということにはならない。わが国の安全配慮義務法理の源泉となったドイツ民法典六一八条は、確かにドイツ労働安全衛生法規の効果を私法領域に拡大する媒体として設定された経緯を有し、従って、それ以上の内容を認められるには本質的に困難が伴う。しかしながら、わが国のそれは、必ずしもドイツ民法六一八条の直輸入品というわけではなく、労働者の「生命および健康を危険から保護する」私法上の判例法理として、「特別な社会的接触関係」にある直接の契約当事者以外の者に対しても対象を拡大するまでに独自の展開を遂げてきた経緯を有する(22)。よって、その内容は、ひとり労働安全衛生法規の規制内容のみにはとどまらず、労働時間法規を始めとする労働保護法規の規制内容はもとより、労働者の「生命および健康を危険から保護する」目的に合致する、行政上の指針、労働科学的認識基準、さらには国際的基準の実施をも含む高度の配慮義務と理解すべきものであろう。(23) むろん、該義務が契約法上の信義則に基づくものである以上、使用者側の経済的・技術的実施可能性が考慮されねばならず、またその履行を求める労働者側で、使用者側において当然には認識し得ない義務違反の存在を知らせる等々の前提が求められることはいうまでもないが、これらの原則は、決して労働者保護の目的を後位に位置づけるものであってはならない。従って労働者は、労務給付拒絶権を行使するにあたっても、はたまた後述する履行請求権を行使するにあたっても、その前提として、かかる高水準の配慮義務違反の指摘を求められるにすぎないと解されるべきではなかろうか。

第三に、労働者の労務拒絶期間中の賃金債権保障及び平和義務条項の効果等との関係上、わが国においてもストライキとかかる権利の集団的行使との関係性如何が問題とされる余地があろうが、この点については、やはりストライキの目的が本来利益紛争に存することを原則として、両者の区分が図られるべきものと考えられる。かかる見解の合理性は、論者が本稿において行ったドイツ法の検討からも、また別稿において論じたアメリカ労使関係法の定めおよびその解釈に関する判例法理の検討(24)からも裏付けられるものと思われるが、いずれにせよ、ストライキはあくまで労働条件向上を目指し、法的に保障された共同行為であればこそ、労働保護法規なり、安全配慮義務なりの履行を求めてとられる強制的手段よりは、その要件基準は当然に広範に理解さるべきものである。年休の争議行為利用の場面等とは異なり、労働安全衛生法規違反ないしその他の職場危険状態の是正を目的とした共同的な労務拒絶権の行使が自動的にストライキとみなされたり、違法性を推定されたりする根拠はないのだから、基本的に両者の区分は、その目的から客観的に判断されればよいと考えられる。残された問題は、両者が重なり合う領域において、労働者より積極的に労務停止の根拠を使用者へ通知する必要があるか否か、であるが、このような場合には、あえて賃金債権保障の存しないストライキと考える必要はないことから、通常は労務拒絶権の行使と解するのが適当であろう。

〈労働者労災予防権の確立③　履行請求権〉

第三に、危険状態の積極的是正を求める履行請求権について、わが国の現行法規および通説判例は、依然としてこれを原則として認める段階に達しているとはいい難く、またそのための理論的道程を明らかにしているわけでもない。これに対して、例えばわが国が我妻博士を通じて安全配慮義務という概念を輸入し、また契約法の研究において縷々参照してきたドイツでは、ＢＧＢ六一八条を介した公的労働安全衛生法規の契約直律効、ならびに就労請求権の法理的展開などを背景に、当初は争いがあった履行請求権についてもこれを原則的に認め、喫煙禁止請求訴訟等の判例において一定の法理の形成を見ている。労務拒絶権の場合と同様、本権利についても、本来的には、先述したごとく確認的に労働安全衛生法規において少なくともその作為・不作為規定についての契約強行性及び直律性が明記され、またかかる労働保護法規を契約に連結する労働契約法としての安全配慮義務規定、さらには就労請求権規定が民法上明文化されることにより、実体法上の根拠が明らかにされることが望ましいことはいうまでもない。しかしながら、かりにかような立法措置が果たされなくとも、現行法規の枠組み内においてなお、かかる権利を実現する解釈の理論的道程を探ることは、十分に可能であると思われる。

例えば、先に示した日鉄鉱業松尾採石所じん肺訴訟事件判決においては、高度のじん肺対策を規定するじん肺法の規定を受け、安全配慮義務を介してその法目的にそった客観的な契約解釈がなされるべきこと、そしてその内容は私法的に訴求可能であることが大枠として示され、さらにここで履行の基準とさるべきは日本産業衛生学会等の規格化する労働科学的先端認識基準に求められるべきことが既に明らかにされている。また、高島屋工作所事件判決においては、本来労働安全衛生法の定める具体的措置義務よりも広範な内容を有する安全配慮義務が使用者の付随的義務にすぎず、したがって直接履行請求の対象とはなし得ないことが前提とされつつ、かかる配慮義務は、労使の合意および労働安全衛生法等の諸法規によりその内容が具体化される、特に罰則の裏付けを得ている、などの特段の事情が存する場合には、本来的履行義務にまで高められ、履行請求可能性を帯びることが述べられている。さらに、岩国市職員嫌煙権訴訟判決では、安全配慮義務についてはともかく、人格権侵害が存する場合につき、「現に行われている侵害行為を排除し、又は将来生ずべき侵害を予防するため、侵害行為の差止めを求める」権利が当事者に存することが認められている。そうすると、かかる判例法理を労働安全衛生法規と履行請求権との関係という視点から見た場合、その一応の到達点として考えられるのは、次のような事理である。すなわち、従来の判例法理は、決して労働安全衛生法規の履行請求可能性を一般的に否定したものではなく、むしろその内容が特定化され、とりわけ罰則の裏付けを有する規定等については、これを肯認したものである、と。すると残された問題は、例えば高島屋工作所事件判決が結論的に履行請求可能性を否定した労安法六六条七項のような不確定法概念を盛り込み、必ずしも罰則の裏付けを伴わない一般義務規定、ならびに労安法規の定める措置義務を超える安全配慮義務一般の履行請求可能性をいかにして認めるのか、という点に帰着する。このうち前者の論点については、既に該判例の検討部分においても述べたように、例えばドイツに倣っても、一般的義務規定の具体的義務内容は、個々の事例に応じて時機的に定まるものであることから、それが抽象的規定にとどまるからといって履行請求可能性を失うものと解し得ないことは明らかであり、とりわけ個別的な対応を必要とする衛生領域において重要な労働保護規定が本来的に一般的義務形態をとらざるを得ないことに鑑みても、むしろ判旨の側に矛盾があることは明らかであろう。そこで依然として検討が要されるのが第二の論点であり、かかる論点こそが、まさに契約責任論の中での安全配慮義務の位置づけに関連して講学上の関心を集めてきた課題であった。先にも述べたとおり、わが国において安全配慮義務法理の枠組みを基礎づけたリーディングケースたる昭和五〇年最高裁判決は、かかる義務を信義則に基づく付随義務と宣言してしまっているものの、民法学上の諸説は、それぞれ独自の契約責任論を展開するにあたり、該義務をおよそ「従たる給付義務」、「付随義務（ないしは附随義務、附随的注意義務）」、「保護義務（ないしは安全義務）」等に引きつけて理解してきた。しかしながら、近年の有力説は、安全配慮義務が本質的に雇用・労働契約における義務であること、雇用・労働契約の給付目的物たる労務は、物の給付契約とは異なり、労働者の身体と切りはなすことができないこと等を重視して、労働者には履行請求権や労務給付拒絶権が認められなければならないという視点から出発し、安全配慮義務を給付義務、それも「従たる給付義務」として位置づけるべく、論旨を展開してきている。周知のごとく、わが国では未だ使用者の労務受領義務ないしは労働者の就労請求権が一般的に認められる段階にまで達してはいないので、かつてジンツハイマーが述べたごとく、使用者が履行請求権を行使する労働者の労務受領自体を拒否した場合にもなお、該期間の賃金債権保障以上の効果が導かれるとするには理論的に困難を伴うが、前記有力説に従えば、少なくとも使用者が安全配慮義務の履行を求める労働者の労務を依然として受領する限りにおいては、かかる請求権は有効に行使され得るものであり、また労働者が本来契約法上保障された権利を行使したが故に、その者の労務給付自体の受領を拒むという行為は、それ自体信義則違反の誹りを免れまい。したがって、わが国においても、従前の法的枠組み内においてなお、労働者の安全配慮義務履行請求可能性は有効に存在するものと考えられる。

なお、かような理論的道程から労働者の履行請求権が原則的に肯認されたとしても、これにより求められる具体的措置義務がいかなる範囲に及ぶかが依然として問題となり得るが、これについては、本稿で行ったドイツ喫煙禁止請求訴訟判決の枠組みの検討が参考になるものと思われる。彼国においても、かかる履行請求訴訟事案の数そのものが稀少であり、喫煙禁止請求にかかわる事案において若干の判例法理が形成されているにすぎないが、いずれにしても、使用者のとるべき措置の選択にあたっては、被害を被る労働者と使用者（及び加害者たる喫煙者）間の利益衡量がなされねばならず、要は「労働者の健康被害の性質及び原因」が最重要視されることは、既に明らかにされている。これが無視されたうえで、例えば配転など労働者の望まない措置がとられる場合には、使用者の安全配慮義務の履行は、それ自体裁量に瑕疵あるものと判断され、有効な義務の履行として認められなくなるものとも考えられている。彼国の司法がかかる考え方を採用した背景には、使用者がほんらいの労働保護法規の履行等、なすべき安全配慮義務を講ぜず、配転措置等によって「うるさい」労働者を特定の職場から放逐する手段を講じた場合にも、かような配転措置自体が使用者の裁量事項である以上、たとえ口実とはいえそれなりの合理的理由をもって決定された場合には、労働者は勿論のこと経営協議会もこれを覆すことが困難となる、との事情が存在しており、そもそも経営協議会による共同決定制度を有せざるわが国においては、なおさら厳格に使用者の裁量の瑕疵が問われるべきであろう。

〈法的事業場内保健制度の拡充および同制度への労働者参加権の確立〉

法的事業場内保健制度および該制度への労働者参加権については、その資格認定から選任、職務、解任に至るまでほぼ一貫して行政ないし事業者の責任において実施すべき旨の法規定を有するにすぎないわが国の労働安全衛生法令は、本法制度自体が多くの事業場において実質上形骸化しているという事実からも、また前述した基本的視座に照らしても、いよいよその修正を迫られねばならない時期にさしかかっているものと考えられる。この点については、逆に、その資格認定から選任、職務、解任に至るまで、体系的に労働者の関与が及ぶよう配慮されているドイツ法の枠組みを参照するまでもなく、既に第一部第三および四章において具体的な改善項目を若干列挙したところであるが、当該箇所で示した事項を含め、再度その要目を整理すれば、およそ次のように表されよう。

まず第一に、事業場内保健制度自体の改善項目について。(1) 産業医とその他の専門スタッフとの実質的な協働関係を構築するためにも、両者の位置づけを対等に構成すべく、両者についての適正報酬の定めを含め、諸種の法令整備が求められる。(2) 産業医および安全・衛生管理者等については、ドイツにおけると同様に、現実の災害発生率に応じてその任用数が定まる投入時間制度を導入すべきものと思われる。事業場に専門スタッフが不足する事態は勿論、はたまた過剰に要求される事態も、結局形だけの業務委託契約等に帰結しかねず、労働者から顔の見える経営内保健制度形成にはマイナスに作用することが考えられるからである。(3) 産業医のみではなく、安全・衛生管理者等の保健スタッフについても、その独立性および中立性の確保、身分保障などが法制度的に確立されなければならない。また、産業医の独立性および中立性についても、現在のような抽象的かつ婉曲的規制によるのみではなく、罰則の裏付けを含め、その違反の効果を、是正手続に至るまで明確に規制するとともに、後述する労働者組織・代表者の関与等により、確実な実効性が担保されなければならない。

第二に、かかる事業場内保健制度への労働者の関与権に関する改善項目について。(1) 先ずは、安全・衛生委員会委員の構成のあり方について、法令の大規模な改訂が必要とされよう。すなわち、まずはその原則的事業者指名制度が廃止され、少なくとも労働者側代表者については、過半数組合代表者もしくは従業員代表またはその受任者が直接に、事業場内保健スタッフについては、彼らの指名する者が、それぞれ参加権を有するよう法規の整備がなされねばならない。次に、該委員会議長についても、常に事業者側が独占するのではなく、労使指名者の交代制をとるなど、自治的な運営を基礎づける制度が形成されなければならない。さらに、その必要的審議・決定事項についても、法令の根拠を得て広範に措定され、ドイツにおけるような経営協議会による共同決定制度を有しないわが国においても、実際上これと同様の機能を果たすべき機関として生成せしめられるのでなければならない。安全・衛生委員会制度については、この他にもその設置義務基準および開催頻度の実体的規制など、改訂さるべき要素が山積しているが、かかる改訂を促すためにも、まずは該委員会を実質的な労使自治機関として再構築する必要性が強調されるべきであろう。(2) 産業医及び安全・衛生管理者等の産業保健スタッフの選任・解任・職務の割り当て・選任形態等について、各事業場の過半数組合もしくは従業員代表による同意もしくは義務的共同決定、または前述の如き改変を経た安全・衛生委員会における決議等を必要とする法令上の根拠、ならびにそれが得られない場合の手続—例えば第三者機関による調停等—を明文化する必要がある。また、既に十分な経験を有しながら、形式的な資格を欠くために経営内保健実務に従事することのできないスタッフが出現することを避ける趣旨からも、その資格認定の段階にも労働者を関与させる法令上の根拠が策定されることが望まれよう。

〈災害予防当事者間の密接な協同の制度化〉

本書の到達点ともいえるこの課題については、ここで繰り返しその必要性ないし合理性を説く必要はないと思われるが、特にこの理念を的確に示すドイツの経営組織法、旧ライヒ保険法（現行社会法典第七編）、一般的行政規則等の諸規定の定め、関連する判例学説等に照らし、わが国における具体的な改善の視点を列挙するとすれば、おおよそ以下のように述べることができるであろう。(1) わが国では、経営協議会に相当する機関が必ずしも各事業場に存在するわけではないことから、例えば労使自治機関として再構成された安全・衛生委員会等が積極的かつ自由に災害予防管理活動に従事すべき権限を法的に保障されるのでなければならない。(2) 労働保護および災害予防に関連してなされる行政監督機関の査察、質疑、災害調査等に際しては、組合委任者、従業員代表等が招聘され、またその記録が手交さるべく規定されるべきであろう。(3) 行政監督機関から各事業場に対してなされる諸種の改善命令、勧告等の内容が、組合、従業員代表等に明示され、またかかる命令及び勧告等ならびに諸種の行政立法がなされる際には、各種組合および従業員代表等に事前の意見聴取がなされるべく、規定がなされなければならない。(4) 中央労働災害防止協会等が安全衛生教育制度等を設ける際には、かかる機関に対して、やはり各種組合および従業員代表等に対する事前の意見聴取義務が課されなければならない。(5) 現在既に労安法九七条に規定のある労働者による申告権については、その履行確保のため、労働者に真正の危険が存する等一定の要件基準をみたすことが疎明される場合には、行政権の発動が義務づけられること、ならびに果たされるべき職務内容等が労安法自体に明記されるのでなければならない。(6) 安全・衛生委員会委員または組合員もしくは従業員代表等の労働者代表について、安全衛生に関わる学習研修時間およびその資料が事業者負担で提供さるべきことが法定されるとともに、彼らに対し、使用者および行政機関が有する安全衛生情報が、それに関わる者の守秘義務が賦課されたうえで、受け渡されるようアクセス権が保障されなければならない。(7) 実際に労働災害が発生した場合の事故報告（労働安全衛生規則九六条）及び労働者死傷病報告（同九七条）につき、報告書作成段階での組合、従業員代表の関与、共同署名を法定し、もって彼らに発生した災害に対する使用者側の認識のあり方を知らしめ、また労災隠しを防止させ、さらには今後になされるべき対策についての協議の機会が与えられるよう制度的保障が規定されなければならない。

以上の如き制度改変ならびに法解釈論確立の視点を得て、公労使に加え産業保健専門スタッフ間の協働体制を労働安全衛生領域において確立し、もって先端労働科学研究の各職場単位での実現をいち早く成し遂げること、これこそが近年における複雑多様化した新たな労働危険に対抗する法制度の基礎に据えられるべき基本的理念として、本書における比較法制度研究から得られた示唆と結論づけることが可能であろう。但しここでは、一つの留保として、改めて労働科学と法のあるべき関係性の如何が問われなければならないであろう。先にも述べたように、労働科学というものは、化学、衛生学、安全工学、統計学等は勿論のこと、労働心理学、労働文化学も含め、本来それ自体が多様な学問的アプローチを要するものであり、「歩（ポ）」「見（ケ）」「聞（モン）」に代表されるように現場密着型のサイエンスである。サイエンスという世界において「直感」ないし「個人的体験」、「人間」といった言葉は、それぞれ「科学的実証」ないし「客観的体験」、「ヒト」に対する概念として、ついつい軽視ないしは敬遠されがちであるが、労働「科学」においては、かかる一見「非科学的」なものまでが認識の対象となる。それは、狭義の現代科学において未知な領域を正面から認めると同時に、そこで生じ得る危険を労働者に負担させまいとする災害疾病予防の見地からの「科学的」な姿勢に他ならないからである。労働科学者ではない筆者が推し量ることは甚だ僭越ではあるが、そういう意味において、労働科学とは、狭義の現代科学的アプローチを基礎としつつも、労働者が身近に体験している、もしくは体験し得る危険を災害疾病に結びつけないための技術であり、なおかつシステムでもある、と言い換えることもできるのではなかろうか。仮にそのように考えた場合、法、とりわけ広義の労働保護法の一環としての労働安全衛生法としては、労働科学が捉える技術に対応する技術的規制を行うことを当然の前提としつつも、むしろそれが有するシステムとしての機能をいち早く採り入れることに大きなウェイトが置かれるべきなのではないか、そしてそのことこそが、労働安全衛生法の果たし得る機能として、それが有する大きなメリットであり、なおかつ責務なのではないか、と考えられる。

【注】

（1）ここで再度、作業関連疾患等をもたらす近来型労働危険が注目されている背景について確認しておく必要があるが、この点について例えば保原喜志夫教授は、近年の産業構造の変化と高齢社会の到来に加え、賃金・労働時間等の一般的労働条件の改善や従来型労働危険対策の一応の成功があったことを指摘している（保原喜志夫編著『産業医制度の研究』（北海道大学図書刊行会、一九九八年）はしがき）。他方、医学者である小林章雄教授は、とりわけ現代の心理的ストレス要因の重要性の高まりについて、「わが国を含む多くの脱工業国にあっては、労働態様の変化にともなって労働負担の要因や特性が大きく変化し、精神的負荷をともなう作業」が増えてきていること、を指摘している（小林章雄「仕事と職場のストレス：第五回職業（仕事）とストレス」産業衛生学雑誌（一九九九年）四一巻五号七三頁）。いずれにしても、現在、近来型労働危険として注目を集めている要素は、その多くが過去において存在しなかったわけではないが、平たくいえば、嘗てはそんなことに目を向けている暇も意識も存在しなかったこと、それとは別個に、昨今における種々の職場環境変化に起因して新たに生じているものも存することの二点が確認される必要があろう。

（2）こうした観点からの対策の必要性を特に「うつ病」との関係から実践的に述べる論考として、とりわけ吉竹博『現代人の疲労とメンタルヘルス』（労働科学研究所、一九九〇年）三〇頁以下参照。なお、筆者自身はかかる観点からの検討を改めて継続的研究課題として別稿を期したいと考えている。

（3）三上行生「架空配電線工事従事者の作業管理への一提言」産業保健人間工学研究（一九九九年）一巻四六頁。

(4)　労働安全衛生法のなかでは、例えばその六五条の四において、「作業時間」との文言が用いられ、これについての基準設定が労働省令に委ねられている。そもそもこの「作業時間」という概念が、従来議論されてきた「労基法上の労働時間」「労働契約上の義務の存する時間」「賃金時間」「所定労働時間」「拘束時間」「実働時間」等の概念（詳細は、荒木尚志『労働時間の法的構造』（有斐閣、一九九一年）二～二一、二二〇～二六二頁等を参照されたし）とどう関わり、どう説明されるのかは必ずしも明らかではないが、例えばこれを具体的に定める高気圧作業安全衛生規則一五条、二七条等の規定に鑑みると、あくまでそれが労働者の安全衛生確保のための概念であること、従って、いわゆる「賃金時間」や「労働契約上の義務の存する時間」等とは直接関係するものではなく、むしろある危険場所での「滞在時間」を規制する概念であることが理解される。いずれにしても、労働安全衛生法上の労働時間概念は（「も」というべきか）、その規定の持つ趣旨に鑑みて、目的論的解釈がなされる必要があるものと解される。

(5)　なお、近年公表された渡辺賢「産業医の活動とプライバシー」保原喜志夫編『産業医制度の研究』（一九九八年）一二六頁以下では、安衛法規定について以下の如き体系的な類型化が試みられ、それぞれについて安全配慮義務との関係性が論じられており、極めて興味深い。① 安全衛生管理体制に関する規定、② 事業者に「必要な措置を適切に講ずる」ことを求める―一定の裁量を付与する―危害防止規定、③ 安全教育および健康診断規定。因みに、渡辺論文のかような見解に関しては、三柴丈典「書評・現代労災予防法学の礎―保原喜志夫編著『産業医制度の研究』」労働法律旬報（一九九九年）一四五六号五二頁においても若干論じたことがある。

(6)　このような考え方を最も端的に顕すものとして、菊池昭「企業における作業管理の意義」産業保健人間工学研究（一九九九年）一巻四四頁所収の図一（初出：日刊工業新聞社工場管理編集部編『工業管理』（日刊工業新聞社、一九九六年））を参照されたい。

(7)　因みに労災補償給付に関わる労災保険法（特に労働基準規則三五条及び別表第一の二）ならびにこれに基づく行政指針等に照らし、かかる環境的事故は、行政においても、天災地変による災害を含めて広く業務上災害として認定されている（例えば労働省労働基準局編『労災保険法便覧（改訂三版）』（労働基準調査会、一九九七年）二五一頁以下を参照されたい)。

(8) この点については、とくに日本規格協会編『ISO規格の基礎知識』(日本規格協会、一九九八年)四五頁以下、とりわけ五〇~五二、五五頁等を参照されたし。なおISO/IEC規格とわが国の労働安全衛生法政策との関係、DINやANSIといった先進各国の規格作成機関との関係等については別稿を以て改めて論じる予定であるが現状ではさしあたり、川上剛＝藤本瞭へ＝矢野友三郎『ISO労働安全・衛生マネジメント規格』(日刊工業新聞社、一九九八年)他、安全衛生関係雑誌に掲載された労働省及び中災防職員等の手による紹介記事等を参照されたい。

(9) デジュール標準とは、「ISO/IEC規格のように公的な標準化機関において作成される標準であり、明確に定められた手続きに基づき広範な国の参加を得て策定されるものであ」る(日本規格協会・前掲(注8)編著八四頁)。これに相対するのがデファクト標準 (de facto standard)、すなわち「企業間の市場における競争の結果、高い市場シェアを獲得し標準たる地位を獲得したものであり、いわば企業間の実力勝負の結果として成立するものである(同八三頁)」、と説明される。

(10) これらの条約・勧告についての詳細は、とくに長峰登記夫「安全衛生条約と労働安全衛生法」大原社会問題研究所雑誌(一九八七年)三三八号三五頁以下を参照されたい。

(11) 試みに、一九九九年一一月現在、わが国が批准しているILO条約数を全体で見ると、全一八二条約のうちわずか四二にとどまっている(因みにドイツは七二、フランス一一五、イタリア一〇二、アジア諸国では、例えば中国が二〇、インドが三八、韓国九等となっている(より詳細には、ILOのホームページ http://www.ilo.org/public/ を参照されたい)。とりわけ安全衛生関係の条約の批准が遅れている現状について労働省労働安全衛生部計画課では、「理想的に過ぎるから」との認識を有している旨を伺ったが(九八年一一月一二日の直接確認)、たまたま技術水準ないし法律の整備が達した分野のみを受け入れ、その他の分野を等閑にした結果、先進各国に比較して著しく低水準にとどまっているという現実は覆いがたい。

(12) その理由に関する詳細は、川上＝藤本＝天野・前掲(注8)書三四~四二頁に掲載されている。ここで興味深いのは、産業界代表者のみならず、労働界代表者からも、ＩＳＯプロセスへの労働者参加機会に関する疑義、中小企業や発展途上国への配慮などからその活動開始に対する慎重姿勢が示されていたこと、また、この分野で先行するイギリスにイニシアティブを奪われることを恐れる各国（特にアメリカ）の政治的思惑の介在が指摘されていること、などである。

(13)　穿った見方をすれば、人、モノ、サービスといった分野での市場統合を終え、通貨統合、政治統合等の過程を急速に歩み始めた欧州による、経済的な競争力調整を狙った世界戦略の一環という側面も否定できないのではなかろうか。ＩＳＯについては、特に機械工業、自動車等の重工業、半導体等の領域では既に実績のある日本も、分野によっては、比較的早い段階から積極的関与を果たしてきていることは既に述べたところであるが、環境、安全衛生等の社会的領域、特にその制度的側面においては、かなり不利な立場にあるように思われる。

(14)　この点については、日本規格協会・前掲（注８）編著四二〜四四頁を参照されたし。

(15)　日本規格協会・前掲（注８）編著九七頁。因みにＩＳＯについてのわが国における公的な窓口は、通産省工業技術院標準部国際標準課が請け負っている。該機関とＪＩＳＣとの関係については、法的側面、実体的側面を含め、改めて検討する余地があるであろうが、例えばＪＩＳＣのホームページ（http：//www. jisc. org/org1. htm（アクセスは九九年一一月六日））によれば、そもそもＪＩＳＣは工業標準化法に基づく組織であり、ＪＩＳの策定に関わるＪＩＳＣの事務局業務は、工業技術院標準部が行っている、とのみ記されている。

(16)　詳細は、第一部第七章ならびに労働衛生試験研究費補助金交付規程（昭和三一年五月一六日労働省告示第一九号）、産業安全研究所依頼試験規程（昭和三六年九月一日労働省告示第三四号）等を参照されたし。

(17)　この意味からも論者は、これまで Theory and Practice をテーゼとしてきた日本産業衛生学会や日本人間工学会といった既存の研究者組織とともに、近年一九九六年に学会組織として正式に発足した産業保健人間工学会の「『実務』を対象とする実践研究を Science of Art として採択し、検討していく」姿勢（神代雅晴「巻頭言」産業保健人間工業研究（一九九九年）一巻一頁）に期待したい。因みに「ポケモン」との用語については酒井一博「作業に役立つ人間工学の応用法」産業保健人間工学研究（一九九九年）一巻三〇頁による。

(18)　三柴丈典「アメリカにおける労災予防権の検討」季刊労働法（一九九七年）一八一号一四四〜一四七頁。

(19)　甲斐道太郎、谷口知平編『新版注釈民法（18）』（有斐閣、一九九一年）二三八頁（金山正信執筆担当部分）。
ここにおいては、かかる解釈を支持する下級審判例として新潟地裁判決（昭和三三年三月一七日〈下民集九巻三号四一五頁〉）が挙げられている。

(20)　甲斐＝谷口・前掲（注19）編著二九四頁（三宅正男執筆担当部分）。

(21)　これはあくまで「慌てふためき、尋常な精神を失った人間」を想定したものでなければならない。

(22)　例えば、大石塗装事件最高裁第一小法廷判決（昭和五五年一二月一八日〈民集三四巻七号八八八頁〉、三菱重工神戸造船所事件最高裁第一小法廷判決（平成三年四月一一日〈判例時報一三九一号三頁〉）他を参照されたい。

(23)　この点を裏付けるものとして、前掲高島屋工作所事件大阪地裁判決が想起さるべきであろう。

(24)　詳細は、三柴・前掲（注18）論文一五八、一五九頁を参照されたい。

○ 主な関連参照条文一覧

（特に付記ある場合を除き筆者試訳）

ドイツ法

〈労働安全法〉

（二条）

「①使用者は、以下の各号の要素から必要性が認められる限り、事業所医を書面によって選任し、彼に三条に挙げられた職務を委ねる義務を負う。

一　事業種別ならびにそれに伴い労働者の曝露する災害および衛生危険

二　就業労働者数およびその構成

三　とりわけ労働保護および災害予防を担当する者の数および性格等の経営構成のあり方

②使用者は、自ら選任した事業所医がその職務を遂行するについて配慮しなければならない。また、彼はその職務遂行を補佐すべき義務を負う。特にその職務遂行に必要である場合には、補助要員ならびに空間、設備、器具および手段を彼の利用に供さなければならない。使用者は、新たに有期労働契約の下で就業する者、もしくは派遣労働者を投入した場合、その旨を事業所医に通知しなければならない（※九六年新労働保護法発効による追加部分）。

③使用者は、経営の事情を考慮したうえで、事業所医に対してその職務の遂行に必要な継続学習の機会を与えなければならない。事業所医が労働者として雇い入れられた場合には、使用者は、継続学習の期間、賃金を継続的に支給しつつその労働を免除しなければならない。この際、継続学習の費用は使用者の負担とする。他方、事業所医が労働者として雇い入れられなかった場合にも、使用者は継続学習の期間、彼に委ねた職務を免除しなければならない。」

※なお、九六年新労働保護法発効前において、法五条の規定は、事業所医に関する法二条の規定につき、「事業所医」との文言を「労働安全専門職員」に、職務内容に関する「法三条」を「法六条」に置き換えれば、あとは一字一句変わらなかったが、新法発効により、時に五条についてのみ、以下のような修正が加えられた。

a）第一項第二号の終わりにカンマ、続いて「及び」との文言が挿入され、三号の終わりのピリオドがカンマに代えられるとともに、次の号が挿入される：

「四　使用者もしくは労働保護法一三条一項一、二もしくは三号に基づく責任負担者の労働保護問題に関する知識及び教育」。

b）第二項には以下の一文が挿入される：

「使用者は、新たに有期労働契約の下で就業する者、もしくは派遣労働者を投入した場合、その旨を労働安全専門職員に通知しなければならない。」

（三条）

「①事業所医は、労働保護および災害予防に際し、あらゆる衛生問題について使用者を補佐すべき義務を負う。特に事業所医の行うべき事柄としては、以下の各号が挙げられる。

一　特に以下の事柄に際し、使用者ならびにその他労働保護および災害予防責任者に勧告を行うこと

(a)　経営施設および社会・衛生設備の計画、施工および維持管理

(b)　技術的労働手段の調達ならびに作業手順および化学物質の導入

(c)　身体防護具の選択、試験

(d)　とりわけ労働リズム、労働時間および休憩に関する規制、作業場、作業工程および作業環境の形成などの労働生理学的、労働心理学的、その他人間工学的、労働衛生学的諸問題

(e)　経営内における『緊急活動』組織の形成

(f)　障害者の配置換えならびに作業工程への編入、再編入

(g)　労働条件の調査（※九六年新労働保護法発効による追加部分）

二　労働者の検診の実施、産業医学的見地からの判断、勧告、ならびに検診結果の集計、分析を行うこと

三　労働保護および災害予防の実施を監視すること、およびそれに関連して以下の各事柄を行うこと

(a)　定期的な職場巡視、ならびに確認された欠陥を使用者ないしはその他労働保護および災害予防責任者へ伝達すること、加えてこのような欠陥を一掃するための措置の提案およびその実施へ向けた努力

(b)　防護具の使用についての注意の喚起

(c)　作業関連疾患の原因調査、調査結果の集計分析、かかる疾患予防措置の使用者への提案

四　経営内の全ての従業員が労働保護および災害予防上の必要条件を満たした行動をとるよう監視すること、とりわけ彼らが作業中に曝露する災害衛生危険及びこうした危険を回避するための設備および措置について教示すること、ならびに『緊急活動』における救助者、医療行為上の補助要員の投入計画および研修に協力すること

②事業所医は、その要求に応じ、労働者に検診結果を伝えなければならない。但し、本規定によって八条一項三文（※事業所医の守秘義務に関する規定―九六年新労働保護法による改正部分）は何ら影響を受けない。

③事業所医は、その職務の一環として、労働者からの疾病の申し出を審査する権限を有するものではない」。

（六条）

「①労働安全専門職員は、労働保護および災害予防に際し、労働の人間的形成を含む労働安全のあらゆる問題について、使用者を補佐すべき義務を負う。ここで労働安全専門職員は、とりわけ以下各号の事柄をなす義務を負う。

一　特に以下の事柄に際し、使用者ならびにその他労働保護および災害予防責任者に勧告を行うこと

(a)　経営施設および社会・衛生設備の計画、施工および維持管理

(b)　技術的労働手段の調達ならびに作業手順および化学物質の導入

(c)　身体防護具の選択、試験

(d)　作業場、作業工程、作業環境の形成およびその他人間工学的諸問題

(e)　労働条件の調査（※九六年新労働保護法発効による追加部分）

二　経営施設および技術的労働手段について、とりわけその使用前に、加えて作業工程について、とりわけその導入前に安全技術検査を行うこと

三　労働保護および災害予防の実施を監視すること、およびそれとの関わりで以下の各事柄をなすこと

(a)　定期的な職場巡視、ならびに確認された欠陥を使用者ないしはその他労働保護および災害予防責任者へ伝達すること、加えてこのような欠陥を一掃するための措置の提案およびその実施へ向けた努力
(b)　防護具の使用についての注意の喚起
(c)　労働災害の原因調査、調査結果の集計分析、かかる災害予防措置の使用者への提案
四　経営内の全ての従業員が労働保護および災害予防上の必要条件を満たした行動をとるよう監視すること、とりわけ彼らが作業中に曝露する災害衛生危険およびこうした危険を回避するための設備および措置について教示すること、ならびに安全管理委員の研修に協力すること」

〈事故対策に関する命令〉

(五条二項)
「その設置・操業に許可を要する装置の保有者は、一の人物あるいは機関に事故の影響を抑止する職務を委任し、監督官庁に指名しなければならない」。

〈危険有害物質に関する命令〉

(一七条一項)
「危険有害物質を取り扱う使用者は、人間の生命健康および環境保護のため必要な措置を、その付則を含め、本命令第五、第六章の一般、特別規定、ならびにその他の現行労働保護法規および災害予防規則にもとづきなす義務を負う。これに加えて、危険有害物の格付け、安全情報および労働の構成のあり方に関する規定、ならびにその他の確定的な労働科学的認識を含め、一般的に承認された安全技術的、産業医学的、衛生学的規定も顧慮されなければならない」。

(一八条)
「① 職場空間において、一のあるいは複数の危険有害物質の発生が、確実に排除され得ない場合には、MAK値、TRK

値、BAT値を下回っているか、または公的認定基準を超過しているか否かが調査されなければならない。職場空間内の複数の危険有害物が全体として及ぼす影響についても調査されなければならない。

②……

③第一項および第二項に基づく調査測定の結果は、記録され最低三〇年間保存されなければならない。またこの結果は、要求に応じて管轄機関に伝達されなければならない……」。

（二八条二項）

「本命令付則第六編に挙げられた危険有害物もしくは化学生成物に関する公的認定基準の超過が職場で生じた場合、同付則第六編に挙げられた期間内に予防検診が実施された場合に限り、労働者の就労が許される。産業医学的な根拠づけをもって、ある物質特有の限界値が確定された場合、これが一文にいう公的認定基準として認められる。使用者は、自らの費用負担によりかかる調査を実施しなければならない」。

〈職場に関する命令〉

（三条一項）

「使用者は、以下各号の事柄をなす義務を負う。

一　本命令、その他現行労働保護法規および災害予防規則、ならびに一般に承認された安全技術上、産業医学上、衛生学上の規定およびその他確定的な労働科学的認識に基づいて、職場を整備、運営すること

二　職場で就業する労働者に対し、本命令に規定された空間および設備をその利用に供すること

なお、各ラントの建築法規など他の法規に要件の定めがある場合であっても、本規定はなんら影響を受けない」。

（五条）

「職場においては、採用されている作業手順、および作業時間中労働者にかかる身体的負荷を考慮した上、十分に衛生的な空気が確保されねばならない。第一文の要件とする空気が換気器具（換気、空調設備）によって供給される場合、この

器具は常に稼動可能な状態にされていなければならない。換気器具に発生した異常は、当該経営においてこの器具を監督する者に自動警報装置によって知らされるようにされていなければならない」。

（八条一項）
「職場の床には人のつまずく危険のある場所があってはならない、すなわち、床は平面で滑りにくく、清掃しやすい状態に整備されなければならない。このことは、作業室、機械室および控え室については、事業上可能な限りにおいて、また安全技術上、もしくは衛生上必要とされる限りにおいて、あてはまる。また職場の床面は、経営の性格および労働者の活動形態を考慮した上で、十分に熱絶縁がなされるようにされていなければならない」。

（一〇条三項）
「主に自動車の往来が予定された職場の出入口周辺には、歩行者のための出入口が別途確保されなければならない」。

（一五条一項）
「職場空間においては、音響レベルは、経営の性格上可能な限り、低く抑えられなければならない。職場空間での基準値は、職場以外からの雑音を含めても、最大限次のレベルに収められなければならない。
一　もっぱら精神的活動に従事する職場では、五五デシベル
二　完全にあるいはもっぱらオートメーション化された事務作業およびそれと同様の作業に従事する場合、七〇デシベル
三　その他全ての作業において八五デシベル；ただし、こうした音響評価レベルが経営に期待できる範囲の軽減手段で確保され得ない場合、五デシベルまでは超えることが許される」。

※なお、このような職場設備や職場管理に関する特別な労働保護法規には、職場に関する命令の他にも、一九六八年の「冬季戸外作業における特別な労働保護に関する命令（BGBl. 1 S. 901）」、一九六八年母性保護法二条、一九八〇年アセチレンに関する命令三条など多くの例がある。

〈経営組織法〉

（七五条）

「①使用者および経営協議会は、経営内で活動する全ての者が正義と衡平の原則に基づき処遇されるよう、また何人たりといえども、その出自、宗教、国籍、門地、政治的、組合的活動もしくは見解、またはその性別によって差別的取扱を受けることのないよう、監督しなければならない。彼らはまた、労働者が特定の年齢段階を超えたことを理由に不利益を受けないよう配慮しなければならない。

②使用者および経営協議会は、経営内に就業する労働者の自由な人格の発展を保護し、促進しなければならない」。

※なお、一項に定める「正義と衡平の原則」には、一般的な意味での平等取扱禁止は含まれていない。また、年齢段階についての平等取扱禁止は、経営内で職務に従事する労働者に適用されるものの、高年齢の採用申込者に及ぶものではない（Langanke, Annemarie/Heuse, Robert（Anmerkungen）, Tarifvertragsgesetz und Betriebsverfassungsgesetz（Beck'sche Textausgaben）,（München,1991）, S. 48）。

（八〇条一項一号）

「①経営協議会は、次のような一般的な職務を有する：

一　労働者の保護を目的とする現行の法律、命令、災害予防規則、労働協約および経営協定が実施されるよう監督すること、……。」

（八一条）

「①使用者は、その労働者に対し、彼の職務および責任、ならびに彼の作業の種類および経営の作業工程における位置づけに関し、通知をなす義務を負う。また使用者は、その労働者に対し、この者が就業に際して晒される災害衛生危険、ならびにこうした危険の回避のためにとられる措置および設備、及び労働保護法一〇条二項に基づき執られる措置（※九六年新労働保護法発効による追加部分）について、その就業開始時において教示しなければならない。

②労働者は、その作業領域における変更につき、適宜通知されるのでなければならない。第一項の定めは本項においても同様に適用される。

③経営協議会の存しない経営においては、使用者は、労働者の安全衛生に影響し得る措置の全てについて、労働者に意見聴取しなければならない（※九六年新労働保護法発効による追加部分）。

④使用者は、その労働者に対し、技術的装置、作業手順および作業工程もしくは作業場の計画に基づき予定された措置、ならびにこれが彼の作業場、作業環境およびその作業の内容、種類に及ぼす影響に関し、通知する義務を負う。労働者の作業が変更され、さらにその職務を遂行する上での彼の職業上の知識および能力が不足していることが確認された場合、使用者は、当該労働者の職業上の知識および能力が、経営上可能な範囲内において、いかにして将来の要請に適合されうるかにつき、彼とすみやかに討議すべき義務を負う。労働者は、その討議の際、経営協議会委員を招聘することができる。」

（八二条）

「①労働者は、彼自らに関わる経営内の事柄に関し、経営の組織構成上その事項に権限を有する者により意見聴取される権利を有する。彼はまた、自らに関わる使用者の措置に対し、意見を表明するとともに作業場および作業工程の形成についての提案をなす権利を有する。

②労働者は、その賃金の計算および内訳を説明すること、ならびにその業績の評価および経営における彼の職業能力向上の可能性につき彼自身と討議することを要求することができる。この際、彼は経営協議会委員を招聘することができる。経営協議会委員は、個々の場合に労働者により免除されない限り、この交渉内容につき守秘義務を負う。」

（九〇条）

「①使用者は、以下の計画に関し、適宜必要な資料を提示した上で、経営協議会に通知しなければならない。

一　作業工程、管理およびその他経営空間の新設、移設および拡張

二　技術的装置

三　作業手順および作業工程あるいは

四　作業場

②使用者は、予定された措置、ならびに、とりわけその作業のあり方およびそこから要求される労働者の職業資格要件など、それが労働者に与える影響につき、経営協議会の提案および見解がその計画に際して考慮され得るよう、適宜同協議会と協議しなければならない。この際使用者および経営協議会は、労働の人間的形成に関する確定的な労働科学的認識を顧慮すべきものとする。」

（九一条）

「労働者が、労働の人間的形成に関わる確定的な労働科学的認識に明らかに反するような作業場、作業手順もしくは作業環境の変更により、特に負担に晒された場合、経営協議会は、その負担の回避、軽減、補償のための適切な措置を要求することができる。双方が合意に至らない場合、仲裁委員会が決定を下す。仲裁委員会の決定は、使用者と経営協議会の間の合意に代えられる。」

〈ライヒ保険法（現行社会法典第七編）〉

（七一二条四項（現行社会法典第七編二〇条））

「連邦労働社会相は、連邦参議院の同意を得て、技術監督官に対し、経営組織代表機関との協同に関する一般的行政規則を制定するものとする。」

※なお、本規定は、法七六九条一項（削除）により市町村災害保険組合連合会（Gemeindeunfallversicherungsverbände）および火災金庫等の特殊な災害保険者に対してもその適用が認められていた。

（七一七条（現行社会法典第七編二〇条））

「経営協議会の同意を得て制定される一般的行政規則においては、以下の事柄について規制がなされるものとする。

一　災害保険組合と営業監督との間の協同

二　災害保険組合と鉱業監督管轄機関との間の協同

ここで第一文一号の定める行政規則は連邦労働社会相により、二号の定める行政規則は連邦労働社会相および連邦経済相により制定されるものとする。」

※なお、本規定も法七六九条一項（削除）の定める諸機関に適用がなされるものとされていた。

（七一九条五項（現行社会法典第七編一五条一項七号））

「災害予防規則においては、企業の特質上存する災害危険および労働者数を考慮の上、安全管理委員の定員が定められなければならない。」

（一五五二条（現行社会法典第七編一九三条））

「①経営事業主は、それによって経営内の就業者が死亡したか、それにより死亡に至ったか三日以上にわたり一部または全部の労働不能に陥った場合、当該経営内における全ての災害を申告しなければならない。

②災害は、経営事業主がこれを認識して後三日以内に申告されなければならない。

③災害申告書には、経営協議会による共同署名がなされなければならない。」

※なお、第一項にいう申告の相手方については、一五五三条に定めがあり、災害保険者の規約により定められた機関がこれにあたることとされていた（ただし、死亡事故が発生した場合には例外的に地区の警察当局への申告も義務づけられる）。さらに同条によれば、ここでなされた申告は、一般的な災害保険者の管轄下にある企業については営業監督局に、鉱業監督局の管轄下にある企業については同局に対しても送付されることとされていたが、かかる内容は、現行社会法典第七編では一九三条の中に以下のように統合されることとなった。

（社会法典第七編一九三条）

「①事業主は、それによって被保険者が死亡したか、三日以上にわたり労働不能に陥った場合、当該経営内における災害を災害保険者に対して申告しなければならない。本条一文は、就業も自営業も要件としない保険に加入する被保険者の災害についても同様に当てはまる。

②事業主が、個別的に、その企業の被保険者に職業病が存し得るとの根拠を得た場合には、この旨を災害保険者に申告しなければならない。

③……

④申告は、事業主が災害もしくは職業病についての根拠を認識してから三日以内になされなければならない。被保険者は、事業主に対し、その申告書の複写の引き渡しを要求することができる。

⑤申告書には、経営協議会もしくは職員代表委員会による共同署名がなされなければならない。事業主は、災害もしくは職業病の申告について、労働安全専門職員及び事業所医に知らせなければならない。災害保険者が、職業病の確認のため、被保険者の危険活動に関する情報提供を求めた場合、事業主は、かかる情報提供の依頼について、経営協議会もしくは職員代表委員会に遅滞なく通知しなければならない。

⑥……

⑦一般的な労働保護監督機関の管轄下にある企業における災害に際しては、事業主は、その申告書の複写をラントの労働保護管轄当局に対して送付しなければならない。鉱業管轄機関の管轄下にある企業における災害に際しては、その複写は前記機関より下位にある鉱業監督当局に対して送付されなければならない。職業病の申告がなされた場合には、災害保険者は、その申告書の複写を、遅滞なくラントの医学的労働保護管轄当局に送付するものとする。逆に、ラントの医学的労働保護管轄当局に職業病の申告がなされた場合には、該当局は、その申告書の複写を、遅滞なく災害保険者に送付するものとする。」

〈新社会法典第七編〉

（一五条）

「①災害保険者は、自治的法規として、以下の事柄に関して災害予防規則を制定するものとする。

一　事業主が、労災、職業病及び作業関連疾患の予防のためなすべき指図及び措置、ならびにかかる責務の第三者への

委託の形式
二　労災、職業病及び作業関連疾患の予防のため、被保険者のなすべき、もしくはなさざるべき行為
三　被保険者もしくは第三者に対する生命健康上の危険を伴う作業の実施前、途中及びその後に、事業主の実施すべき健康診断その他の健康管理
四　国法上医師による健康診断が定められていない場合において、第三号に定める検診もしくは管理を委ねられた医師がなすべき要件
五　事業主による効果的な緊急活動の確保
六　事業主が、事業所医、安全技術者その他の労働安全専門職員に関する法律（※労働安全法）に基づく義務の履行のためなすべき措置
七　被保険者の生命健康に対する企業内の作業関連危険及び就業者数を考慮したうえで選任される安全管理委員の定員数

本項一文三号に基づく災害予防規則においては、健康診断が災害保険者によっても実施され得る旨を定めることもできる。

②災害保険者が、本条一項一文三号に基づく規定を制定する場合、当該法規に示された目的に加え、事業主による検診受診者に関する以下のデータの作成、修正及び使用についてもまた定めることができる。

一　氏名、誕生日及び性別
二　住所
三　採用及び退職の年月日
四　整理番号
五　対象疾病保険
六　作業場に由来する危険の性格
七　作業の開始及び終了の記載を含めた作業の性格
八　危険の存する作業の性格及び時間の記載、但しここでいう危険は既に認識されたものに限る
九　健康診断の日付及び結果、但し、診断データの事業主への引き渡しは許されない

一〇　最近の定期検診の日付
一一　検診を行う医師の氏名及び住所
災害保険者が一項二文に基づく規定を制定する場合には、本項一文ならびに第二四条一項三文及び四文が適用される。
③一項一文一号ないし五号は、鉱業監督官庁の監督下にある企業に対しては適用されない。
④本条一項に基づく規定の制定には、連邦労働社会省の認可を要する。これについての決定は、ラントの上級監督官庁との協議の上でなされる。ラントの監督官庁の管轄下にある災害保険者により規定が制定される場合には、直属の上級監督官庁が、連邦労働社会省との協議の上で、その認可について決定する。
⑤事業主は、本条一項に基づく規定について通知されねばならず、また自ら被保険者への通知を義務づけられる。」

（二〇九条一項一号）

「故意または過失により、以下の事項をなした者は、秩序違反として扱われる。
一　法一五条一項ないし二項に基づく災害予防規則の違反、但し、当該規則が特定の構成要件に対する過料の定めを置く場合に限る。」

（二〇九条三項）

「本条一項一号ないし三号の定める場合において、秩序違反は、二〇、〇〇〇ドイツマルクまで、二項の定める場合においては一〇、〇〇〇ドイツマルクまで、その他の場合においては五、〇〇〇ドイツマルクまでの過料をもって処せられ得る。」

〈母性保護法〉

（四条一項）

「身体に負担のかかる作業、ならびに衛生的に危険な有害物質もしくは光線、塵、ガスもしくは煙、熱、冷気もしくは湿気、振動もしくは騒音の影響に晒されるような作業には、妊婦を就業させてはならない。」

〈三八年労働時間法〉

(一二条二項)

「男子労働者には、六時間以上の労働時間に際して、少なくとも三〇分の休憩時間を一回、または一五分の休憩を二回与えなければならず、経営内において、この時間中就業させることは許されない(※女性労働者については同法一八条にほぼ同様ながらより細かな規制がなされている)。……連続操業を必要とする労働において、交替制労働を行う労働者はその適用を除外される。しかしながら、彼には適当な長さの短時間休息(Kurzpause)を与えなければならない。営業監督による別個の規制に関する二〇条三項の定めは、本規定にも同じく適用される(本訳出にあたっては、荒木尚志『労働時間の法的構造』(一九九一年)三四頁、七〇頁を参照した)。」

※労働時間法二〇条三項は、重大な理由のある場合、営業監督に一八条を逸脱する内容の規制権限を与えるものであり、とりわけその二文には、「営業監督は、作業の困難さ、または女子労働者の健康に対し就業がもたらすその他の影響から緊要と考えられる場合、一八条一項および二項の定めを超える休憩時間を命じることができる」、と定められている。

〈三八年労働時間法施行令〉

(労働時間法一二条二項に関する施行令第一七号)

「休憩時間につき本条を逸脱する定めを行う場合には、とりわけ作業の性格、作業空間のあり方、休憩場所の有無および労働者の性別などが考慮されなければならない。休憩時間の短縮が許されるのは、休憩時間の全体としての長さが変わらないか、または必要な休息が別個に確保される場合に限られる。その就業において多大な負担を被るか、または危険有害物の影響に晒される労働者については、休憩時間の延長が考慮される。流れ作業またはその他の特別な負担のかかる作業工程については、これに加えてより頻繁な作業の中断(短時間休息)が命じられ得、この時間は労働時間と見なされる。」

※本文（第三章第三節第二款〈一九八三年連邦労働裁判所決定〉）において述べたように、本規定は、労働時間法一二条二項四文が営業監督に同規定の逸脱規制を行う権限を与えたことを受けて置かれたものである。

〈不正競争防止法〉

（一七条一項）

「企業体の職員、労務者あるいは徒弟として、その雇用関係の故に示され、もしくは知り得た営業・経営機密を、雇用関係の継続期間中、競業の目的かもしくは自己の利益のため第三者を有利に導くか経営の保有者に損害を加えることを意図して、いずれかの者に権限なく開示した者は、三年までの自由刑または罰金刑に処せられる。」

〈著者紹介〉

三 柴 丈 典（みしば　たけのり）

1971年　愛知県東海市生れ

1999年 3 月　一橋大学大学院法学研究科博士後期課程修了
（博士〔法学〕）

同年 4 月　近畿大学法学部専任教員（講師）となり、現在に至る。

専　攻　労働法

労働安全衛生法論序説

2000（平成12）年 4 月20日　第 1 版第 1 刷発行

著　者　三　柴　丈　典
発行者　今　井　　貴
発行所　株式会社 信　山　社
http://www. shinzansha.co.jp
〒113-0033　東京都文京区本郷6-2-9-102
電話 03(3818)1019　FAX 03(3818)0344

Printed in Japan

印刷・製本／松澤印刷・大三製本

ISBN 4-7972-1938-6 C3332　012-040-020
NDC分類328.601労働法・安全衛生法

事項(人名)索引

事項(人名)索引

母性保護法
—— 4条1項 ……………………248
—— 4条5項 ……………………274
マーストリヒト条約（欧州連合条約）……………………………169
マーストリヒト条約（欧州連合条約）付属議定書
—— 第14号 ……………………170
水管理法 ……………………141, 142
民事訴訟法
—— 888条2項……………………359
民法（日本）
—— 536条2項……………………458
—— 698条…………………………459
—— 702条…………………………459
要監視装置（überwachungsbedürftige Anlage） ……133, 147, 431
要許可装置（genehmigungsbedürftige Anlage） ………………141
予防医学 …………………………370
予防検診 …………374, 375, 381, 418
ライヒ保険施設（Reichsversicherungsanstalt） ………………202
ライヒ保険法
—— 539条（現行社会法典第7編2条）…………………204
—— 539条1項17号（現行社会法典第7編2条1項15号）……………………225
—— 542条（現行社会法典第7編4条2項（※但し1号～3号までに対応））…………………………204
—— 543条（現行社会法典第7編3条）……………………204
—— 545条1項（現行社会法典第7編6条）……………204
—— 546条（現行社会法典第7編14条1項1文）…144, 208
—— 547条（現行社会法典第7編26条1項）……………144
—— 548条（とりわけ1項1文及び2項（現行社会法典第7編8条1項及び3項）） ……………144, 205
—— 550条(現行社会法典8条2項1号ないし4号)……144
—— 551条（主に現行社会法典第7編9条）……………144
—— 551条1項（現行社会法典第7編9条1項）…206, 215
—— 551条2項（現行社会法典第7編9条2項）…135, 206
—— 632条（現行社会法典第7編55条2項2文、83条2文、92条8項、93条5、6項） ………………204
—— 636条（現行社会法典第7編104条（但し、636条4項部分は削除））……157, 205, 375
—— 637条（現行社会法典第7編105条、106条（但し、637条1項：105条1項、637条2項及び3項：106条3項、637条4項：106条1項、637条5項：106条2項）） ………………………205, 375
—— 640条（現行社会法典第7編110条） …………205, 373
—— 646条1項（現行社会法

典第７編114条１項、121条１項）………………*143*
―― 646条１項附則第１編………*143*
―― 653条（現行社会法典第７編125条（但し653条１項：125条１項、653条１項２号：125条３項、653条２項：125条２項)）……………………*143*
―― 654条（現行社会法典第７編125条１項）…………*143*
―― 655条（現行社会法典第７編128条１項（但し655条１項：128条３、４項、655条３項（削除)、655条４項：128条５項)）…………………*143*
―― 656条（現行社会法典第７編117条（但し656条１、２項：117条１項、656条２項２文：117条２項、656条３項（削除)、656条４項１文：128条２項、656条４項２文：117条３項)）………………………*144*
―― 656条４項２文（現行社会法典第７編116条）……*144*
―― 657条（現行社会法典第７編129条（但し657条１項：129条１項、657条１項２号：129条３項、657条２項：129条４項、657条３項：129条２項)）…………………*144*
―― 658条１項（現行社会法典第７編130条）…………*204*
―― 658条２項（現行社会法典136条３項）……………*225*
―― 663条（削除）………………*225*
―― 664条１項２文（削除）……*225*
―― 671条（現行社会法典第７編164条及び154条（但し671条７号：164条２項、671条９号：154条１項)）………………*202*
―― 671条10号……………………*218*
―― 708条（現行社会法典第７編15、16条（但し708条１項１文１号ないし３号：15条１項１号ないし３号、708条１項１文４号：15条１項６号、708条２項３文：15条５項、708条３項：16条１項、708条４項：15条３項)）……*145, 152, 180, 208, 214, 215, 216*
―― 708条１項４号（現行社会法典第７編15条１項６号)………………………*136*
―― 708条２項………………*216, 218*
―― 709条（現行社会法典第７編15条４項)………*215, 218*
―― 709条２文（現行社会法典第７編15条４項２文)…*218*
―― 710条（現行社会法典第７編209条１項１号及び３項)………………*214, 215*
―― 710条１項（現行社会法典第７編209条１項１号)………………*145, 146, 216*

―― 712条（現行社会法典第7編17条及び18条、20条（但し712条1項：17条1項、712条2項：18条1項、712条3項1文：18条2項、712条4項：20条))……*208*,*209*,*431*
―― 712条1項2文（現行社会法典第7編17条1項2文)……………*145*,*229*,*245*
―― 712条4項（現行社会法典第7編20条諸項)………*419*
―― 714条1項2文（現行社会法典第7編19条1項)…*229*
―― 714条1項3文（現行社会法典第7編19条1項)…*229*
―― 714条1項5文（現行社会法典第7編19条2項)…*145*,*229*
―― 717条（現行社会法典第7編20条諸項)………*420*,*431*
―― 717条(a)1項（現行社会法典第7編209条1項(但し717条(a)1項1号：209条1項3号、717条(a)1項2号：削除、717条(a)1項3号：209条1項2号))……*146*,*217*,*229*
―― 719条（主として現行社会法典第7編22条）……*141*,*148*,*156*,*271*,*391*,*407*
―― 719条2項（現行社会法典第7編22条2項)………*407*
―― 719条3項（現行社会法典第7編22条3項)………*392*
―― 719条4項………………*392*,*416*
―― 719条5項（現行社会法典第7編15条1項7号)…*214*
―― 719条(a)（現行社会法典第7編24条1項、2項)…*395*
―― 722条（現行社会法典第7編25条)…………………*119*
―― 723条（現行社会法典第7編150条、151条（但し723条1項：150条1項、723条2項：151条))…*207*
―― 725条1項（現行社会法典第7編153条1項、167条1項）………………*207*
―― 725条2項（現行社会法典第7編162条1項及び2項)……………………*207*
―― 726条（現行社会法典第7編153条2項及び3項)…………………………*207*
―― 730条（現行社会法典第7編157条1項）…………*207*
―― 767条2項5号（現行社会法典第7編115条3項)…………………………*152*
―― 776条（現行社会法典第7編123条）………………*143*
―― 790条1項付則第2編(現行社会法典第7編114条付則第2編)……………*143*
―― 790条2項（現行社会法典第7編114条1項3号)…………………………*143*
―― 801条1項（削除）…………*152*
―― 835条（現行社会法典第

主要裁判例一覧

○ 日　本

〔最高裁判所〕

最高裁第２小法廷判決（昭和28年12月25日〈刑集７巻13号2671頁〉）――――95

最高裁第３小法廷判決（昭和43年12月２日〈民集22巻13号3050頁〉）――――95

最高裁第３小法廷判決（昭和43年12月24日〈民集22巻13号3454頁〉）――――94

陸上自衛隊八戸車両整備工場事件最高裁第３小法廷判決（昭和50年２月25日〈民集29巻２号143頁〉）――――72

大石塗装事件最高裁第１小法廷判決（昭和55年12月18日〈民集34巻７号888頁〉）――――94, 474

最高裁第２小法廷判決（昭和56年２月16日〈民集35巻１号56頁〉）――――94

阿倍野労基署長事件最高裁第２小法廷判決（昭和57年12月10日〈労働判例カード401号17頁〉――――69

最高裁第２小法廷判決（昭和58年５月27日〈民集37巻４号477頁〉）――――94

三菱重工神戸造船所事件最高裁第１小法廷判決（平成３年４月11日〈判例時報1391号３頁〉）――――474

日鉄鉱業松尾採石所じん肺訴訟上告審判決（最高裁第３小法廷判決（平成６年３月22日〈労判652号６頁〉））――――83

〔高等裁判所〕

日鉄鉱業松尾採石所じん肺訴訟控訴審判決（東京高判平成４年７月17日〈判例時報1429号22頁〉）――――82

〔地方裁判所〕

大東マンガン事件大阪地裁判決（昭和57年９月30日〈判例時報1058号３頁〉）――69

新聞輸送事件東京地裁判決（昭和57年12月24日〈判例時報1071号142頁〉）――76

札幌栗山クロム事件札幌地裁判決（昭和61年３月19日〈判例時報1197号１頁〉）――――69

日鉄鉱業松尾採石所じん肺訴訟１審判決（東京地判平成２年３月27日〈判例時報1342号16頁〉）――――77

高島屋工作所事件大阪地裁判決（大阪地判平成２年11月28日〈労働経済判例速報1413号３頁〉）――――84

岩国市職員嫌煙権訴訟 1 審判決（山口地判岩国支部平成 4 年 7 月16日〈判例時報1429号32頁〉）——87

○ ドイツ

〔欧州裁判所〕

EuGH（Urteil）vom 5. 2. 1963, EuGHE（1963）, S. 1.——187
EuGH（Urteil）vom 15. 7. 1964, EuGHE（1964）, S. 1521, NJW（1964）, S. 2371.——178

〔ライヒ裁判所〕

RG（Urteil）vom 26. 4. 1938, RGZ 157, S. 282.——157
RG（Urteil）vom 20. 12. 1938, RGZ 159, S. 268.——157
RG（Urteil）vom 6. 2. 1923, RGZ 106, S. 272.——322

〔連邦労働裁判所〕

BAG（Urteil）vom 8. 6. 1955, 2 AZR 200/54,AP Nr.1 zu §618 BGB.—226
BAG（Beschluß）vom 26. 10. 1955, BAGE 2, S. 342.——275
BAG（Urteil）vom 7. 2. 1956,2 AZR 200/54, AP Nr. 18 zu §611 BGB Urlaubsrecht.——275
BAG（Urteil）vom 20. 4. 1956, 1 AZR 476/54, BAGE 3, S. 23.——275
BAG（Vorlagebeschluß）vom 6. 7. 1956, 1 AZR 276/54, AP Nr. 1 zu §1 Urlaubsgesetz Schleswig-Holstein.——275
BAG（雑誌編集上判決・決定の区分不明）vom 7. 12. 1962, 1 AZR 134/61, AuR（1963）, S. 222.——322
BAG（雑誌編集上判決・決定の区分不明）vom 30. 5. 1963, 5 AZR 282/62, AuR（1963）, S. 345.——322
BAG（Urteil）vom 20. 12. 1963, 1 AZR 428/62, DB（1964）, S. 371, AuR（1964）, S. 219, BAGE 15, S. 174, AP Nr. 32 zu Art. 9 GG Arbeitskampf, NJW（1964）, S. 883.——320
BAG（Urteil）vom 27.2.1970,1 AZR 258/69,AP Nr.16 zu §618 BGB.—226
BAG（Beschluß）vom 21. 4. 1971, GS 1/68, AP Nr. 43 zu Art. 9 GG Arbeitskampf.——329
BAG（雑誌編集上判決・決定の区分不明）vom 7. 6. 1973, 5 AZR 563/72, AuR（1973）, S. 347.——321
BAG（Beschluß）vom 6. 11. 1973, 1 ABR 8/73, AP Nr. 5 zu §37

BetrVG 1972. ——433
BAG (Urteil) vom 10. 3. 1976, 5 AZR 34/75, AP Nr. 17 zu § 618 BGB. ——158, 221
BAG (Beschluß) vom 14. 6. 1977, 1 ABR 92/74, AP Nr. 30 zu § 37 BetrVG 1972. ——433
BAG (Beschluß) vom 13. 9. 1977, 1 ABR 67/75, AP Nr. 1 zu § 42 BetrVG 1972. ——278
BAG (Urteil) vom 14. 2. 1978, 1 AZR 76/76, AuR (1979), S. 29, AP Nr. 58 zu Art. 9 GG Arbeitskampf. ——320
BAG (Beschluß) vom 10. 4. 1979, 1 ABR 34/77, DB (1979), S. 1995. ——404
BAG (Vergleichvorschlag) vom 8. 1. 1980, 5 AZR 79/78, DB (1980), S. 264. ——362
BAG (雑誌編集上判決・決定の区分不明) vom 10. 6. 80, 1 AZR 168/79, AuR (1980), S. 249. ——322
BAG (Beschluß) vom 6. 12. 1983, 1 ABR 43/81, AP Nr. 7 zu § 87 BetrVG 1972. ——243, 248, 432
BAG (雑誌編集上判決・決定の区分不明) vom 25. 10. 1984, 2 AZR 417/83, AuR (1985), S. 130. ——321
BAG (Beschluß) vom 15. 5. 1986, 6 ABR 74/83, AP Nr. 54 zu § 37 BetrVG 1972. ——433
BAG (Beschluß) vom 16. 10. 1986, 6 ABR 14/87, AP Nr. 58 zu § 37 BetrVG 1972. ——433
BAG (Beschluß) vom 26. 2. 1987, 6 ABR 46/84, DB (1987), S. 2526, BB (1987), S. 2448, NZA (1988), S. 63, EzA § 79 BetrVG 1972 Nr. 1. ——434
BAG (Urteil) vom 24. 3. 1988, 2 AZR 369/87, AP Nr. 1 zu § 9 ASiG. ——410
BAG (Beschluß) vom 19. 4. 1989, 7 ABR 87/87, AiB (1990), S. 36. ——278
BAG (Beschluß) vom 28. 4. 1992, 1 ABR 73/91, AP Nr. 98 zu § 99 BetrVG 1972. ——399
BAG (Urteil) vom 2. 2. 1994, 5 AZR 273/93, BAGE 75, S. 332, DB (1994), S. 1087, AP Nr. 4 zu § 273 BGB. ——324
BAG (Urteil) vom 8. 5. 1996, 5 AZR 315/95, DB (1996), S. 2446. ——323
BAG (Urteil) vom 8. 5. 1996, 5 AZR 971/94, DB (1996), S. 2446. ——362
BAG (Urteil) vom 17. 2. 1998, 9 AZR 84/97, DB (1998), S. 2068. ——197, 362

〔ラント労働裁判所〕

LAG Mannheim (Urteil) vom 31. 5. 1952, RdA (1952), S. 356. ――――322
LAG Düsseldorf (Urteil) vom 16. 6. 1956, BB (1956), S. 925. ――――320
LAG Düsseldorf (Urteil) vom 3. 12. 1964, BB(1965), S. 245. ――――147
LAG Berlin (Beschluß) vom 10. 2. 1977, BB (1977), S. 1399. ――――408
LAG Düsseldorf (Urteil) vom 25. 3. 1977, 4 Sa 171-177. ――――389
LAG Baden-Wüttemberg, Kammer Mannheim (Urteil) vom 9. 12. 1977, DB(1978), S. 213. ――――362
LAG Hamm (Beschluß) vom 16. 6. 1978, DB (1978), S. 2494, EzA Nr. 1 zu § 87 BetrVG 1972 Arbeitssicherheit. ――――404
LAG Düsseldorf (Beschluß) vom 27. 5. 1980, DB (1981), S. 1780. ――――272
LAG Berlin (Beschluß) vom 31. 3. 1981, DB (1981), S. 1519. ――――272, 409
LAG Baden-Wüttemberg (Urteil) vom 3. 2. 1987, NZA (1987), S. 756. ―150
LAG Köln (Urteil) vom 22. 1. 1993, AiB (1993), S. 393, 395. ――――226
LAG Hessen (Urteil) vom 24. 11. 1994, 5 AZR 220/95, AuR (1995), S. 283. ――――362

〔労働裁判所〕

AG Mannheim (Urteil) vom 30. 6. 1977, DB (1977), S. 2238. ――――362
AG Wiesbaden (Urteil) vom 1. 6. 1989, NZA (1990), S. 275. ――――301

〔連邦行政裁判所〕

BVerwG (Urteil) vom 13. 9. 1984, 2 C 33/82, DB (1984), S. 2308. ――――362
BVerwG (Urteil) vom 26. 11. 1987, 2 C 53/86 (Münster), NJW (1988), S. 783. ――――362

〔連邦通常裁判所〕

BGH (Beschluß) vom 5. 2. 1952, NJW (1952), S. 488. ――――157
BGH (Urteil) vom 11. 2. 1953, BG (1953), S. 203. ――――230
BGH (Urteil) vom 24. 6. 1953, BG (1953), S. 401. ――――230
BGH (Urteil) vom 9. 2. 1955, AP Nr. 4 zu § 618 BGB. ――――157
BGH (Urteil) vom 26. 5. 1966, NJW (1966), S. 1457. ――――158

BGH (Urteil) vom 9. 2. 1955, AP Nr.4 zu § 618 BGB. ――――157
BGH (Urteil) vom 26. 5. 1966, NJW (1966), S. 1457. ――――158

主な参照文献一覧

※ただし，各国政府及びその他の関連機関刊行資料，座談会，パネルディスカッション，インターネット上のホームページ，判例集，用語辞典，いわゆる教科書・参考書の類は省略する。

(1) 日本の法制度に関連して

〈著　書〉

・石原修『労働衛生』（杉山書店，1923年）。
・井上浩『労働安全衛生法』（北樹出版，1978年）。
・井上浩『最新労働安全衛生法』（中央経済社，1995年）。
・岩村正彦『労災補償と損害賠償』（東京大学出版会，1984年）。
・宇賀克也『国家補償法』（有斐閣，1997年）。
・大河内一男『社会政策・総論』（有斐閣，1949年）。
・岡実『工場法論（改訂増補３版）』（有斐閣，1917年）。
・奥田昌道『債権総論（上）』（筑摩書房，1982年）。
・奥山明良『職場のセクシュアル・ハラスメント』（有斐閣選書，1999年）。
・小野公一『職務満足感と生活満足感』（白桃書房，1993年）。
・甲斐道太郎＝谷口知平編『新版注釈民法（18）』（有斐閣，1991年）。
・梶原三郎『労働衛生』（東洋書館，1951年）。
・片岡曻『労働者権と経営権』（労働法学出版，1963年）。
・片岡曻『労働法―その基礎理論と展開』（労働旬報社，1978年）。
・勝木新次『労働科学読本』（労働科学研究所，1964年）。
・加藤正明『職場のメンタルヘルス』（星和書店，1996年）。
・川上剛／藤本瞭一／矢野友三郎『ＩＳＯ労働安全・衛生マネジメント規格』（日刊工業新聞社，1998年）。
・北川徹三『化学・安全工学』（日刊工業新聞社，1969年）。
・桐原葆見『産業安全』（東洋書館，1951年）。
・坂本重雄『高齢化社会と年金・労災補償』（勁草書房，1991年）。
・佐藤勝美編『労働安全衛生法の詳解』（労働基準調査会，1992年）。
・佐藤進『安全・衛生・災害補償』（総合労働研究所，1970年）
・塩野宏『公法と私法』（有斐閣，1989年）。
・潮見佳男『契約規範の構造と展開』（有斐閣，1991年）。

・四宮和夫『請求権競合論』(一粒社，1978年)。
・高橋滋『行政手続法』(ぎょうせい，1996年)。
・高橋眞『安全配慮義務の研究』(成文堂，1992年)。
・竹前栄治『戦後労働改革』(東京大学出版会，1982年)。
・中央労働災害防止協会編『安全衛生運動史』(中央労働災害防止協会，1984年)。
・道幸哲也『職場における自立とプライバシー』(日本評論社，1995年)。
・中川一郎『詳解改正労働安全衛生規則』(三晃社，1950年)。
・西村健一郎『労災補償と損害賠償』(一粒社，1988年)。
・西村健一郎／高木紘一／安枝英訷／長渕満男／林弘子／今野順夫『労働法講義3（新版)』(有斐閣大学双書，1990年）とりわけ第七章林執筆部分。
・日本規格協会編『ＩＳＯ規格の基礎知識』(日本規格協会，1998年)。
・農商務省商工局『職工事情』(農商務省商工局，1903年)。
・樋口篤三『日本労働運動—歴史と教訓』(第三書館，1990年)。
・古澤一夫『労働生理』(東洋書館，1951年)。
・細井和喜蔵『女工哀史』(改造社，1925年)。
・保原喜志夫／山口浩一郎／西村健一郎編『労災保険・安全衛生のすべて』(有斐閣，1998年)。
・保原喜志夫編著『産業医制度の研究』(北海道大学図書刊行会，1998年)。
・堀部政男／永田眞三郎編『情報ネットワーク時代の法学入門』(三省堂，1989年）(とりわけ大沼執筆部分)。
・水野勝／岡村親宜／畠中信夫『労災・職業病・通勤災害』(総合労働研究所，1979年)。
・三隅二不二編著『リーダーシップ（現代経営学全集七巻)』(ダイヤモンド社，1972年)。
・宮島尚史『労働・治安刑法論研究：労働者権の側面より』(学習院大学研究叢書，1998年)。
・宮本健蔵『安全配慮義務と契約責任の拡張』(信山社，1993年)。
・村上茂利『労働災害防止団体法解説』(日刊労働通信社，1964年)。
・横山源之助『日本の下層社会』(岩波書店，1949年)。
・吉竹博『産業疲労—自覚症状からのアプローチ—』(労働科学研究所，1973年)。
・吉竹博『現代人の疲労とメンタルヘルス』(労働科学研究所，1990年)。
・連合法規対策局編『安全・健康で快適な職場づくり』(労働教育センター，1993年)。
・労働省安全衛生部計画課編『改正労働安全衛生法』(労務行政研究所，1996年)。
・労働省安全課編『ここがポイント！　日本の労働安全衛生マネジメントシステム』(中央労働災害防止協会，1999年)。

主な参照文献一覧

・労働省労働基準局安全衛生部監修『改正安衛法ハンドブック―健康確保対策の推進』(労働基準調査会，1996年)。

〈論　文〉
・青山英康「労安衛法二〇年の成果と将来」いのちと健康（1992年）6号2頁。
・朝倉隆司「働く女性の職業キャリアとストレス」日本労働研究雑誌（1992年）394号14頁。
・安西愈「企業の健康配慮義務と労働者の自己保健義務」季刊労働法（1982年）124号18頁。
・同「労働基準監督行政と申告権」季刊労働法（1991年）159号106頁。
・今西康人「いわゆる履行補助者論は今後どういう方向が問題となるか」『椿編／講座・現代契約と現代債権の展望（二）債権総論』(1991年）119頁。
・尾形隆彰「若者の意識変化と職場の新たな問題」日本労働研究雑誌（1992年）394号2頁。
・岡村親宜「労災責任の規範的論理構造」日本労働法学会誌（1974年）43号49頁。
・同／小林良明「労災裁判闘争の今日的水準」労働法律旬報（1975年）910・911号61頁。
・同「今こそ安全衛生委員会の抜本的な強化を」いのちと健康（1992年）7号12頁。
・同「過労死と労働契約の法理」法学新報（1995年）101巻第9・10号279頁。
・奥田昌道「安全配慮義務」『石田／西原／高木還暦（中）・損害賠償法の課題と展望』(1990年）1頁。
・同「失利益からの控除―日鉄鉱業松尾採石所じん肺訴訟第一審判決」判例時報（1991年）1355号192頁。
・同「契約責任と不法行為責任との関係」司法研修所論集（1991年）1991・Ⅰ，85号1頁。
・小畑史子「労働安全衛生法の法的性質（1）（2）」法学協会雑誌（1995年）112巻2号212頁～277頁，3号355頁～425頁，5号613頁～684頁。
・香川孝三「労働安全衛生法三〇条二項前段違反と不法行為責任―山形水産公社事件―」ジュリスト（1993年）1057号116頁。
・梶原三郎「日本の労働衛生の新たな発展のための労働衛生工学の意義」労働衛生工学（1962年）創刊号巻頭。
・片岡昇「労働者の健康権」季刊労働法（1982年）124号4頁。
・鎌田耕一「労働判例研究：労安法三〇条二項所定の指名を怠った発注者の不法行為責任と相当因果関係」法律時報（1993年）67巻10号84頁。
・川口実「労働法学と隣接諸科学との方法的関連」日本労働法学会誌（1976年）

48号5頁。
・菊池昭「企業における作業管理の意義」産業保健人間工学研究（1999年）1巻42頁。
・北川善太郎「債務不履行の構造とシステム」下森編『安全配慮義務の形成と展開』（1988年）263頁。
・金城清子「セクシュアル・ハラスメントと男女雇用機会均等法」ジュリスト（1990年）956号37頁。
・國井和郎「裁判例から見た安全配慮義務」『下森編／安全配慮義務の形成と展開』（1988年）3頁。
・倉橋義定「安全衛生第一話・労働災害防止体制の変遷と労働安全衛生法の制定」労働基準（1996年）12月号32頁。
・桑原昌弘「安全衛生」『窪田還暦・労働災害補償法論』（1985年）355頁。
・河野友信「『企業戦士』の心理と働き方―その特徴と問題点」日本労働研究雑誌（1992年）394号30頁。
・後藤勇「安全配慮義務と履行補助者」下森編『安全配慮義務の形成と展開』（1988年）161頁。
・小林章雄「仕事と職場のストレス：第五回職業（仕事）とストレス」産業衛生学雑誌（1999年）41巻5号A73頁。
・近藤雄二「健康のための労働環境づくり―労働安全衛生法規との関連で」『健康づくりと支援環境』（1999年）107頁。
・酒井一博「作業管理に役立つ人間工学の応用法」産業保健人間工学研究（1999年）1巻28頁。
・坂本重雄「労災防止と安全衛生義務」『労働保護法の研究』（1994年）423頁。
・里見秀俊「減らない建設業界の労災を改正案は防げるか」いのちと健康（1992年）5号11頁。
・潮見佳男「債務履行構造に関する一考察（一）（二・完）」民商法雑誌（1984年）90巻3号344頁～374頁，4号511頁～535頁。［同・契約規範の構造と展開（1991年，有斐閣）第1部所収］
・潮見佳男「安全配慮義務の縮減理論（要件論）」民商法雑誌（1990年）101巻6号1頁。
・下森定「国の安全配慮義務」下森編『安全配慮義務の形成と展開』（1988年）233頁。
・荘司榮徳「産業医活動の実際」日本労働法学会誌（1995年）86号23頁。
・椿寿夫「履行請求権（中）」法律時報（1997年）69巻2号37頁。
・中嶋士元也「安全配慮義務論争の課題（上）（下）」日本労働協会雑誌（1987年）338号14頁，340号24頁。

主な参照文献一覧

・新美育文「『安全配慮義務』の存在意義」ジュリスト（1984年）823号99頁。
・同「『安全配慮義務の存在意義』再論」法律論叢（1988年）60巻４・５号583頁。
・西谷敏「労働基準法の二面性と解釈の方法」『労働保護法の研究』（1994年）１頁。
・西村健一郎「使用者の安全配慮義務」ジュリスト増刊『労働法の争点（新版）』（1990年）256頁。
・長谷川徹也「作業者の諸機能検査結果と作業との関連について」産業保健人間工学研究（1999年）１巻50頁。
・浜田稔「請求権競合」ジュリスト増刊『民法の争点』（1985年）186頁。
・平野裕之「安全配慮義務の観念はこれからどの方向に進むべきか」椿編『講座・現代契約と現代債権の展望（二）債権総論』（1991年）33頁。
・古谷杉郎「労安法の一方の主人公は労働者であるべきだ」いのちと健康（1992年）５号13頁。
・保原喜志夫「産業医制度の課題」『労働保護法の研究』（1994年）469頁。
・同「産業医をめぐる法律問題」日本労働法学会誌（1995年）86号５頁。
・堀江正知「作業管理における産業医の役割」産業保健人間工学研究（1999年）１巻32頁。
・前田達明「債務不履行責任の構造」判例タイムズ（1986年）607号２頁。
・松岡三郎「労災・職業病と労働者の保護」『現代労働法講座（第12巻）労働災害・安全衛生』（1983年）２頁。
・松本克美「安全配慮義務論・序説―権利論的事故防止法理構築のための基本視角の設定」法研論集（1984年）32号315頁。
・同「戦後日本における安全配慮義務の理論史的検討―労災責任論の展開過程との関わりを中心に（一）（二）（三）」法研論集（1986，1987年）38号95頁～115頁，40号275頁～298頁，43号243頁～267頁。
・同「労災保険と損害賠償の完全併存の実現」季刊労働法（1991年）158号49頁。
・三上行生「架空配電線工事従事者の作業管理への一提言」産業保健人間工学研究（1999年）１巻46頁。
・三柴丈典「脳・心臓疾患事案における法的因果関係」労働法律旬報（1998年）1438号26頁。
・同「書評・現代労災予防法学の礎―保原喜志夫編著『産業医制度の研究』」労働法律旬報（1999年）1456号50頁。
・水野勝「安全配慮義務の再検討」労働判例（1984年）432号４頁。
・宮本健蔵「雇傭・労働契約における安全配慮義務」明治学院論叢（1986年）393号145頁。
・村上博巳「証明責任」『下森編／安全配慮義務の形成と展開』（1988年）171頁。

・望月浩一郎「過労死と安全配慮義務の履行請求」日本労働法学会誌（1997年）90号173頁。
・盛誠吾「雇用・職場とプライバシー」ジュリスト増刊『情報公開・個人情報保護』（1994年）239頁。
・山田省三「職場における労働者のプライバシー保護」日本労働法学会誌（1991年）78号33頁。
・山崎喜比彦「今次技術革新下における労働・職場の変化とストレス—都立労働研究所における四つの調査をもとに」労働研究所報（1988年）第9号129頁。
・山崎喜比彦「ホワイトカラーにみる疲労・ストレスの増大とライフスタイル」日本労働研究雑誌（1992年）389号2頁。
・和田肇「雇傭と安全配慮義務」下森編『安全配慮義務の形成と展開』（1988年）139頁。
・渡辺賢「産業医の活動とプライバシー」日本労働法学会誌（1995年）86号125頁。
・渡辺章「労働災害に契約責任を認め，損害を分担控除した事例」ジュリスト（1974年）564号116頁。

(2) アメリカの法制度に関連して

〈著　書〉

・桑原靖夫監訳『職場の安全衛生と労使関係』(日本労働協会，1986年)：Bacow, Lawrence S., Barganing for Job Safety and Health (MIT Press, 1980)。
・坂本重雄『団体交渉権論』（とりわけ254頁〜296頁）（日本評論社，1994年）。
・竹内規浩『アメリカの雇用と法』（一粒社，1993年）。
・田中英夫『英米法総論（上）（下）』（東京大学出版会，1980年）。
・道幸哲也『不当労働行為救済の法理論』（有斐閣，1988年）。
・清水博編『アメリカ史（増補改訂版）』（山川出版社，1986年）。
・中窪裕也『アメリカ労働法』（弘文堂，1995年）。
・Ashford, Nicholas A., A Crisis in the Workplace : Occupational Disease and Injury (Island Press, 1976).
・Ashford, Nicholas A./Caldart, Charles C., Technology, Law, and the Working Environment (Island Press, 1996).
・Bacow, Lawrence S., Barganing for Job Safety and Health (MIT Press, 1980).
・Bokat, Stephan A./Thompson III, Horance A. (edit.), Occupational Safety and Health Law (BNA Books, 1988).

主な参照文献一覧

・Elkouri, Frank/Elkouri, Edna A., How Arbitration Works, 4th ed. (BNA Books, 1985).
・Goldman, Alvin L., Labor and Employment Law in the United States (Kluwer Law International, 1996).
・Hermann, Donald H. J., Mental Health and Disability Law (West Publishing Co., 1997).
・Hood, Jack B., Worker's Compensation and Employee Protection Laws (West Publishing Co., 1990).
・Keeton, Page W. (General Editor), Prosser and Keeton on the law of torts (West Publishing Co., 1984).
・La Fond, John Q./Durham, Mary L., Back to the Asylum (Oxford University Press, 1992).
・Nothstein, Gary Z., The Law of Occupational Safety and Health (Free Press, 1981).
・Rothstein, Mark A., Occupational Safety and Health Law (West Publishing Co., 1990).

〈論　文〉
・秋元樹「アメリカにみるセクシュアル・ハラスメント」労働法律旬報（1989年）1228号22頁。
・大久保利晃「米国における安全衛生行政の現状」産業医学ジャーナル（1984年）７巻３号58～61頁，４号69～72頁，５号72～75頁，６号62～66頁，８巻１号57～60頁，２号64～67頁。
・奥山明良「アメリカの働く女性と性的いやがらせ」成城法学（1987年）23号１頁。
・同「セクシュアル・ハラスメントと違法性判断の基準」ジュリスト（1990年）956号51頁。
・桑原昌宏「危険有害業務拒否権と日米労安法」いのち（1980年）167巻14号３頁。
・品田充儀「アメリカにおける産業保健・産業医制度」日本労働法学会誌（1995年）86号91頁。
・長峰登記夫「安全衛生条約と労働安全衛生法」大原社会問題研究所雑誌（1987年）338号35頁。
・林弘子「アメリカの労働安全衛生法をめぐる法律問題」日本労働協会雑誌（1979年）248号26頁。
・同「アメリカにおける労働者の危険有害業務就労拒否権をめぐる問題」『社会

法の現代的課題・林還暦』（1983年）253頁。
・同「半導体産業における公害・労災・職業病」季刊労働法（1985年）138号16頁。
・同「有害業務就労と男女の雇用機会平等」『荒木還暦・現代の生存権』（1986年）359頁。
・同「職場におけるセクシュアル・ハラスメントへの法的対応」ジュリスト（1990年）956号42頁。
・三柴丈典「アメリカにおける労災予防権の検討」季刊労働法（1997年）181号139頁。
・Ashford, Nicholas A./Katz, Judith I., Unsafe Working Conditions : Employee Rights under the Labor Management Health Act, 52 Notre Dame Lawyer (1977), 802.
・Baram, Michael S., The Right to Know and the Duty to Disclose Hazard Information, 74 American Journal of Public Health (1984), 385.
・Drapkin, Lary, The Right to Refuse Hazardrous Work after Whirpool, 4 Industrial Relations Law Journal (1980), 29.
・Kolesar, David J., Cumulative Trauma Disorders : OSHA's General Duty Clause and the Need for an Ergonomics Standard, 90 Michigan Law Review (1992), 2079.
・Morey, Richard S., The General Duty Clause of the Occupational Safety and Health Act of 1970, 86 Harvard Law Review (1973), 933.
・Morgan, Donald L./Duvall, Mark L., Forum : OSHA's General Duty Clause : An Analysis of its Use and Abuse, 5 Industrial Relations Law Journal (1983), 283.
・Siris, Michael J., OSHA Compliance or Non-Comliance : Admissible in Federal Products Liability Actions to Prove a Machine's Safety or Defect?, 25 Arizona State Law Journal (1994), 659.
・Thoreau, Henry D., Occupational Health Risks and the Worker's Right to Know, 90 The Yale Law Journal (1981), 1792.
・White, Jr., W. L./Carney, J. T., OSHA Comes of Age : The Law of Work Place Environment, The Business Lawyer (1973), 1309.

※カナダ
・嶺学「内部責任システムと就業拒否権」大原社会問題研究所雑誌（1987年）338号43頁。

(3) ドイツおよびＥＣ／ＥＵの法制度に関連して

〈著　書〉

・芦部信喜『現代人権論』(有斐閣，1974年)。
・網野誠『西ドイツ被用者経営参加法論』(風間書房，1969年)。
・荒木尚志『労働時間の法的構造』(有斐閣，1991年)。
・石川明編著『ＥＣ統合の法的側面』(成文堂，1993年)。
・大内伸哉『労働条件変更法理の再構成』(有斐閣，1999年)。
・河上正二『約款規制の法理』(有斐閣，1988年)。
・金丸輝男編『ＥＵとは何か』(日本貿易振興会，1994年)。
・木下秀雄『ビスマルク労働者保険法成立史』(有斐閣，1997年)。
・倉田聡『医療保険の基本構造』(北海道大学図書刊行会，1997年)。
・近藤文二『社会保険』(岩波書店，1963年)。
・斉藤博『人格権法の研究』(一粒社，1979年)。
・下井隆史『労働契約法の理論』(神戸大学研究双書刊行会，1986年)。
・社会保障研究所編『西ドイツの社会保障』(東京大学出版会，1989年)。
・高橋眞『安全配慮義務の研究』(成文堂，1992年)。
・楢崎二郎／蓼沼謙一訳『ジンツハイマー労働法原理』(東京大学出版会，1955年)：Sinzheimer, Hugo, Grundzüge des Arbeitsrechts (Jena, 1927)。
・成瀬治／黒川康／伊藤孝之『ドイツ現代史』(山川出版社，1987年)。
・西谷敏『ドイツ労働法思想史論：集団的労働法における個人・団体・国家』(日本評論社，1987年)。
・同『ゆとり社会の条件：日本とドイツの労働者権』(旬報社，1992年)。
・西谷敏／中島正雄／米津孝司／村中孝史訳『現代ドイツ労働法』(法律文化社，1995年)：Löwisch, Manfred, Arbeitsrecht, 3. Aufl., (Düsseldorf, 1991)。
・野田進／和田肇『休み方の知恵』(有斐閣選書，1991年)。
・濱口桂一郎『ＥＵ労働法の形成』(日本労働研究機構，1998年)。
・藤原豊司／田中俊郎『ＥＣ統合・欧州連合入門』(東洋経済新報社，1992年)。
・古瀬徹／塩野谷祐一編『先進諸国の社会保障（四）ドイツ』(東京大学出版会，1999年)。
・前田充康『ＥＣ統合と労働問題』(日本労働研究機構，1992年)。
・水町勇一郎『パートタイム労働の法律政策』(有斐閣，1997年)。
・籾山錚吾『ＥＣ労働法の展開と現状』(朝日大学法制研究所，1994年)。
・山根裕子『ＥＣ／ＥＵ法（第二版)』(有信堂，1996年)。
・柚木馨『獨逸民法II（債務法)：現代外國法典叢書』(有斐閣，1940年)。
・和田肇『労働契約の法理』(有斐閣，1990年)。

・和田肇『ドイツの労働時間と法』(日本評論社, 1998年)。

※フランス
・社会保障研究所編『フランスの社会保障』(東京大学出版会, 1989年)。
・Achilles, Alexander/Gebhard, Albert/Spahn, Peter, Protokoll der Kommission für die zweite Lesung des Entwurfs des Bürgerlichen Gesetzbuchs, Band II (Berlin, 1898).
・Aufhauser, Rudolf/Brünhober, Hannelore/Igl, Peter, Arbeitssicherheitsgesetz (Kommentar), 1. Aufl. (Baden-Baden, 1992).
・Badura, Peter/Ehlers, Dirk/Erichsen, Hans-Uwe/Ossenbühl, Fritz/Rudolf, Walter/Rüfner, Wolfgang/Salzwedel, Jürgen, Allgemeines Verwaltungsrecht, 10. neubearbeitete Auflage (Berlin, New York, 1995).
・Badura, Peter/Friauf, Karl Heinrich/Kunig, Phillip/Salzwedel, Jürgen/Breuer, Rüdiger/Krebs, Walter/Ruland, Franz/Schmidt-Aßmann, Eberhard (Hrsg.), Besonderes Verwaltungsrecht, 10. Aufl. (Berlin, New York, 1995).
・Beigel, Anton, Arbeitssicherheitsrecht in Deutschland und Frankreich (Frankfurt am Main, Berlin, Bern, New York, 1996).
・Böttcher, Inge, Gemeinsame Ausübung eines Zurückbehaltungsrechts, in Recht der Arbeit und der sozialen Sicherheits, Band 3 (Frankfurt am Main, 1986).
・Biedenkopf, Kurt H., Grenzen der Tarifautonomie, (Kalsruhe, 1964).
・Bley, Helmer/Kreikebohm, Ralf, Sozialrecht, 7. überarb. Aufl. (Neuwied, Kriftel, Berlin, 1993).
・Brox, Hans/Rüthers, Bernd, Arbeitskampfrecht, 2. Aufl. (Stuttgart, 1982).
・Bücker, Andreas/Feldhoff, Kerstin/Kohte, Wolfhard, Vom Arbeitsschutz zur Arbeitsumwelt : europäische Herausforderungen für das deutsche Arbeitsrecht (Neuwied, 1994).
・Däubler, Wolfgang/Kittner, Michael/Klebe, Thomas/Schneider, Wolfgang (Hrsg.), Betriebsverfassungsgesetz, Kommentar für die Praxis, 4. Aufl. (Köln, 1994).
・Däubler Wolfgang, Das Arbeitsrecht 2, 10. Aufl. (Hamburg, 1995).
・Dauses, Manfred A. (Hrsg.), Handbuch des EG-Wirtschaftsrechts, Kapital D. III. Arbeitsrecht, (München, 1993).
・Davies, Paul/Lyon-Caen, Antoine/Sciarra, Silvana/Simitis, Spiros, European Community, Labour Law : Principles and Perspectives (Oxford,

1996).
• Diets, Rolf/Richardi, Reinhard, Betriebsverfassungsgesetz, Kommentar, Bd. 1 und 2, 6. Aufl. (München, 1981/1982).
• Ehmann, Horst, Arbeitsschutz und Mitbestimmung bei neuen Technologien, (Berlin, 1981).
• Fabricius, Fritz/Kraft, Alfons/Wiese, Günter/Kreutz, Peter, Betriebsverfassungsgesetz, Gemeinschaftskommentar, 5. Aufl. (Neuwied, Kriftel, Berlin, 1995).
• Fitting, Karl/Auffarth, Fritz/Kaiser, Heinrich/Heither, Friedrich/Engels, Gerd, Betriebsverfassungsgesetz, 18. Aufl. (München, 1996).
• Flatow, Georg/Kahn-Freund, Otto, Betriebsrätegesetz vom 4. Februar 1920 nebst Wahlordnung, Ausführungsverordnungen u. Ergänzungsgesetzen, 13. Aufl. (Berlin, 1931).
• Frey, Helmut/Pulte, Peter, Betriebsvereinbarungen in der Praxis, 2. Aufl. (München, 1997).
• Galperin, Hans/Löwisch, Manfred/Kröger, Bernd, Kommentar zum Betriebsverfassungsgesetz, Bd. II, 6. Aufl. (Heidelberg, 1982).
• Graeff, Günter, Gesetz über Betriebsärzte, Sicherheitsingenieure und andere Fachkräfte für Arbeitssicherheit, 2. Aufl. (Köln, Berlin, Bonn, München, 1979).
• Grabitz, Eberhard/Hilf, Meinhard, Kommentar zur Europäischen Union : Vertrag über die Europäische Union Vertrag zur Gründung der Europäischen Gemeinschaft (München, 1994).
• Hess, Harald/Schlochauer, Ursula/Glaubitz, Werner, Kommentar zum Betriebsverfassungsgesetz, 4. Aufl. (Neuwied, 1993).
• Hueck, Alfred/Nipperdey, Hans Carl, Lehrbuch des Arbeitsrechts, Band I II, 3. bis 5. neue bearb. Aufl (Mannheim, Berlin, Leipzig, 1931/1932).
• Hueck, Alfred/Nipperdey, Hans Carl, Lehrbuch des Arbeitsrechts, Band I, 7. vollig neubearb. Aufl. (Berlin, Frankfurt am Main, 1963).
• Kliesch, Georg/Nöthlichs, Matthias/Wagner, Rolff, Arbeitssicherheitsgesetz (Berlin, 1978).
• Kohte, Hans-Wolfhard, Arbeitnehmerhaftung und Arbeitgeberrisiko (Königstein, 1981).
• Krimphove, Dieter, Europäisches Arbeitsrecht (München, 1996).
• Kühn, Hagen, Betriebliche Arbeitsschutzpolitik und Interessenvertretung der Beschäftigten (Frankfurt am Main, New York, 1982).

- Langanke, Annemarie/Heuse, Robert (Anmerkungen), Tarifvertragsgesetz und Betriebsverfassungsgesetz (Beck'sche Textausgaben), (München, 1991).
- Lauterbach, Herbert, Gesetzliche Unfallversicherung, 3. und 5. Buch der Reichsversicherungsordnung, Band I-III, 3. Aufl. (Stuttgart, 1963-), S. 60.
- Löwisch, Manfred, Arbeitsrecht, 3. Aufl., (Düsseldorf, 1991).
- Medicus, Dieter, Bürgerliches Recht : eine nach Anspruchsgrundlagen geordnete Darstellung zur Examensvorbereitung, 16. Aufl. (Köln, 1993).
- Mertens, Alfred, Der Arbeitsschutz auf dem Prufstand (Dortmund, 1980).
- Milles, Dietrich/Müller, Rainer (Hrsg.), Berufsarbeit und Krankheit (Frankfurt am Main, New York, 1985).
- Nipperdey, Hans Carl (Erläuterung (u. a.)), Recht der Schuldverhältnisse, in J. von Staudingers Kommentar zum Bürgerlichen Gesetzbuch, Band 2, 11. Aufl. (Berlin, 1957-1958).
- Nikisch, Arthur, Arbeitsrecht Band II, 2. Aufl. (Tübingen, 1959).
- Nitschki, Jürgen/Bramer, Monika/Meyer, Peter Heinrich/Müller, Werner (Arbeitskammer des Saarlandes (Hrsg.)), Arbeitssicherheitsgesetz, 8. Aufl., (Saarbrücken, 1992).
- Palandt, Otto (Gesamtredaktion und Einleitung), Bürgerliches Gesetzbuch, 56. Aufl. (München, 1997).
- Pröll, Ulrich, Arbeitsschutz und neue Technologien (Opladen, 1991).
- Rosenbrock, Rolf, Arbeitsmediziner und Sicherheitsexperten im Betrieb, (Frankfurt am Main, 1982).
- Schaub, Günter, Arbeitsrechtshandbuch, 6. Aufl., (München, 1987).
- Schwarz, Walter, Industriespionage : Geschichte, Rechtsnatur und Systematik des strafrechtlichen Schutzes der Geschäfts-und Betriebsgeheimnisse (Strafrechtliche Abh. Heft 377), (Frankfurt am Main, 1937).
- Sieg, Harald/Leifermann, Werner/Tettinger, Peter J., Gewerbeordnung, 5. völlig neubearb. Aufl. (München, 1988).
- Sinzheimer, Hugo, Der korporative Arbeitsnormenvertrag, Band I (Leipzig, 1907).
- Sinzheimer, Hugo, Grundzüge des Arbeitsrechts, 2. Aufl. (Jena, 1927).
- Söllner, Alfred, Arbeitsrecht, 5. Aufl. (Stuttgart, Berlin, Köln, Mainz, Kohlhammer, 1976).
- Spinnarke, Jürgen, Sicherheitstechnik, Arbeitsmedizin und Arbeitsplatz-

gestaltung, 2. Aufl. (München, 1990).
・Spinnarke, Jürgen, Arbeitssicherheitsrecht von A-Z, 2. Aufl. (München, 1992).
・Stege, Dieter/Weinspach, Friedrich Karl, Betriebsverfassungsgesetz, Hand Kommentar für die betriebliche Praxis, 7. Aufl. (Köln, 1994).
・Ulmer, Peter (Redakteur), Schuldrecht, besonderer Teil, Münchener Kommentar zum Bürgerlichen Gesetzbuch, Bd. 3, 2. Halbbd., 2. Aufl. (München, 1986).
・Vogel, Walter, Bismarcks Arbeiterversicherung, Ihre Entstehung im Kräftespiel der Zeit. (Braunschweig, 1951).
・Westermann, Harm Peter (Redakteur), Schuldrecht, besonderer Teil, Münchener Kommentar zum Bürgerlichen Gesetzbuch Bd. 3, 1. Halbbd., 2. Aufl. (München, 1988).
・Wittkowski, Wolfram, Der Schutz der Arbeitskraft durch das Grundgesetz : zugleich ein Beitrag zum Sozialstaatsprinzip (Frankfurt am Main, New York, 1979).
・Zöllner, Wolfgang/Loritz, Karl-Georg, Arbeitsrecht, 4. neubearbeitete Aufl. (München, 1992).

〈論　文〉

・荒木尚志「マーストリヒト条約以後のＥＣ労働法（上）（下）」ジュリスト（1993年）1019号115～119頁，1020号145～149頁。
・伊東洋一「ＥＣ判例における無効宣言判決効制限について（一）（二）」法学協会雑誌（1994年）111巻２号161頁～217頁，111巻３号295頁～339頁。
・井戸田あきら「行政法違反と犯罪」『佐伯博士還暦・犯罪と刑罰（上）』（1968年）53頁。
・小畑史子「営業秘密の保護と雇用関係—改正不正競争防止法の意義と特徴」日本労働研究雑誌（1991年）384号38頁。
・鎌田耕一「ドイツにおける使用者の安全配慮義務と履行請求」釧路公立大学社会科学研究（1994年）６号35頁。
・神山敏雄「経済犯罪行為と秩序違反行為との限界（一）（二）（三）」刑法雑誌（1980年）第24巻第２号149～174頁，26巻第２号256～303頁，27巻第１号21～51頁。
・川口美貴「欧州連合（ＥＵ）における国際的集団的労使関係法の展開」法政研究（1998年）３巻１号１頁。[同・国際社会法の研究（1999年，信山社）第３部第２章所収]

・毛塚勝利「我が国における従業員代表制の課題」日本労働法学会誌（1992年）79号129頁。
・倉田聡「ドイツの産業保健・産業医制度」日本労働法学会誌（1995年）86号69頁。
・小宮文人／濱口桂一郎「欧州連合（European Union）の労働時間指令とイギリスの対応」季刊労働法（1997年）181号128頁。
・佐久間修「企業秘密尾侵害と刑事責任―とくに，西ドイツ不正競業防止法の規定に関連して」判例タイムズ（1985年）566号10頁。
・宍戸伴久「年金制度―その改革の方向：法定年金制度を中心として」社会保障研究所編『西ドイツの社会保障』（1989年）107頁。
・庄司克宏「アムステルダム条約とＥＵの多段階統合―緊密化協力（柔軟性）条項の意義」外交時報（1998年）1346号４頁。
・角田邦重「労働関係における労働者の人格的権利の保障」季刊労働法（1987年）143号20頁。
・同「西ドイツにおける労働者人格の保障」『現代労使関係と法の変容』横井編（1988年）375頁。
・同「企業社会における労働者人格の展開」日本労働法学会誌（1991年）78号５頁。
・千田恵介「変化するＥＵの姿―アムステルダム条約が目指すもの」外交フォーラム（1998年）１月号69頁。
・高村ゆかり「ＥＣ法の履行確保におけるＮＧＯ」人間環境問題研究会『平成八年度環境庁企画調整局委託・環境施策における住民参加・ＮＧＯ活動に関する法学及び行政学的研究（二）』（1997年）181頁。
・土田道夫「労働保護法と労働契約との関係をめぐる一考察」法政大学大学院紀要（1982年）９号305頁。
・土田道夫「労働契約における労務指揮権の意義と構造（一）～（八）」法学協会雑誌（1988年～1994年）（一）105巻６号683頁～778頁，（二）10号1331頁～1434頁，（三）12号1688頁～1810頁，（四）107巻７号1071頁～1160頁，（五）109巻１号88頁～165頁，（六）109巻12号1831頁～1925頁，（七）111巻９号1295頁～1342頁，（八）111巻10号1445頁1531頁（かかる一連の論考は99年10月の著書・土田道夫『労務指揮権の現代的課題』（信山社，1999年）において大幅な加筆修正をみている）。
・椿寿夫「履行請求権（上）（中）」法律時報（1997年）69巻１号100頁～103頁，２号37頁～40頁。
・手塚和彰「西ドイツ労働事情・判例展望（五）―ＭＥ機器導入と共同決定・その一」判例時報（1985年）1159号18頁。

主な参照文献一覧

・中島正雄「西ドイツにおける人事問題の共同決定」季刊労働法（1983年）128号157頁。
・西村健一郎「ドイツ労働災害補償法の生成に関する一考察（一）（二）」民商法雑誌（1972年）65巻4号528〜558頁，5号733〜756頁。
・同「ドイツ労災保険法における事業主などの民事責任」民商法雑誌（1973年）68巻1号23頁。
・西村健一郎「西ドイツの労働安全法について」日本労働協会雑誌196号（1975年）70頁。
・野川忍「賃金共同決定の法的構造（上）（下）―西ドイツ事業所組織法の一断面」日本労働協会雑誌（1984年）307号23〜32頁，308号32〜39頁。
・藤田伍一「ビスマルク社会保険の社会的必然性論」一橋研究（1970年）20号36頁。
・藤原稔弘「解約告知に対する経営協議会の関与の実状とその問題点」『横井編／現代労使関係と法の変容』（1988年）49頁。
・フリードリッヒ・シュナップ／田山輝明「ドイツの社会保険システムにおける介護保険」早稲田法学（1996年）71巻4号109頁。
・星真実「ビスマルク社会保険の制度的原型」中央大学大学院研究年報（1996年）第25号9頁。
・三柴丈典「ドイツにおける労働安全衛生法の新展開―ドイツ新労働保護法の意義と課題」労働法律旬報（1999年）1465号19頁。
・宮島尚史「(西)ドイツにおける過労死問題」ストレス労災研究（1993年）3号17頁。
・宮田三郎「行政裁量」公法研究（1993年）55号136頁［同・行政裁量とその統制密度（1994年，信山社）第12章所収］。
・同「裁量収縮について」千葉大学法学論集（1992年）6巻3・4号35頁［同・行政裁量とその統制密度（1994年，信山社）第11章所収］。
・村中孝史「西ドイツにおける解雇制限規制の現代的展開（上）（下）」季刊労働法（1985年）136号145〜159頁，181〜197頁。
・同「西ドイツにおける継続雇用請求権について（一）」民商法雑誌（1986年）94巻3号347頁。
・森英良「西独の産業医制度を見て」産業医学レビュー（1990年）2巻4号1頁。
・盛誠吾「懲戒処分法理の比較法的研究Ⅰ」一橋大学研究年報（1983年）13号145頁。
・横井芳弘「被用者の情報開示請求権と人事記録閲覧権―西ドイツ経営組織法と連邦データ保護法との交錯領域における一断面」『現代労使関係と法の変容』（1988年）407頁。

- Andree, Richard, Die Unfallverhütungsvorschriften (Teil I II), DB (1963), S. 831-834, 866-868.
- Backherm, Johannes, Unzulässige Verweisung auf DIN-Normen, ZRP (1978), S. 261.
- Birk, Rolf, Gesetzgebungszuständigkeit der Europäischen Gemeinschaft im Arbeitsrecht, RdA (1992), S. 68.
- Böttcher, Inge, Zurückbehaltungsrecht nach der Gefahrstoffverordnung, Schein oder Wirklichkeit?, AiB (1987), S. 34.
- Brox, Hans, Zur Wirkung der rechtmäßigen Aussperrung für den Arbeitsvertrag, in Festschrift für Hans Carl Nipperdey, B and II (1965), S. 55.
- Brückner, Bernd, Ein Schritt vor-zwei zurück im Arbeitsschutz!, AiB (1994), S. 66.
- Capodistrias, Joannis, Streik und Zurückbehaltung der Arbeit, in Festschrift für Hans Carl Nipperdey, Band II (1965), S. 105.
- Cosack, Tilman, Verpflichtung des Arbeitsgebers bzw. Dienstherrn zum Erlaß eines generellen Rauchverbots am Arbeitsplatz, DB (1999), S. 1450.
- Däubler, Wolfgang, Umweltrecht, Technologiepolitik und Wirtschaftsordnung, DuR (1988), S. 1.
- Däubler, Wolfgang, Arbeitseinstellung wegen Asbestemission, AiB (1989), S. 136.
- Degen, Barbara, Arbeitsschutz, Individualrechte, AiB (1991), S. 309.
- Denck, Johannes, Arbeitsschutz und Mitbestimmung des Betriebsrats, ZfA (1976), S. 447.
- Denck, Johannes, Bildschirmarbeitsplätze und Mitbestimmungsrecht des Betriebsrats, RdA (1982), S. 279.
- Fischer, Cornelia, Artikelgesetz Arbeitsschutz : Starke Präventionsimpulse, Bundesarbeitsblatt 1 (1996), S. 21.
- Glaubitz, Werner, Mitbestimmung des Betriebsrats gemäß § 87 Abs. 1 Nr. 7 BetrVG bei Regelungen über den Arbeitsschutz, BB (1977), S. 1403.
- Haase, Wilhelm, Das Zurückbehaltungsrecht des Arbeitnehmers an Leistungen aus dem Arbeitsverhältnis, Dissertation Köln (1967).
- Haase, Wilhelm, Abgrenzung der gemeinsamen Ausübung des Zurückbehaltungsrechts an der Arbeitsleistung vom Streik (Teil 1), DB (1968),

S. 708.
• Herbst, Jens, Betriebsrat und Arbeitsschutz, AiB (1993), S. 144.
• Herschel, Wilhelm, Die rechtliche Bedeutung schutzgesetzlicher Vorschriften im Arbeitsrecht, RdA (1964), S. 7.
• Herschel, Wilhelm, Regeln der Technik, NJW (1968), S. 617.
• Herschel, Wilhelm, Zur Dogmatik des Arbeitsschutzrechtes, RdA (1978), S. 69.
• Kaufmann, Bernd, Die neue Gefahrstoffverordnung, DB (1986), S. 2229.
• Karpen, Ulrich, Zur Verweisung auf Regelungen privatrechtlicher Verbände (zur Staats, ZRP 1978, 59), ZRP (1978), S. 151.
• Klinkhammer, Heinz, Zur Mitbestimmung des Betriebsrats bei Bildschirmarbeitsplätzen, AuR (1983), S. 321.
• Kloepfer, Michael/Trier, Günter Veit, Grundstrukturen des technischen Arbeitsschutzrechts, NZA (1990), S. 121.
• Kohte, Hans-Wolfhard, Ein Rahmen ohne Regelungsinhalt? Kritische Anmerkungen zur Auslegung des § 87 Abs. 1 Ziff. 7 BetrVG, AuR (1984), S. 263.
• Konstanty, Reinhold, Inhalt und Strategie gewerkschaftlicher Politik bei den gewerblichen Berufsgenossenschaften, Mitbestimmung (1986), S. 543.
• Moll, Wilhelm, Zum Verhältnis von Streik und kollektiv ausgeübten Zurückbehaltungsrechten, RdA (1976), S. 100.
• Möx, Jochen, Das Zurückbehaltungsrechte an der Arbeitsleistung gem. § 21 Abs. 6 Satz 2 GefStoffVO, AuR (1992), S. 235.
• Neumann-Duesberg, Streikbegriff, Streikarten und Zulässigkeitskriterien des wilden Streiks, BB (1963), S. 1442.
• Nipperdey, Hans Carl, Die privatrechtliche Bedeutung des Arbeitsschutzrechts, in Die Reichsgerichtspraxis im deutschen Rechtsleben, Band 4 (Berlin, 1929), S. 203.
• Radek, Erwin, Aktuelle Probleme und Entwicklungen im Bereich des Berufskrankheitenrechts, NZA (1990), S. 592.
• Rehm, Hermann, Die verwaltungsrechtliche Bedeutung der Fabrikordnung, Annalen des Deutschen Reichs für Gesetzgebung, Verwaltung und Statistik (1894), S. 132.
• Rudolf, Ekkehard, Die Mitwirkungsrechte des Betriebsrats nach § 9 Abs. 3 des Gesetzes über Betriebsärzte, Sicherheitsingenieure und andere

Fachkräfte für Arbeitssicherheit, BB (1976), S. 370.
- Sachs, Robert, Betriebsrat und Unfallverhütung, RABl (1929) III, S. 41.
- Säcker, Franz-Jürgen, Die Rechtsprechung des Bundesarbeitsgerichts im Jahre 1969, JurA (1970), S. 165.
- Seiter, Hugo, Die Entwicklung der Rechtsprechung des Bundesarbeitsgerichts im Jahre 1969, ZfA (1970), S. 355.
- Söllner, Alfred, Das Zurückbehaltungsrecht des Arbeitnehmers, ZfA (1973), S. 1.
- Spinnarke, Jürgen, Mitbestimmungsrechte des Betriebsrats nach dem Arbeitssicherheitsgesetz, BB (1976), S. 798.
- Staats, Johann-Friedrich, Zur Problematik bundesrechtlicher Verweisungen auf Regelungen privatrechtlicher Verbände, ZRP (1978), S. 59.
- Steinmark, Thomas, Betriebsbeauftragte im Umwelt-und Sozialbereich, BB (1983), S. 867.
- Sund, Olaf, Arbeitssicherheitsgesetz, Mitbestimmung des Betriebsrats, ArbSch. (1977), S. 66.
- Trümner, Ralf, Betriebsverfassung und Umweltschutz, Die Mitbestimmung (1988), S. 356.
- Vogl, Markus, Das neue Arbeitsschutzgesetz, NJW (1996), S. 2755.
- Wlotzke, Otfried, EG-Binnenmarkt und Arbeitsordnung-Eine Orientierung, NZA (1990), S. 413.
- Wolber, K., Die Zusammenarbeit zwischen Technischem Aufsichtsdienst der Unfallversicherungsträger und den Betriebsvertretungen, BlStSoz-ArbR (1980), S. 1.